## 致谢

感谢中国残疾人联合会、中国残疾人事业发展研究会为本书出版提供的慷慨资助。

感谢法国驻华大使馆为本书翻译提供的善款。

感谢爱尔兰国立大学（高威）残障法律和政策研究中心为本书一个文章的版权转让支付了版权转让费用。

感谢联合国残疾人权利委员会、联合国人权高级事务高级专员办公室为本书得到附录文献的准确版本提供的协助。

# 总　序

中国残疾人联合会理事长　鲁　勇

自有人类,就有残疾人。残疾是人类状况的一部分,几乎每个人在生命的某一阶段都会有暂时或永久性的损伤。世界卫生组织 2002 年至 2004 年在 59 个国家和地区开展的《世界健康调查》数据显示,全球 1.1 亿人有很严重的功能障碍,约占全球人口的 2.2%。2004 年,世界卫生组织更新的《全球疾病负担》统计数据显示,全球 1.9 亿人有"严重的残疾",如四肢瘫痪、严重的抑郁或者失明,约占全球人口的 3.8%。2011 年,世界卫生组织发布的《世界残疾报告》指出,根据 2010 年人口估计,全世界超过 10 亿人生活在残疾状态下,约占全球人口的 15%。2006 年,联合国通过了《残疾人权利公约》,这是国际社会在 21 世纪通过的第一个综合性人权公约,它标志着人们对待残疾人的态度和方法发生了重大转变。关心残疾人,做好残疾人服务工作,正在成为各界广泛的共识。

我国历来关心残疾人,高度重视残疾人工作。党和国家始终把残疾人事业纳入国家发展的大局,建立健全保障残疾人权益的法律体系,设立政府残疾人工作机构,建立残疾人事业保障体系和服务体系,广泛开展残疾人事业的国际交流与合作,促进残疾人事业发展取得了辉煌成就,全社会逐步形成了扶残助残的良好社会风尚,残疾人生存状况、生活状况显著改善,生活水平不断提高。特别是改革开放三十多年来,中国残疾人事业实现了历史性的开拓,探索出了一条具有中国特色的残疾人事业发展道路。1987 年,我国开展了新中国成立后的第一次全国残疾人状况抽样调查;

2006 年，我国又实施了第二次全国残疾人状况抽样调查；2014 年，我国首次启动了全国残疾人基本服务状况和需求的专项调查。抽样调查和专项调查结果，对促进残疾人事业加快发展提供了重要支撑。与此同时，我国加快健全保障残疾人权益的法律法规和政策措施。我国《宪法》对保障残疾人合法权益作出了明确规定。1990 年，颁布实施了《中华人民共和国残疾人保障法》并于 2008 年进行了修订。2008 年，中共中央、国务院出台了《关于促进残疾人事业发展的意见》。随着《残疾人教育条例》、《残疾人就业条例》、《无障碍环境建设条例》等法规的实施，进一步推动了残疾人权益保障和基本公共服务的落实。

党的十八大以来，以习近平同志为总书记的党中央十分关心残疾人、高度重视残疾人事业。党的十八大和十八届三中全会、四中全会都对关爱残疾人、发展残疾人事业提出了明确的要求。2013 年 9 月，党中央国务院在中国残疾人联合会第六次全国代表大会开幕式祝词中指出，我们要充分认识做好残疾人工作的长期性和艰巨性，按照平等、参与、共享的目标要求，突出保障和改善残疾人民生，增强残疾人基本公共服务供给能力，促进残疾人全面发展，在实现中国梦的伟大实践中，团结带领、支持帮助广大残疾人创造更加幸福美好的新生活。2014 年 3 月，习近平总书记在致中国残疾人福利基金会成立 30 周年贺信中特别强调，残疾人是一个特殊困难的群体，需要格外关心、格外关注。让广大残疾人安居乐业、衣食无忧，过上幸福美好的生活，是我们党全心全意为人民服务宗旨的重要体现，是我国社会主义制度的必然要求。2014 年 5 月，习近平总书记在会见全国第五次自强模范暨助残先进表彰大会代表时更明确指出，残疾人是社会大家庭的平等成员，是人类文明发展的一支重要力量，是坚持和发展中国特色社会主义的一支重要力量。中国梦，是民族梦、国家梦，是每一个中国人的梦，也是每一个残疾人朋友的梦。我们都要凝心聚力，在实现人生梦想的同时，共同推动中华民族的美好梦想早日实现。各级党委和政府要高度重视残疾人事业，把推进残疾人事业当作分内的责任，各项建设事业都要把残疾人事业纳入其中，不断健全残疾人权益保障制度。各级残联要发扬优

# 第三部分　实　施

# 目　录

论,希望为读者铺陈下一个关于《公约》的有深厚历史和理论积淀的研究与倡导基础。

第二部分呈现出《公约》目前最为热议且有趣的几个问题。这包括对第十二条法律面前人人平等中法定资格（legal capacity,字典中也译为法律上的能力①）、第十九条独立生活和融合社区等权利条款中蕴含着什么内容、条款制定中的法哲学思考和谈判政治以及上述问题对发展中国家履约影响等内容的讨论。这里还包含了对社会心理障碍者（psychosocial disability,类似于国内传统所指的 mental disorder,mental illness 或 psychiatric disabled persons）健康权和身心完整权利（第二十六条和第十七条）的一些讨论。

第三部分是对缔约国落实《公约》过程中不同国家已有的一些成功因素和经验的总结。希望这一切近现实的讨论,可以帮助读者思考如何将普遍人权的宏大叙事和日常生活中的人权实践结合在一起,为中国法制和法治社会的不断完善提供一些素材。

这本论文集中论文的遴选、翻译仅仅是一次尝试,很多问题乃至一些翻译用法都还是尝试性的,为此,编者做如下说明。

首先,"**disability**"的翻译用法选择。本书立意于《残疾人权利公约》中的残障社会模式理解。以英国为主导的残障社会模式的最根本特质就是区分了生物性的损伤（impairment）和社会性的残障（disability）。残障社会模式将社会政策、立法和人们的态度从关注残障个体的缺陷,转移到了关注社会环境的障碍和不足,开启了探索解决社会问题而非仅仅医治个体伤痛的范式转变。所以本次翻译中,对全书中最关键的这个词"**disability**",翻译团队决定翻译为"**残障**"而非"**残疾**",对应的"**persons with disabilities**"或"**disabled**

---

① 翻译参照薛波主编《元照英美法词典》（缩印版）（The Compact English-Chinese Dictionary of Anglo-American Law）,北京大学出版社 2013 年版,第 813 页的译法。在 legal capacity 词条下的解释抄录如下："legal capacity:法定资格、法律上的能力,指签订合同、转让财产、设定抵押等的能力。有能力者从事上述行为具有约束力。如因未成年（infancy）精神不健全（mental incompetency）而无能力时,则所为之上述行为为无效。"通过这个解释可以看出,在英美法体系中这个权利更是一种经济上的权利,且在"有无能力"上是需要有一个判断的,而这也是诸如英国、爱尔兰要立法对"capacity"进行功能测试后才给予不同程度支持以便当事人更好地为自身作决定,这一立法过程在发达国家都是缓慢进行中的。

# 前　言

联合国《残疾人权利公约》(后简称为《公约》)诞生后,①世界各国、各类国际和地区组织以及广大的残障者自组织等草根社群已经和正在不断地对《公约》进行研究,并就《公约》相关权利进行倡导和开展维权活动。

《残疾人权利公约》是国际人权法历史上,人权和残障的一次完美结合。它标志着残障议题被坚定而高调地移入了国际人权法体系的核心,且必将启动世界范围内,各缔约国国内残障立法和政策改革议程。

《公约》实施,也因开创性的积极纳入了残障民间组织,将成为一个动态且充满活力和挑战的过程。

本次论文翻译汇编之目的,是为展现目前国际社会普遍关注的一些事关《公约》的有趣问题,并呈现出相关残障人权保障领域专家学者和社会活动家们的思考;是为了促进中国大陆各类读者进一步深入研究《残疾人权利公约》;促进中国大陆有更多的人可投身于和《公约》相关的各类活动;促进中国未来为世界贡献经验和知识的一次尝试。

本书的 11 篇文章选自多元载体,有教科书、论文集和专著中的相关章节、有国际同行评价杂志的论文,并包含了一个原创论文。

本书结构分为三个部分。第一部分为总论,始于《公约》主旨和主题思想的探索,就残障社会模式、《公约》诞生之前世今生、谈判素描和斗争焦点、《公约》与发展中国家以及《公约》中最令人迷惑的基调之一的平等原则展开讨

---

① 《残疾人权利公约》于 2006 年底联合国大会全体通过,2007 年 3 月开放签署,2008 年 5 月生效。各类详情请见 http://www.un.org/disabilities/,最后访问于 2014 年 7 月 29 日。

9.Article 19 of UN CRPD:Origins,Concepts,Extents and Implementation Obligations.

本文为原创论文,感谢两个作者免费授予的版权。

10.Lord,J.E.& Stein,M.A.(2008)' *The Domestic Incorporation of Human Rights Law and the United Nations Convention on the Rights of Persons with Disabilities*',Washington Law Review,83,pp.449−479.

感谢华盛顿法律评论杂志社给予的免费版权。感谢本文两个作者、杂志社劳伦·瓦特(Lauren Watts)女士的协助。

11.Eilionóir Flynn 'Critical Success factors in Delivering a National Disability Strategy-Lessons from International and comparative Experience',pp.197−286,in ' *From Rhetoric to Action:Implementing the UN Convention on the Rights of Persons with Disabilities*'(2011)revised by the author.© National University of Ireland 2011,published by Cambridge University Press,translated by permission.

感谢剑桥出版社为本书提供版权。感谢作者所做的删减和修改。

persons"则翻译为"**残障者**"或"**残障人士**"。①

其次，对于整部《公约》而言，最核心的条款是确定残障者拥有、和他人在平等基础上行使各项权利能力或资格的第十二条，而第十二条的关键词是"**legal capacity**"，通过本书几篇论文，读者可以一览目前学界对"**legal capacity**"的研究使用状况。对这个词汇，《公约》缔造者们的立法初衷蕴含着法律上的权利能力和法律上的行为能力这两层含义，这在谈判过程中体现得很清楚。但是，需要读者注意的是，这个世界并非只有一个法律传统和体系，而且各国社会、经济、文化发展状况差异巨大，即便国际人权法上有此类规定，但如何在缔约国的国内进行相应的法律废改立，可能还将有一个很漫长的过程。因此读者也就不会奇怪，在作准中文版上"**legal capacity**"被翻译为"**法律权利能力**"了，而这一含义的翻译也体现在了《公约》作准俄文版和阿拉伯文版中，并得到了欧盟为首的其他国家的正式承认。② 对于这个词汇，直接翻译为"法律行为能力"不妥，但参照作准中文版翻译为"**法律权利能力**"似乎也有忤《公约》本意，本次全赖《元照英美法词典》，我们选译为"**法定资格**"，从而悬置了对于这个词汇到底应该如何翻译的内部争议。③

对于本书其他一些可能翻译中有异议的或比较关键性的词汇，我们采取了文内括号注明原文及尾注说明的方式。对于能够找到作准中文版或官方翻译的文件则在作者原文是直接引用的情况下，我们遵照已有的中文翻译并注明出处。我们的总体翻译原则是直译并力求流畅、易懂。在论文体例上，我们在尊重原文格式体例的基础上，作了必要的中文版格式处理。本文附录的内容依据出版规范作了修改完善。

殷切希望读者们可以就本书的主张想法提出学术争鸣，促进中国《公约》

---

① 20世纪90年代前后，中国台湾、香港地区的相关立法已使用残障人士这样的用法，申明社会环境和政策是改善残障者生活品质的关键，"残"意指个体生理状况，"障"意指社会环境和政策制度等的不完善对残障者的局限。目前中国台湾涉残立法已经再次更名为《身心障碍者保障法》。

② 参见关于本条的磋商速记和第八次特设委员会的各类文件，网站来源同前注。

③ 细心的读者在看本书附录的联合国残疾人权利委员会第一个《一般性意见》的中文版会发现这个词汇还被翻译为了"法律能力"。目前仅联合国的文件中，这一词汇就对应了三种不同的中文翻译，从一个侧面可见这一问题的复杂性了。

研究的进一步繁荣。

　　本次翻译工作仅仅是《公约》研究路途上很微末的一小步，更是残障研究领域中一块最不起眼的垫脚石。这，仅仅是个开始。我们的翻译工作目的不是判别对错，而是在前人已有基础上提出一些思考或促进继续思考的小问题。上述翻译用法是否合适，有待读者检验。也恳请读者对文中各类翻译用法提出批评和意见，帮助我们更准确地理解、研究和传播《公约》。

# 版权声明

　　本论文集是在英语学术界已发表的论文,是论文集、教科书、专著中的章节和原创论文的混合体。本书收录的、已公开发表的论文和书的章节全部得到了作者的著作权和相关出版社、杂志社的书面版权许可。特此致谢于下列作者、出版社以及协助获得论文版权的各界人士。(文章前的序号为本书目录中的排序)

　　1.Traustadottir R.(2009), ' Disability studies,the social model and legal developments ', in Arnardóttir, O.M.& Quinn, G. (eds.) *The UN Convention on the Rights of Persons with Disabilities:European and Scandinavian perspectives* (Leiden: Martinus Nijhoff Publishers) pp.3-16.

　　2.Kayess,R.& French,P. (2008) ' *Out of Darkness into Light? Introducing the Convention on the Rights of Persons with Disabilities* ',Human Rights Law Review,8(1)pp.1-34.

　　感谢本文两个作者给予的免费版权。

　　3.Quinn, G.& O'Mahony, C. (2012) ' Disability and Human Rights:A New Field in the United Nations' in Krause,C & Scheinin,M(eds).*International Protection of Human Rights:A Textbook* (Turku:Åbo Akademi University Institute for Human Rights) pp.265-300.

　　感谢本文两个作者协助本书获得的免费版权。

　　4. Lang, R., Kett, M., Groce, N. and Trani, J.-F. ' *Implementing the United Nations Convention on the rights of persons with disabilities:principles,implications, practice and limitations* ' (Elsevier Masson SAS on behalf of Association)5(3)AL-

TER European Journal of Disability Research（2011）pp. 206 - 220. Copyright ©
2011 Published by Elsevier Masson SAS on behalf of Association ALTER. All rights
reserved.

感谢爱思维尔·马森 SAS 出版社给予的免费版权和本文四个作者的同
意。特别感谢格罗斯（Groce）教授、欧洲残障研究杂志社伊莎贝拉·威尔（Is-
abelle Ville）博士给予的协助。

5. Arnardóttir, O. M.（2009），' A Future of Multidimensional Disadvantage E-
quality？' in Arnardóttir, O. M. & Quinn, G.（eds.）*The UN Convention on the Rights
of Persons with Disabilities*：*European and Scandinavian perspectives*（Leiden：
Martinus Nijhoff Publishers）pp.41-66.

感谢荷兰布瑞尔出版社（BRILL）给予的免费版权。感谢两个文章作者、
出版社劳拉·委斯特布鲁克（Laura Westbrook）女士给予的协助。

6. Quinn, G. & Arstein-Kerslake, A.（2012）' Restoring the Human in Human
Rights：Personhood and doctrinal innovation in the UN disability convention ' In：
Gearty, C. & Costas Douzinas（eds）. *The Cambridge Companion to Human Rights
Law*（Cambridge：Cambridge University Press）pp.36-55.

感谢剑桥出版社给予的免费版权。感谢本文两个作者和剑桥出版社法律
书籍出版部的丽贝卡·罗伯兹（Rebecca Roberts）女士给予的协助。

7. Dhanda, A.（2006-7）' *Legal Capacity in the Disability Rights Convention*：
*Stranglehold of the Past or Lodestar for the Future* '，Syracuse Journal of Interna-
tional Law and Commerce, 34（2）Spring 2007, pp.429-462.

感谢雪城国际法和贸易杂志社给予的免费版权。

8. Tina Minkowitz, ' *The United Nations Convention On The Rights of Persons
With Disabilities and The Right To Be Free From Nonconsensual Psychiatric Inter-
ventions* '. In：Syracuse Journal of International Law and Commerce：34（2）Spring
2007, pp.405-428.

感谢雪城国际法和贸易杂志社给予的免费版权。感谢两个论文的作者、
杂志社学生编辑贾斯汀·哈蒙（Justin Harmon）及阿琳·坎特（Arlene S
Kanter）和托马斯·弗兰奇（Thomas R French）两位教授提供的协助。

精神是值得肯定的。希望丛书的出版，有助于全社会更加重视对残疾人、残疾人事业的研究与关心，有关成果能为编制我国残疾人事业"十三五"发展纲要、加快残疾人小康进程、促进残疾人事业发展提供有益的借鉴。

衷心感谢本译丛的作者、译者，感谢为编辑出版这套译丛作出贡献的编委会成员。祝愿在未来的发展中，残疾人事业的理论与实践研究成果更加丰硕！

2015 年 2 月 15 日

良传统,切实履行职责,为残疾人解难、为党和政府分忧,团结带领残疾人继续开创工作新局面。2015 年 2 月,国务院印发了《关于加快推进残疾人小康进程的意见》,对保障和改善残疾人民生,帮助残疾人共享发展成果、同奔小康生活作出了具体部署。

当前,我们正行进在全面建成小康社会、全面深化改革、全面推进依法治国的新征程中。以习近平同志为总书记的党中央对残疾人事业作出的新部署新要求,为残疾人事业在新的起点上实现创新发展指明了方向。国务院出台《关于加快推进残疾人小康进程的意见》,为做好全面小康进程中的残疾人工作明确了任务。启动我国残疾人事业"十三五"发展纲要的规划编制工作,更为落实好各项举措提供了契机。

在实践中推动残疾人事业创新发展,既需要实际工作者的大胆实践,更需要理论工作者的有力指导。以治学的严谨审视鲜活的实践,以生动的实践检验理论的成果,才能学用相长,推动事业沿着正确的方向健康发展。正是在这种背景下,中国残疾人事业发展研究会联合中国社会科学院社会学所共同组织实施"残障与发展系列译丛"编译项目。

"残障与发展系列译丛"第一批项目由《〈残疾人权利公约〉研究:海外视角》、《残障:一个生命历程的进路》、《残障人士社会工作》、《探索残障:一个社会学引论》和《残障与损伤:同儿童和家庭一起工作》五本译著组成,是近年来国际社会知名学者关注残疾人群体、进行理论研究和实践探索的成果结晶。这套丛书以研究联合国《残疾人权利公约》为切入点,从社会科学和法学专业视角探讨了残疾人事务,包括社会工作、社会政策、特殊教育、医疗康复等领域。丛书中一些提法包括一些翻译用法,如用"残障人士"或"残障者"取代了"残疾人",丛书取名"残障与发展系列译丛"等等,体现出联合国《残疾人权利公约》中倡导的残障社会模式理念,即残障问题不仅是一个人的问题,还是一个需要从社会环境因素分析和解决的社会问题。

他山之石,可以攻玉。作为一种学术思考,丛书中的一些理念、翻译方法或许会引发争鸣与讨论,各界的认识并不完全一致。但我想,这种探索

残障与发展系列译丛

# 《残疾人权利公约》研究：
# 海外视角（2014）

Selected Readings on the Studies of Convention on the Rights of Persons with Disabilities: International Perspectives (2014)

【爱尔兰】杰拉德·奎因
【中国】李　敬　编著

陈　博　傅志军　等译
白荣梅　高　媛　等校

人民出版社

# "残障与发展系列译丛"编委会

# 第一部分

## 总　　论

# 残障研究、社会模式与法律发展

[冰岛]拉恩维格·特劳斯塔多特

## 一、导　言

　　过去几十年,在全球范围内,残障社群及其同盟者组织起来,不断质疑主流社会对残障者的歧视和排斥。残障社群特别质疑了那些对残障过度医疗的、病态的和个体性的描述。残障者社会运动关注的是社会压迫和环境障碍。① 障碍权利运动(disability rights movement)的政治化,植根于残障研究者和社会活动家们发展出来的对残障的社会性解释。这一崭新的对残障的社会—情境(social-contextual)理解,很多时候统称为"社会模式"(the social model)。它创造出的残障新视角,在政策制定领域影响深远。它对残障概念的再度建构,将焦点从个体转移到了环境上,并关注残障社群在日常生活中面临的社会障碍(social barriers)。在对残障的崭新理解的发展过程中,残障研究学者发挥了积极作用,而这一理解也为包括了联合国《残疾人权利公约》(*UN Convention on the Rights of Persons with Disabilities*/CRPD,以下有时简称

---

① Barnes, C., Oliver, M. and Barton, L. ( eds.) ( 2002 ). *Disability Studies Today*. Cambridge: Polity Press; Barton, L. ( ed.) ( 2001 ). *Disability, Politics and the Struggle for Change*. London: David Fulton; Campbell, J. and Oliver, M. ( 1996 ). *Disability Politics: Understanding Our Past, Changing Our Future*. London: Routledge; Hahn, H. ( 2002 ). Academic Debates and Political Advocacy: The US Disability Movement. In C. Barnes, M. Oliver, and L. Barton ( eds.), *Disability Studies Today* ( pp. 162 - 189 ). Cambridge: Polity Press.

《公约》)在内的、世界范围内的法律发展提供了基础。①

　　本文将检视影响"**社会模式**"产生的个体经验、政治活动及学术思想等基础。尽管各国对社会—情境下的残障理解有很多共同特征,但由于各国历史、社会、文化和学术环境的差异,不同国家对这一崭新的残障模式的表达和概念化有不同表现。在英国,残障社会模式(social model of disability)对残障者遭遇社会障碍和排斥经历,提供的是一个唯物主义和结构化的分析。② 北欧诸国对残障的关系性理解(relational understanding of disability)是主流。③ 在北美,新残障观的概念常以少数族群取向和公民权利(minority approach and civil rights)为名。④ 在很多国家,正常化⑤和社会角色稳定剂(social role valorization)⑥原则也都各有影响。这也引发了在 20 世纪大家惯称为去机构化运动(deinstitutionalization movement)的重要变革。下文将描述对全球范围内影响政治和法律改革、引发新的残障社会理解形成的历史的和情境的因素。

---

① Convention on the Rights of Persons with Disabilities,GA Res. 61/106(2007).

② Barnes,C.,Oliver,M. and Barton,L.(eds.)(2002).*Disability Studies Today.* Cambridge:Polity Press;Barton,L.(ed.)(2001);Oliver,M.(1996).*Understanding Disability:From Theory to Practice.*Basingstoke:Macmillan;Thomas,C.(1999).*Female Forms:Experiencing and Understanding Disability.* Buckingham:Open University Press.

③ Gustavsson,A.,Tøssebro,J. and Traustadóttir,R.(2005).Introduction:Approaches and Perspectives in Nordic Disability Research.In A.Gustavsson,J.Sandvin,R.Traustadóttir and J.Tøssebro(eds.),*Resistance,Reflection and Change:Nordic Disability Research* (pp.23−44).Lund:Studentlitteratur.

④ Albrecht,G.L.(2002).American Pragmatism,Sociology and the Development of Disability Studies.In C.Barnes,M.Oliver and L.Barton,(eds.),*Disability Studies Today*(pp.18−37).Cambridge:Polity Press.

⑤ Bank-Mikkelsen,N.E.(1969).A Metropolitan Area in Denmark:Copenhagen.In R.Kugel and W.Wolfensberger (eds.) *Changing Patterns in Residential Services for the Mentally Retarded* (pp.227−254).Washington,DC:President's Committee on Mental Retardation;Grünewald,K.(1969).A Rural County in Sweden.In R.Kugel and W.Wolfensberger(eds.) *Changing Patterns in Residential Services for the Mentally Retarded* (pp.255−287).Washington DC:President's Committee on Mental Retardation.

⑥ Wolfensberger,W.(1985).Social Role Valorization:A New Insight,and a New Term for Normalization.*Australian Association for the Mentally Retarded Journal*,9(1),pp.4−10.

## 二、残障研究:反思残障

残障研究是一个崭新的学术研究领域。目前很多国家对残障的各领域的关注,正通过不断增长的残障研究课程、项目、学术性杂志、学术社团、会议和研究者群体逐渐成形。① 残障研究肇始于当代社会对残障在各领域与日俱增的兴趣及把它当作"**问题**"的回应。与之相伴随的是不断增长的、对残障在社会中的地位及内涵的学术兴趣及社会活动家们所强调的赋权、包容、常态和差异性政治。②

在这一情境下,重要的是要问:残障研究新在哪里? 很明显,研究残障本身并不新,因为"**残障**"作为学术探索的焦点,历史久远。所谓的新,是在残障研究领域中**如何**研究残障及其采用的方式。这一方式是对传统残障理解,即把涉及残障者的知识视为想当然的那些方法的批判。例如,传统观念把残障视为一个问题、一种反常和一出个人悲剧。过去主要从医学或临床角度去研究残障,视其为一个个体问题,即,这个人需要得到治疗、康复、修复、教育、改变和训练,期待他(她)尽可能变得"**正常**"。20 世纪 80 年代之前,残障领域

① Albrecht,G.L.(2002).American Pragmatism, Sociology and the Development of Disability Studies.In C.Barnes,M.Oliver and L.Barton,(eds.),*Disability Studies Today*(pp.18-37).Cambridge:Polity Press;Barnes,C.,Oliver,M.and Barton,L.(eds.)(2002).*Disability Studies Today.* Cambridge:Polity Press;Barton,L.(ed.)(2001).*Disability,Politics and the Struggle for Change.*London:David Fulton;Davis,L.(ed.)(2006).*The Disability Studies Reader*(2nd edition).New York:Routledge;Goodley,D.and Van Hove,G.(eds)(2005).*Another Disability Studies Reader? People with Learning Difficulties and a Disabling World.* Antwerpen:Garant;Johnstone,D.(2001).*An Introduction to Disability Studies*(2nd edition).London:David Fulton.

② Bell,C.(2006).Introducing White Disability Studies:A Modest Proposal.In L.Davis(ed.),*The Disability Studies Reader*(2nd edition)(pp.275-282).New York:Routledge;Grue,L.and Heiberg,A.(2006).Notes on the History of Normality:Reflections on the Work of Quetelet and Galton.*Scandinavian Journal of Disability Research*,8(4),pp.232-246;Snyder,S.L.,Bruggemann,B.,Thomson,R.G.(eds.)(2002).*Disability Studies:Enabling the Humanities.*New York:Modern Language Association;Mitchell,D.T.and Snyder,S.L.(eds.)(1999).*The Body and Physical Difference:Discourses of Disability.*Ann Arbor:The University of Michigan Press.

的学术兴趣几乎都在个体的、生物医学的解释上。随着 20 世纪 80 年代至 90 年代残障研究的发展，一个崭新的残障研究方式也得以发展。与视医治个体或病理学理解乃理所当然迥然不同，残障研究探索这一对残障理解的历史渊源以及它是如何经由社会创造和文化生产的，而后者又在文学、大众文化和媒体互动中历经了怎样的社会处理(social arrangements)。① 与将残障视为一个个体问题不同，残障研究关注残障的社会、文化、经济和政治等层面，并且检视环境障碍、社会态度和文化形象如何对残障进行了创造和再创造。在这一历史情境下，它确实是一种探索残障的崭新方式。

作为一个崭新的学术领域，残障研究植根于英国和北美。尽管残障者的社会活动可溯源至 19 世纪，但直到 20 世纪 60 年代至 70 年代，这些运动才以集体的方式组织起来。② 受激励于那个峥嵘的政治社会时代，残障者们也为自己被闭锁于住宿机构和护理之家、贫困以及遭遇排斥和歧视等问题进行了抗议。北美的独立生活运动、瑞典的自我倡导运动和英国的肢体伤残者反隔离联盟(UPIAS)等，都是早期出现的实例。③

从一开始，残障研究就和残障者权利运动以及残障者主张公民权利和参与社会生活紧密联系在一起。尽管非残障学者们参与、发展了残障研究，但却是残障学者(disabled scholars)群体起到了重要的领军作用。除了获益于残障社群运动，残障研究也受益于很多新理论的发展，特别是受益于社会科学和人文科学领域的发展。20 世纪 60 年代，在女权主义者的引领下，批判性学术观

---

① Snyder, Bruggemann and Thomson, ibid; Davis, L. (ed.) (2006). *The Disability Studies Reader* (2nd edition). New York: Routledge; Shakespeare, T. (ed.) (1998). *The Disability Reader: Social Science Perspectives.* London: Cassell; Snyder, S.L. and Mitchell, D.T. (2006). *Cultural Locations of Disability.* Chicago: University of Chicago Press.

② Campbell, J. and Oliver, M. (1996). *Disability Politics: Understanding Our Past, Changing Our Future.* London: Routledge; Longmore, P.L. and Umansky, L. (eds.) (2001). *The New Disability History: American Perspectives.* New York: New York University Press.

③ Campbell, J. and Oliver, M. (1996). *Disability Politics: Understanding Our Past, Changing Our Future.* London: Routledge; DeJong, G. (1981). The Movement for Independent Living: Origins, Ideology and Implications for Disability Research. In A. Brechin, P. Liddiard and J. Swain (eds.), *Handicap in a Social World.* Sevenoaks: Hodder and Stoughton, in association with the Open University; William, P. and Shoultz, B. (1982). *We Can Speak for Ourselves: Self-Advocacy by Mentally Handicapped People.* London: Souvenir Press.

点要求理论和研究反映人类**所有**的多元性。而不是那个 20 世纪 60 年代由白人、中产阶级、非残障、异性恋、西方男性所构成的主流学术界,但后者的学术兴趣和观点却主导了当时的研究和知识生产。妇女、残障者、女同性恋、男同性恋、少数族群等也要求学术界反映他们的生活和经验。

在更广阔的学术视野中,残障研究也是和诸如妇女、社会性别和女权主义研究、男女同性恋研究、酷儿研究(queer studies)、非洲族裔的美国人研究以及其他类似的领域一样的新的跨学科研究领域。这些跨学科研究领域的共同之处在于它们都来源于旨在终止压迫、边缘化和社会排斥的社会运动。由于和自由运动的联系,学者和社会活动家之间有了充满活力的互动,这种互动强调的是,研究为了赋权和自由,是**为了**人民,而非仅仅**关于**人民。这些领域另一个共同特征是批判了使用消极方式去构建边缘群体的主流理论和种种知识。这类例子包括:残障者如何被描绘成一个病人或一个有偏差人格的人,他们的生活如何被描绘成一出个人悲剧;同性恋者是如何以罪犯、有罪的人或病人的方式呈现;黑人如何被描绘为落后的和愚笨的;妇女如何被描绘为非理性的;等等。那些不证自明的"**正常**"概念也遭到了质疑,新的对人的多样性的理解得以引入。在这一学术传统下,如"**社会性别**"和"**残障**"等一些关键性概念遭到挑战,并得到了重新界定。[1] 这些跨学科领域还在探索社会和生物领域的关联性上分享着共同的兴趣。例如,女权主义学者在"**社会性别**"(社会—文化)和"**性**"(生物学)上的争论。[2] 英国残障社会模式在"**残障**"(社会—文化)和"**损伤**"(生物学)上充满争议的区分。[3] 在残障研究中,"**残障**"经常会和社会性别、性取向、族群等得到类似处理,即从社会构建而非生物性状上对

---

① Briadotti, R. (2002). The Uses and Abuses of the Sex/Gender Distinction in European Feminist Practices. In G. Griffin and R. Briadotti (eds.), *Thinking Differently : A Reader in European Women's studies* (pp. 285-307). London : Zed Books ; Thomas, C. (1999). *Female Forms : Experiencing and Understanding Disability.* Buckingham : Open University Press. ; Traustadóttir, R. and Kristiansen, K. (eds.) (2004). *Gender and Disability Research in the Nordic Countries.* Lund : Studentlitteratur.

② Briadotti, ibid ; Butler, J. (1999). *Gender Trouble : Feminism and the Subversion of Identity.* New York : Routledge.

③ Shakespeare, T. (2006). *Disability Rights and Wrongs.* London : Routledge ; Thomas, C. (1999). *Female Forms : Experiencing and Understanding Disability.* Buckingham : Open University Press.

它进行理解。因此,残障研究的主要特征是,强调残障的社会文化理解和经济、政治领域的排斥和歧视。

残障研究已经发展成为一个重要的、崭新的学术领域。同时,在某种程度上,残障研究也并不仅仅只是一个学术研究领域。残障研究起源于残障社群的社会运动,与残障者组织、社会和政策行动也有着密切联系。在残障研究领域强调的是解放式的(emancipatory)、协作的(collaborative)、包容的(inclusive)、参与式(participatory)的研究,而这其中,研究者和被研究者的权力关系比传统研究关系更为平等。① 残障研究力求无障碍和有参与性,但同时,它又必须独立于日常的政治和利益,保留学术自由,并忠诚于知识和真理。

# 三、残障是什么?

当下,"残障"的含义是一个在残障研究及其相关领域中充满争议的概念。在过去数十载的岁月中,残障社群运动和残障学者们已经质疑了过去那种想当然的残障理解,且努力重新界定"作为残障者的含义"(the meaning of being disabled)。这也衍生了很多挑战经典医学的、生物的、个体的残障模式的方法。② 这些新方法的一致之处在于,拒绝只聚焦于个体损伤,且断言社会过程和文化含义对残障者的生活和机会有很大影响。这一理解把注意力从对

---

① Mercer, G. (2002). Emancipatory Disability Research. In C. Barnes, M. Oliver, and L. Barton (eds.), *Disability Studies Today* (pp. 228–249). Cambridge: Polity Press; Oliver, M. (1992). Changing the Social Relations of Research Production. *Disability, Handicap & Society*, 7(2), pp. 101–114; Traustadóttir, R. (2001). Research with Others: Reflections on Representation, Difference and Othering. *Scandinavian Journal of Disability Research*, 3(2), pp. 9–28; Walmsley, J. and Johnson, K. (2003). *Inclusive Research with People with Learning Disabilities: Past, Present and Futures.* London: Jessica Kingsley.

② Grue, L. (2004) *Funksjonshemmet er bare et ord* (*Disability is Just a Word*). Oslo: Abstract forlag; Gustavsson, A. and Zakrzewska-Manterys, E. (eds.) (1997). *Social Definitions of Disability.* Warsaw: Zac; Kasnitz, D. and Shuttleworth, R. (2003). A Sociocultural Model of Impairment-Disability. Conference paper. *Disability Studies: Theory, Policy and Practice*, pp. 4–6 September Lancaster University, UK; Thomas, C. (2007). *Sociologies of Disability and Illness: Contested Ideas in Disability Studies and Medical Sociology.* Hampshire: Palgrave Macmillan.

个体的和损伤的关注转移到了对环境、文化影响和社会及环境障碍等方面。①

一些作者,如奥利弗(Oliver)声称,理解残障主要存在两种方式。② 一种理解,是基于个体生物—医学观点,另一种则是植根于社会的、结构的、情境下的理解。尽管这种区分过于简单,无法论证残障的复杂性,但它提供了对这两种方式内在差异的理解,并强调了新的残障社会理解。因此,受益于奥利弗和莎士比亚(Shakespeare)的启发,下面是对这两种不同残障观中的一些特点进行的简述。

| 个体或医学模式 | 社会情境模式 |
| --- | --- |
| 聚焦于损伤和个体 | 聚焦于社会情境和环境 |
| 强调临床和医学诊断 | 强调个体和社会之间的关系 |
| 强调个体缺损 | 强调社会障碍 |
| 把那个有待修复或治疗的个体视为问题 | 把歧视、排斥和偏见视为问题 |
| 医学、心理学和康复服务的解决之道 | 终止歧视、隔离以及移除障碍的解决之道 |

# 四、残障社会模式

汤姆·莎士比亚(Tom Shakespeare)在他《残障对与错》(*Disability Rights and Wrongs*)一书中指出:残障与其说是一种社会模式,不如说是"**一组社会—情境取向**"。③ 本文下面将对三种社会模式进行概述,它们分别是英国的残障社会模式、北欧的关系性取向(relational approach)和北美的少数族群式的理解。

---

① Oliver,M.(2004).The Social Model in Action:If I had a Hammer.In C.Barnes and G.Mercer(eds.),*Implementing the Social Model of Disability:Theory and Research*(pp.18-31).Leeds:The Disability Press.

② Oliver,ibid;Shakespeare,T.(2006).*Disability Rights and Wrongs*. London:Routledge.

③ Shakespeare,T.(2006).*Disability Rights and Wrongs*. London:Routledge,p.28.

### （一）英国残障社会模式

社会进路（social approach）中，最广为人知的是 20 世纪 70 年代发源于英国残障者运动的英国残障社会模式。[①] 这一模式的一个重要特点是区分了损伤（生物性）和残障（社会性）。并非个体损伤导致了残障，残障是由于限制了有损伤人士的环境造成的，这些社会障碍阻碍损伤者并形成对损伤者的压迫。[②] 因此，英国社会模式坚决主张残障者面临问题的原因是周遭的社会环境。迈克尔·奥利弗（Michael Oliver）对英国社会模式的概念化起到了举足轻重的作用，他对社会模式的阐述如下：

> 从最广义上讲，残障社会模式一点也不复杂，它仅聚焦于那些被认为是有某种不论是肢体的、精神的或智力损伤的人群所面临的经济、环境和文化障碍。残障者面对的社会阻隔包括：有障碍的教育系统、工作环境、匮乏的残障津贴、饱受歧视的医疗保健和社会支持服务、障碍重重的交通、住房和公共建筑、康乐设施以及透过电影电视和报纸等媒介中的消极形象对残障者的贬损。[③]

英国残障社会模式的优势在于，它把人们的注意力从个体的、精神或肢体损伤转移到了社会对残障者的包容或排斥上。它来源于唯物主义关于残障和社会的思想。[④] 20 世纪 90 年代，残障社会模式在英国残障者运动和残障研究领域获得了无与伦比的威望。在国际社会中，包括残疾人国际（Disabled People's International）在内的、大量的残障学者和社会活动家，都将**"社会模式"**和这一残障表述结合起来了。

---

① Campbell and Oliver, *supra* note 1; Finkelstein, V. (1980). *Attitudes and Disabled People: Issues for Discussion*. New York: World Rehabilitation Fund; Oliver, M. (1990). *The Politics of Disablement*. Basingstoke: Macmillan.

② Barnes, C. (1991). *Disabled People in Britain and Discrimination: A Case for Anti-discrimination Legislation*. London: Hurst & Co; Barnes, C. and Mercer, G. (2003). *Disability*. Cambridge: Polity; Thomas, *supra* note 3.

③ Oliver, M. (2004). The Social Model in Action: If I had a Hammer. In C. Barnes and G. Mercer (eds.), *Implementing the Social Model of Disability: Theory and Research* (pp. 18-31). Leeds: The Disability Press. p. 21.

④ Thomas, C. (2007). *Sociologies of Disability and Illness: Contested Ideas in Disability Studies and Medical Sociology*. Hampshire: Palgrave Macmillan.

社会模式对于英国和世界上其他地方的残障社群非常重要。社会模式最重要的影响可能是对残障社群本身。用社会压迫的方式替代传统的缺陷理解,对残障者本人是一种解放。不同于甄别个体有无缺陷问题,社会模式认为社会是有错误的。人们不需要因"**异常**"而自我愧疚或深感哀伤,反之,人们可以因社会歧视而感到愤怒。因此,残障者可以从不同的角度去认识自我,并得以赋权而去动员社会的改变,或者可以争辩说是社会而不是残障者需要变革。① 英国残障社会模式的另一重要贡献在于:它以简单、清晰、易于理解的方式表达了它的政治策略。社会障碍了残障者(Disabled people are disabled by society)。因此,优先要做的就是移除社会障碍,而非要求更优质的康复服务、治疗、理疗和训练,这一策略是社会需要改变。②

事实上,尽管英国的残障社会模式声名远播寰宇,但它本身也遭到了很多质疑。实际上,社会模式充满争议。残障研究目前的很多核心争论都围绕着它,对这一模式的概念化和实际益处在残障研究和残障社会运动领域里也有很多激烈讨论。③ 以下将简要描述一些对它的批判和讨论。

对英国残障社会模式的一个普遍指责在于,它过分强调社会的和结构的障碍,而忽略了残障文化和体验等维度。④ 社会模式也因未反映或说明特定损伤人群,如智力障碍者和听障人士的经验、需要和利益而遭到了批判。⑤ 这

---

① Shakespeare,T.(2006).*Disability Rights and Wrongs.* London:Routledge;Thomas,C.(1999). *Female Forms:Experiencing and Understanding Disability.* Buckingham:Open University Press.

② Barnes,C.and Mercer,G.(2001).The Politics of Disability and the Struggle for Change.In L. Barton(ed.).*Disability,Politics and the Struggle for Change*(pp.11-23).London:David Fulton;Barnes and Mercer,*supra* note 22;Barton,*supra* note 1.

③ An overview of these debates can be found in Shakespeare,T.(2006).*Disability Rights and Wrongs.* London:Routledge.

④ Corker,M.and French,S.(eds.)(1999).*Disability Discourse.*Buckingham:Open University Press;Gustavsson et al.,*supra* note 4;Shakespeare,T.and Watson,N.(2001).The Social Model of Disability:An Outdated Ideology? In S.Barnatt and B.M.Altman(eds.),*Exploring Theories and Expanding Methodologies:Where We Are and Where We Need to Go.* Research in Social Sciences and Disability, (pp.9-28).London:Elsevier Science.

⑤ Corbett,J.(1996).*Bad Mouthing:The Language of Special Needs.*London:Falmer Press;Corker,M.(1998).*Deaf and Disabled or Deafness Disabled?* Buckingham:Open University Press;Goodley and Van Hove,*supra* note 8.

一批判进而提出，残障社会模式排斥了或边缘化了残障社群中有性取向、族群和社会性别差异的大量人群。① 尽管，英国残障社会模式为残障者运动和联合的政治行动提供了一个重要的、可凝聚人心的论点，但一些人声称作为一个社会理论基础，残障社会模式是不充分的、有缺陷的、存在着严重的不一致性。②

女权主义者也曾经是批判英国残障社会模式人群中的组成部分。③ 女权主义者批判的一个方面是残障社会模式者们对损伤（生物性）和残障（社会性）的区分。女权主义者指出，在这样的区分过程中，这一模式忽略了"**损伤**"在人们日常生活及残障理论中的重要性。④ 女权主义者认为社会模式在这个方面存在的问题，根源于本质主义和现代主义的二元论思想。⑤ 女权主义者对英国残障社会模式的另一个批判是关于个体、特别是个体损伤经验在社会模式中的地位问题。诸如利兹·克鲁（Liz Crow）和珍妮·莫瑞斯（Jenny Morris）等作者指出，将损伤界定为"**私人的和个体的**"（private and personal），反映了传统父权思想，后者区分了个人和公共、私人和社会。⑥ 另一个类似的观点来自卡罗尔·托马斯（Carol Thomas），她批评残障社会模式对物质世界

① Thomas, C. (1999). *Female Forms: Experiencing and Understanding Disability.* Buckingham: Open University Press.

② Shakespeare and Watson, *supra* note 28; Shakespeare, T. (2004). Social Models of Disability and Other Life Strategies. *Scandinavian Journal of Disability Research*, 6(1), pp.8–21.

③ See feminist disability scholar Carol Thomas for an overview of this critique; Thomas, *supra* note 3.

④ Thomas, C. (1999). *Female Forms: Experiencing and Understanding Disability.* Buckingham: Open University Press.; Morris, J. (ed) (1996). *Encounters with Strangers: Feminism and Disability.* London: The Women's Press; Crow, L. (1996). Including All of Our Lives: Renewing the Social Model of Disability. In J. Morris (ed.) *Encounters with Strangers: Feminism and Disability* (pp. 206–226). London: The Women's Press.

⑤ Corker, M. (1998). *Deaf and Disabled or Deafness Disabled?* Buckingham: Open University Press; Corker, M. and French, S. (eds.) (1999). *Disability Discourse.* Buckingham: Open University Press.

⑥ Crow, L. (1996). Including All of Our Lives: Renewing the Social Model of Disability. In J. Morris (ed.) *Encounters with Strangers: Feminism and Disability* (pp. 206–226). London: The Women's Press; Morris, J. (ed) (1996). *Encounters with Strangers: Feminism and Disability.* London: The Women's Press; Thomas, C. (2001). Feminism and Disability: The Theoretical and Political Significance of the Personal and the Experiential. In L. Barton (ed.), *Disability, Politics and the Struggle for Change* (pp. 48–58). London: David Fulton.

里"**行动的局限**"有成见,并主张发展"**社会关系取向**"的重要性,后者对残障的心理—情感方面有更好的解释力。①

### (二)北欧关系性取向的残障模式

在北欧诸国中,如何理解残障是和公民权与平等等基本理念高度相关的,后者是北欧福利国家存在已久的基本原则和价值。② 这一理解中涉及残障者的核心部分可以溯源至 20 世纪 60 年代,当时北欧的作者们正在系统阐述正常化原则。③ 北欧福利国家的这一社会情境,对北欧诸国早期发展正常化理念起到了至关重要的作用。早期人们对长期住宿机构(long-stay institutions)的批判,经常集中于这些机构违反人权和令人不能接受的生活状况。④ 理解20 世纪 70 年代正常化发展的一个路径,是把它视为试图确保福利供给和公民权利扩展到全体民众的一次尝试,这就包括了之前遭排斥的残障社群。⑤这一尝试伴随着对当时主导的生物医学/治疗学观点的根本性质疑,并引发了20 世纪 70 年代对残障和残障政策的反思。这其中正常化成为了指导性原

---

① Thomas, C. (1999). *Female Forms: Experiencing and Understanding Disability*. Buckingham: Open University Press; Thomas, C. (2002). Disability Theory: Key Ideas, Issues and Thinkers. In C. Barnes, M. Oliver, and L. Barton, (eds.), *Disability Studies Today* (pp. 38-57). Cambridge: Polity Press; Thomas, C. (2004). Rescuing the Social Relational Understanding of Disability. *Scandinavian Journal of Disability Research*, 6(1), pp.22-36.

② A. Gustavsson, J. Sandvin, R. Traustadóttir and J. Tøssebro (eds.), *Resistance, Reflection and Change: Nordic Disability Research* (pp. 23-44). Lund: Studentlitteratur.

③ Bank-Mikkelsen, N.E. (1969). A Metropolitan Area in Denmark: Copenhagen. In R. Kugel and W. Wolfensberger (eds.) *Changing Patterns in Residential Services for the Mentally Retarded* (pp. 227-254). Washington, DC: President's Committee on Mental Retardation; Grünewald, K. (1969). A Rural County in Sweden. In R. Kugel and W. Wolfensberger (eds.) *Changing Patterns in Residential Services for the Mentally Retarded* (pp. 255-287). Washington DC: President's Committee on Mental Retardation.

④ Grünewald, K. (ed.) (1971) *Manniskohantering på totala vårdsinstitutioner: Från dehumanisering til normalisering*. (*Treatment of People in Total Institutions: From Dehumanization to Normalization*). Stockholm: Natur och Kultur.

⑤ Grünewald, K. (ed.) (1989). *Medicinska omsorgsboken* (*The Book of Medical Care*). Stockholm: Natur och Kultur; Kristiansen, K. (1993). *Normalisering og verdsetjing av sosial rolle* (*Normalization and Social Role Valorization*) Oslo: Kommuneforlaget; Stangvik, G. (1987). *Livskvalitet for funksjonshemmede* (*Quality of Life for the Disabled*). Oslo: Universitetsforlaget.

则。新政策勾画出了残障者的权利,要求终止隔离式服务,并认为不在于如何努力地改变残障者,而应调整环境和社会,以利于有损伤者的融入。这些思考着力于环境的重要性,为了让残障者得以融入日常生活,社会变革非常重要。① 这种转变并不意味着在理解残障问题上,北欧只有一种取向。相反,这是一组思潮,与着眼于个体和与之相关的治疗学叙述不同,它们着眼于聚焦环境和社会情境中的问题界定和方案目标。尽管北欧强调残障的社会—情境因素,但是这一新的取向并没有区分在生物意义的损伤和社会—关系意义的残障,而后者对英国残障社会模式不可或缺。事实上,很多人发现在北欧各国语言中作那样的区分很困难,北欧的各种概念和英语中的"**残障**"很类似,它是一个总括的词汇,指有损伤的各类人群。

北欧学者扬·托索卜偌(Jan Tøssebro)指出,北欧对残障最普遍的理解是"**关系性取向**"。尽管北欧对残障并无统一的理解,但是这一取向在北欧各国的意识形态、原则和定义上,在社会科学文献和政府政策文件中都相当普遍,这一取向的主要特点托索卜偌总结如下:②

第一,残障是个人能力和更大范围内的社会环境要求上,个人和环境之间的错误匹配或"**糟糕地适应**"。发生这一情况,一是因为个人在特定范围中没有能力,二是因为环境对于人类多样性的整个范围未能调适好。依此,个体因局限、疾病或损伤而导致他或她在日常生活中经历的明显障碍被界定为残障。因此残障是个体和大的社会之间的一种关系。

第二,残障是依赖于情况或情境的。某一特定的损伤是否为残障,有赖于情况或情境。如果每个人都使用手语,聋可能就不是一种残障了,而一个盲人在使用电话交谈时也是无残障的。

第三,残障是相对的。托索卜偌使用智力障碍做一例证。20 世纪的欧

① Tøssebro, J. and Kittelsaa, A. ( eds.) ( 2004 ). *Exploring the Living Conditions of Disabled People.*Lund：Studentlitteratur.

② Tøssebro, J. ( 2002 ).Leaving the Individual Out：Practical and Logical Problems.Paper presented at a Plenary Symposium"Understanding Disability：The UK Social Model and the Nordic Relational Approach"at the 6th NNDR Conference, *Disability Research*, *Theory and Practice*, pp.22－24 August, Reykjavík, Iceland；Tøssebro, J. ( 2004 ). Understanding Disability：Introduction to the Special Issue of SJDR.*Scandinavian Journal of Disability Research*, 6( 1 ), pp.3－7.

洲,各国智商诊断的界限从 IQ=50 到 IQ=85 不等。依据这样的界定,0.5%到 15%的人口可能会被诊断为智力障碍。托索卜偌认为这说明了残障定义的建构性因素,我们社会性地构建了对残障的理解的一个重要因素是我们非此即彼地武断。①

北欧对残障的理解,强调了个体因素和环境之间复杂的情境互动。北欧诸国普遍接受了这一关系性进路,而且在大多数政策文件中都可寻其踪迹。但是,这一进路,作为对残障的理论化理解没有能够发育完全,且关系性概念的操作化在面对福利供给、特殊教育和其他服务时显得很困难,这些福利服务继续依赖医学诊断和心理学评估来决定谁有资格得到这些服务。② 尽管英国残障社会模式和北欧的关系性取向存在一些明显差异,但它们之间也有很明显的、强烈的相似性。因此,围绕英国残障社会模式的讨论和争议也激发了北欧在残障含义上的对话,并给北欧学者和社会活动家们提供了继续发展对残障社会—关系理解上的新视角。③

### (三)北美少数族群模式

20 世纪 60 年代的那些残障社会活动家是基于美国激进的社会—情境来理解残障的。与其他事情一道,他们引领了独立生活运动和反歧视立法的发展。④ 北美学者和社会活动家也发展出了对残障的社会理解,但他们对"**残障**"的再界定,没能像英国残障社会模式那样影响深远。英国的残障社会模

---

① Tøssebro(2002),ibid.

② Tøssebro,J. and Kittelsaa, A. ( eds.) ( 2004). *Exploring the Living Conditions of Disabled People*.Lund:Studentlitteratur.

③ A.Gustavsson, J. Sandvin, R. Traustadóttir and J. Tøssebro ( eds.), *Resistance, Reflection and Change:Nordic Disability Research* ( pp. 23–44).Lund:Studentlitteratur.

④ Albrecht,G.L. ( 2002). American Pragmatism, Sociology and the Development of Disability Studies.In C.Barnes,M.Oliver and L.Barton, ( eds.), *Disability Studies Today*( pp. 18–37).Cambridge:Polity Press; DeJong, G. ( 1981 ). The Movement for Independent Living: Origins, Ideology and Implications for Disability Research.In A.Brechin, P.Liddiard and J.Swain( eds.), *Handicap in a Social World.* Sevenoaks:Hodder and Stoughton,in association with the Open University;Hahn,H.(2002).Academic Debates and Political Advocacy:The US Disability Movement.In C.Barnes,M.Oliver,and L.Barton( eds.), *Disability Studies Today*( pp. 162–189).Cambridge:Polity Press.

式者们是把残障概念化为社会压迫，而北美的走向则主要把残障者的概念作为一个少数族群发展起来的，这也符合北美的传统思想。很多北美作者认为对残障者的偏见和歧视可以通过公民权立法给予纠正，这些法律也可保障民众的权利。① 北美理论家们的作品还探索了残障的社会、文化和政治等维度。② 然而这一学术传统并没有对生物学的（损伤）和社会的（残障）作严格的区分，而后者是英国残障社会模式的关键因素。因此，在北美"**（有）残障（的）人士**"（people with disabilities）比英国政治正确（politically correct）的"**（被）障碍（的）人**"（disabled people）使用得更普遍，而后者指明社会障碍了人，把残障置身于社会情境下，而非一个个体特征。

尽管英国、北欧和北美的残障模式有差异，但清楚的是，北美的理解也是重点强调了社会环境的角色。早在 1978 年，弗兰克·鲍恩（Frank Bowe）就甄别出六类社会障碍：建筑环境的、态度的、教育的、法律的、职业的和个人的。③ 其他一些学者，如阿缪德森（Amundsen）也检视了环境而非个体的无能是如何限制了残障者。④ 现今，北美残障研究的大多数写作，也都呼应了英国和北欧国家发现的社会的和关系的状况。北美总体的模式是社会和文化的，并非医学和个体的。

因此，尽管"**社会模式**"在不同国家有不同的概念和表达，但还是有很多一致特征的。这些人群中对促进残障的社会—情境理解的辩论，可能令人费解。然而那些关注于残障者人权和支持这些权利的法律发展还是分享了总体

① Hahn, H. (2002). Academic Debates and Political Advocacy: The US Disability Movement. In C. Barnes, M. Oliver, and L. Barton ( eds. ), *Disability Studies Today* ( pp. 162 – 189 ). Cambridge: Polity Press; Rioux, M. H. (2002). Disability, Citizenship and Rights in a Changing World. In C. Barnes, M. Oliver, and L. Barton ( eds. ), *Disability Studies Today* ( pp. 210–227 ). Cambridge: Polity Press.

② Hahn, H. (2002). Academic Debates and Political Advocacy: The US Disability Movement. In C. Barnes, M. Oliver, and L. Barton ( eds. ), *Disability Studies Today* ( pp. 162 – 189 ). Cambridge: Polity Press; Ingstad, B. and Whyte, S. R. ( eds. ) ( 1995 ). *Disability and Culture*. Berkeley: University of California Press; Rioux, *ibid*; Snyder, S. L., Bruggemann, B., Thomson, R. G. ( eds. ) ( 2002 ). *Disability Studies: Enabling the Humanities*. New York: Modern Language Association; Snyder, S. L. and Mitchell, D. T. ( 2006 ). *Cultural Locations of Disability*. Chicago: University of Chicago Press.

③ Bowe, F. ( 1978 ). *Handicapping America*. New York: Harper and Row.

④ Amundsen, R. ( 1992 ). Disability, Handicap, and the Environment. *Journal of Social Philosophy*, 23 ( 1 ), pp. 105–118.

一致的理解,这一理解可以让人们跨越国界和学科团结在一起。

# 五、残障研究和法律发展

残障研究在很多方面都影响了法律发展,最重要的一点就是重新界定了"问题",即,从对残障的个体、生物—医学理解转向了社会—情境的关注。这也改变了在国际文件和分类系统中残障的界定和表达方式,如《国际损伤、残疾和障碍分类》(*International Classification of Impairments*,*Disabilities and Handicaps*/ICIDH)①和《国际功能、残障和健康分类》(*International Classification of Functioning*,*Disability and Health*/ICF)。② 残障的社会理解也是联合国《残疾人机会均等标准规则》(*Standard Rules on the Equalization of Opportunities for Persons with Disabilities*)的一个重要方面,新的社会—情境的残障理解被表述如下:

> 接近20世纪60年代末期时,一些国家的残疾人组织开始拟订一个新的残疾人概念。这一新概念表明了残疾者个人遇到的限制不但与环境设计和结构密切相关,而且也与人们的态度密切相关。与此同时,发展中国家的残疾人问题日益受到人们的注意。据估计,有些发展中国家的残疾人口比例非常高,而且大部分残疾人都极为贫穷。③

对残障的社会理解,也是联合国《残疾人权利公约》的一个奠基石。《公约》的注意力在于社会—关系的模式上,并强调了个人和社会环境之间的互动。《公约》的序言勾画了它的基础并陈述了它:

> ……确认残疾是一个演变中的概念,残疾是伤残者和阻碍他们在与其他人平等的基础上充分和切实地参与社会的各种态度和环境障碍相互

---

① International Classification of Impairments,Disabilities,and Handicaps,World Health Organization(1980).

② International Classification of Functioning,Disability and Health,World Health Organization(2001).

③ Standard Rules on the Equalization of Opportunities for Persons with Disabilities,GA Res. 48/96(1993),Introduction,para. 5.

作用所产生的结果……①

《残疾人权利公约》和联合国《残疾人机会均等标准规则》相比，前者对社会障碍的说明进行了更为强烈地强调，表明了一个对社会理解的更坚定的承诺。它也暗示着许多、甚至是绝大多数残障者所经历的困难是社会障碍造成的。

# 六、结　论

本文检视了残障权利运动、残障研究、残障社会模式和法律发展之间的关系。特别探索了"**社会模式**"的政治和学术起源，并勾勒出这一崭新的社会—情境和关系本质的残障概念化中的一些各异的进路。本文还讨论了残障研究的起源和主要特色，它如何被影响以及如何影响了残障者运动中的各类社会和政治行动。残障研究和学界对残障权利运动最重要的贡献是重新界定了残障，并对残障崭新的社会理解进行了阐释。残障研究学者已经把残障进行了理论化，而对残障者的社会压迫成为社会得以组织起来、从事基本活动的产物，由此创造了对残障的崭新的社会—情境理解。这一概念化经常被介绍为"**社会模式**"，而后者为残障者全面参与和人权的国际法律发展提供了知识。

（李　敬译　黄　裔校）

---

① Convention on the Rights of Persons with Disabilities, GA Res. 61/106（2007）, Preamble, para.e.

# 走出黑暗　迎接光明:《残疾人权利公约》导论

[澳大利亚]萝丝玛丽·卡耶斯、菲利普·弗兰奇

## 导　　言

2006 年 12 月 13 日,联合国大会(GA)通过了《残疾人权利公约》(以下或简称《公约》)及其相关的任择议定书(《残疾人权利公约任择议定书》,以下或简称《任择议定书》)。① 《公约》是 21 世纪②联合国通过的第一个人权公约,人们赞誉它是有史以来谈判最快的一个公约。③ 一开始,国际社会就以空前的热情欢迎《公约》。2007 年 3 月 30 日,在开放签署仪式上,81个国家和欧盟④签署了《公约》,这是所有人权公约公开签署当天,签署国数

① The CRPD and the CRPD Optional Protocol were adopted during the 61ˢᵗ session of the General Assembly:see GA Res. 61/611,13 December 2006,A/61/611;15 IHRR 255. See Disabilities' Handbook on the Convention on the Rights of Persons with Disabilities and its Optional Protocol,(Geneva:OHCHR,2007),available at:http://www.ohchr.org/english/about/publications/docs/ExclusionEqualityDisabilities.pdf [last accessed 13 November 2007].

② The International Convention on the Protection of All Persons from Enforced Disappearance 2006,GA Res. 61/177,20 December 2006,A/61/488,was adopted by the GA one week later.

③ Official Statement of the UN Secretary-General,Secretary General Hails Adoption of Landmark Convention on Rights of People with Disabilities,13 December 2006,SG/SM/10797,HR/4911,L/T/4400,available at:http://www.un.org/News/Press/docs/2006/sgsm10797.doc.htm [last accessed 13 November 2007].

④ The CRPD and its Optional Protocol are the first UN human rights treaties to be signed by the European Union.Under Article 44 of the CRPD and Article 12 of its Optional Protocol the European Union may act on behalf of its members in relation to the treaties to the extent of its mandate,which must be the subject of a formal declaration,deposited with the Secretary-General.While the European Union may also ratify the treaties,only the direct ratifications of its member States count towards the treaties coming into force.

量最多的一次。① 44 个国家还同时签署了《任择议定书》。截至 2007 年 12 月，120 个国家签署了《公约》,67 个国家签署了《任择议定书》。② 《公约》将在第二十份批准文书递交(联合国)秘书长后的第 30 天生效。在《公约》生效情况下，《任择议定书》将在第十份批准文书交存后的第 30 天生效。③ 截至 2007 年 12 月底,14 份加入《公约》的批准文书和 7 份加入《任择议定书》的文书已交存。④

# 《公约》的意义

人们赞誉《公约》的制定是人权领域残障者需求和关切变革斗争中一个重要的里程碑。联合国秘书长注意到《公约》通过的日期,正好是西方基督教历书中的圣露西日(day of St.Lucy),这是掌管失明与光的守护神。他称这预示着"一个新时代的开启。在这一时代中,残障人将无须忍受那些人们纵容已久的歧视性做法与态度了"⑤。在《公约》开放签字仪式上,欧洲残障论坛

---

① Report of the Secretary-General as to the Status of the Convention on the Rights of Persons with Disabilities and the Optional Protocol, 14 August 2007, A/62/230, at para. 4, available at: http://www.ohchr. org/english/issues/disability/docs/A. 62. 230. en. doc [last accessed 13 November 2007].See also UN Press Release,Record number of countries sign UN treaty on disabilities on opening day,30 March 2007, available at: http://www.un. org/apps/news/ story. asp? NewsID = 22085&Crl = [last accessed 13 November 2007].

② The United Nations maintains an up-to-date register of nations that have signed and ratified the treaties on its UN Enable website, available at: http://www. un. org/disabilities/countries.asp? navid = 12&pid = 166 [last accessed 13 November 2007].

③ Article 45,CRPD and Article 13,CRPD Optional Protocol respectively.

④ Jamaica ratified the CRPD at its Signature Opening Ceremony on 30 March 2007.Since then the CRPD has been ratified by Panama,Hungary,Croatia,Gabon,Cuba and India.So far,Panama,Hungary and Croatia have ratified the Optional Protocol, see The United Nations maintains an up-to-date register of nations that have signed and ratified the treaties on its UN Enable website, available at: http://www.un. org/disabilities/countries.asp? navid = 12&pid = 166 [last accessed 13 November 2007].

⑤ Official Statement of the UN Secretary-General,Secretary General Hails Adoption of Landmark Convention on Rights of People with Disabilities, 13 December 2006, SG/SM/10797, HR/4911, L/T/4400,available at: http://www. un. org/News/Press/docs/2006/sgsm10797.doc. htm [last accessed 13 November. 2007].

（European Disability Forum）主席,代表国际残障联盟（International Disability Caucus）①讲话,重提"如一道亮光射入黑暗"的暗喻,他援引贝托尔特·布莱西特（Bertolt Brecht）的话:

> 有些人生活于黑暗中;
>
> 而一些人则处于光明;
>
> 我们看到了那些生活于光明处的人,
>
> 而对那些黑暗中的人却熟视无睹。

《公约》将带领那些身处黑暗中的人走进光明。②

特设委员会主席麦凯（Mackay）大使重申在《公约》谈判过程中,各国代表和各非政府组织代表的主张共同形成了《公约》文本。他指出《公约》的特别之处在于,它体现出对残障的社会福利反应向以权利为基础模式的"**范式转变**"。③ 联合国人权事务高级专员也认为,《公约》的特色在于体现了态度上的范式转变;她还把《公约》概括为,拒绝"把残障人看作慈善、医学治疗和社会保护的对象的观点",而是把残障者确定为"权利的主体,作为具有能动性的社会成员可以主张他们自己的权利"。④

---

① The International Disability Caucus was a coalition of international, regional and national non-government organisations（principally disabled peoples' organisations）accredited as observers to the GA Ad Hoc Committee responsible for the development of the CRPD. It claimed a participating membership of more than 70 such organisations.

② UN Press Release, Record number of countries sign UN treaty on disabilities on opening day, 30 March 2007, available at: http://www.un.org/apps/news/ story.asp? NewsID = 22085&Crl = ［last accessed 13 November 2007］. quoting Yannis Vardakastanis for the International Disability Caucus. These words are an English translation of lines from 'The Ballad of Mack the Knife' from The Three penny Opera, 1928.

③ Ambassador Don MacKay, Permanent Representative of New Zealand in the UN and Chair of the Ad-Hoc Committee on a Comprehensive and Integral International Convention on the Protection and Promotion of the Rights and Dignity of Persons with Disabilities, Commentary at a High-Level Dialogue held in association with the Signature Ceremony of the Convention, From Vision to Action: The Road to Implementation of the Convention on the Rights of Persons with Disabilities, New York, 30 March 2007, available at: http://www.un.org/disabilities/default.asp? id? 160 ［last accessed 13 November 2007］.

④ Statement by Louise Arbour UN High Commissioner for Human Rights on the Ad Hoc Committee's adoption of the International Convention on the Rights of Persons with Disabilities, 5 December 2006, available at: http://www.ohchr.org/English/issues/disability/docs/statementhcdec06.doc ［last accessed 13 November 2007］.

这一范式转变还包括了在《公约》磋商过程中，残障者和他们的代表组织显而易见处在了中心位置。《公约》的谈判，也由于具有代表性的公民社会组织最大限度地参与而广受赞誉。历数人权公约的缔约历史，本次残障者及残障者组织的参与都是史无前例的。[①] 事实上，《公约》的制定和未来的实施，再次表达出了在"没有我们的参与，不可做事关我们的决定"（nothing about us without us）的原则下，政府的和非政府的各类主体在联合国和世界范围内残障社群中的长期伙伴关系。[②] 人们普遍认为，《公约》是对世界上"**最大的少数人群**"[③]主张他们权利的最终赋权。通过这一特定公约的承认和保护，这些人在与他人平等的基础上，参与了国内外事务。[④]

---

① Many officials made this point in addresses to the Opening for Signature Ceremony, and in the associated Press Conference. For example, Juan Manuel Gomez Robledo, Mexico's Under-Secretary for Multilateral Affairs and Human Rights, said 'the negotiating process had been unprecedented in the history of the United Nations because disability-rights activists and representatives of non-governmental organisations had participated in the talks on a nearly similar footing as Member States.' See UN Press Release, Press Conference by High Commissioner for Human Rights on Signing of Convention, 30 March 2007, available at: http://www.un.org/News/briefings/docs//2007/070330_Disabilities.doc.htm [last accessed 13 November 2007].

② See, for example, Statement by Hon Ruth Dyson, Minister for Disability Issues, New Zealand Mission to the UN, for Formal Ceremony at the Signing of the Convention on the Rights of Persons with Disability, 30 March 2007: 'Just as the Convention itself is the product of a remarkable partnership between governments and civil society, effective implementation will require a continuation of that partnership.' The negotiating slogan 'Nothing about us without us' was adopted by the International Disability Caucus, available at: http://www.un.org/esa/socdev/enable/documents/Stat_Conv/nzam.doc [last accessed 13 November 2007].

③ The UN estimates that there are 650 million persons with disability in the world. This estimate is based on a population incidence of 10%. Reported population incidence varies widely from 51%( e.g. Yemen 0.5%)to more than 30%( e.g. Norway 33% in urban population and 39% in rural populations), see DISTAT, The United Nations Disability Statistics Database, Human Functioning and Disability, available at: http://unstats.un.org/unsd/demographic/sconcerns/disability/disab2.asp [last accessed 13 November 2007].

④ See, for example, statements made by the High Commissioner for Human Rights, Louise Arbour, and the Permanent Representative of New Zealand and Chair of the Ad-Hoc Committee on a Comprehensive and Integral International Convention on the Protection and Promotion of the Rights and Dignity of Persons with Disabilities, Ambassador Don Mackay, at a Special Event on the Convention on Rights of Persons with Disabilities, convened by the UN Human Rights Council, 26 March 2007, available at: http://www.unog.ch/ 80256EDD006B9C2E/( httpNewsByYear_en)/7444B2E219117CE 8C12572AA004C5701? Open Document [last accessed 13 November 2007].

也许,对新的人权公约充溢着如此夸张和希望并非不同寻常。即便如此,《公约》的各种主张无论用什么标准来衡量也都是非凡的。在这篇文章里,我们研究《公约》文本,批判地检视它对残障者权利实现的潜在贡献。我们通过研读《公约》发展的思想历程——这二十五年来它在国际法上时断时续的发展以及在残障和人权领域的抗争,展开相关讨论。尽管,我们没有理由对《公约》的前景悲观,但我们希望,我们的分析可以为一个不断推进中的《公约》诠释和实施的对话,带来一定的务实精神和策略。

## 一、光明的源头:思想历程

当代残障概念的核心是系统性的社会不利观(systemic disadvantage)。据此,社会结构隔离并排除了残障者对社会的全面参与,造成了对残障者的歧视。人们是通过社会结构和实践中的压迫得到了对"**残障**"的理解和体验。这种压迫既通过否认和贬低人格①作用于残障个体,也通过否认和贬低公民参与,②系统地作用于那些有着"**残障**"标签的人们。

这一看待残障者经历的方式和大多数人所熟悉的方式不同。历史上,残障者是怜悯的对象、家庭和社会的负担。根据后一观点,残障是一出"**个人悲剧**"。残障人士成为了巨大不幸的牺牲品,通过各种方式,人们要么认为残障者社会性死亡(socially dead)或生不如死;要么认为残障者被迫安于他们自己的局限中;要么认为残障者通过巨大的脑力和体力努力,勇敢地、成功地克服了那些限制。③ 在对"**苦难**"的认识上,后一观点聚焦于特定状况或损伤,以及

①　For example,in popular culture persons with disability may be referred to as 'vegetables', 'monsters',and 'freaks'.

②　For example,in many countries persons with intellectual and psycho-social impairments have been,and may still be,denied democratic voting rights.

③　See generally Oliver,Understanding Disability:From Theory to Practice(Hampshire:Macmillan,1996);and Finkelstein,Attitudes and Disabled People:Issues for Discussion(New York:World Rehabilitation Fund, 1980 ), available at: http://www. leeds. ac. uk/disability-studies/archiveuk/finkelstein/Reflections%20on%20the%20Social%20Model%20of%20Disability. pdf[last accessed 13 November 2007].

通过提供矫正、治疗、照顾和保护来改变残障者，以使他能够融入社会常规。①
这些泛称为残障的医学模式。这一模式尽管有争议，但却是现代历史上最具
影响力的残障观念。② 正如一位评论家观察的那样，医学模式：

  ……已经引导和主宰了临床实践，随之产生的假设把问题和解决之
道都置于残障者自身、而非社会之中了。③

这些"残障印象"（迈克尔·奥列弗/Michael Oliver 的话）强烈地固化了这
样的想法，即损伤本身导致了局限，却没有意识到社会环境障碍了有损伤者。
这些印象主导了对有损伤者的政策反应，导致了一种消极态度和歧视做法得
以长期存在的障碍文化，并最终压制和排斥了残障人士。④

  与之相反，残障社会模式把残障的经历置于社会环境而非损伤中。这一
模式带有行动的内涵，即，为了残障者参与和融入生活，要祛除那些社会的和

---

① Michael Oliver locates the origins of disability as a socially constructed category at the beginning of the Industrial Revolution. He argues that one of the most important differences between the pre- and post-industrial revolution is the replacement of the notion of impairment as something conferred by an external, often supernatural, force with rational and scientific explanations. The Industrial Revolution resulted in a classification of people according to their ability to contribute to the forces of production. The boundaries of the concept of normal were restricted by the individual's capacity to participate in economic life. Impaired persons were seen as unproductive with little social value or individual human worth and were exiled from the productive centre into institutions and an existence outside society where their only claim to social resources was in the charity of others. This resulted in an environment constructed on an able-bodied, productive norm. See Oliver, Understanding Disability: From Theory to Practice (Hampshire: Macmillan, 1996); and Finkelstein, Attitudes and Disabled People: Issues for Discussion (New York: World Rehabilitation Fund, 1980), available at: http://www. leeds. ac. uk/disability-studies/archiveuk/finkelstein/Reflections%20on%20the%20Social%20Model%20of%20Disability. pdf [last accessed 13 November 2007].

② The medical model views disability as a deficiency or deviation from the norm, located in the individual, and carries an action implication to treat or change the person so that they can conform to existing social processes and structures. This treatment is typically provided in service systems and settings isolated from the general community. The medical model is not confined to the health domain, but for many persons with disability, has pervaded all areas of life. Examples include institutional residential services, special education systems and sheltered employment.

③ French, 'What is Disability?' in French (ed), On Equal Terms-Working with Disabled People (Oxford: Butterworth-Heinemann, 1994) at 4.

④ Finkelstein and Stuart, 'Developing New Services', in Hales (ed.), Beyond Disability: Towards an Enabling Society (London: Sage Publications, 1996) at 175–176.

物理的阻隔。残障社会模式是一个广义残障理论的通用表示。它产生于 20 世纪 60 年代中期，主要源自英国的残障权利运动。① 这一模式包括了残障社会活动家对作为社会压迫的"**残障**"所进行的学术性的再度诠释。② 它是对矫正、治疗、照顾和保护议程彻底地重新聚焦。它接受损伤是人类多样性的一个积极方面，并质疑和摒弃社会常规所导致的排斥。社会模式概念很快就广为人知，③并得以国际化。它成为残障研究和残障权利倡导中占主导地位的参

---

① The concept emerged in the mid 1960s through the reflections and writings of Paul Hunt, a British disability rights activist. It crystalised in 1976, when Hunt and his colleagues within the UK organisations Union of the Physically Impaired Against Segregation( UPIAS ) and The Disability Alliance published Fundamental Principles of Disability. Being a Summary of the Discussion Held on 22 November 1975, November 1976, available at: http://www. leeds. ac. uk/disability-studies/archiveuk/UPIAS/fundamental%principles.pdf [ last accessed 14 November 2007 ], which claimed that disability is 'the disadvantage or restriction of activity caused by a contemporary social organisation which takes little or no account of people who have physical impairments and thus excludes them from participation in the mainstream of social activities.' See also Finkelstein, Reflections on the Social Model of Disability: The South African Connection, 13 April 2005, available at: http://www. leeds. ac. uk/disabilitystudies/ archiveuk/finkelstein/Reflections%20on%20the%20Social%20Model%20of%20Disability.pdf [ last accessed 13 November 2007 ].

② See Oliver, Understanding Disability: From Theory to Practice( Hampshire: Macmillan, 1996 ); Michael Oliver locates the origins of disability as a socially constructed category at the beginning of the Industrial Revolution. He argues that one of the most important differences between the pre-and post-industrial revolution is the replacement of the notion of impairment as something conferred by an external, often supernatural, force with rational and scientific explanations. The Industrial Revolution resulted in a classification of people according to their ability to contribute to the forces of production. The boundaries of the concept of normal were restricted by the individual's capacity to participate in economic life. Impaired persons were seen as unproductive with little social value or individual human worth and were exiled from the productive centre into institutions and an existence outside society where their only claim to social resources was in the charity of others. This resulted in an environment constructed on an able-bodied, productive norm; Finkelstein, Attitudes and Disabled People: Issues for Discussion( New York: World Rehabilitation Fund, 1980 ), available at: http://www. leeds. ac. uk/disability-studies/archiveuk/finkelstein/Reflections%20on%20the%20Social%20Model%20of%20Disability. pdf[ last accessed 13 November 2007 ]; Barnes, Disabled People in Britain and Discrimination( London: Hurst and Co, 1991 ); Abberley 'The Concept of Oppression and the Development of a Social Theory of Disability', ( 1987 )2 Disability, Handicap and Society 5; and Quinn, 'The Human Rights of People with Disabilities under EU Law,' in Alston, Bustelo and Heenan( eds ), The EU and Human Rights( Oxford: Oxford University Press, 1999 ) at p.281.

③ The very simplicity of the idea that 'people are disabled by society' has been enormously effective in highlighting systemic discrimination and mobilising political action for social change.

照框架。这一社会模式的两重性具有重要意义，即社会模式既是残障的一个理论，也是残障权利的一个宣言。

作为残障的一种理论，社会模式不断演变发展。特别是在批判性残障理论的影响下，社会模式作为对全部残障经验具有启发性的解释，已经注意到了自身传统表述中的问题。社会模式的核心主题是残障而非损伤导致了局限，因为它不能识别和解决个人因损伤而非残障所导致的那些真正的问题而饱受批评。那些问题源于健康、福祉和个人的可行能力。① 然而，这种批评在更广义的残障权利运动中颇有争议。② 因此，结果是，这种批评，对作为一个残障权利宣言的社会模式并无多少影响。事实上，作为残障权利宣言的社会模式已经进入一个相反的理论方向，它更接近于一个激进的社会建构的残障观。在这一观点中，损伤根本就没有现实基础。③ 一如我们随后要讨论的，社会模式对于《残疾人权利公约》的形成具有巨大影响。然而，理解社会模式的影响，主要是源自把社会模式作为残障权利宣言的平民主义的概念化，以及它趋于激进的社会建构主义的残障观，而不是作为残障批判性理论的当代表达，这

---

① See Shakespeare and Watson, 'The Social Model of Disability: An Outdated Ideology?', (2002) 2 Research in Social Science and Disability 9, available at: http://www.leeds.ac.uk/disability-studies/archiveuk/Shakespeare/social%20model%20of%20disability.pdf [last accessed 13 November 2007]; and Corker and Shakespeare (eds), Disability/Postmodernity: Embodying Disability Theory (London: Continuum, 2002).

② See, for example, Light, 'Social Model or Unsociable Muddle?' at Disability Awareness in Action web site, available at: http://www.daa.org.uk/social_model.html [last accessed on 26 October 2007], where critical disability studies are positioned as 'harmful,' 'repeated attacks' on the social model, as offering 'no acceptable alternative' to persons with disability, and critical scholars are accused of forgetting that the 'social model originated with us [that is, disabled persons], and that we still have use for it.'

③ This was particularly evident in the Ad Hoc Committee debate concerning a definition of disability. As we shall discuss later in this paper, on a number of occasions the International Disability Caucus intervened in the debate claiming the right to 'self-determine' a disability identity, and rejecting 'externally imposed definitions.' The implication of this view is that there are no intrinsic, objectively ascertainable characteristics upon which to base a definition: Kicki Nordstrom, former President, World Blind Union, Intervention in debate on behalf of the International Disability Caucus with respect to Article 2: Definitions, 7th Session of the Ad Hoc Committee on a Comprehensive and Integral International Convention on the Rights and Dignity of Persons with Disabilities, 31 January 2006, authors' direct observation.

一点非常重要。①

社会模式有助于阐明关系到残障者的传统平等理论的局限。平等措施的根本目的在于质疑社会地位或能力低者的差异性平等（difference with inferiority）。起初，它产生出了形式平等（formal equality）措施，旨在解放个体基于在某一特定社会群体的身份所遭到的歧视。形式平等措施追求的是一个无种族偏见（a colour blind）和性别中立的社会，这一社会的优点在于它不考虑那些不相关的特性，因此个体可远离那些固有的假设而获自由。②

然而，要求人人应得到相同对待时，形式平等在许多方面使业已存在的社会不利模式根深蒂固。③ 特别是像弗瑞德曼（Fredman）解释的那样，形式平等不能认识到大多数的歧视是不能归因于一个特别作恶者的个人行为的，"相反它来自社会制度和结构的持续生产"。形式平等还认为，个体特点可用一种客观方式去考量，且可从其所在的社会情境中抽离出去，"事实上，当然特点本身也是一种社会建构"。④ 换句话说，形式平等假设了一种良性的社会规则，并聚焦于消除有悖常理的个人行为。形式平等并不寻求改变规则的根本性结构。形式平等的核心前提是对差异的忽视，而这在残障情境下，因其他原因却显得颇成问题了。也许和其他社会不利群体比较更是如此。"**平等地**"对待残障者，常因他们的差异而要求特别的承认和提供便利，也就是"**区别**"对待。

实质平等（substantive equality）通过对历史上不利因素的补偿，试图弥补这些问题。它还要求通过改变规则，以更好地反映人类多样性。实质平等的关键性措施包括指定配额或肯定性行动政策（affirmative action policies）的制

---

① This is most evident in the outcome of the drafting of Article 12 and Article 17, CRPD-hich-border on a complete denial of instrumental limitations associated with cognitive impairments.

② Fredman, 'Disability Equality and the Existing Anti-Discrimination Paradigm-European Discrimination Law', in Lawson and Gooding（eds）, Disability Rights in Europe：From Theory to Practice（Oxford：Hart Publishing, 2005）at 211.

③ Fredman, 'Providing Equality：Substantive Equality and the Positive Duty to Provide',（2005）21 South African Journal of Human Rights 163.

④ Fredman, 'Disability Equality and the Existing Anti-Discrimination Paradigm-European Discrimination Law', in Lawson and Gooding（eds）, Disability Rights in Europe：From Theory to Practice（Oxford：Hart Publishing, 2005）at 204.

定,以增加少数人群体对教育或就业的参与。它还对结构进行调整,以适应个人需求(例如,为了适应家庭责任的灵活工作时间)提出强制要求。本质上,实质平等在诸如英国、加拿大和美国等国家的残障领域,成为了巩固当代不歧视(non-discrimination)法的基础。①

在残障情境下,为损伤和与残障相关的需要②提供合理便利是一项重要的实质平等措施。尽管它是以个体为参照的(在这其中,义务的实施是双向的,即在需要得到便利的个人和被要求提供便利的个人或机构之间),但合理便利有可能导致规则发生根本性的结构上的改变。例如,在澳大利亚的一个案例中,调整 2000 年奥林匹克运动会网站、以便使盲人可使用屏幕阅读软件的这一义务,已经激发了提供公共信息的政府和私营部门修改很多其他的网站。③ 类似的例子还有,要求提供电话打字机(TTY),作为一个普通电话听筒的替代品的做法,导致电话打字机在并未给有需求者增添额外费用的情况下变得应有尽有。④ 然而,尽管合理便利作为一个对残障的平等措施有着重大且显著的特征,但实际上,通过对"**困难**"的抗辩或义务限制等,提供便利的义务又总是有局限的,⑤而这可能会对它的结构性影响力产生消极或抵消的作用。如果中止义务的门槛设置太低或义务很容易被规避,合理便利就可能对排他性的规则几乎不产生或仅产生很微小的改变了。

---

① The Australian Disability Discrimination Act 1992 also has some substantive equality elements, but it is essentially based on a formal equality model: Purvis v State of New South Wales (2003) 217 CLR 92 per Gummow, Hayne and Heydon JJ( in the majority) at para. 203; see also Glesson CJ( in the majority) at para. 8, and Kirby and McHugh JJ( dissenting) at para. 104.

② This 'difference' may either result from impairment( for example, recognising and accommodating a person with diabetes who requires facilities and work breaks to inject insulin) or disability( for example, flexible work hours to accommodate mobility restrictions arising from inflexible personal care services or unreliable parallel transport systems).

③ Maguire v Sydney Organising Committee for the Olympic Games( 2001) EOC 93-123. In fact, the Maguire decision was not adequately complied with, leading to a successful claim for damages. Nevertheless, the decision had extensive impact in improving the accessibility of web-based information in Australia.

④ Scott v Telstra Corporation Limited and Another( 1995) EOC 92-717.

⑤ See 'unjustifiable hardship' section 11, Disability Discrimination Act 1992 ( Cth, Aust); 'such steps as is reasonable'; section 6 and section 21, Disability Discrimination Act 1995( UK); and 'undue hardship' section 101( 10), Americans with Disabilities Act 1990( USA).

　　弗瑞德曼把反映在当代残障不歧视立法中的、为取得实质平等的方式称为"**少数人权利模式**"(minority rights approach)。① 这一模式包含识别某一阶层的人们有权获得免于歧视的保护和获得特殊措施以弥补社会不利状况。这一模式同样还有很多其他的根本性问题。第一,它假设它能够而且乐于识别这一阶层的人,这些人有权利享有所给予的福利。事实上,残障界定的困难众所周知并充满争议。② 第二,在宣称需要稀缺的社会资源时,少数人权利模式易使受保护的人群与他人展开较量,因此它也许并不能克服业已存在的权力关系。个人主义的参照及义务的双边特性特别容易对合理便利产生这样的向下动力,这种趋势造成了降低义务门槛的压力。同时,少数人权利的模式倾向于强调常规之外的差异和偏差,而非社会多样性和作为整体中的成员资格。③

　　这一强制实施的义务,即采取合理的步骤,给损伤和与残障相关的需要提供便利在《公约》磋商中,被视为残障者获得平等的重要基础和先决条件。事实上,《残疾人权利公约》通过把一般义务和具体义务编织在一起的方式,包含了一张提供便利的责任之网。然而,正如我们后面要讨论的那样,尽管提供便利义务对残障者实现实质平等无疑具有重要性,但这些努力或许最终会沦为少数人权利模式自身内在问题的牺牲品。

　　传统平等方式的局限,激发了一种新的残障平等范式的形成。这种影响深远的模式的原则是普遍主义(universalism)。它是对社会常规的一种根本修正,以反映人的多样性。④ 这种普遍性模式是基于损伤乃"无限多样,却是人类普遍具有的一个状况"的概念。⑤ 根据这一观点,"没有人具有一种全能

---

① Fredman,'Disability Equality and the Existing Anti-Discrimination Paradigm-European Discrimination Law',in Lawson and Gooding(eds),Disability Rights in Europe:From Theory to Practice(Oxford:Hart Publishing,2005)at 204-205.

② Ibid.at 206.

③ Ibid.at 204-206.

④ In our view the universalist approach has enormous transformative potential for all persons who experience disadvantage and discrimination.Nevertheless,its Utopian aspirations may prove impossible to operationalise.

⑤ Bickenbach,'Minority Rights or Universal Participation:The Politics of Disablement',in Jones and Basser Marks(eds),Disability,Diver-Ability and Legal Change(London:Martinus Nijhoff,1999)at 101.

的本领,适合于所有物理的和社会的环境"。① 或者换句话说,"个体的残障问题,不是是否有,而是何时(出现)。和到底是谁没有多大关系,而是(残障)有多少以及用什么方式结合(的问题)"。② 特别是这一普遍性模式,并不区分个体间基于智识或其他能力或贡献的差异。一如鲁(Rioux)解释说:

> ……不同群体中的所有人,都有相同的对平等的需要;行使某项权利的能力,并不是为了承认或否认那项权利具有甄别性的特征;……平等是规则本身的差异所蕴含的平等的价值、利益和权利的结果,而非克服天然特性,并变得尽可能如规则本身。③

平等的普遍性方式聚焦于确保立法、社会政策和环境,反映出存在于社会中(所有人的)全部"**技能**"。④ 法律和政策促进社会中每个人的充分参与,而不论个人特点或群体身份,它还质疑了一种普遍的偏见,该偏见认为群体特性可能会构成法律和政府的行动基础。⑤ 提供平等,并非由于个人特性中的直接知识所激发,而是假设可能会遇到所有特性。简单地说,如果形式平等基本上是在忽视差异,这种普遍性进路则是在期待差异。正如我们会看到的那样,这种普遍性进路已经对《公约》产生了特别影响,特别是它强调了环境的无障碍和通用设计中的强制规定。

公民身份(citizenship)概念也是当代残障理论和残障权利的核心之一。⑥

---

① Bickenbach,'Minority Rights or Universal Participation:The Politics of Disablement', in Jones and Basser Marks(eds), Disability, Diver-Ability and Legal Change(London:Martinus Nijhoff, 1999)at 111.

② Zola,'Disability Statistics,What We Count and What It Tells Us:A Personal and Political Analysis',(1993)4 Journal of Disability Policy Studies 9.

③ Rioux,'Towards a Concept of Equality of Well-Being:Overcoming the Social and Legal Construction on Inequality',in Rioux and Bach(eds),Disability is Not Measles:New Research Paradigms in Disability(Ontario:Roeher Institute,1994)at 90.

④ Zola,'Disability Statistics,What We Count and What It Tells Us:A Personal and Political Analysis',(1993)4 Journal of Disability Policy Studies 9.

⑤ Fredman,'Providing Equality:Substantive Equality and the Positive Duty to Provide', (2005)21 South African Journal of Human Rights,at 163-164.

⑥ See Oliver,Understanding Disability:From Theory to Practice(Hampshire:Macmillan,1996) at 43-77.Oliver demonstrates the ways in which persons with disability are excluded from and denied their citizenship rights in the British welfare state.See also Davis,'Riding with the Man on the Escalator:Citizenship and Disability', in Jones and Basser Marks(eds),Disability, Diver-Ability and Legal

人们认为要求公民身份及其蕴含的尊严和平等，对克服非人化（dehumanisation）和排斥而言是根本性的。对残障者而言，对公民身份事实上的否定，是一个持续的、多方面的错误。这其中可能包括对基于损伤的民主权利的公然否定，①它还连同否定了各种机会②、否定了无障碍的方式③、否定了残障者对影响他们生活的公共政策的参与和决策。将残障者事实上排除于公共政策和决策过程，有着深刻的分配性影响。这就否定残障者在争取社会资源以及在面对具有压迫性的法律改革时，有申辩他们的需要和权利的机会了。行政权力公开地或隐蔽地施加于残障者之上，强化了这种"**错误**"。权力通过强制性援助（或强制治疗）方式④，或更加微妙地通过对社会资源的实际控制，来确定残障者（身份）。⑤

人们在这种去权能（disempowerment）和家长制作风下，产生了对行政权力的强烈不信任和要求彻底参与的主张。这一主张也包含在了"没有我们的参与，不可做事关我们的决定"的信条中了。事实上，现在这一信条是国际残障权利运动的普遍主张，也是残障平等范式的基础。正如我们后面将观察的那样，这对组建残障权利公约的支持者队伍、对形成《公约》谈判的框架、过程和结果都发挥了巨大作用。这在《公约》实施和监测方面也发挥了同样重要的作用，下面我们将就此探讨。

---

Change(London:Martinus Nijhoff,1999)at 65-74,discussing the ways in which persons with disability are prevented from exercising their social,civil and political rights,in an Australian context;and Abberley,'Work,Utopia and Impairment',in Barton(ed.),Disability and Society:Emerging Issues and Insights(London:Addison Wesley Longman,1996)at 61,who argues that participationin economic production is used to define social integration,identity,and 'incapacity',so that persons with disability are necessarily excluded as 'valid' citizens.See Oliver,Understanding Disability:From Theory to Practice (Hampshire:Macmillan,1996)at 43.

①　For example,the right to vote is frequently explicitly denied on the basis of mental illness or intellectual impairment.

②　Persons with disability,for example,persons with intellectual impairment may be viewed as unable to contribute meaningful views on public policy questions.

③　Public policy information may not be available in accessible formats and public consultation processes may not make disability related adjustments.

④　For example,involuntary institutionalisation and involuntary administration of medication.

⑤　For example,many persons with disability are compelled to live in residential institutions,not because they are legally required to do so,but because these are the only environments in which State assistance is available.

## 二、黑暗中的抗争:25年的国际法历程

总的来说,残障是国际人权法中看不见的(invisible)内容。非政府组织在特设委员会第一次全体会议期间散发的倡导性明信片试图劝说代表们相信残障权利是人权框架中"**丢失的那一部分**"。① 过去,国际人权法中具有约束力的文书,从未明确地承认残障者。构成国际人权宣言的三份正式文书中,即,1948年《世界人权宣言》②、1966年《公民权利和政治权利国际公约》(IC-CPR)③和1966年《经济、社会和文化权利国际公约》(ICESCR)④没有任何一个平等条款中涉及"把残障者作为一个受保护类别"。其他主题公约中也无一例外。⑤ 1989年《儿童权利公约》(CRC)在第二十三条规定:"**身心有残疾**"的儿童。⑥ 该条款规定了一系列法定义务确保残障儿童受到与他们"**特殊需要**"相关的"**特别照顾**",目的是"有助于该儿童尽可能充分地参与社会,实现个人发展"。然而,在制定这个条款中有许多困难(尤其是强调"**特别照顾**",这来源于残障医学模式,它仅仅适用于"**身心有残疾**"儿童)。对第二十三条通常的解读或应用是,好像它约束缔约国对残障儿童的义务,使他们生活于残障措施的主流化中了。⑦

---

① These postcards were produced by the Landmine Survivors Network(on file with authors).

② GA Res. 217 A(III),10 December 1948.

③ 999 UNTS 171.

④ 993 UNTS 3.

⑤ Other than the Convention on the Rights of the Child 1989(CRC),1577 UNTS 3,the thematic Conventions prior to the CRPD are the International Convention on the Elimination of All Forms of Racial Discrimination 1965,660 UNTS 195;the International Covenant on the Elimination of All Forms of Discrimination Against Women 1979,1249 UNTS 13;the Convention Against Torture and Other Cruel, Inhuman or Degrading Treatment or Punishment 1984,1465 UNTS 85;and the International Convention on the Protection of the Rights of All Migrant Workers and Members of Their Families 1990,2220 UNTS 93;12 IHRR 269(2005).

⑥ There is also a prohibition on discrimination on the ground of disability in Article 2,CRC.

⑦ In 2006,the Committee on the Rights of the Child(CRC Committee)issued General Comment No. 9:The rights of children with disabilities,HRI/GEN/1/Rev 8,Add. 1 at para. 34,which attempts to address this problem by detailing recommended actions in relation to the full range of CRC obligations.

在制定《残疾人权利公约》之前,联合国系统试图用两种方式处理这一看得见的问题。第一,是试图把现存的核心人权公约进行解释并应用于残障者。第二,通过制定一系列次要的政策和方案性文件,以聚焦于残障者的需要和权利问题。

1994 年,经济、社会和文化权利委员会(ESCR Committee,以下简称经社文权利委员会)在其能力(competence)范围内,承担起了监督残障事务的责任。在委员会第五号《一般性意见》中①,经社文权利委员会承认,尽管《经济、社会和文化权利国际公约》中没有明确提到残障者,但其第二条第二款要求权利"应予普遍行使……不得有任何区别",不得基于某些具体理由"**或其他身份**"。根据经社文权利委员会的观点,这清楚包含了基于残障的歧视。经社文权利委员会同样注意到《世界人权宣言》规定:"**人人生而自由,在尊严和权利上一律平等。**"(强调为原文作者所加),而这显然包括了残障人士。②第五号《一般性意见》认识到:

> 对残疾人法律上和事实上的歧视由来已久,而且有各种形式。这类歧视既有明显使人反感的歧视,如剥夺受教育的机会;也有"难以察觉"的歧视,如通过设置实际和社会障碍来隔离和孤立某些人。③

第五号《一般性意见》是第一份从广义上界定了基于残障歧视的联合国文书,具体内容如下:

> 为公约的目的,"基于残疾的歧视"可界定为指以残疾为理由,其结果是取消或损害经济、社会、文化权利的承认、享受或行使的任何区分、排斥、限制或偏向、或合理的便利的剥夺。④

和经社文权利委员会不同,人权委员会(Human Rights Committee)没有就《公民权利和政治权利国际公约》(ICCPR)对残障社群的适用,发表具体的解释性声明。但《公民权利和政治权利国际公约》第十八号关于平等和不歧视

---

① HRI/GEN/1/Rev 8,Add. 1.
② Ibid.at para. 34.
③ Ibid.at para. 15.
④ Ibid.

权利的《一般性意见》中，①人权委员会拒绝了在人权领域使用形式平等的概念，而倾向于使用实质平等概念。该《意见》承认，平等对待并不总是意味着同样的对待，成员国有义务采取消除歧视存在的措施。② 一如我们已经讨论的那些原因，这对在残障情境下实现平等和不歧视具有重要意义。

上述倡议对一个更广泛意义上的《残疾人权利公约》中，残障者权利的承认具有重要的增量作用。③ 然而，这些倡议本身或这些倡议中的内容，在残障者权利的认知和尊重上取得的成效甚少。之所以如此的一个主要原因在于，在很大程度上，传统人权范式是一个基于健全身体的(able-bodied)规则。在大多情况下，传统人权对洞悉残障者为主体遭到特定人权侵犯时的方式应如何解释及应用并非不证自明。

传统上，无论是在国际社会还是在本国内，残障作为一个法律问题都是以社会保障和福利立法、医疗健康法或者监护问题加以处理的。人们没有把残障者描述为法律权利的主体，相反他们却成了福利、医疗和慈善项目的对象。④ 人们把残障作为一项基本人权问题的认识，还是从 20 世纪 70 年代才开始缓慢发展起来的。在国际层面上，大多数残障权利发展成果是没有约束力的"**软法**"(soft laws)。而且这些早期的文书仍然倾向于反映的是医学/福利模式。当联合国大会(GA)通过 1971 年《智力迟钝者宣言》(1971 年宣言)⑤和 1975 年《残废者权利宣言》(1975 年宣言)⑥时，残障者可能已成为国际人权法上明确的主体，但在这些宣言的言词表述中，这一身份的取得还是残障个体模式的。所以在很大程度上，这些仅是部分的成功。结果，这些文书倾

---

① 10 November 1989,HRI/GEN/1/Rev 8,especially at para. 10.

② Ibid.at para. 8.

③ For completeness,it should also be noted that in General Recommendation No. 18：Disabled Women,10<sup>th</sup> Session,1991,HRI/GEN/1/Rev 8 at 301,the Committee on the Elimination of Discrimination Against Women urges States to provide information on the status of disabled women in their periodic reports.

④ Degener and Quinn,Human Rights and Disability：The Current Use and Future Potential of U-nited Nations Human Rights Instruments in the Context of Disability,2002,HR/PUB/02 at 1.

⑤ GA Res. 2856/26,20 December 1971,A/RES/2856.

⑥ GA Res. 3447/30,9 December 1975,A/RES/3447.

向于家长作风,并通过专门的服务和机构使隔离合法化了。①

1982 年,联合国通过《关于残疾人的世界行动纲领》(WPA,简称《行动纲领》),把残障者的机会均等作为其树立的目标之一。《行动纲领》对"**机会均等**"的界定是:

> 机会平等是指要使整个社会体系能为人人所利用,诸如物质和文化环境、住房和交通、社会服务和保健服务、教育和就业及包括体育运动和娱乐设施在内的文化和社会生活。②

显而易见,这标志开启了从一个残障个体/医学模式向一个聚焦于权利和平等模式的转变。1984 年,通过防止歧视和保护少数人下设的委员会任命一名特别报告员的方式,联合国遵循《行动纲领》进行了一次人权和残障关系的全面研究。在 1993 年的报告中,该特别报告员清晰的指出残障是人权关切的一个问题,联合国相关组织需要介入。③

1991 年,联合国大会通过《保护精神病患者和改善精神保健原则》(*Principles for the Protection of Persons with Mental Illness and the Improvement of Mental Health Care*,简称《原则》)。④ 这一《原则》设立了精神健康保健标准和程序,以保证精神病患者在精神医疗保健机构中人权不受侵犯,诸如过分或延长使用身体限制(措施)或非自愿的禁闭,因精神疾病而遭绝育、精神外科手术和不可逆的治疗等。然而,不断强调治疗和保护,也意味着这一《原则》是充满争议的。特别是对社会心理损伤使用者(psychosocial impairment user)而言,这一《原则》保持了残障医学模式。

20 世纪 80 年代,有过三次不成功的、试图说服国际社会发展关于残障者

---

① For example, Article 4, 1971 Declaration, continues to provide qualified support for institutional accommodation for persons with disability; and Article 1, 1975 Declaration, incorporates a personal deficiency based conceptualisation of disability.

② GA Res. 37/52, 3 December 1982, A/RES/37/51, 37ᵗʰ Session Supp. No. 51 at para. 12.

③ Report by Special Rapporteur, Leandro Despouy, of the UN Sub-Commission on Prevention of Discrimination and Protection of Minorities, Human Rights and Disabled Persons, 1993, E/CN. 4/Sub. 2/1991/31, available at: http://www.un.org/esa/socdev/enable/dispaperdes0.htm [last accessed 13 November 2007].

④ GA Res. 46/119, 17 December 1991.

人权公约的努力。① 除了包括残障者权利已在普遍性国际人权文书中有充分涉及的信念外；无法使国际社会确信残障者经历的人权侵犯形式是特别的和更为恶化的；特别是在发展中国家,正在减少(如这些倡议所勾画的)对以公民权为基础的人权模式的支持等原因外,导致倡议失败的因素还有很多。

作为补偿性的替代方法,1993 年联大最终通过了不具有强制力的《残疾人机会均等标准规则》(*United Nations Standard Rules on the Equalization of Opportunities for Persons with Disabilities*,以下简称《标准规则》)。② 《标准规则》坚定地建立在《行动纲领》基础之上,清晰地重申平等：

> 同等权利的原则意味着每一个人的需要都具有同等重要性,这些需要必须成为社会规划的基础,必须适当地运用所有资源,确保每一个人都有同等的参与机会。③

《标准规则》和《行动纲领》一脉相承,把损伤作为人类多样性的一个意外事件,要求成员国在政策和规划中融入残障的视角。《标准规则》对残障者权利及促进一个无障碍环境以便这些权利得以实现,给予了清晰的阐释。然而,这些规则依然聚焦于医学治疗(对基因测试而言,这是某种程度的天真了)和预防,将治疗和预防作为平等参与的先决条件。由于它未能接受残障是人类多样性的一部分,未能尊重残障者内在固有尊严,招致了残障社会活动家们的强烈指责。

抛开这些文本的优缺点不论,这些软法其实对成员国并无强制力,总体而

---

① Proposals were sponsored by Italy in 1982 and 1897 and by Sweden in 1989,see Degener and Quinn,supra n. 70 at 30.

② GA Res. 48/96, 20 December 1993, A/RES/48/96, Supp No. 49, Annex at 202 – 211, available at：http://www. un. org/documents/ga/res/48/a48r096. htm [last accessed 13 November 2007].See Degener, 'Disabled Persons and Human Rights：The Legal Framework', and Lindqvist, 'Standard Rules in the Disability Field New United Nations Instrument', in Degener and Koster-Dreese (eds), Human Rights and Disabled Persons：Essays and Relevant Human Rights Instruments (Dordrecht, Boston, London：Martinus Nijhoff, 1995) at 40 and 63 respectively.

③ Standard Rules, GA Res. 48/96, 20 December 1993, A/RES/48/96, Supp No. 49, Annex at 202–211, available at：http://www. un. org/documents/ga/res/48/a48r096. htm [last accessed 13 November 2007].

言,它们的影响非常有限。这也促使残障社会活动家们认识到,有一部具有强制力的、设立促进和保护残障者人权的标准框架的国际文书是至关重要的。①人们同样认识到这样的一部国际法,必须经过调整以包含一种残障权利范式。支持者们强调,残障者人权公约能塑造并对人权本质内涵有所添加,使之适用于残障社群。与之对应,它也为在国内法和政策领域内的权利适用提供一个实质性框架。②

# 三、走向黎明:公约的使命

国际残障人权公约的支持者们是在一个很独特的国际政治环境里,制定出这部人权公约的。2001 年,墨西哥政府发起了另一场倡议,以获得联合国大会授权酝酿一部和残障者有关的人权公约。该倡议是以社会发展为框架,并以 2000 年联合国制定的《千年发展目标》(MDGs)③为背景。《千年发展目标》提出 2015 年使全球贫穷人口减半。尽管残障社群在世界上所谓的"**穷人中的穷人**"中,是一个明显的过度代表人群,但《千年发展目标》行动中,却没有把他们甄别为一个特别目标人群。④ 墨西哥倡议中的基本观点是,鉴于缺

---

① Many of the statements to the Ad Hoc Committee from the IDC and disabled persons organizations stressed the need for a binding instrument see, for example, Disabled Peoples International, Position Paper regarding a New International Human Rights Convention for Disabled People, 25 February 2003, available at:http://www.un.org/esa/socdev/enable/rights/contrib-dpi.htm [last accessed 14 November 2007].

② Degener and Quinn, Human Rights and Disability:The Current Use and Future Potential of United Nations Human Rights Instruments in the Context of Disability,2002,HR/PUB/02.

③ See further Annan, UN Press Release, We the Peoples:The Role of the United Nations in the 21st Century, GA/9704,3 April 2000, available at:http://www.un.org/millennium/sg/report/ch2.pdf [last accessed 13 November 2007].

④ The World Health Organisation (WHO) estimates that, of the 650 million persons with disability in the world,80% live in the developing world:WHO, Global Programming Note 2006-2007: Call for Resource Mobilisation and Engagement Opportunities', (2006) Disability and Rehabilitation, available at: http://www.who.int/nmh/donorinfo/vip_promoting_access_health_care_rehabilitation_update.pdf.pdf [last accessed 13 November 2007].

少一份具体的人权文书,如何才能保证全球发展目标中不把残障者落下。

以社会发展为名制定残障者人权议程,引来世界上很多发展中和转型经济体国家,乃至那些传统上对人权并无强烈主张的国家的海啸般地支持。① 2001 年 12 月,当这个问题提交第五十六届联合国大会讨论时,无须投票,要制定一部关于残障者人权文书的决议,获得了一致通过。②

在这一决议里,联合国大会建立特设委员会( Ad Hoc Committee)以推动磋商进行。③ 特设委员会的运转以自愿性为基础,允许任何感兴趣的成员国前来参与。联合国经济和社会理事会( The Economic and Social Council of the UN)(有趣的是,不是人权高专办的办公室)担任委员会秘书处。④ 从 2001 年成立到 2006 年 12 月通过《残疾人权利公约》和《任择议定书》,这期间特设委员会共召开八次,每次两到三周的全体会议。

在第一次和第二次全体会议中,⑤特设委员会考虑并解决了围绕《公约》授权和工作方案的种种紧张关系(的问题)。起初,许多代表对授权的解释,只限于考虑是否需要一个《公约》。澳大利亚当时就认为,在残障领域并不需要一个《公约》,因为它将导致适用人权(公约)上的重复和迷惑。澳大利亚建议,《公民权利和政治权利国际公约》(ICCPR)上的一个任择议定书就可以很好地处理残障人权问题了。⑥ 欧盟也提出,特设委员会在决定给联合国大会推荐的文书

---

① Bolivia, Chile, Columbia, Congo, Costa Rica, Cuba, Democratic Republic of the Congo, Dominican Republic, Ecuador, El Salvador, Guatemala, Jamaica, Mexico, Morocco, Nicaragua, Panama, Philippines, Sierra Leone, South Africa and Uruguay sponsored the Resolution on a comprehensive and integral international Convention to promote and protect the rights and dignity of persons with disabilities, GA Res. 56/168, 19 December 2001, A/56/583/Add. 2, available at http://documents-dds-ny. un. org/doc/UNDOC/GEN/N01/488/76/pdf/N0148876. pdf? OpenElement [ last accessed 13 November 2007].

② Ibid.

③ The term 'Ad Hoc' simply means a specific purpose, time-limited committee to distinguish it from the many standing committees that operate under the GA.

④ This appears to be the result of the initial framing of the Convention in social development.

⑤ The First Session was held in July/August 2002 and the Second Session in June 2003.

⑥ The Australian delegation made several interventions to this effect in the First and Second Sessions of the Ad Hoc Committee.

类型这个问题上应该是开放的。① 然而,大部分代表认为这个问题已经解决了,并从特设委员会的授权来看,它是要形成一部《公约》文本的。第一次全体会议开始时,包括墨西哥在内的若干国家就提交了文本以供大会考虑。②

第二次全体会议结束的时候,特设委员会建立了一个"**工作组**"(Working Group)以形成一个初步的草案文本。③ 2004 年 1 月工作组聚首,并为公约实质内容完成了一部草案文本。该文件就是著名的"**工作组草案文本**"(Working Group Draft Text)。④ 在随后的六次全体会议上,特设委员会对工作组草案文本进行了广泛的第一读和第二读。⑤ 在 2005 年 10 月,第六次特设委员会会议之后,特设委员会主席发布了一个与草案同步的文本,即主席草案文本(the Chair's Draft Text),随之还有一封详细的评论性公开信。从第七次会议开始,主席文本成为了磋商的基础。⑥

---

① Comprehensive and integral international Convention to promote and protect the rights and dignity of persons with disability:Position paper by the European Union,2002,A/AC. 265/WP. 2,available at:http://www.un.org/esa/socdev/enable/rights/adhocmeetaac265w2e.htm[last accessed 13 November 2007].

② Comprehensive and integral international convention to promote and protect the rights and dignity of persons with disabilities:Working paper by Mexico,2002,A/AC. 265/WP. 1,available at:http://www.un.org/esa/socdev/enable/rights/adhocmeetaac265w1e.htm [last accessed 13 November 2007].

③ Report of the Ad Hoc Committee on a Comprehensive and Integral International Convention on Protection and Promotion of the Rights and Dignity of Persons with Disabilities,3 July 2003,A/58/118 and Corr. 1,Part IV(15)1,available at:http://www.un.org/esa/socdev/enable/rights/a_58_118_e.htm [last accessed 13 November 2007].The Working Group was made up of 27 UN member State representatives divided proportionally between each UN region,12 representatives of disabled persons' organisations,and one representative of national human rights institutions.

④ Report of the Working Group to the Ad Hoc Committee,Draft Articles for a comprehensive and integral international Convention on the protection and promotion of the rights and dignity of persons with disabilities, Annex I, A/AC. 265/2004/WG/1, available at: http://www. un. org/esa/socdev/enable/rights/ahcwgreport.htm [last accessed 13 November 2007].

⑤ The 3rd(May/June 2004),4th(August/September 2004),5th(January/February 2005),6th(August 2005),7th(January/February 2006)and 8th(August 2006).

⑥ Letter dated 7 October 2005 from the Chairman to all members of the Ad Hoc Committee on a comprehensive and integral international Convention to promote and protect the rights and dignity of persons with disabilities, 14 October 2005, A/AC. 265/2006/1, available at: http://daccessdds. un. org/doc/UNDOC/GEN/N05/555/12/PDF/N0555512. pdf? Open Element [last accessed 13 November 2007].

在第七次全体会议中,特设委员会主席对《公约》国际监测框架也发布了一份草案建议。① 他建议的国际监测框架是磋商中最具挑战性的领域之一。一些代表以这一条与当前条约机构改革的动议不一致为由,强烈反对建立一个新的条约机构,主张把监测框架从《公约》中剥离出去。② 为努力解决这些分歧问题,墨西哥代表主持了一次非正式讨论。讨论结果是,决定把提议中的个人投诉和问询程序和《公约》分开,形成一个独立的《任择议定书》。③ 在第八次全体会议第一个会期结束时,特设委员会通过了《公约》和《任择议定书》的草案文本,以待技术检验。2006 年 12 月,经过起草小组( Drafting Group)④的技术检验,特设委员会举行第八次全体大会中的第二个会期,正式通过所提交的《残疾人权利公约》文本和《任择议定书》文本。随后把这些文书递交联合国大会以便获得批准通过。

## 四、光明浮现:《残疾人权利公约》文本

根据联合国大会授权《残疾人权利公约》的制定要求,特设委员会并不是

---

① Revisions and amendments at the Seventh Session of the Ad Hoc Committee, Discussion Texts presented by the Chair, available at: http://www.un.org/esa/socdev/enable/rights/ahc7discussmonit. htm [last accessed 13 November 2007].

② Australia, China, Russia, Sudan and the USA, among others, were notable objectors to a new treaty body: see Inclusion International, 8th Daily Updates, available at: http://www.inclusion-international.org [last accessed 13 November 2007].

③ A consensus was also developed that broader treaty-body reform efforts ought not to delay the entry into force of the convention, nor should they result in an inferior implementation and enforcement regime being established under the CRPD.

④ Draft Interim Report of the Ad Hoc Committee on a comprehensive and integral international Convention on the protection and promotion of the rights and dignity of persons with disabilities on its 8th Session, 1 September 2006, A/AC. 265/2006/L. 6. The drafting group was tasked with ensuring uniformity of terminology throughout the text of the draft Convention, harmonizing the versions in the official languages of the UN, available at: http://www.un.org/esa/socdev/enable/rights/ahc8intreporte. htm [last accessed 13 November2007].

要发展出新的人权,而是把现有人权应用于残障者的特定情况中。① 因此,磋商委员会主席把《公约》定义为"**一部实施型的《公约》**"。它是一部涉及残障者的、"为如何把已有权利用于实践所设立的详细准则"②。与该观点一致,联合国《公约》在线信息,不断向读者保证《公约》没有创造任何新的权利或资格,"而是用一种解决《公约》中残障人士的需要和处境的方式,表达已有的权利"③。考虑发展《残疾人权利公约》的理由是现存的人权文书都未能解决残障人权问题,所以起码可以这样说,建议那些已有人权文书能提供必要的范围和内容,以便从中得到一份蓝图以保证将来的权利,这多少是有点问题的。然而,尽管这一命题有逻辑的不一致,《公约》发展④中所遵循的政治和行政框架却从未受到过质疑。⑤

联合国大会授权发展《公约》的呼吁是发展出一个"**全面的和综合的国际公约**",事实上,体现这些特征的工作名称一直持续到磋商的最后阶段。⑥《公

---

① This point was made repeatedly in the course of negotiations, was a feature of the rhetoric associated with its adoption and opening for signature, and now also permeates formative implementation dialogue and planning.

② UN Press Releases, 'Chairman says draft convention sets out ' detailed code of implementation and spells out how individual rights should be put into practice ', 15 August 2005, SOC/4680, available at: http://www. un. org/News/Press/docs/2005/soc4680. doc. htm [ last accessed13 November 2007].

③ Frequently Asked Questions regarding the Convention on the Rights of Persons with Disabilities, available at: http://www. un. org/disabilities/default. asp? navid [ last accessed 13 November 2007].

④ In reality, this constraint was only applied to 'close' controversial issues, like proposed extensions to the right to life that would have referred to pre-birth negative selection.

⑤ Although both State and non-government observer delegations advanced many text proposals that were inconsistent with this constraint, none explicitly challenged it.

⑥ Bolivia, Chile, Columbia, Congo, Costa Rica, Cuba, Democratic Republic of the Congo, Dominican Republic, Ecuador, El Salvador, Guatemala, Jamaica, Mexico, Morocco, Nicaragua, Panama, Philippines, Sierra Leone, South Africa and Uruguay sponsored the Resolution on a comprehensive and integral international Convention to promote and protect the rights and dignity of persons with disabilities, GA Res. 56/168, 19 December 2001, A/56/583/Add. 2, available at http://documents-dds-ny. un. org/doc/UNDOC/GEN/N01/488/76/pdf/N0148876. pdf? OpenElement [ last accessed 13 November 2007].The reference to a 'comprehensive and integral international convention' is retained in para. (y), Preamble to the CRPD.

约》最初的工作名称，包含了重要含义。"**全面的**"一词意味的是对磋商委员会的一个指示，即要采取整全的模式去制定《公约》，要包含社会发展、人权和不歧视等要素。"**综合的**"一词，意味着《公约》要成为国际人权法核心构成内容，而非现有人权法的附属法，由此，《公约》可以具有和其他核心人权公约同样的地位。

尽管《公约》声称坚持残障社会模式，但很明显的是，《公约》长久地、可能现在也是不可挽回的，使当代对于损伤和残障之间的概念混淆更加根深蒂固了。如我们已经讨论过的那样，根据社会模式，"**残障**"是一种源于歧视和社会压迫的限制。损伤则是个体的特征、特点或特性（例如失明、失聪、脊髓损伤）。在有损伤的人和残障之间没有确定性的关系。因为至少在理论上，一个没有歧视和压迫的社会是可能存在的。然而，只有有损伤的人才可能遭受残障。不出所料地是，《公约》使用了"**残障者**"一词，而概念上指涉的是"**有损伤者**"的含义。此外，《公约》使用"**（各类）残障**"（disabilities）取代"**残障**"（disability），包括在《公约》标题上也是这样的用法，这从本体论和现象学的观点看是不正确的。① 因此，严格按照社会模式解释《公约》相当困难。

同样从逻辑上说，《残疾人权利公约》提供的人权保护不是由于损伤引发，而是由于残障引发的。也就是说，这是一种事后保护行为，仅仅适用于那些有损伤并且已经受到社会歧视和压迫的人，而不是那些可能有风险的人。后一个群体，逻辑上包括有身体损伤却没有经历残障的人，因为他们所处社会环境的本质是可能对他们作出适当调整的。例如，《公约》第十四条规定，"在任何情况下均不得以残疾作为剥夺自由的理由"，据此推测，《公约》的意图是防止基于个人特征而被剥夺自由，如智力损伤，而不管这人是否正在经历残障。同样第二十三条规定，"在任何情况下均不得以子女残疾或父母一方或双方残疾为理由，使子女与父母分离"，据此可认为，《公约》的意图是防止仅仅因为个人特征，如父母的社会—心理损伤而致家庭分离。

这一概念问题的出现，部分是因为特设委员会寻求区分损伤（他们定义

---

① Disability can only describe one form of oppression. However, persons with impairments may be subject to more than one form of oppression, for example, women may be subject to disability oppression and gender oppression.

为"残障")和损伤的**特征**(a *characteristic* of impairment)(如不能控制冲动、情绪或维持一个造成对人伤害的准确感知),他们错误地将这定义为外在的损伤和残障。他们寻求预防基于损伤而对个人的干涉,但同时保留国家对与外部损伤有关的可见行为的必要干预权力。然而如果正确理解的话,这种行为通常是损伤的表现,或有某种损伤的人与社会环境互动中所经历的残障。例如,一个有脑伤的人,由于环境因素导致严重压力和挫败的情境下,不能控制冲动而实施了对他人的暴力行为。①

因此,这些条款的起草以及其他条款,似乎会导致与特设委员会设想相反的效果。《公约》不能有效保护无残障经历但有某种损伤者免于国家干预;也不能在有损伤者从事了显而易见的残障行为并可能构成伤害别人风险时,防止他们受到任何形式的国家干预。这一点在《公约》第二十三条表现得很清晰。该条款中,特设委员会清楚地寻求保留国家干预家庭状况——如当父母行为表现出了对孩子有造成伤害的危险时刻的权力。然而,该条款的字面意思表示的是,父母**永远不能**基于残障与孩子分离,即使残障(在其正确意义上的使用)对孩子产生伤害。② 因此,有必要采用一个广义的目的性取向去解读与这一条类似的各类条款,努力去理解起草者的意图,而不是看他们写的是什么。

### (一)《公约》和《任择性议定书》文本

《残疾人权利公约》由一个序言和 50 个条款组成。《任择议定书》由 18 个条款构成。尽管《公约》各个条款长短变化很大,总体说来,《公约》是联合国迄今为止关于人权的最集中的阐述了。作为对这一高密度人权阐述的部分回应,《公约》也是联合国人权公约中第一部每个条款都包含名称的法律文书,以便于帮助(人们)理解。③

---

① This was a principal issue in Purvis v State of New South Wales(2003)217 CLR 92.

② One possible positive consequence of this drafting is that it places an absolute onus on States to provide the accommodations parents with disability may require to appropriately parent their children.

③ The Ad Hoc Committee made this decision during the first sitting of the 8<sup>th</sup> Session. The Optional Protocol does not incorporate Article titles.

《残疾人权利公约》的序言非常详细，由 25 个自然段（从 a 到 y，中文翻译为从第一段到第二十五段）组成。与《公约》的其他部分不同，序言并不包含强制性法律义务。然而，序言包含了许多要素，在解释《公约》中将发挥很大作用。这里仅仅提出几条。①

**"残障"**和**"残障者"**的定义，是特设委员会处理的最具争议性的问题之一，且最终也未能得到解决。② 成员国代表中的主要顾虑是这类定义的分配性影响。参与的大部分非政府组织和一些成员国则确信《公约》要适用于所有残障社群（这一点他们似乎意指所有损伤的群体）。许多成员国担心这将**"打开水阀"**，迫使他们承认在国内贯彻实施中要对许多有损伤人付出更多精力，而这些人并不是他们的社会里传统意义上的残障社群（比如，社会—心理残障者和那些造血组织产生的疾病，例如，艾滋病人）。

然而，不仅是成员国代表们反对《公约》中包含一个残障的定义，国际残障联盟（IDC）也反对这样做，他们的理由是任何定义将不可避免地来自医学模式，这是外部强加的和去权能的（在这一争论的许多场合，国际残障联盟发言人在寻求把**"残障者"**作为一个等同于**"自我决定"**的权利）。③ 国际残障联盟还提出对"残障"的理解应该是一个不断随时间演进的社会类别，在不同社会中也是千差万别。纳入一个对残障的定义会使《公约》有锁定时间的危险（the risk of time-locking），并把西方的残障观点强加给了非西方的文化体系。对这种说法中的第一个方面的回应，是《公约》前言第五段，采纳了国际残障

---

① On the use of preambles in interpreting treaties, see Article 31, Vienna Convention on the Law of Treaties 1969, 1155 UNTS 31.

② The question of such definitions was discussed in the Ad Hoc Committee's 2$^{nd}$, 4$^{th}$, 7$^{th}$ and 8$^{th}$ Sessions, and in the Working Group.

③ This was particularly evident in the Ad Hoc Committee debate concerning a definition of disability. As we shall discuss later in this paper, on a number of occasions the International Disability Caucus intervened in the debate claiming the right to 'self-determine' a disability identity, and rejecting 'externally imposed definitions.' The implication of this view is that there are no intrinsic, objectively ascertainable characteristics upon which to base a definition: Kicki Nordstrom, former President, World Blind Union, Intervention in debate on behalf of the International Disability Caucus with respect to Article 2: Definitions, 7$^{th}$ Session of the Ad Hoc Committee on a Comprehensive and Integral International Convention on the Rights and Dignity of Persons with Disabilities, 31 January 2006, authors' direct observation.

联盟的观点,把残障看作"**演变中的概念**"。

　　这一观点在《公约》第一条规定的残障者定义中也得到了肯定,至少显示出它有这样的意图。残障者被描述为(原文如此)"包括肢体、精神、智力或感官有长期损伤的人……"对损伤类型的分类是开放的和陈述式的,而非封闭式的。这在第一条第一段中得以重申,它主张《公约》的目的是"促进、保护和确保**所有残疾人**充分和平等地享有一切人权和基本自由,并促进对残疾人固有尊严的尊重……"(原文作者加重)然而,第一条确实把《公约》限定适用于"**长期**"损伤人群,它明确排除了那些由于创伤性损伤和疾病引起的短期损伤者,还可能也排除了那些有偶发症状的人(如情绪紊乱、哮喘)。

　　此外,尽管第一段指涉**所有**残障人士(原文作者所重),有某种修辞上的力量,它最终产生的是一种循环性因素。除了所列举的损伤分类,它并不是不证自明哪些其他的损伤人应该属于该分类范畴内。条约机构最终毫无疑问要在此领域形成司法权(jurisprudence),但与此同时,从《公约》中受益的人群类别边界将由国内法决定,这可能潜在地剥夺了对一些有损伤者的人权保护。

　　对这一问题的一个可能的解决方案是,《残疾人权利公约》中所要保护的人群类别可以依据《国际功能、残疾和健康分类》(*International Classification of Functioning*, *Disability and Health*/ICF, 以下简称《分类》)进行解释。① 很显然,《分类》的起草者们已经设想过了这一角色。② 然而,正如我们将要简短解释的那样,《公约》与《分类》之间的关系,至少可以说是很模糊,任何试图使用《分类》去解释《公约》的行为将不可避免地充满争议。

　　暂且不论定义问题,针对前述问题的第二方面,序言第五段清楚地指出,残障需要根据社会模式的说法去理解。"**残障**"被定义为:"残疾是伤残者和阻碍他们在与其他人平等的基础上充分和切实地参与社会的各种态度和环境障碍相互作用所产生的结果。"这一概念在第一条第二款对残障者的描述中再次得到证实,并且在移除障碍、提供便利、协助残障者参与和融入社会等实质性人权条款中得到了清晰可见的强调。实际上,这是残障与人权领域

---

　　① 　World Health Assembly Res. 54. 21,22 May 2001.

　　② 　Ibid.at 6.The introduction to the ICF states that the '…ICF provides an appropriate instrument for the implementation of stated international human rights mandates and national legislation'.

中，《残疾人权利公约》与联合国先前的各种工作的一个最明显的不连贯的体现。这其中只有一个有限的例外，那就是《公约》没有提及损伤的预防与治疗。①

序言的第六段，强调《公约》和联合国之前在残障者人权和相关程序性行动中所展现出来的连续与不连续的情形。尽管表面上温情脉脉，但是这些情形却受到政治上的猛烈指控。《行动纲领》和《标准规则》被公认为是《公约》的前身，但是 1971 年《宣言》和 1975 年《宣言》和《原则》却未能得到广泛认可。国际残障联盟是这些疏漏的高调推进者，他们努力否认这些文书和《公约》之间的任何关系，并由此限制了未来依赖这些文书对《公约》权利解释和适用的任何可能性。国际残障联盟的反对意见集中于这些文书显而易见地是来自医学模式，而且它们同意和接受对残障者的机构化、替代性决策和强制治疗。

也许更为醒目的是，第六段同样也没有参考《分类》。尽管后者在当代作为联合国内部机构和其他多边机构统计、分析和规划的工具非常流行。国际残障联盟强烈反对参考《分类》的原因是它反映的是残障的医学模式。从国际残障联盟的观点看，《分类》是残障者所面临的人权问题的一个组成部分，《公约》也准备使用残障社会模式来克服这一问题。结果是，任何试图用《分类》来解释《公约》所要保护的人群等级的界限，都很可能极具争议性，至少在残障者公民社会运动内部是这样的。《分类》和《公约》的未来关系以及《分类》自身的未来，都是这个阶段重要但无解的难题。

### （二）家庭成员

除了极少数的例外，②《公约》没有提及残障者的家庭成员和其他有关的人，也没有把授予残障者的任何权利，单独地授予他们。即使当《公约》谈及

---

① Article 25(b), health, requires States to provide 'services designed to minimise and prevent further disabilities…' (emphasis added).

② Preamble(x), Article 16, freedom from exploitation, violence and abuse; Article 23(4), respect for home and the family; and Article 28(1), 2(c), adequate standard of living and social protection.

家庭时,它也隐讳地把残障者置于有用的而非依赖的角色上。① 或作为这一方法的替代方法,《公约》有选择地给成员国强加义务以帮助家庭努力实现残障者的人权,有残障者家庭的成员是主要的受益人。②

《公约》是否应该承认残障者家庭成员的需要和权利的问题,以及如果承认,应该采用何种方式,都曾是特设委员会激烈争论的问题。最终,对这一中心问题的回答是否定的。因为在大部分社会里,家庭的需要和权利往往凌驾于残障者权利之上,尽管家庭对残障者权利和尊严的实现有巨大作用和贡献,但有时恰恰是家庭成员对侵犯残障者人权负有主要责任或参与了共谋。③《公约》赋予残障者的权利高于其家庭成员,还质疑了把残障者作为家庭生活的被动参与者和其他家庭成员"**负担**"的这一(思想)建构。

序言第二十四段很巧妙地平衡了这个问题。它与先前的人权文书保持一致,肯定家庭是一个自然和基本的社会组合单元。家庭有权获得社会和国家的保护。然而,第二十四段以这样一种方式适用此原则,即同时承认残障者**和**他们的家庭成员都应得到国家的保护和帮助。在家庭生活中,该条清晰地把残障者定位为一个积极的、有用的角色。该条同样清晰地表明,提供给家庭的保护和帮助,目的是使家庭能够有助于残障者权利的实现。这类帮助没有被描绘成作为照顾残障者"**负担**"的补偿。

### (三)解释性条款

《公约》第一条和第二条是解释性条款。第一条陈列了《公约》的宗旨,即"促进、保护和确保所有残疾人充分和平等地享有一切人权和基本自由,并促

---

① For example, in Article 23, respect for home and the family, persons with disability are accorded the instrumental role of making decisions concerning the founding a family and the number and spacing of their children.

② Article 8(1)(a), awareness-raising; Article 23(5), respect for home and the family; and Article 28(1), 2(c), adequate standard of living and social protection. Article 8(1)(a), for example, specifically requires states to raise awareness at the family level of the rights and dignity of persons with disability, and their capabilities and contributions, to combat stereotypes and prejudices that reinforce the belief that persons with disability are a burden to their family and society.

③ For example, by arranging for the sterilisation on women and girls with disability, or by institutionalizing persons with disability.

进对残疾人固有尊严的尊重"。它规定《公约》三个层次的义务：促进(培养认识)，保护(防止干涉)和确保(使之能够实现)残障者的人权和基本自由，这些是成员国必须归根结底遵照执行的。第二条定义整个《公约》反复使用的五个核心术语，"**沟通**"、"**语言**"、"**基于残障的歧视**"、"**合理便利**"和"**通用设计**"，这些术语对《公约》权利的实现有非常特别的意义和内涵。

### (四)合理便利

"**合理便利**"的定义是"指根据具体需要，在不造成过度或不当负担的情况下，进行必要和适当的修改和调整，以确保残疾人在与其他人平等的基础上享有或行使一切人权和基本自由"。特别重要的是，基于残疾的歧视包括"拒绝提供合理便利"。这在第五条平等和不歧视条款中再次得到了强调，该条同样要求成员国确保提供合理便利。[①]

把确保提供合理便利纳入成员国义务，以便利残障者行使《公约》权利，可能是《公约》最重大、最有用的原则了。然而，此条的制定绝非是理想的。当这种要求的调整构成了"**不当或过度负担**"时，义务就停止了。特设委员会一度认为"**不当**"和"**过度负担**"等词汇可替换使用，但最终他们起草的是具有相加性的概念了，这就有效地创造出了一个两要素的测试法，它允许义务被规避到两个门槛中的更低的那一个(这会根据不同环境有所变化)。进一步说，这些门槛本身对突破影响到人们要求明显的结构性调整的那些排斥性做法似乎没有足够的挑战性。它们看似更可能对这些人产生一些结果，这些人要求对盛行的社会环境仅作相对细微的改变。人们同样看到，术语"**过度负担**"最令人遗憾，因为它激起了把残障者作为社区"负担"的解释，而这正是《公约》极力想要克服的问题。

---

① This has very important implications for Australian disability discrimination law in light of the High Court of Australia's decision in Purvis v NSW(Department of Education and Training)(2003) ALR 133 to the effect that s5(2)(direct discrimination)of the Disability Discrimination Act 1992(Cth) imposes no positive duty to provide reasonable accommodation:per Gummow,Hayne and Heydon JJ(in the majority)at paras 217–218 and per Kirby and McHugh JJ(dissenting)at para. 104.

（五）一般义务

《公约》第三条到第九条是一般义务内容。它们包括实施《公约》可适用于各个方面的、所向披靡和纵横交错的原则和措施。第三条清楚表达了《公约》建立的总（或基准）原则，包括尊重残障人内在尊严、不歧视和残障者充分和切实地参与社会。一位资深评论员曾把该条规定称为《公约》的"**道德指南针**"。① 第四条规定成员国批准或使用《公约》时所承担的一般义务。例如，该条包括的内容有:成员国有义务把《公约》的条款并入国内法律、政策和规划中，废除国内法中与《公约》不一致的规定。第六条残障妇女和第七条残障儿童，要求成员国以一种保证残障妇女和残障儿童，能够与男性和其他儿童，在平等基础上行使和享有人权与基本自由的方式实施公约。这些性别和年龄平等的措施，在《公约》序言和许多具体义务的要点中也得到了强调。

第八条和第九条呈现出的内容，对整个国际社会无疑是两个最大的挑战。第八条要求，成员国促进社会态度的根本变化，培养对残障者权利和尊严的尊重，与成见和偏见作斗争。第九条要求成员国保证对残障人士而言，"**环境**"是无障碍的，以便他们可以独立生活，充分参与社会各个方面的生活。值得注意的是，环境在这里是一个广泛的界定，不仅包括已建成的建筑物，还包括交通、信息和交流（包括互联网）。该条款也特别地倡导了地理性平等原则，要求城市和农村地区环境无障碍达到同等水平。地理性平等原则也加强了《公约》里许多经济、社会和文化权利。

（六）具体义务

《公约》第十条到第三十条，包含了各项具体义务。这些条款大多详细规定《公约》所认可的具体人权和基本自由。

---

① Quinn, Key Note Address to German European Union Presidency Ministerial Conference: Empowering Persons with Disabilities, The UN Convention on the Human Rights of Persons with Disabilities: A Trigger for Worldwide Law Reform, Berlin, 11 June 2007, available at: http://www.eu2007. bmas.de/EU2007/Redaktion/Deutsch/PDF/2007-06-12-rede-quinnproperty = pdf, bereich = eu2007, sprache = de, rwb=true.pdf [ last accessed 13 November 2007].

### （七）公民和政治权利

从广义上说，第十条到二十三条和第二十九条是源自公民权利和政治权利的。在一些情形下，这些权利是新的，这些权利中的一些放大了它们的应用或扩展了它们的范围。例如，第十一条把生命和生存权扩展到紧急形势下。成员国确保在危难情况下，包括在发生武装冲突、人道主义紧急情况和自然灾害时，残疾人获得保护和安全。① 第十三条，把传统的法律面前平等的权利拓展为一项积极义务以确保残障人士获得公正。② 第十六条把免于酷刑和残忍、不人道或有辱人格待遇的传统权利，扩展到免于各种形式的剥削、暴力和凌虐。③

第十七、十九和二十条，把无法期待的和难以预测的、传统的自由权和人身安全权显著地拓展了。第十七条特别针对身心不受干扰的权利是社会心理损伤者社会活动家们反对强制治疗、非常积极倡导的结果。**"个人的完整性"** 概念这一次是第一次作为一个独立条款写进了一个核心的联合国人权公约中。④ 第十九条把自由权等同于残障者住在社区并成为社区的一分子。这一条将禁止机构模式，而支援残障者的支持性居住，并要求国家对社区为基础的生活选择进行投资。第二十条把自由权等同于残障者最大限度的自由行动。这一条还要求国家投资于助行器具、辅助技术和对残障者需要的各种形式的生活辅具。从贯彻的视角看，尽管这些条款表面上很有趣，但它们却是公民权利和政治权利，需要符合立即实现的标准。⑤

---

① The CRPD was developed against a backdrop of unprecedented challenges in the international environment, which impacted in aggravated ways on persons with disability. This included the 11 September 2001 terrorist attacks on the United States of America, wars in Iraq, Israel-Palestine and Lebanon, the Asian Tsunami, severe earthquakes in south Asia, and hurricanes Katrina and Rita.

② This is the first time access to justice has appeared as a substantive right in a UN human rights instrument. A more traditional formulation of the right to equality before the law is found in Article 12, CRPD.

③ This article also, or alternatively, derives from Article 19, CRC.

④ This concept does, however, appear in Article 3, Charter of Fundamental Rights of the European Union 2000, OJ (C 364) 1, 7 December 2000, available at: www. europarl. europa. eu/charter/default_en.htm [last accessed 13 November 2007].

⑤ This means that nations have an immediate obligation to respect and ensure these rights. Economic, social and cultural rights are subject to progressive realisation. See further, below p. 30.

这些条款包含着非凡的创新,将适用于普通人的公民权利和政治权利适用在了残障者身上。然而,这些条款的制定也有令人失望的地方,尽管一些专门的非政府观察者代表把相当多的令人不安的问题都带给了特设委员会,但是,第十条生存权仍然对那些旨在消除和损伤有关的人类多样性而进行出生前甄别或估计有损胎儿的阴性选择的基因科学保持了缄默。《公约》没有直接谈到这一问题和其他一些生物伦理问题,人们或许认为这是它最大的失败了。

第十七条同样令人失望。该条可能是特设委员会磋商过程中最具争议的一条,很大程度上由于这个原因,这一条内容也是实质性人权条款中最有局限性的一条了。这一条局限于对原则作了一个简单陈述,没有具体适用于它原本意图解决的侵犯人权的问题。在国际残障联盟普遍的敦促下,特别在世界精神病使用者和幸存者网络(The World Network of Users and Survivors of Psychiatry/WNUSP)的强烈要求下,特设委员会放弃一个可能要求对强制治疗有严格规定的早期建议版本。国际残障联盟和世界精神病使用者和幸存者网络寻求《公约》所达到的终极目标是,宣布所有形式的强制帮助都是"**非法**"的。但是,当这显示是不可能实现的时候,他们就采取了替代性的游说立场,即《公约》中不应该涉及强制治疗,因为这会使强制治疗合法化。最终,这也是特设委员会深思熟虑的一个结果,即,尽管这看上去比避免和国际残障联盟及世界精神病使用者和幸存者网络冲突的含义要多,但对这一原则任何潜在的努力,都是基于和这一原则相反的立场了。结果在侵犯残障者人权最关键的领域,对为"**治疗**"目的使用国家权力强制措施,未作任何具体规定。

### (八)经济、社会和文化权利

第二十四条到二十八条和第三十条基于经济、社会和文化权利。① 这些条款最主要的是强调了残障者对主流教育体系与劳动力市场的融入和参与,应残障者要求提供便利和其他积极措施以实现这些权利。健康权特别致力于保证残障者在他们所居住的当地社区,可以不歧视地得到综合的全科和专科

---

① See generally, McCorquodate and Baderin(eds), Economic and Social Rights in Action, (Oxford: Oxford University Press, 2007).

医疗健康服务。第二十六条把传统的健康、工作、教育和社会保障权利扩展到了适应训练和康复权利，这样的特色在联合国核心人权公约里尚属首次。该条对准了保证残障者获得发展性学习和康复方案，使他们发展（或恢复）他们最大的潜力，同样，该条强调把残障者在适应训练和康复过程中融入和参与社区，作为这一过程的最终产出。

第二十八条规定的是适足的生活水平和社会保护权。社会保护概念比传统的社会保障权概念显著宽泛。该条也融入了减少贫穷、提供专业残障服务和对残障额外成本的支助（assistance）等义务。最后，第三十条规定了残障者参与文化生活、娱乐、休闲和体育的权利。同样，它主要强调的是残障者可以得到文化和休闲设施，他们在与他人平等基础上参与文化和休闲活动和事件，为有效地实现这些权利得到便利和其他必要的积极措施。不过，该条款同样承认了听障人士独特的文化和语言身份，并确保承认手语和听障文化。

把这些条款放在一起，它们的总体要旨是要求成员国纳入一个"**双轨**"的进路，以满足残障者的经济、社会和文化权利。这首先包括把残障敏感性措施并入主流服务供给中。其次，保证提供必要的专门服务和特殊措施方式，便利残障者融入和参与普通社区（生活）。《公约》非常具体、全面地规定为残障者提供隔离式专门服务为非法。

### （九）实施和监测

公约第三十一条到四十条规定了在国内和国际层面上，对《公约》实施和监测的各种安排。在国内层面上，这包括建立中心和协调机制以促成跨部门实施措施的顺利施行。在国际层面上，它包括建立一个新的条约机构去监督《公约》的实施，并接受侵犯《公约》权利的投诉。根据《任择议定书》的规定，条约机构得到赋权从而可接受来自个人和团体在用尽国内救济措施后，对侵犯《公约》权利的投诉。① 《任择议定书》还建立一个关于严重违反《公约》权利的问询程序。②

---

① Article 1, CRPD Optional Protocol.

② Article 6, CRPD Optional Protocol.

### （十）国际合作

《公约》第三十二条国际合作是《公约》起草中争议最激烈的一条。直到磋商的最后一刻,该条内容仍然饱受质疑。从根本上说,这一争议和发达国家(特别是欧盟)存在的某种担忧有关,他们担心该条款会引起发展中国家和转型国家对履行《公约》能得到更多援助的期望。随之而来的是进一步担心,该条款会帮助发展中国家采用这样一种立场,即,在缺少额外帮助的情况下,《公约》无法在国内执行。这种争议说明了起草这个条款第一段起首部分时饱受的折磨。简言之,第三十二条特别强调对实现《公约》目的及目标的国家责任,但也承认了国际合作在支持这些国家努力上的重要性。

尽管第三十二条围绕"**南—北**"财富转移问题制定,但仅仅以那些词汇解释该条款将是一个严重的错误。发达国家之间有着辽阔的领域需要彼此合作:如在提供无障碍标准协调一致方面;在规制影响残障者生活的国际非国家行动者领域(in the regulation of international non-state actors);在为达到平等需要在国际层面消除结构障碍方面(如民航和版权法)。这些问题在不断增进的经济和社会体系的全球化背景下显得非常紧迫。

### （十一）新的人权?

尽管《公约》并未规定任何新的人权内容,但是人们说这可能是个"**官方神话**"。事实上,人们可以清楚地看出,《公约》在很多重要方面对传统人权概念已进行了修改(modified)、改造(transformed)和添加(added)。《公约》的确包含了全新的和放大构想的人权,包括很多集体的或社会团体的权利,如研究和发展权①、意识提高权②、社会保护和减贫权③。就国际合作而言,包括国际发展项目的合作④(有时被称为"**第三代权利**")。《公约》同样包括了许多"**普**

---

① For example,Article 4(1)(f)and(g),General Obligations,CRPD.

② Article 8,Awareness-raising,CRPD.

③ Article 28(2)(b),Adequate standard of living and social protection,CRPD.

④ Article 32,International Cooperation,CRPD,which is not a new concept in international human rights law(cf Article 45,CRC),but its expression in the CRPD supersedes pre-existing formulations.

遍的"平等措施（如无障碍环境权①，这将有望让许多人受益，并不仅仅只是残障者），这有时候被称为"**第四代权利**"。第三十条同样包含对休闲、旅游和娱乐权的广泛说明（有时候被称为"**第五代权利**"）。

此外，《公约》对现存人权，纳入了一个高水平的残障专门性的解释，而这把先前以不干涉为基础的权利（或"**消极**"权利）改造成为了积极的国家责任。例如，不干涉个人言论表达权变成了一项积极的国家责任，即，国家以无障碍形式提供公共信息和承认手语、盲文、扩大的和可替代的交流（方式）等。② 同样，以不干涉为基础，确保法律面前（人人）平等被拓展或扩大成为一项积极的义务，以确保残障者可以获得公平。③ 在这些方面及其他方面，《公约》不仅在全部结构上，而且在每个条款中都把公民权利和政治权利融入经济、社会和文化权利之中。在这方面，传统上那些需要立即实现的权利和那些需要逐渐实现的权利之间的区别显然被摒弃了，而这些有区别的（实现进程）在《公约》第四条被普遍保留下来。④ 同样值得注意的是，在《任择议定书》下，所有《公约》的权利具有潜在的司法审判性，而并不仅仅是公民权利和政治权利了。

# 五、总结性评论

毫无疑问，《残疾人权利公约》对于世界上最大的少数人群体生活具有变

---

① Articles 3, General principles(f), and 9, Accessibility, CRPD.

② Article 21, Freedom of expression and opinion, and access to information, CRPD.

③ Article 13, Access to justice, CRPD.

④ Article 4(2), CRPD retains the distinction between the basic obligations of State Parties to each of the Covenants on Civil and Political Rights and on Economic, Social and Cultural Rights(see Article 2(i) of each Covenant). Whereas civil and political rights must be guaranteed immediately, the same is not generally the case with economic and social rights. Article 4(2) of the CRPD reads: With regard to economic, social and cultural rights, each State Party undertakes to take measures to the maximum extent of its available resources and, where needed, within the framework of international cooperation, with a view to achieving progressively the full realisation of these rights, without prejudice to those obligations contained in the present Convention that are immediately applicable according to international law.

革的潜在作用。《公约》进入国际法(领域),应该值得庆贺。无论以何种标准,不论在残障权利领域,还是在更一般的国际人权法概念和贯彻措施方面,《公约》都是高水准的。然而,对《公约》的热情必须在现实和战略面前有所节制。《公约》像所有国际文书一样,最终是一个协商的文本。因此,期待它反映出一个完全一致的或全面展现残障权利是不现实的。说到底,《公约》受到的更多是不加批判的、平民主义的、残障社会模式解释的影响。有时,这种理解接近于一个激进的社会建构的残障观,这一观点中,损伤并无内在的现实性。尽管社会模式的核心要义,即,残障乃社会压迫的观点没有遭到取代,但过去十多年里,批判性残障研究使社会模式的细微差别趋于具体,作为残障经历的本体和现象的一个面向,重新强调了损伤的现实性。如果国际法上真能有一个连贯一致的残障权利范式的转换,那么《公约》的解释和实施努力,将超越一个广为人知的社会模式观念,达到在社会情境下对损伤和残障更为精细的理解。此外,必须承认,尽管《公约》对残障权利作了拓展阐述,但在一些关键领域,包括生物伦理和强制治疗方面,《公约》文本鲜有涉及。因此,《公约》是残障权利议程中重要的支持和推进器,但不是该议程的替代品。一些残障权利问题在国际人权法内依然未被触及或未能发展。因此,很重要一点是,残障人权社会活动家们既不能低估也不能高估《公约》的角色、适用范围和它未来对确保残障者人权上的潜在贡献。

(傅志军 译　李　敬 校)

# 残障与人权:联合国内新天地

［爱尔兰］杰拉德·奎因、查尔斯·奥马霍尼

## 一、导　论

尽管事实上,联合国经常称残障者群体为**"世界上最大的少数族群"**,①但是,以权利为本的残障观还是很新的。② 世界上大约有 10 亿残障人口(占全球总人口的 15%),绝大多数生活在发展中国家。③ 他们的法律地位,至少可以说是不稳定的。世界卫生组织的《世界残障报告》(以下简称《报告》)源自各类信息渠道。该《报告》称残障儿童比非残障儿童有更少的上学机会、更低的在学率和升学机会。其他研究表明,每年针对残障儿童的暴力发生率至少

---

译者声明:本文的翻译初稿曾提交 2013 年 11 月山东大学举办的《残疾人人权保障与公共服务研讨会暨第七届中国残疾人事业发展论坛》,本次翻译在初稿基础上作了很大修改,请阅读或引用时,以本翻译稿件为准。

①　See, *e.g.*, Factsheet on Persons with Disabilities. This factsheet provides an interesting outline of statistical information on the status of persons with disabilities throughout the world. Available at:⟨http://www.un.org/disabilities/documents/toolaction/pwdfs.pdf⟩(last accessed 30 April 2012).

②　See Michael A.Stein,'Disability Human Rights', *California Law Review*, vol. 95(2007)no. 1, pp. 75–122;and Oddny Mjöll Arnardottir and Gerard Quinn(eds),*The UN Convention on the Rights of Persons with Disabilities:European and Scandinavian Perspectives*(Leiden:Martinus Nijhoff Publishers, 2009).

③　*World Report on Disability*(Geneva:World Health Organization and the World Bank,2011), p. 44.

是非残障儿童的 1.7 倍。① 世界卫生组织的《报告》还发现,成年残障者遭到施暴的风险远远高于非残障者,残障者遭虐待的报告是非残障者的 4—10 倍。与之相似,住宿机构中的智力障碍男女、亲密伴侣间和青少年人群中,残障者遭性虐待的发生率也非常高。

尽管人权领域的显著成绩也影响着残障社群,但是,过去针对残障的一个错误考虑,是没有把它视为普遍人权问题;相反,它成了一个慈善、家长制和社会政策的混合物。事实上,社会政策对残障者的普遍反应不是促使其融入主流,而是把这些人留在自己的人群范围内。这在某种程度上也曲解了社会政策的真正目标。

将残障问题移入人权核心领域的过程是缓慢的。这一处理方式或许是因为认识到了残障社群的多样性。在某种意义上,把残障者区分出来被视为人类能力的"**自然**"分配。就好像残障是一种侵害而不仅仅是一种人类复杂多样性的体现。引用亚里士多德关于平等的概念,就好像残障领域的"**隔离但平等**"不仅有道理,而且还是"**自然**"的。

所有这些过往累积而来的沉重包袱,现在都处在招架之势了,因为朝向人权框架的运动已有了根基。朝向这一新框架的运动是明显的。它使一些过去没有遭到质疑且被认为"**很自然**"的事情(如隔离式教育)成为了问题。它也使一些现存的社会安排得以恰当甄别。它确定的是一个不论残障差异、对人权平等尊重的新议程。

令人诧异的是,单就人们公认人权具有普遍特性这一主要特点而言,这一场在残障领域发生的革命竟然姗姗来迟。所以本质上,残障领域的人权革命是为让在残障背后的人可以显现出来,让"**法治**"惠及所有人,而非部分、甚或绝大多数人。最为紧要的是:与被照顾或被管理的残障"**客体**"不同,人权把残障者视为具有完全法律人格(legal personhood)的"**主体**"。

全球范围内,这场朝向人权框架的移动进行了二十多年。毫无疑问,在世

---

① Factsheet on Persons with Disabilities, This factsheet provides an interesting outline of statistical information on the status of persons with disabilities throughout the world. Available at: ⟨http://www.un.org/disabilities/documents/toolaction/pwdfs.pdf⟩(last accessed 30 April 2012).

界范围内，它会反映在一些时间点上。联合国《残疾人权利公约》（以下简称《公约》）（CRPD，2006 见脚注 1 三个用法对译不同英文）是这些年来，残障领域中一个独一无二的、最令人兴奋的发展。《公约》反映出了全球范围内，残障领域正在进行的法律改革。更为重要的是，《公约》澄清其所荷载的价值理念，并促进了这一改革进程。①

甚至还可以这样说，尽管残障权利观肇始于美国，但它现在已是一个全球性挑战了。② 比如，非洲联盟资助了"**非洲残障者十年**"项目（1999—2009）以推动席卷非洲的法律改革进程。③ 出于类似目的，联合国亚太经合理事会（UNESCAP）也采纳了"**亚太残障者十年**"项目（2003—2012）。④ 美洲国家组织（OAS）也宣布了主题为"**平等、尊严和参与**"⑤的"**美洲残障者权利和尊严十年**"（2006—2016）项目。甚至早在 1999 年，美洲国家组织就出台了一个反

---

① Convention on the Rights of Persons with Disabilities（CRPD），adopted 13 December 2006, entered into force 3 May 2008, 2512 UNTS 3. For most of the drafting history, see http://www. un. org/disabilities/default.asp? id = 1423（last accessed 30 April 2012）.There is already a growing body of literature on the convention: see, *e. g.*, Symposium on the United Nations Convention on the Rights of Persons with Disabilities, *Syracuse Journal of International Law and Commerce*, vol. 34（2007）no. 2（Special Issue）and *From Exclusion to Equality: Handbook for Parliamentarians on the Convention on the Rights of Persons with Disabilities and its Optional Protocol*（Geneva: Inter-Parliamentary Union with the United Nations Office of the High Commissioner for Human Rights, 2007）; The Convention on the Rights of Persons with Disabilities, Special Edition of the *International Rehabilitation Review*, vol. 56（2007）no. 1; and Grainne de Burca, 'The EU in the Negotiation of the UN Disability Convention', European Law Review, vol. 35（2010）no. 2, pp. 174–196.

② Perhaps the most famous（and copied）piece of legislation in the world on disability is the Americans with Disabilities Act（ADA）of 1990. See generally Peter Blanck et al., *Disability Civil Rights Law and Policy*（St. Paul, MN: Thompson/West, 2005）.The statute has been much diminished through narrow rulings from the U. S. Supreme Court. See generally L. Hamilton Krieger（ed.）, *Backlash against the ADA: Reinterpreting Disability Rights*（Ann Arbour: University of Michigan Press, 2003）. See also Samuel R. Bagenstos, *Law and the Contradictions of the Disability Rights Movement*（New Haven: Yale University Press, 2009）.

③ The secretariat of the African Decade is available at: ⟨http://africandecade.org/⟩（last accessed 30 April 2012）.

④ UNESCAP has a very active disability programme within its Population and Social Integration Section. Web site available at: www.unescap.org/esid/psis/disability（last accessed 30 April 2012）.

⑤ Information on the OAS disability activities is available at: http://www. oas. org/consejo/cajp/disabilities.asp（last accessed 30 April 2012）.

残障歧视的公约。① 在欧洲区域,欧洲联盟(EU)和欧洲议会都批准了各自的残障战略。欧盟通过的《残障行动计划》(2003—2010),后为《欧洲残障战略》(2010—2020)所取代。② 欧洲委员会也有自己的《残障行动计划》(2006—2015)。③《残疾人权利公约》中清晰表达出,国际人权法实施原则的要求和通过国内政策和体系发展所可能取得的成就,正逐渐形成协力作用。国家级和区域性的残障战略,无疑是实现残障者权利的关键。④ 残障歧视的比较法文献汗牛充栋,但本文聚焦的是联合国系统。

---

① The Inter-American Convention on the Elimination of All Forms of Discrimination against Persons with Disabilities, adopted 7 June 1999, entered into force 14 September 2001. As of April 2012, the convention has 19 ratifications. Neither Canada nor the United States have ratified this convention.

② The history of EU disability and policy is set out in Gerard Quinn, 'The Human Rights of People with Disabilities under EU Law', in Philip Alston(ed.), *The EU and Human Rights*(Oxford: Oxford University Press, 1999), pp. 281-326. For a detailed review of the evolving European anti-discrimination law(including on the ground of disability), see Dagmar Schiek, Lisa Waddington and Mark Bell(eds), *Cases, Materials and Text on National, Supranational and International Non-Discrimination Law*(Oxford: Hart, 2007). For the Disability Action Plan, see doc. COM/2003/650. The ten-year European Disability Strategy(COM/2010/636) is aimed at ensuring that persons with disabilities can take part in all aspects of daily life across the EU and that they enjoy their rights as EU citizens on an equal basis with other EU citizens. The strategy ensures access to EU funding, raises public awareness about disability, and seeks to encourage EU Member States to work together in the removal of obstacles to inclusion. It also seeks to fulfill the EU's commitment to the CRPD, which was formally ratified by the EU in 2010. See also *Study on Challenges and Good Practices in the Implementation of the UN Convention on the Rights of Persons with Disabilities*(Brussels: European Foundation Centre, 2010), which analyzes in detail the obligations set out in the CRPD and maps the challenges to full and effective implementation of the convention, in EU Member States in particular. Available at: http://stuy. efc. be/index. html(last accessed 30 April 2012). It is also noteworthy that the European Commission is to consider a 'European Accessibility Act' that would establish EU standards for products, services, and public buildings.

③ The Action Plan is Contained in Recommendation Rec(2006)5 of the Committee of Ministers to Member States 'on the Council of Europe Action Plan to promote the rights and full participation of people with disabilities in society: improving the quality of life of people with disabilities in Europe 2006-2015'. For a good overview of the Council of Europe's activities in the broad disability field, see Thorsten Afflerbach and Angela Garabagiu, 'Council of Europe Actions to Promote Human Rights and Full Participation of People with Disabilities: Improving the Quality of Life of People with Disabilities in Europe', *Syracuse Journal of International Law and Commerce*, vol. 34(2007) no. 2, pp. 463-482.

④ For a more detailed discussion on the CRPD and national and regional disability strategies, see Eilionóir Flynn, *From Rhetoric to Action: Implementing the UN Convention on the Rights of Persons with Disabilities*(Cambridge: Cambridge University Press, 2011).

在联合国的各种公约中，人们普遍认为《残障公约》将会是获广泛批准的一个文件，这部分源于它没有背负冷战意识形态的包袱。《残疾人权利公约》在很短时间内获得了足够批准（数量），2008 年 5 月 3 日它就生效了。截至 2012 年 4 月，153 个国家签署，其中 112 个国家批准《公约》。① 准确地说，它是进入 21 世纪后的第一个人权公约，并在"**不歧视**"这一所向披靡的理论指引下，成功地糅合了公民权利和政治权利以及经济、社会和文化权利。它还有一个《任择议定书》，如果获批，相关的公约监督机构（残疾人权利委员会）就可接受个人或团体的申诉。② 截至 2012 年 4 月，有 90 个国家签署，其中 67 个国家批准了《任择议定书》。残疾人权利委员会刚刚开始它的工作，目前仅仅审议了几个国家的履约报告。

残障情境中的人权应用并非是一个全新事务。但《公约》之所以具有深刻的教育意义，是基于以下原因。

第一，它要我们在残障基础上，通盘考虑人类差异性的概念，并反思什么时候，或这些差异是否需要隔离的、特别的对待。例如，即使人们充分考虑了残障差异常被夸大这一情况之后，是否还有一些关于特别的、区别的、甚至（极端情况下）隔离对待的有力论据？"**隔离但平等**"的哲学在残障领域还有任何残余价值吗？正如所见，《残疾人权利公约》文本中遍布的是"**在与其他人平等的基础上**"的对残障者权利的肯定。当然，这只是再次陈述了问题，并没有解决它。一如所见，这一困境清晰体现在《公约》中包括受教育权在内的几个核心条款的撰写过程中。

第二，残障的差异性迫使我们去延展不歧视的概念，要求潜在的歧视者对残障积极地考虑并为其提供"**合理便利**"。也就是说，当那些中立对待无法克服某些无过错的个体障碍时，法制规则要求一个第三方（如，雇主）去忽视（如，基于种族的）差异是没什么用处的。例如，一个规则要求餐厅经营者不加任何限制地允许人们进入，可这对那些面对台阶的轮椅使用者就没有什么

---

① For the status of ratifications, see United Nations Treaty Collection 〈http://treaties.un.org〉（last accessed 30 April 2012）.

② Optional Protocol to the Convention on the Rights of Persons with Disabilities, adopted 13 December 2006, entered into force 3 May 2008, UN doc. A/61/611.

用处。在绝大多数比较残障歧视立法中,"**合理便利**"观念都是一个具有显著特色的不歧视性工具。① 正如所见,它也是《残疾人权利公约》的一个关键特点。

第三,对过去得到过多鼓吹却很少得到理解的,关于相互依赖和不可分割的人权主题(公民权利和政治权利以及经济、社会和文化权利),残障也力图提供些可见证据。通过一种近乎独特的方式,残障把这两组权利具有联结关系的事实呈现了出来。这是因为,在为残障者打破藩篱时,只通过不歧视法是不够的。一些社会团结的积极行动常常用于巩固自由。事实上,这对所有人都是如此,对残障者更明显而已。所以,残障领域生动呈现出了经济、社会和文化权利是如何加强、而不是削弱了自由。

本文一开始即要提醒,不歧视的工具在残障领域能取得的成就是有限的。即便延展到包括附加"**合理便利**"的义务,甚至对"**积极行动手段**"(positive action measures)的明确应许(仅此而已),不歧视还是不能在经济、社会和文化权利中充分履职。白根斯托斯(Bagenstos)建议说,《美国残疾人法案》(*Americans with Disabilities Act* /ADA)的经验说明了反歧视和合理便利方法的局限,因为它"对那些不容许太多人在社区内充分参与的根深蒂固的结构性障碍,仅是缩小了对其有所触及的工具"②。结果,不歧视的工具并不是经济、社会和文化权利的实质替代物,而仅仅是确保这些权利得到平等对待时的一种方式。

第四,残障情境下的经济、社会和文化权利的应用,将易遭遗忘的这些权利的本质又呈现了出来。这些权利不仅仅是可见的、静止状态的人类福利。更为积极的是,这些权利营建了融入社会和经济的通途。这些权利有助于确定起接近、进入和参与主流的条件。换言之,它们为确保一个"**公共自由**"的系统助了一臂之力。在本文的脉络下,这些权利确保了残障者真正独立地生活和参与他们的社区。一如所见,事实上,这也是《残疾人权利公约》中如何

---

① See,e.g.,Christine Jolls,"Accommodation Mandates",*Stanford Law Review*,vol. 53(2000),pp. 223-306.

② Samuel R.Bagenstos,Law and the Contradictions of the Disability Rights Movement(New Haven:Yale University Press,2009)p. 149.

规定了相关的经济、社会和文化权利,它们是为残障者实现独立生活和对抗融合中的各种障碍量身定做的。这呈现出了经济、社会和文化权利的最佳状况。

## 二、联合国内关于权利为本的残障框架的进化

遗憾地讲,联合国人权机制直到晚近才对残障问题有所关注。这倒不意味联合国系统作为一个整体对此没有关切。令人钦佩的是,事实上一些特别机构在残障事务上非常活跃。诸如,国际劳工组织(ILO)、联合国儿童基金会(UNICEF)、联合国教科文组织(UNESCO)和世界卫生组织(WHO)都长期深耕于残障领域,并确实积极参与了《残疾人权利公约》的起草。

通过联合国社会发展委员会(UN Commission for Social Development)而非人权委员会(Commission on Human Rights),残障问题得以嵌入联合国的整个系统。这本身也说明了残障事务被视为一个社会政策议题而非人权问题。20世纪70年代,两个联合国大会通过的决议明显透出了残障领域从"**照料**"的议题到"**权利**"的议题转型的早期信号。① 1971 年,联合国大会通过了名为《智力迟钝者权利宣言》的文件。② 令人瞩目的是,这个宣言开篇即指出:残障者和其他人享有同等的人权保护,有趣的是,这是开篇即要宣讲的内容。1975年,联合国大会又通过了另一个里程碑式的决议,即《残废者权利宣言》。③《宣言》包括很多内容,且特别明确提出对残障者发展自身能力和社会融入等一系列很重要的经济、社会和文化权利内容。它宣称残障者的特别需要,应在经济和社会计划的各个阶段给予考虑,同时残障者有得到反剥削和反虐待保护的权利。它的另一创新在于坚持"事关残障者权利之事或可问计于残障者组织"。这也使"没有我们的参与,不可做事关我们的决定"的口号成为联合国早期残障政策的特色,为后来起草《残疾人权利公约》开了个好头。

---

① See generally,Theresia Degener and Yolan Koster-Dreese(eds),*Human Rights and Disabled Persons*(Dordrecht:Martinus Nijhoff,1995).

② UN General Assembly Resolution 2865(XXVI),20 December 1971.

③ UN General Assembly Resolution 3447(XXX),9 December 1975.

联合国宣布 1981 年为"**国际残疾人年**",随后在 1982 年,联合国大会通过了《关于残疾人的世界行动纲领》(WPA)。① 为促其实施,联合国设立了"**残疾人十年**"项目(UN Decade of Disabled Persons)(1983—1992)。实际上《关于残疾人的世界行动纲领》现在仍有效(即与《残疾人权利公约》并存),并由联合国秘书处定期报告。② 除了联合国残障政策中传统的那些元素(如康复和预防)外,《关于残疾人的世界行动纲领》清晰呈现了"**机会平等**"的模式。它对"**机会平等**"的界定是:"要使整个社会体系能为人人所利用,诸如物质和文化环境、住房和交通、社会服务和保健服务、教育和就业及包括体育运动和娱乐设施在内的文化和社会生活。"③

《关于残疾人的世界行动纲领》期待着各国的行动计划。1989 年④和 1992 年⑤分别对实施"**残疾人十年**"项目进行了监测,但没有多少可以汇报的成绩。而且能汇报的那些成绩,恐怕和《关于残疾人的世界行动纲领》也并不真正相关。20 世纪 80 年代末,考虑到要继续推进残障事务的发展,意大利和瑞典都提议撰写残障者权利的新的主题公约。然而,出于对公约的疲劳,(联合国)大会拒绝考虑新的公约。相反它选择出台了一个名为《残疾人机会均等标准规则》(UN *Standard Rules for the Equalization of Opportunities for Persons with Disabilities*)(1993 年)这一备受当时瑞典残障观念影响的特别决议。⑥ 尽管《标准规则》内容全面且行文优雅,但它缺乏法律地位。⑦

不过《标准规则》中还是创新了一个重要的程序规则:即任命特别报告

---

① UN General Assembly Resolution 37/52,3 December 1982.

② A series of reports of the implementation of the WPA have been issued since 1994–2010 by the Secretary General and are all available at:http://www.un.org/disabilities/default.asp? id=22(last accessed 30 April 2012).

③ Para. 12 of the WPA.

④ See Implementation of the World Programme of Action concerning Disabled Persons and the United Nations Decade of Disabled Persons,UN General Assembly Resolution 44/70,8 December 1989. Interestingly,this resolution did not mention the UN human rights machinery.

⑤ See Report of the Secretary General:Implementation of the World Programme of Action and the United Nations Decade of Disabled Persons,UN doc.A/47/415,11 December 1992.

⑥ UN General Assembly Resolution 48/96,20 December 1993.

⑦ Paragraph 14 of the Rules was to the effect that if they gained sufficient currency they might obtain the status of customary international law.This never happened.

员,这个五年的授权随后得以成功延续。有趣的是,这一授权在《残疾人权利公约》中也存在。从形式的角度讲,特别报告员是向联合国社会发展委员会而非联合国人权委员会进行汇报。但是一直到 20 世纪 90 年代末期,首位联合国特别报告员、瑞典人贝尼特·林德奎斯特（Bengt Lindquist）（他又连续服务了两个五年的任期）,和联合国人权委员会建立了良好的关系,并频繁现身于人权委员会。这位特别报告员出版了标准规则实施状况的全球调查,①在审慎的社会发展委员会前表现得也很积极。②

1993 年,世界人权大会通过的《维也纳宣言和行动纲领》中,显现出一丝变革的苗头,这个文件中称:"残疾人的平等权利应该得到保证"③。

上述这一切,在联合国人权议程的大本营、联合国人权委员会之外平行发生着。20 世纪 90 年代末,若干事件的接连发生促成了将残障移入核心人权议程的关键性运动。首先,1990 年美国颁行的《美国残疾人法案》掀起了世界各地的类似立法运动。更为重要的是,该法设计了一个从人权角度看待残障的框架。此法是移向人权视角的实质权威。它使全球公民社会组织可重新将它们对不公正的含混表达以权利的语言表述出来,该法在美国境外的影响力恐怕和美国境内一样大。④ 其次,联合国人权高级事务专员玛丽·罗宾森（Mary Robinson）在她任爱尔兰总统时就对残障事务有个人兴趣,也似乎决心推动联合国人权机制增加残障内容。

与此同时,就像进行一场策略战,各类联合国的残障研讨会全部就一点达成了共识,即不论什么原因,现有的联合国人权系统在残障问题上被证明是不成功的,因此需要一个新公约。1998 年联合国顾问专家组就残障的国际规范

---

① Dimitris Michailakis, *Government Action on Disability Policy: A Global Survey* (Stockholm: Office of the United Nations Special Rapporteur on Disability, 1997).

② The Special Rapporteur for the period 2003–2009 was Sheikha Hissa Khalifa bin Ahmed al-Thani. The current Special Rapporteur is Shuaib Chalklen. Information on the work of the Special Rapporteur is available at: http://www.un.org/disabilities/default.asp? id = 183 (last accessed 30 April 2012).

③ Vienna Declaration and Programme of Action, UN doc. A/CONF. 157/23, 12 July 1993, para. 64.

④ See Mary Lou Breslin and Silvia Yee (eds), *Disability Rights Law and Policy: International and National Perspectives* (Ardsley: Transnational, 2002).

和标准在（美国）伯克利会商。专家组建议人权委员会应该建立一个工作小组，就残障领域中各类权利遭侵犯的状况进行处理，而且残障还应在包括1235 号决议和 1503 号决议在内的各种主题程序下予以考虑。更为重要的是，它明确呼吁联合国考虑一个新的国际法律文书的可行性。1999 年一个区域间的研讨和专题大会在香港召开，呼吁任命一个在人权委员会前可有所回应的残障问题特别报告员，并倡导开启公约撰写的程序。随后的一些会议也都达成了同样的结论。事实上，有几个国家自己也得出了在继续努力把残障融入目前的联合国主流人权机制的同时，需要一个新公约的结论了。①

20 世纪 90 年代晚期，人权委员会那边有了一个机会。因为从 1990 年初，委员会就每半年一次通过一个事关残障的决议。它无人理睬、但也没什么害处。它的通过也未曾引起任何严肃辩论。然而，尽管缓慢但很实在的，决议逐渐获得了重视。例如，1994 年的残障决议就呼吁联合国的人权条约监督机构去监测各国在履约过程中涉及残障者方面的情况。② 1996 年人权委员会在另一个决议中再次重申了这一要求。③ 1998 年的决议主张，任何对残障者平等权的侵犯都是侵害其人权。④ 它还要求缔约国在各类人权报告中要经常有涉及残障人口状况的内容。

爱尔兰提议利用这半年一个决议的机会，将残障问题重新摆上桌面来讨论。2000 年，它在提交给人权委员会的半年报告中，事实上是把一些新说法融入了决议中。⑤ 但是，为使决议达成共识并获通过，这些说法又被移除了。反对新公约的一个表面理由是，现有各种公约需要更多时间才能对残障人口发挥作用。与屈服于这种争辩相反，爱尔兰政府决定通过联合国人权事务高级办公室（OHCHR，简称人权高专办）资助一项残障研究。研究的目的是展

---

① See Report of an Informal Consultative Meeting on International Norms and Standards for Persons with Disabilities, UN Division for Social Policy and Development, 2001.

② Commission on Human Rights Resolution 1994/27.

③ Commission on Human Rights Resolution 1996/27.

④ Commission on Human Rights Resolution 1998/31.

⑤ The new addition, if successful would have read: 'Considers that the next logical step forward in advancing the effective enjoyment of the rights of persons with disabilities requires that the Commission for Social Development should examine the desirability of an international convention on the rights of persons with disabilities'. Text on file with authors.

示现有人权体系在残障问题上表现如何以及能否有所改进，并评估对一个新公约的各种观点。

2002 年为联合国人权高专办所做的这个研究，对残障情境下现存联合国各种人权法的使用情况及其未来前景提出了很多有价值的分析。① 分析显示，在各个条约监督机构中，只通过了一个涉及残障和人权的《一般性意见》。不考虑这个《一般性意见》具有的规范性，相关条约监督机构对残障事务的司法能力也不够。这还反映在联合国层面上，残障组织缺乏反映意见的意识。而且条约监督机构也倾向于不对缔约国的残障记录或计划作检查。这反映在多数条约监督机构在它们的结论性意见中很少提及残障问题。

现有的联合国《经济、社会和文化权利国际公约》（1994）第五号《一般性意见》是关于残障问题的。它大名鼎鼎、颇具先见。它是应 1993 年莱安德鲁·德斯波伊（Leandro Despouy）提交的一个残障与人权的大报告的特别要求而产生的。② 在比较受益于其他主题公约的弱势群体后，德斯波伊指出残障人群的法律状况很不利。

第五号《一般性意见》承认，需要超越（传统）不歧视法律而采取积极行动手段。有趣的是，第五号《一般性意见》在处理残障特定背景下的"**实施手段**"时显示出，审慎立法以提供有力补偿，不仅要涉及不歧视，也涉及了各类积极行动手段。③

前面提到的 2002 年的研究，就提高尊重残障者的可见性（visibility），对缔约国提出了几个实际的建议（如在缔约国的定期报告中包含更多残障信息），以及提出对条约监督机构的建议（采纳关于残障的一般性意见，留出一天进行讨论，建立和缔约国就残障问题的对话，等等），对人权高专办的建议（传播

---

① Gerard Quinn and Theresia Degener( eds) ,*Human Rights and Disability*：*The Current Use and Future Potential of United Nations Human Rights Instruments in the Context of Disability*( Geneva：Office of the United Nations Commissioner for Human Rights,2002).

② Leandro Despouy,*Human Rights and Disabled Persons* ( New York：United Nations,1993).

③ It is significant to observe that the Committee on Economic,Social and Cultural Rights,in its 2002concluding observations on Ireland,specifically criticized a Bill( Disability Bill,2002) that removed 'the rights of people with disabilities to seek judicial redress if any of the Bill's provisions are not carried out'.This Bill purported to provide a legal basis for a variety of positive action measures for persons with disabilities—but in a way that was not accountable to them.

更多人权和残障的知识;支持教学和研究等)和对人权委员会的建议(现在的人权理事会/ Human Rights Council)(残障主流化、开展主题关注,考虑任命可直接汇报的一个主题或特别报告员)。

实际上,贯彻2002年的"研究"已经产生了很多成就。① 如在2006年,儿童权利委员会就发布了一个非常好的、针对残障儿童的《一般性意见》。② 2007年,联合国教育权利特别报告员公布了一个关于残障者教育权的特别报告。③ 2008年,酷刑和其他残忍、不人道或有辱人格的待遇或处罚特别报告员在其临时报告中也对保护残障人士免受酷刑问题给予充分考虑。④ 在一个晚近(2011年)的临时报告中,酷刑特别报告员又提出要保护残障者免于虐待和剥削。⑤ 据报道,反酷刑委员会正在考虑就残障和酷刑、不人道和有辱人格待遇等问题准备一个《一般性意见》。对于置身于住宿机构内、处于最弱势地位的残障人群而言,这一主题的《一般性意见》将会尤其受欢迎。

2008年3月27日,人权理事会(HR Council)批准了一个人权和残障者的决议,决定在其年度惯常的会议中增加一个互动辩论。2009年3月首次辩论聚焦于批准和有效实施《残疾人权利公约》的关键性法律手段。第二次(2010年)的辩论则检验了实施和监测《残疾人权利公约》中的国内机制的结构和作

---

① See Report of the United Nations High Commissioner for Human Rights on progress in the implementation of the recommendations contained in the study on the human rights of persons with disabilities, UN doc. E/CN. 4/2003/88, 14 January 2003.

② General Comment no. 9 (2006), the rights of children with disabilities, UN doc. HRI/GEN/1/Rev. 9(vol.II), pp. 497-519.

③ Report of the Special Rapporteur on the Right to Education(Vernor Munoz), The Right to Education of Persons with Disabilities, UN doc. A/HRC/4/29, 19 February 2007.

④ See Interim report of the Special Rapporteur on torture and other cruel, inhuman or degrading treatment or punishment(Manfred Nowak), UN doc. A/63/175, 28 July 2008.

⑤ Interim report of the Special Rapporteur on torture and other cruel, inhuman or degrading treatment or punishment(Juan Mendez), UN doc. A/66/268, 5 August 2011. Importantly, the Special Rapporteur found that where the physical conditions and solitary confinement cause severe mental and physical pain or suffering (when used as a punishment, during pre-trial detention, indefinitely, prolonged)on juveniles or persons with mental disabilities, it can amount to cruel, inhuman or degrading treatment or punishment or even torture. He also found that the use of solitary confinement increases the risk that acts of torture and other cruel, inhuman or degrading treatment or punishment will go undetected and unchallenged.

用。第三次（2011 年）辩论的注意力集中于国际合作在支持缔约国努力实现《公约》目的和目标中扮演的角色。① 2012 年 3 月的辩论主题是残障者在政治和公共生活中的参与。这些辩论的显著之处在于，它们将残障事务直接地、经常性地置于联合国人权问题的精准内核中了。

联合国 2002 年的这一研究，对起草一个以残障者权利为主题的公约，持续地提供了一系列有利论点。该研究认为，以残障为本的公约将加强残障者权利的可见性。同时，该研究认为，这样一个《公约》将对公民社会组织中的残障者组织更加主动地参与联合国人权系统有实际好处（因为有了一个可聚焦的公约），并且这也辩证地推动对人权和残障的更深刻理解，并能使现存各类条约的工作受益。换言之，新公约不是取代其他公约，而是促使其他公约机构对残障问题更有兴趣。在这种情况下，新公约将有助于而不是削弱残障者的主流化进程。2002 年的研究还展望将（在联合国《标准规则》下）允许特别报告员继续发挥作用，对任何未来的公约监督机构进行通报。

事已至此，起草新公约的进展就快了。2001 年 12 月（即 2002 年 2 月研究报告出版前大约 3 个月），墨西哥成功地让联合国大会设立一个特设委员会（Ad Hoc Committee），以"**考虑提议**"一个新的关于残障主题的公约。② 墨西哥也有一个现成的、将残障一半置于人权领域，一半作为社会发展问题的草案文本。

2002 年 8 月到 2006 年 12 月，这个特设委员会共聚首了八次（每次大约两周），也一度作为临时专家工作小组（an expert working group）（2004 年 1 月）草拟公约。从任何国家想来就来的意义上讲，它真是特设的。最初几次讨论无果而终的部分原因在于这些讨论发生在纽约而非日内瓦，而后者才是各国及联合国人权专家的所在地。实际上第一次讨论时，绝大多数的代表团都没什么明确的指南。

还有部分原因是由于美国代表和立法过程背道而驰，第一次讨论险些就到了濒临破裂之境。美国在第一次两周讨论接近尾声时，改变了立场，即不再

---

① For the interactive debates, see 〈http://www.ohchr.org/EN/Issues/Disability/Pages/HRC.aspx〉(last accessed 30 April 2012).

② UN General Assembly Resolution 56/168,19 December 2001.

反对其他人继续推进这一进程了。人们把这诠释为一个巨大胜利。结果是，美国在早期讨论（《公约》打基础时）中不再担当一个活跃角色。这非常令人遗憾，因为美国的经验有助于在整个过程的早期阶段揭示出一些关键性问题。这也意味着欧洲和中国一起担当了领导的角色。

在特设委员会的第一次讨论及随后的讨论中，产生了一个不同寻常的创举。委员会同意在整个过程中，允许所有怀有真诚兴趣的公民社会组织来参与和表达（尽管没有投票权）。重要的是，这些民间组织不需具有联合国咨商地位。这极大地增加了可能来参与的残障者团体的数量。[1] 而这一新的因素对各国的起草地位也有巨大影响。实际上，一个高效的国际残障联盟（International Disability Caucus）和工作相当有效的公民社会团体形成了统一战线。此外，国家人权机构（National Human Rights Institutions/NHRIs）在特设委员会和工作小组中也有一席之地。国家人权机构经常介入，且在《公约》的监督领域获得了巧妙且非常活跃的地位。[2] 正如即将看到的那样，它们被赋予的角色，对于将宏大叙述的《公约》移植到缔约国的国内实践至关重要。

# 三、联合国《残疾人权利公约》

## （一）一般性条款

认识到起草者们面临三个宽泛的选择非常重要。第一，他们可以用《儿童权利公约》为蓝本，书写一部充满实体权利的条约。这个选择备受绝大多数公民社会组织的青睐。当然，这也需要相当长时间才能完成。第二，他们可以起草一个残障和不歧视的简单公约，这样的一个指南可能会很短（包括不超过2—3条的操作性条款），并将其和现存公约挂钩。实际上，在特设委员会的第一次讨论中，一些代表建议起草一个现存公约的《任择议定书》似乎就

---

① For full text of the inputs of the International Disability Caucus (IDC) to the drafting process, see⟨http://www.un.org/esa/socdev/enable/rights/idc05.htm⟩(last accessed 30 April 2012).

② See Grainne de Burca, 'The EU in the Negotiation of the UN Disability Convention', European Law Review, vol. 35(2010) no. 2, pp. 174–196.

足够了。第三，起草者们也可以准备一个从（公民权利和政治权利以及经济、社会和文化权利）两方面，包括各相关实体性权利在内的混合条约，且由不歧视和平等机会的哲学赋予它生命。最终，起草者们选择了最后一种方案。

起草者们既没有兴趣去模仿《儿童权利公约》涵盖所有实体性权利，也没有热情去鼓捣一个枯燥的、不把平等和权利本身努力结合起来的歧视公约。所向披靡的平等理念从（《公约》）第一条就开始显现，该条阐释了《公约》的目的："本公约的宗旨是促进、保护和确保所有残疾人充分和平等地享有一切人权和基本自由，并促进对残疾人固有尊严的尊重。"这和全面的、实质性的平等概念完美吻合。正如平等主义者所言，这一条在两组权利间架设了一座桥梁。

然而，其他很多时候，《公约》似乎让不歧视这一工具承担了多数重任。即《公约》在瞄准"**机会均等**"时，甚或替代了"**结果平等**"。这一"**平等机会**"议案使《公约》更加市场化了，因为在缔约国那里绝大多数的分配决定权留给了市场。

《公约》所包含的歧视的定义也引起了一些争议。欧盟倾向于区分"**直接**"歧视和"**间接**"歧视，因为这已经存在于欧盟自身特别是就业框架指南的法律中了。① 而一些公民社会组织，特别害怕"**间接歧视**"的概念（允许有限辩解）会打开潘多拉的盒子。最终也为了前后一致，《公约》决定重提联合国各个人权条约中对歧视的一般性理解。现在这个概念如下所示（第二条）：

> "基于残疾的歧视"是指基于残疾而作出的任何区别、排斥或限制，其目的或效果是在政治、经济、社会、文化、公民或任何其他领域，损害或取消在与其他人平等的基础上，对一切人权和基本自由的认可、享有或行使。基于残疾的歧视包括一切形式的歧视，包括拒绝提供合理便利。

请注意在结尾处提到的"**合理便利**"，这在联合国其他人权条约中是无迹可寻的。这也是有争议的。请记住，这里的不歧视的标准被设计成国际人权法之下的一种"**结果义务**"。还要记住，大多数比较残障歧视法中，都针对残障者的情况要求进一步的"**合理便利**"。在某种有限的程度上，这使不歧视工

---

① Council Directive 2000/78/EC of 27 November 2000.

具可以采取少量积极行动。当然,这有别于积极行动手段本身。与积极行动手段相反,"**合理便利**"是对个体的直接反映,直接为这个个体定制的,没有满足合理便利可能会引发歧视性诉讼。但是,这里合理便利还是采取了几个行动,超越了仅仅避免歧视。

合理便利作为通向一些积极手段的试探性桥梁,促使欧盟轮值工作小组(2004年1月)主席期间提出要把"**合理便利**"从歧视概念中剥离出来。换句话说,观点很明显,如果"**合理便利**"的概念和不歧视的概念在一起,对越来越多的社会和经济权利的法定强制性而言,它将成为一个特洛伊木马。因此,欧洲轮值主席国时这一提议获得了通过。但如果未能规定"**合理便利**"是遗憾的,因为那将不能必然启动对歧视的寻找。而这当然无法成立,因为绝大多数国家的比较立法都打通了"**合理便利**"和不歧视的直接联系。而这也展现了对《公约》在更多程序性内容上的司法和行政性强制力的一个很深的担忧。幸好欧盟这一行动没有成功。歧视现在被特别界定为包含着"**否认合理便利**",不歧视的义务也遍布在《公约》的每一项权利之中。

特设委员会从一开始就达成了一个一致意见:新《公约》不包含"**新**"的人权甚或"**残障权利**"。事实上,《公约》是一个就现存普遍人权适用于残障者这一特殊情境下的定制品。因此,在对某个特别条款进行辩论的时候,公民社会组织都需要在现有权利中找到适合他们主张的权利,这在时间上是非常紧张的。

《公约》第三条是其生命力价值或原则所在,它们包括了尊重固有尊严、自主,这包括自由作出自己的选择以及个人的自立、不歧视、充分和切实地参与并融入社会、尊重差异、机会均等、无障碍、男女平等、尊重残障儿童逐渐发展中的能力等。因为《公约》文本包含了很多含混的地方,这些原则就显得尤为重要了。希望可通过与这些充满生命力的原则保持一致的方式解决那些问题。

除了各类实体性条款中的特别义务外,《公约》第四条明列了缔约国的一般性义务。这些一般性义务包括,通过实施《公约》所需的新的立法或其他合适的行政措施;修订或废止构成歧视残障者的现行法律、法规、习惯和做法;将残障纳入主流化的政策和计划中;克制任何与本《公约》不符的行为或做法;采取一切适当措施,消除任何个人、组织或私营企业基于残障的歧视等。

第四条在一般性义务中，还要求为实施《公约》，在发展和落实立法和政策过程中要有效地向残疾人及残疾人组织进行咨询。在某种程度上，这是那个口号"没有我们的参与，不可做事关我们的决定"的一个清晰的法律表达。

第四条的第二段列出了在事关本《公约》所包含的经济、社会和文化权利时，缔约国的一般性义务，这是非常重要的。这一说明也回应了联合国《经济、社会和文化权利国际公约》第二条第一款："每一缔约国家承担尽最大能力个别采取步骤或经由国际援助和合作，特别是经济和技术方面的援助和合作，采取步骤，以便用一切适当方法，尤其包括用立法方法，逐渐达到本公约中所承认的权利的充分实现。"

其目的是要在"**结果义务**"或立刻实现（如不歧视）和渐进实现的"**行动义务**"间划清界线。然而，第四条第二款所采用的语言，似乎会在未来引起解释问题，因为《公约》所载的很多权利，都是既包含"**立刻结果义务**"又包含"**行动义务**"，有时很难把两者区分开来。

残障概念这一问题也是充满矛盾的，至少部分在于扭转经济困难和社会义务的原因。为和自身的国内法保持一致，加拿大等一些国家就主张《公约》最好不要有定义。① 毕竟，在联合国相关主题的人权公约中并没有妇女、少数族群或儿童的定义。然而，一些发展中国家强烈主张支持有一个定义，以求减少它们在资源紧张下的义务负担。② 最后还是采纳了一个定义，虽然它有些宽泛（第一条）。该定义的具体内容如下："残疾人包括肢体、精神、智力或感官有长期损伤的人，这些损伤与各种障碍相互作用，可能阻碍残疾人在与他人平等的基础上充分和切实地参与社会。"这与序言认为残障"是一个演变中的概念，残疾是伤残者和阻碍他们在与其他人平等的基础上充分和切实地参与社会的各种态度和环境障碍相互作用所产生的结果"，保持了一致。

---

① See *Quebec*（*Commission de droits de la personne et des droits de la jeunesse*）*v Montreal et al.*（known as the Mercier case），[2000] 1 SCR. For comparative analysis on the question of the definition of disability, see Gerard Quinn，'Disability Discrimination Law in the European Union'，in Helen Meenan（ed.），*Equality Law in an Enlarged European Union*：*Understanding the Article* 13 *Directives*（Cambridge：Cambridge University Press，2007），pp. 231-277，at pp. 249-251.

② For a more detailed discussion on this, see Grainne de Burca，'The EU in the Negotiation of the UN Disability Convention'，European Law Review，vol. 35（2010）no. 2，pp. 174-196.

这个定义也许可能或也许不能成为一个核心解释要件。因为《公约》里大量内容是直接反对"**第三方**"歧视性行为,所以这个定义也就不一定那么关键了。例如,第五条是确保平等和不歧视权利的,它责令缔约国禁止一切"**基于残障**"的歧视行为。这后一个用词就明显比残障定义只关注任何特定个体的个体损伤要广得多。例如,"**基于残障的歧视**"可能潜在地包括那些本身没有损伤、但因为他们和某个有残障的人的关联而处境不利的人(如,残障孩子的妈妈试图重返职场)。① 这一点明显体现在残疾人权利委员会对西班牙结论性意见中表达出的、对缺乏合理便利信息的关注上。② 委员会要求西班牙扩展残障基础上的歧视保护,要明确涵盖多重残障、感官残障和与残障者有关联的人或事等领域。同时它要求西班牙确保,不论"**残障等级**",都把否认合理便利作为一种歧视给予保护。在委员会对突尼斯的结论性意见中,它建议突尼斯"将合理容纳的定义列入国内法,并按照《公约》第二条予以适用,特别是确保在法律上明确承认拒绝给予合理容纳是基于残疾的歧视。"③至少可以说,很有意思地看出,残疾人权利委员会如何捕捉残障概念(关注个人残障)和歧视概念(将关注点从个人转移到第三方的行为上)的相同或不同之处。委员会的这种行为导向也可以视为提醒缔约国关于意识提升(第八条)的义

---

① See *Coleman v Attridge Law and Steve Law*, European Court of Justice, Case C-303/06, Opinion of the Advocate General, 31 January 2008. The net issue was whether a mother of a child with a disability who was constructively dismissed from her employment could claim the protective benefit of the EU Framework Directive even though she herself did no have a disability. The Advocate General accepted that 'discrimination by association' was covered by the EU Framework Directive in part because the Directive forbids discrimination 'on the ground of' disability which is not the same as actually having a disability. This was a significant judgment that extended the equal treatment principle in Article 2(1) of the EU Directive prohibiting discrimination against persons with disabilities. The Directive now encompasses employees themselves not disabled if treated less favourably or subject to harassment on the ground of their association with a person with disability.

② In that regard the Committee also expressed concern in real terms about how disability 'affects parents' guardianship or custody of their children and that legal protection against discrimination on the grounds of disability is not enforceable in cases of discrimination due to perceived disability or association with a person with a disability'. See Concluding observations of the Committee on the Rights of Persons with Disabilities: Spain, UN doc. CRPD/C/ESP/CO/1, 19 October 2011, para. 19.

③ Concluding observations of the Committee on the Rights of Persons with Disabilities: Tunisia, UN doc. CRPD/C/TUN/CO/1, 13 May 2011, para. 13.

务。例如，对突尼斯的结论性意见中，委员会请它"作出更大努力，促使法律专业人员、特别是司法人员以及残疾人本身提高对于不歧视的认识，包括为此实施关于合理容纳的培训计划"。①

《公约》有两个横向条款覆盖了残障妇女（第六条）和残障儿童（第七条）。第六条坚称：残障妇女和女童是多重歧视的对象这一点很明显，因此要求确保她们充分享受人权。缔约国被特别要求："应当采取一切适当措施，确保妇女充分发展，地位得到提高，能力得到增强。"②保护妇女和女童免遭暴力、剥削和虐待的权利，恢复其自我决定的能力和自主特别重要（见下）。与之相类似，第七条关于残障儿童，也强调了对特别保护的需要。有意思的是，一些代表以这一条可能会削弱《儿童权利公约》中的类似条款为由而提出反对意见。但由于这一条包括了对残障儿童的营养、保护和赋权，并确定无疑地将他（她）们的**"最佳利益"**置于所有事关其决定的核心位置上，还是被接受了。③ 第七条第三款还进一步给予了残障儿童发声的机会。事实上，这条是

---

① Concluding observation on Tunisia, para. 13. Interestingly the Committee also recommended that Tunisia act with urgency to include an explicit prohibition on disability-based discrimination in an anti-discrimination law. The Committee asked Tunisia to safeguard against disability based discrimination through prohibition in all laws, particularly laws governing 'elections, labour, education, and health, among others'.

② In its Concluding observations on Tunisia, the Committee expressed its concern with negative perception of women with disabilities within the family and society, and 'the reported cultural, traditional and family pressures that favour the concealment of women with disabilities, and prevents them from obtaining a disability card, thereby limiting their opportunities to participate in society, and develop to their full potential' (para. 14). In light of these concerns, the Committee adopted an awareness-raising approach recommending that Tunisia design and implement campaigns and educational programmes targeted broadly at society and also at the families of women with disabilities in order to nurture respect of their rights; address the visibility of women with disabilities in the collection of data and statistics; undertake research on the situation of women with disabilities 'with a view to elaborating and adopting strategies, policies and programmes, especially in the fields of education, employment, health and social protection, to promote their autonomy and full participation in society, and tocombat violence against women' (para. 15).

③ Although it is worth noting that the revolution in thinking on Article 12 on legal capacity (see below) and the shift in thinking about decision-making about the 'best interests' to the 'will and preferences' of adults with disabilities (see Article 12(4)) may necessitate a rethinking of the 'best interests' principle in relation to children.

规定事关残障儿童时,他(她)们都有自由表达的权利,而且他(她)们的意见需要根据年龄和成熟度,"在与其他儿童平等的基础上"给予恰当的考量。《公约》条款在适用于妇女和儿童时,如果含混不清,这两个条款就显得很重要了。

有一处很引人注目、实际上是很明显的疏漏,即《公约》遗漏对年龄和残障的横向处置条款。这是个不同寻常的遗漏,因为年龄和残障之间有很显著的关联。而且或可勉强称之为这里也有一个分野,因为有些人是终生残障,而有些人则是在老年时才罹患残障。虽然残疾人权利委员会还没有涉足于残障与老年的议题,希望他们随后对这一重合可以有些洞见,并伴随司法(决定)的发展。这一司法(过程)可能也会证明,倡议制定一个关于老年人的联合国公约的重要性,而且这也显示出了足够的动力。2010 年 12 月,联合国大会建立了参与人员广泛的老龄工作组。① 工作组的职责包括:考虑现存有关老年人的国际人权框架的情况,甄别可能的差距以及如何以最佳手段缩小那些差距,包括考虑未来工具和方法的可行性。因此,《残疾人权利公约》的起草历史、《公约》中所包含的权利以及残疾人权利委员会的司法性,对发展一个针对老年人的人权保护框架来说,都可能被证明是重要的渊源,因为两者在很多事情上具有协同作用。

《公约》第四十六条表达可以作出保留的可能性,即"不得与本公约的目的和宗旨不符"②。这也和《维也纳条约法公约》第十九条相呼应。

缔约国在批准《公约》时更可能的做法是作出解释性声明,而不是直接作出保留。当然总有这样的可能,一个解释性声明会被残疾人权利委员会等同于一个伪装的保留。更重要的一点是,因为越来越多国家批准《公约》并作出了保留或解释性声明后,残疾人权利委员会可能会羁绊于这些恼人的事情上。

第八条要求缔约国对残障者的权利和《公约》要进行意识提高活动。这也许是一般性义务中最显眼的一个,因为残障领域绝大多数(如果不是全部

---

① See UN General Assembly Resolution 65/182,21 December 2010.

② An inventory of declarations and reservations in respect of the CRPD is available from the U-nited Nations Enable Website at:〈http://www. un. org/disabilities/default. asp? id = 475〉(last accessed 30 April 2012).

的话）的问题就在于未加思索的偏见。因此，第八条要求一场公共运动以"培养接受残疾人权利的态度"和促进"对残疾人的技能、才华和能力"的认可是有用的。它还要求缔约国鼓励各类媒体组织"以符合本公约宗旨的方式报道残疾人"。这一点也很重要，因为态度和价值的文化转向会在言语改变和实际改善中产生很多的不同。事实上，残疾人权利委员会在它的不少结论性意见的建议中，在缔约国对《公约》中的一系列权利如何更好地履行上就使用了第八条的语言，并建议就促进《公约》各层次信息交流采取更多行动。

　　《公约》中"**危难情况和人道主义紧急情况**"（第十一条）是一个创新条款。最初这一条遭到了抵制，因为对这一条过去的观念或许和一小部分国家是直接抵触的。尽管如此，但因残障者在各种风险中——如"在发生武装冲突、人道主义紧急情况和自然灾害时"是非常脆弱的，这一条还是被加上了。在上述情况下，缔约国的主要义务是采取各种可能的措施以确保残障者的安全和获得保护。在《结论性意见》中，委员会表达了"对缺乏紧急情况下解救残疾人的特殊协议"的关切，并要求西班牙用一种确保提供给残障者安全和保护的视角，审查其国内与紧急情况相关的法律和政策。①

### （二）各类权利

　　众多权利组成了《公约》的主体（第九条至第三十条），或许呈现这些权利最简便的方式就是给它们粗略地作如下的归类：1.人身保护权；2.恢复自主、选择、个体独立的权利；3.无障碍和参与的权利；4.自由权；5.经济、社会和文化权利。

　　1.人身保护权

　　这些权利包括生命权（第十条），免于酷刑或残忍、不人道或有辱人格的待遇或处罚权（第十五条），免于剥削、暴力和凌虐权（第十六条）和保护人身完整性权（第十七条）。

　　在起草生命权条款时，是有一些争议的，因为一些人希望提出基于残障的

---

① Concluding observations on Spain, paras. 31–32. It is noteworthy that the Committee made no comment in its concluding observations to Tunisia on Article 11. This may be explained in that Tunisia was reporting to the Committee in a rapidly changing situation, following the democratic revolution.

选择性流产问题。结果特设委员会主席、新西兰大使唐·麦凯（Don Mackay）成功地清楚表示，对第十条的增加不能修改、增添或从现存的国际人权法中删除。也就是说，对残障的权利调整不包括该权利的任何实质性改动。因此，现在缔约国要采取一切必要的手段以保证残障者"在和其他人平等的基础上"充分享受该权利。

第十五条第一款（免于酷刑等）在残障情境下增加了一个显著因素，它在普通程式中增加了如下内容："特别是不得在未经本人自由同意的情况下，对任何人进行医学或科学试验"。当这一条款适用于特定残障情境时，是指临床医学试验或在一些特别情形下没有治疗效果的试验。当然，它回避了一些实质问题，诸如，当个体表达同意或拒绝同意时，如果没有提供支持（给当事人的）情况下应该怎么办。正如所见，这个问题将由处于《公约》核心的第十二条来决定了。

第十六条（免于剥削、暴力和凌虐）是新的权利。在某种程度上，它表现出了一般人权概念应用于残障情境下的逻辑内涵。因为很多人是很脆弱的，特别是当他们身在住宿机构环境之中的时候。因此第十六条要求缔约国采取一切适当的手段保护残障者在家庭内外免受剥削、暴力和凌虐，特别是和性别有关的虐待。这里清晰地包含着**"家庭"**，意味着缔约国将采取适当手段去调查家庭内的虐待。它进一步要求缔约国通过提供支助和支持，例如，如何辨识和报告情况的信息等预防剥削和虐待。通过要求有效监督，其实就是要揭开住宿机构的面纱。符合《残疾人权利公约》精神的有效监督，应该有残障者和服务使用者的参与。最近发展出来的《机构治疗、人权和照料评估》（ITHACA）工具就是一个清晰和实用的例子。它用于对欧洲精神健康机构中进行人权和一般健康服务的监督。在人权监督中，它还高度重视包含服务使用者的重要意义。①《残疾人权利公约》要求缔约国在暴力和凌虐发生后要提

---

① The ITHACA Toolkit project was funded by the European Union and developed in consultation with a whole range of stakeholders. See ITHACA Toolkit: For Monitoring Human Rights and General Health Care in Mental Health and Social Care Institutions(Institutional Treatment, Human Rights and Care Assessment(ITHACA),2010), available at:⟨http://www.ithaca-study.eu/toolkits/english/2.4% 20Ithaca%20Toolkit%20English.pdf⟩(last accessed 30 April 2012).

供有效的训练和康复项目。重要的是，它要求在怀疑某事发生时，缔约国在调查和实施方面要采取一系列的行动。第十六条的适用对那些最脆弱的残障者显得尤为重要。它释放出的强烈信号是，公权力"**无法到达的区域**"已经不复存在了。

残疾人权利委员会对突尼斯的结论性意见中，表达出了"对残疾的妇女和儿童可能遭受暴力侵害的情况表示关注"。在这方面，委员会鼓励突尼斯在《预防在家庭和社会遭受暴力的国家战略》中将残障妇女和女童涵盖进去，并对残障妇女和女童采取综合手段以"能够获得及时的保护、住房和法律援助"。委员会为了实现第十六条，也再次要求突尼斯采取意识提升的各种手段。① 对于缔约国而言，重要的是它们要意识到保护残障者免受剥削、暴力和凌虐的义务，并未授权限制残障者的法律资格。《公约》的缔约国必须采取行动以确保残障者在和其他人平等基础上，享受免于剥削、暴力和凌虐的自由。在这一点上，残疾人权利委员会的任何《一般性意见》都将极受欢迎。

第十七条因要求"**在与其他人平等的基础上**"残障者的"**身心完整性**"需得到尊重，而使第一组权利变得丰满起来。在某种程度上，它重申了这组权利的实质，即，使用人权概念为这个人量身定做一套保护服。残疾人权利委员会表达了对健康和精神卫生服务知情同意方面的关切。委员会在对突尼斯的结论性意见中，表达了对"关于保护残疾人免于未经其自由和知情同意而受到的待遇、包括强迫治疗的精神健康服务"缺乏清晰法律保护的关切。在这种关切的基础上，委员会建议突尼斯将禁止在没有患者完全和已知的知情同意下的手术和治疗等归入其国内法。② 委员会在对西班牙实施第十七条的结论性意见中，也表达了对"法律行为能力未得到承认的残疾人，可能在未经其自由和知情同意被实施绝育术"的关切。因此委员会要求西班牙"禁止未经病人完全知情同意的医疗措施，特别是绝育术，并确保国内法律尊重《公约》第二十三条和二十五条规定的妇女权利。"③

---

① Concluding observations on Tunisia, paras. 26–27.

② Ibid., paras. 28–29.

③ Concluding observations on Spain, paras. 37–38. The issue of sterilization of persons is very topical in Europe with the case of *Gauer and Others v. France*( Application no. 61521/08) currently being

医疗卫生法一般都会要求，为了获得同意，患者具有知情同意、自由作出同意、而且患者具有给出同意的能力是必要的。有意思的是，残疾人权利委员会在其分析中，并没有涉及患者同意的能力，它们的评论涉及的是完全的和可获得的同意。委员会可能是要通过对第十七条的法律解释，来反映第十二条要求的、在作出决定能力上的思想转变(见下)。《公约》缔约国如何支持残障者练习他们在治疗上的同意或拒绝同意的能力，委员会要是有一个声明，将会广受欢迎。

2.恢复自主、选择和独立的权利

如果第一组权利可被认为是保护个人免受权力的凌虐，则第二组权利可视之为把人的权利归还给本人，以便其为自己作出决定。这对绝大多数人来说，自然是理所当然的，但是在残障情境下就不一定了。

这一组权利的核心是第十二条(在法律面前获得平等承认)。尽管从技术上讲，这一权利是《公约》的核心。① 但请记住，残障的问题之一就是缺乏残障者的可见性，过去他们常常得到的"**客体**"待遇(被管理的人)，而不是一个具有自我兴趣、爱好和自我追逐权利的"**主体**"。"旧"的残障观含有大量的在法定资格(legal capacity)上的高压限制便可证实这一点。具有充分的法定资格，是一个人自我做主的关键。失去了这一权利，一个人就只能由他人做主，并直接影响前者的个人尊严。

在此之前，法定资格有三种普遍的用法。第一种，即，所谓的"**身份取向**"，它的基本意涵是，一旦一个个体被确认为是有残障的(如罹患伤残以致影响其作决定)，那么他(她)的法定资格自然遭褫夺。褫夺法定资格和损伤

---

litigated before the European Court of Human Rights. *Gauer and Others v. France* is a case involving five women with intellectual disabilities who were forcibly sterilized. The decision of the European Court of Human Rights will be an important statement on the reproductive rights of persons with disabilities and the positive obligation on the states in safeguarding persons with disabilities against abuse. The European Court of Human Rights has used the CRPD as an interpretative aid to the European Convention on Human Rights and this decision may further demonstrate that the Court is edging closer to the philosophy of legal capacity as set out in Article 12 of the CRPD.

① Amita Dhanda, 'Legal Capacity in the Disability Rights Convention: Stranglehold of the Past or Lodestar for the Future?' *Syracuse Journal of International Law and Commerce*, vol. 34(2007) no. 2, pp. 429-462.

类型及程度等依据无关。剥夺的决定也和这个人的环境无关。另一种取向叫"**结果取向**"，它是通过特定（无远见的）决定的向后作用，推论某人无能力（incapacity）后，则足以引发其丧失法定资格。自然，这为家长式的冲动留足了余地。第三种取向叫"**功能取向**"，它要求对个体的实际上的可行能力（actual capacities）进行非常仔细的评估，这种做法转换了人们既往对残障的成见，而将重点放在帮助人们为自己作出自己的决定，而非取代他们成为决定者。尽管功能取向对法定资格的法律身份取向和结果取向而言，是一个显著的进步，《残疾人权利公约》现在要求抛弃这三种就残障者的不足而进行讨论的取向了。

第十二条在国际人权法中启动了一场关于"**支持性决策模式**"（supported decision-making approach）的深刻变革。① 本质上，它将人置于中心，且恢复其自主决定的权利。第十二条第二款大意是缔约国承认"残疾人在生活的各方面在与其他人平等的基础上享有法律权利能力"。当然这种提法是含混的。人们可以将其解读为残障者在法定资格方面应该和其他人一样得到平等对待。或者解读为只要残障者是尽可能地和他人一样，其法定资格就应得同等对待，尽管并不总是如此。自然，这类含混并不仅仅是第十二条，而是所有宣称"**在与其他人平等的基础上**"的相关权利条款的苦恼。

在第十二条第三款中可以看到支持性决策模式的转型，它要求缔约国采取适当措施，为残障者行使法定资格提供一切无障碍支持。第四款，在此领域使用任何干预时，应采用各种保障手段（适当干预、无利益冲突、适应本人情况等）。此条没有明确说明可能发生完全缺乏法定资格的情况。事实上，围绕第十二条的讨论，恰恰挑战了法定资格概念的合法性。

针对儿童的"**最大利益**"原则在法律和政策中逐渐增多。对此，现在人们越来越多的考虑是认为它不适合成年人，特别是不符合针对有精神健康问题

---

① For a discussion on this, see Michael Bach and Lana Kerzner, 'A New Paradigm for Protecting Autonomy and the Right to Legal Capacity' (Toronto: Law Commission of Ontario, October 2010). To see the need to move to supported decision-making, see 'Who Gets to Decide? Right to Legal Capacity for Persons with Intellectual and Psychosocial Disabilities', Council of Europe Commissioner for Human Rights, Issue Paper, 20 February 2012, CommDH/IssuePaper(2012)2.

的人的非自愿拘留和治疗的相关理念。① 然而,重要的是要注意到《残疾人权利公约》要求抛弃"**最大利益**"原则。《公约》第三条列举了支撑公约的各项原则,其中包含了尊重固有尊严、个人自主,包括自由地作出自己的选择及个人的自立、不受歧视、充分和切实地参与并融入社会、尊重差异、机会均等。《公约》无一处提到了成年残障者的"**最大利益**"。事实上,《公约》特设委员会讨论时已明确摒弃了将"**最大利益**"放入第十二条的建议。② 特别是《公约》的第十二条,要求这种思维范式的转换必须避免基于对一个人的"**最大利益**"的判定而让第三者作出替代性决定的情况。第十二条第四款的核心在于,关注一个人作其生活决定时的决定性因素是"**意愿和偏好**"(will and preferences),而这要求远离"**最大利益**"取向,因为后者存在显著的家长制和替代性决策的风险。

因此,第十二条提供了在法定资格思维上的惯称"**范式转化**"。它减少强加的监护和替代性决策的情况,而不断强化支持性决策。这也是残疾人权利委员会一贯采取的明确立场。委员会在对突尼斯的结论性意见中,表达了对"尚未采取任何措施、在行使**法律权利能力**方面以受到支持的决策取代替代性的决定"的关切。委员会建议突尼斯审查允许监护和托管的法律,并着手制定法律和政策,以支持性决策取代替代性的决策制度。并且向有关的公共官员和其他利益相关者提供培训,这反映了从缺陷看待残障者的心态需要转变。③

第十二条中的法定资格,在很多《公约》缔约国作出解释性声明后显得模棱两可了。④ 残疾人权利委员会尚未考虑对第十二条作出解释性声明。考虑

---

① For a discussion in the origin of the best interests principle, see *The Best Interests of the Child: Towards a Synthesis of Children's Rights and Cultural Values* (Florence: UNICEF, 1996).

② The only references to the 'best interests' in the CRPD emerge in respect of children with disabilities (see Articles 7 and 23).

③ Concluding observations on Tunisia, paras. 22–23. The Committee adopted a similar approach in its concluding observations on Spain, supra (note 53), paras. 33–34.

④ The States Parties who have made a reservation or an interpretive declaration with respect to Article 12 include: Canada, Egypt, France, Syria and Australia. For declarations and reservations, see ⟨http://www.un.org/disabilities/default.asp? id=475⟩ (last accessed 30 April 2012).

到第十二条居于《公约》核心地位,视残障者为权利主体而非客体,静观残疾人权利委员会作何反应会很有意思。

导致第十二条有争议的另一个原因是要看它在涉及残障者刑事犯罪时是如何解释的。伴随着《残疾人权利公约》的讨论过程和开放签署,2007 年联合国人权高专办也表达了缔约国需要考虑国内法如何处理残障者刑事法律责任的观点。联合国人权高专办的陈述为:"在生活的各方面,承认残障者和其他人在平等基础上的法律权利能力,和许多国家的刑事责任和精神错乱的辩护(insanity defence)条款等问题相关。"①随后,2009 年人权高专办表达了一个更明确的观点,即《公约》缔约国在精神错乱的抗辩方面要采取行动。

人权高专办在《关于促进对〈残疾人权利公约〉的认识和了解的专题研究》报告中称:

> 在刑法方面,承认残疾人的法律能力(legal capacity)要求不再允许以精神或智力残疾的存在作为否认刑事责任的辩护理由。相反,应当根据个别被告的状况,适用关于犯罪主观因素的"残疾中立"学说(disability-neutral doctrines)。根据《公约》第十三条,在审前和诉讼期间都可能需要提供程序便利,并必须制定关于执行的规范。②

人权高专办采取的立场反映了很多残障权利组织的立场。③ 很遗憾,这一蕴藏了基本原理的立场并未得到清晰表达。推测这一理论是,每个人要为自己的行为负责,剥夺其法定资格后的辩解不符合第十二条。换句话说,这种原理可能是,援引精神错乱辩护的一个不可避免的后果是,被告人将被无限期

---

① OHCHR, Dignity and Justice for Detainees Week, Information Note No. 4, Persons with Disabilities(2007), p. 3.

② Thematic Study by the Office of the High Commissioner for Human Rights on Enhancing Awareness and Understanding of the Convention on the Rights of Persons with Disabilities, UN doc. A/HRC/10/48, 26 January 2009, para. 47. The study was submitted pursuant to Human Rights Council Resolution 7/9, on human rights of persons with disabilities, in which the Council decided to hold on an annual basis an interactive debate on the rights of persons with disabilities.

③ See Position Paper on the Convention on the Rights of Persons with Disabilities(CRPD) and other Instruments(International Disability Alliance, 25 April 2008) and Implementation Manual for the United Nations Convention on the Rights of Persons with Disabilities(World Network of Users and Survivors of Psychiatry, February 2008).

拘留或在法定的精神医疗机构中治疗而非释放回社区,而且很有可能他(她)在精神医疗卫生机构中的时间比监狱刑期还要长。不过人权高专办立场所隐含的根本理性也非常麻烦,这就没考虑根据《残疾人权利公约》第十二条对缔约国要求废除基于残障抗辩的刑事立法。检视第十二条的起草历史,自然不会发现其试图废除精神错乱抗辩或事实上去取消引用精神错乱抗辩的蛛丝马迹。① 国内法的改革要求缔约国为了废除精神错乱抗辩,可能要证明很多普通法的司法管辖区域中,这一抗辩与其他减轻刑事责任的抗辩诸如杀婴、无意识行为、醉酒等相提并论是存在问题的。因此,废除精神错乱抗辩或类似罪行,并代之以残疾中立的学说,恐怕要引发刑事法律领域的重大变革。因为残疾中立到底为何物或者该如何运作尚不得而知,这一状况就更难达到了。取消精神错乱抗辩可能会使被告人在一些司法制度下遭受包括死刑在内的更严厉的惩罚。国际残障联盟和世界精神病使用者和幸存者网络已经提出在取消精神错乱抗辩前,应取消包括死刑在内的严酷刑罚。至少现在还少有证据去建议《公约》缔约国开始以及如何废除精神错乱抗辩。值得注意的是,现在一些普通法司法系统(也是《公约》缔约国)已经(或正在)着手审查其国内立法关于刑事责任的内容。然而,这些司法体系还未就精神错乱抗辩如何更好兼容于国际人权法进行讨论。残疾人权利委员会已经在其《结论性意见》中对精神错乱抗辩有所评论。也期待随着第十二条的《一般性意见》的出台以及委员会法律功能的演进,对缔约国在这个方面如何履约可以有更好的理解。

《公约》第十九条是独立生活和社区融合的权利,这也是获得自主、选择和自立的一个核心条款。② 第十九条要求缔约国确保采取行动,以协助残障者充分地在社区享受包容和参与。尽管第十九条对独立生活没有详细定义,但对它的一般理解是自主和选择原则的反映,也毫无疑问地反映了残障社会模式的哲学取向。很明显,把残障者置于机构内将构成对公约第十九条的

---

① For record of the drafting history of Article 12, see 〈http://www.un.org/disabilities/default. asp? id=1423〉(last accessed 30 April 2012).

② Luke Clements and Camilla Parker, 'The UN Convention on the Rights of Persons with Disabilities: A New Right to Independent Living?', *European Human Rights Law Review*, (2008) no. 4, pp. 508-523.

**"根本性违背"**。①

《公约》第二十六条提供的是"**适应训练和康复**"的权利。虽然《欧洲社会宪章》（修订版）②中规定了这样的权利，但其他任何国际法中都没有这一条。考虑到《公约》无意创设新的权利，那么第二十六条从何而来呢？答案很简单。它主张的基础是，这一权利是给予其他更普遍人权有效性的基础，如自由权。对其他普遍人权的依赖这一点在第二十六条第一款表述得很清楚，这一权利是其他更高目标的手段，"能够实现和保持最大程度的自立，充分发挥和维持体能、智能、社会和职业能力，充分融入和参与生活的各个方面"。

在更普遍意义上，自主的利益也推动着要如何调整其他人权用来适应残障状况。例如，当残障者确实享有自由表达的形式上的权利后，那么关键就是如何才能让他们如其所愿地表达出来。但往往因为表达自身需要支持，或因为作出决定本身所需要的相关信息无法获得，残障者不能最大化地行使这一权利。《公约》第二十一条（表达意见的自由），通过要求缔约国"采取一切适当措施"以弥补上述障碍，以使残障者可以行使表达意见的权利，通过无障碍形式为残障者提供公共信息，便利他们使用手语、盲文和其他替代性交流方式，敦促私营实体以无障碍方式提供信息，鼓励大众媒体，这包括提供信息的因特网，使他们的服务无障碍化并承认和促进他们使用手语。

与此相类似的是，《公约》（第二十二条）尊重隐私权，也是为了满足残障者特定的自主需要而定制的。当然，被视为"**客体**"而非"**主体**"待遇的一个后果就是，残障者的隐私和非常私密的信息几乎遭到无限制地传播。这一现象在医疗领域特别普遍。第二十二条试图推翻这种做法，并恢复个人作出决定的能力，即什么样的个人信息可以公开以及如何公开等。它再次重申了残障者和其他人一样，是有隐私权的。它甚至特别增加了"**在与其他人平等的基**

---

① See 'The Right of People with Disabilities to Live Independently and Be Included in the Community', Council of Europe Commissioner for Human Rights, Issue Paper, 13 March 2012, CommDH/IssuePaper(2012)3.

② See Gerard Quinn, 'The European Social Charter and EU Anti-Discrimination Law in the Field of Disability: Two Gravitational Fields with One Common Purpose', in Grainne de Burca and Bruno de Witte(eds), *Social Rights in Europe*(Oxford: Oxford University Press, 2005), pp. 279–304.

础上",残障者在所有健康和康复事项上,应拥有个人隐私权。

恢复人的自主性在第二十三条"**尊重家居和家庭**"上也很明显。这个权利恢复了残障者在充分和自由表达基础上的结婚权(这在过去是严格受到限制的)。这一条通过一种绕弯子的方式,再次重申了第十二条所涉及的能力问题。此条也确认了残障者有权决定生育孩子的数量和时间间隔。它尖锐地指出残障者"**在与其他人平等的基础上**"得以保留生育能力。这也暗示了即使在 20 世纪,强制绝育也还如此流行。当然,这也取决于如何诠释"**在与其他人平等的基础上**"。

儿童有不违背自身意愿和父母在一起的权利,除非与父母分离是出于对其最大利益的考虑(第二十三条第四款)。考虑到在有些国家,残障儿童一出生就自动被送往机构照料了,这一点很重要。这也和第二十三条中隐藏、遗弃、忽视等语言相关。而且这对残障准父母的领养权是一个有趣的参照,而领养权在大多数普通人看来是理所当然的。

3.无障碍和参与的权利

保护残障者免受权力凌虐并恢复其自主和作决定的权利能力还是不够的。因为如果主流(生活)不对残障差异作出积极调整的话,主流生活的真实障碍会继续存在。最经典的例子是台阶排斥轮椅使用者进入建筑物。这一组权利将应对一般的障碍,同时也要应对政治生活无障碍、司法无障碍、文化生活无障碍等特别的场景。《公约》在这方面也是创新的。本质上,这些权利将有助于识别、移除造成参与的障碍,那些障碍对大多数人而言是想当然的无所谓了,但对残障者而言却是现实存在的。

第九条处理的是无障碍的一般性权利。这里它再次和赋予残障者独立生活权利的更高目标挂上了钩。它要求缔约国采取适当措施,保证残障者"**在与其他人平等的基础上**",无障碍地进出建筑环境、使用交通工具、利用信息和通信以及其他向公众开放的服务设施。缔约国有义务拟订和监测标准,规范私营实体无障碍,提供无障碍领域的培训,在向公众开放的建筑中提供盲文标志,促进现场协助(如朗读员和专业手语译员),促进新形式技术的无障碍,促进在早期阶段设计、开发、生产,推行无障碍信息和通信技术及系统。也许这一条最有远见的是,确保信息社会在其进化过程中,一开始就充分考虑残障者的无障碍,作为设计特色远比事后添加要便宜得多。

第二十九条处理的是残障者在政治生活中的无障碍。残障者(尽管人数庞大)但他们特别缺乏政治影响力,所以这一点非常重要。这部分是因为参与政治生活机会成本昂贵(残障者们大多数时间仅仅是在维持生活),另外,也是因为残障者缺乏进入政治生活的无障碍措施。最明显的例子就是投票和选举站并非无障碍,而且还缺乏无障碍形式的政治信息(如政党宣传资料)。第二十九条就是设计用于处理这些以及其他一些障碍状况的。它要求投票程序、设施和材料适当、无障碍、易懂易用。它要求用适当协助方式保护无记名投票权和参选权。当然,有效实施政治影响的一个关键是组织公民社会团体的权利。第二十九条要求缔约国积极创造环境,以使残障者充分有效地参与政党和其他团体,特别是残障者自己的组织。第二十九条已证明了它在挑战残障者政治参与遭排斥方面的重要性。2010 年,通过法律实现民主欧洲委员会(威尼斯委员会)在事关残障者选举资格和参选上发表了一个充斥倒退意味的声明。它声称:"残障者不能因身体或精神障碍而排斥于选举或参选之外,除非法院因他的精神障碍作出剥夺选举权和被选举权的个体决定。"①这导致了一场质疑威尼斯委员会立场的运动,运动的名称就是"**拯救选票**"。②围绕着这场运动的倡导聚焦于《残疾人权利公约》,特别是《公约》的第八、十二、十三和二十九条。③ 由于这场运动以及来自欧洲议会④的压力,威尼斯委员会最终修正了他们的立场。

---

① See European Commission for Democracy Through Law(Venice Commission), Interpretative Declaration to the Code of Good Practice in Electoral Matters on the Participation of People with Disabilities in Elections, 21 October 2010(doc.CDL-AD(2010)036), para. 2.

② The campaign was led by Mental Disability Advocacy Center(MDAC)who was supported by a coalition of human rights organizations. See 〈http://www. savethevote. info〉(last accessed 30 April 2012).

③ The Council of Europe Committee of Ministers issued Recommendation CM/Rec(2011)14 of 16 November 2011, on the participation of persons with disabilities in political and public life. The recommendation aims to remove barriers and create conditions for active citizenship, without discrimination, for all and in all life settings. It stresses that all persons with disabilities are entitled to express their views and should not be deprived of their right to vote or stand for election on the basis of disability.

④ See 'Venice Commission backs right to vote', MDAC, News, at:〈http://mdac. info/19/12/2011/venice_commission_backs_right_to_vote〉(last accessed 30 April 2012).

第三十条处理的是在参与文化生活、休闲和体育上的无障碍。它具有很多非同寻常的特点。除了强调文化权的无障碍(如电影院里无障碍)外,它还要求缔约国要采取适当措施,以使残障者可以发展和利用自己的创造、艺术和智力潜力。它进一步要求缔约国(依照国际法)确保保护知识产权的法律"不构成不合理或歧视性障碍"阻碍残疾人获得文化材料。这主要是和视障者使用电子版本文件的版权有关。第三十条进一步宣称残障者有权"**在与其他人平等的基础上**"就其特别的文化和语言身份认同获得"**承认和支持**",这其中包括手语和听障文化。这主要是为了听障者社群,特别是在全世界范围内关于手语的法律认可方面,显示了巨大进步。第三十条剩余部分是针对体育和休闲的。在第三十条第五款第四项中有一个关于"**主流化**"的有趣的变体,它要求确保残疾儿童有平等机会参加游戏、娱乐和休闲以及体育活动,包括在学校系统参加这类活动。这也触及了幼儿园的融合游戏和休闲,这正是其他普通儿童形成对其残障同伴态度的地方。

关于获得司法保护权的第十三条使司法系统更加完满。本条由于给予残障者通过司法系统维护其权利、面对控诉为自身进行有效辩护(包括审前阶段)以及其他形式的参与(如作为证人或陪审团一员)而显得非常重要。它要求缔约国提供程序和"**适龄措施**",以便促进残障者有效参与司法体系。它也要求对司法领域工作人员进行适当培训。由于第十三条比较短,残疾人权利委员会未来的司法意见将会很受欢迎。

4.自由权

更为普遍的自由主义式的权利,体现在第十四条(自由)、第二十条(个人行动能力)和第十八条(国籍)中。这些权利都和更加广泛的人权息息相关。本质上,都是在残障情境下,为处理相关障碍,在特定的义务方面又恰当地推进了一步。

第十四条重申了普遍自由权不应遭到非法被褫夺和滥用。它还增加了"不得以残疾作为剥夺自由的理由"。最初第十四条被认为未对国际人权法作什么添加,因为残障本身从未作为个人丧失自由的一个理由。但也存在着残障有"**对自身危险**"或"**对他人危险**"的关联,而成为自由遭剥夺的理由。普遍认为,第十四条标志着对什么情况下自由会丧失有了一个更加严格的标准。

第十四条第二款坚持,如果残障者通过任何程序被剥夺自由(包括刑事程序和民事程序),他们都要在确保与其他人平等的基础上,有权获得国际人权法规定的保障,并应当享有符合本《公约》宗旨和原则的待遇。然而,第十四条将产生的影响远比严格规定何种情况下丧失自由要大得多。人权高专办在其专题研究中,也在要求缔约国遵守《公约》以及要求其采取行动方面作了很多重要陈述。在题为"**自由和人身安全**"的报告下,人权高专办讲到《公约》第十四条意味着不允许非自愿拘禁或因精神残障或精神疾病的非自愿治疗。该报告陈述"促进和保护残疾人人身自由和安全权方面的一个特别的挑战是医疗照顾方面的法律和实践,更具体地说,就是未经有关个人的自由和知情同意而送其入院(通常也称之为非自愿或强迫入院)。"①高专办继续谈到,第十四条意味着必须废除未经自由和知情同意、立法当局以残障为理由而将残障者送至机构的情况。"这包括必须废除这样的条款:准许不经残疾人自由或知情同意而送其入院照料和治疗的条款,以及准许以残疾人可能对自己和他人造成危险为由而对其实施预防性关押的条款。这涵盖一切在立法中将这类照料、治疗和公共安全的理由与表面或诊断的精神疾病联系起来的情况。"②人权高专办解释说这一声明"不应解释为不能出于照料和治疗而合法关押或预防性关押残疾人;而是说,决定限制自由的合法理由必须与残疾状况脱节,中立性地界定,从而平等适用于所有人。"③

残疾人权利委员会广义上跟随了人权高专办的意见取向。在其对突尼斯的结论性意见中,委员会表示它"关切的是,残疾、包括智力或心理上的残疾可以构成根据现行法规剥夺自由的依据"。在这一基础上委员会建议突尼斯,"废除容许依据残疾、包括心理或智力上的残疾而剥夺自由的规定"。此外,"在制定新的立法以前,必须审查残疾人在医院或专门机构中被剥夺自由的所有案件,并且审查其上诉的可能性。"④在委员会对西班牙的结论性意见

---

① Thematic Study by the Office of the High Commissioner for Human Rights on Enhancing Awareness and Understanding of the Convention on the Rights of Persons with Disabilities, UN doc. A/HRC/10/48,26 January 2009,para. 48.

② *Ibid*,para. 49.

③ *Ibid*.

④ Concluding observations on Tunisia,paras. 24-25.

中,委员会"注意到法律规章准许送残疾人,包括智力和心理残疾人('精神疾病患者')入院"。并表示关注"据报告称呈现出诉诸紧急入院措施的趋势,而这种措施对被紧急送入医院的个人'仅有事后'保障"。委员会还对一些关于照管中心和精神病院内残疾人受虐待的报告表示关切。鉴于这些关切,委员会建议西班牙"审查准许因残疾,包括心理或智力残疾,剥夺个人自由的法律,废除授权对明显或确诊为残疾相关的病症患者实施非自愿入院收留的条款;并采取措施确保卫生保健中心,所有精神保健护理服务部门的诊治均立足于当事人的知情同意"。①

政策制定者、律师和精神科医生或许很快将无视联合国要求废除精神错乱抗辩或精神卫生法中"**荒谬**"并"采取一种伤害和某种略显防御的姿态"的内容了。② 然而这种做法不是建设性的,巴特利特(Bartlett)建议,"如果要问《残疾人权利公约》有什么保留的话,那就是它为现场的使用者、医生和其他人想出了一个同样清晰、充满智慧且合理的防御性的另类选择。"③从一个区域人权视角看第十四条,它和《欧洲人权公约》(ECHR)和欧洲人权法院的司法判决有很大出入。④《欧洲人权公约》第五条第一款第五项,明确规定只要剥夺自由是合乎法律的,"**精神失常**"个体是被排除在反对褫夺自由的普遍权利之外的。法院在其关于剥夺自由的个案中发展起来的保障性措施是立足于存在因精神失常而需拘禁的医学证据基础上的。《欧洲人权公约》和《残疾人权利公约》之间将展现出来的紧张关系还有待观察。

第二十条规定个人行动能力权利,是实践普遍自由权利的一种方式,而第十八条则是关于迁徙自由和国籍的。鉴于残障者在从一个国家迁居到另一个国家时会有更多的困难,所以这一条非常重要。这种情况下相关障碍与诸如"**社会津贴转移**"或有障碍的交通工具之类并无关联。这里的障碍是那些很

---

① Concluding observations on Spain, paras. 35–36.

② Peter Bartlett, 'The United Nations Convention on the Rights of Persons with Disabilities and the Future of Mental Health Law', *Psychiatry*, vol. 8(2009) issue 12, pp. 496–498, at p. 498.

③ *Ibid*, p. 498.

④ For a discussion on this, see Phil Fennell and Urfan Khaliq, 'Conflicting or Complementary Obligations? The UN Disability Rights Convention, the European Convention on Human Rights and English Law', *European Human Rights Law Review*, (2011) no. 6, pp. 33–45.

清晰(或事实)的排斥残障者进入某国或获得国籍的规定。为了处理这类法律事务,第十八条也确保了残障儿童一经出生就有登记的权利、拥有名字的权利、获得国籍的权利和有权知道其父母或被父母照料的权利。在很多国家中,有了残障,儿童就将遭受污名和歧视,就这点而言,这一条很重要。

5.经济、社会和文化权利①

经济、社会和文化权利在残障领域迈出了巨大的一步。被视为"**客体**"而非一个人的结果之一就是,社会逐渐不再投资于发展残障者的新近能力,或只能在一个过度隔离的环境中做这些事情。这一组权利的重要性不仅是因为它提供了通过社会支持维护个人的基础,还在于它协助残障者找到了他们在社会中的位置。这组权利包括教育权(第二十四条)、工作权(第二十七条)、适足生活水平的权利(第二十八条)、健康权(第二十五条)。当然,这些权利和(立即实现的)不歧视原则融合为一体,在本质上是需要逐渐实现的义务。

教育权是如此奇妙,因为它融合了两种看似矛盾的哲学。一方面,现代关于教育和残障思想的大多数要义,是和平等原则内在冲突的"**隔离但平等**"。主流化确保了潜在天赋得到优化,而陈旧的成见将被破除。然而,另一方面,回想起平等的概念,偶尔也要求不同的对待。所以这个问题纯粹是在于,是否存在足够"**客观**"的正当理由,基于(人们的)不同学习能力,确保一些隔离式的教育可以提供给一些特别的伤残人群。

第二十四条是在尝试做这个不可能的事情。它确认了残障者的教育权(即除了儿童之外,它还有更大的雄心壮志。这一点非常重要,特别是考虑到缺乏教育的一代的过去和未来)。这一教育被视为"发展残疾人的个性、才华和创造力",用它自己的话说,即主张每个人都有一些潜能。所提供的教育在各个层次上必须都是"**融合的**"。它要求残障者不应因"**有残障**"而被排斥于普通教育体系之外。它寻求要有足够资源可使用(包括"**合理便利**"义务),以

---

① For a more detailed discussion on the CRPD and economic, social and cultural rights, see Brynhildur G. Flóvenz, 'The Implementation of the UN Convention and the Development of Economic and Social Rights as Human Rights', in Oddny Mjöll Arnardottir and Gerard Quinn (eds), *The UN Convention on the Rights of Persons with Disabilities: European and Scandinavian Perspectives* (Leiden: Martinus Nijhoff Publishers, 2009), pp. 257-277.

确保一个有效的教育权利。

更有趣的是，第二十四条第三款第三项针对视障、听障和两者兼有的儿童的个别需要，提供了特别考虑。这些相关的义务确保了他们的教育是"以最适合个人情况的语文及交流方式和手段，在最有利于发展学习和社交能力的环境中"。这种把隔离条款和融合总体目标调和在一起的方式很有趣。这一（高度结合的）例外展现出，规则和监督机构要小心翼翼以免忽略了主流化的宗旨。

第二十七条工作权是一个事关工作的有效的平等机会和不歧视（与"**合理便利**"相关联的）权利。它也包含了"**在与其他人平等的基础上**"的公正和良好的工作环境的权利和工会权。当然，在工会这个问题上，过去主要的问题并不是残障者遭到法律禁止而不能加入工会，而是工会从来没有关注过残障工人及有潜在残障的雇员。

一个有趣的问题可能会对监督委员会构成挑战。获得"合理且有利的工作条件"的权利对于庇护工场意味着什么？例如，第二十七条第一款第二项讲到"**同工同酬**"的权利就引出了这个核心问题。《公约》并没有公开提到（禁止）这样的工场，但《公约》应被视为更倾向于公开市场就业、事实上的自我雇佣和创业经营（第二十七条第一款）。实际上，《公约》第二十七条第二款增加了一个有趣的、对缔约国有效的附加条款，它要求确保"残疾人不被奴役或驱役，并在与其他人平等的基础上受到保护，不被强迫或强制劳动"。委员会使用这样一种严密的语言去质问长期存在、且有许多错误实践的庇护工场。①这确实有了很多解释的自由空间。这个条款的剩余部分涉及培训、工场康复、获得支助和保留职位。

---

① The Committee, in its concluding observations on Tunisia ( para. 34 ), made a number of recommendations aimed at addressing the low level of participation of persons with disabilities in the private sector, such as the implementation of affirmative action for men and women with disabilities and augmenting the participation of persons with disabilities in employment and vocational training programmes. The Committee expressed similar concern to Spain in its concluding observations ( paras. 45–46 ), despite the acknowledgement of 'a number of enabling provisions to keep persons with disabilities in employment'. The Committee was less specific in its recommendation to Spain in respect of Article 27, merely asking Spain to 'develop open and advance programmes to increase employment opportunities for women and men with disabilities'.

适足生活水平权利(第二十八条)包括了在不基于残障的歧视的情况下，获得足够食物、衣服和住房以及持续改善生活水平等日常性权利的混合。考虑到残障者中普遍存在贫困状况，这本身就是不够充分的教育和长期失业的结果，这一条特别重要。它也包括了获得洁净饮用水权、可负担得起的服务权(包括公共住房)、工具和因残障额外相关支出而获得支助的权利。事实上，第二十八条为残障者提供社会服务奠定了基础，这和(立即生效的)不歧视及更多(需渐进实现)的程序性因素结合在了一起。

健康权的实质看起来很矛盾(第二十五条)。残障者被言及有权"享有可达到的最高健康标准，不受基于残疾的歧视"。缔约国有义务"提供在范围、质量和标准方面相同的免费或费用低廉的医疗保健服务和方案"，其中包括了"**性健康和生殖健康**"。有相当数量的代表反对这最后一条，但它最终还是得以保留。此外第二十五条第二款要求基于残障，提供额外服务的特别需要(早期诊断、干预，并提供旨在尽量减轻残疾和预防残疾恶化的服务)。这一文本相当谨慎，并没有在预防问题上着墨过多。这是恐其与公约要义相左，因为后者不是关于预防的问题，而是更多涉及他人如何对待残障者的问题。所以它用"**进一步的残障**"一词来表达预防。

第二十五条第四款也强调了自由和知情同意的重要性，这再次和第十二条(法定资格)相互呼应。第二十五条的创新之处在于，它特别禁止了基于残障的健康保险歧视，也禁止拒绝提供医疗保健或医疗卫生服务，或拒绝提供食物和液体上的歧视。据推测，这涉及"**不予抢救**"( do not resuscitate)的训令和在残障领域理性地使用稀缺医疗资源等情况。

### (三)**实施和监测**

准确地说，缔约国的义务非常清晰，或者是至少比迄今为止的所有其他的《公约》都更加清楚。如何把规则转变为实践才是挑战。

《残疾人权利公约》在实施和监测两个方面都作出了创新。它包括了一个在国际层面上和缔约国进行会商的传统条约监督机构(残疾人权利委员会)。但同样重要的是，它在国内层面上要求出现机构结构的变化。例如，它要求在政府内要有一个"(**协调**)**中心**"(focal point)以保证实施。它要求有独立于政府的国家监测程序来"促进、保护和监测"《公约》的实施。它要求这些机构要有效地向公民社会组织咨商和彼此互动。考虑到并不是每个国家都有资源或有启动国内变革的设施,所以它寻求利用国际合作,特别是为了实现上述目标提供发展援助。

1.国际监督

第三十四条是关于条约监督机构的。尽管一些缔约国已经警觉到公民社会组织原本想在监督上有所创新,但事实上,它还是回归到一个很传统的模式。2008 年 12 月,缔约国选举出了残疾人权利委员会的 12 名成员,在公约指定运作 6 个月内,由于不断有新的国家批准加入,委员会人数逐渐增加至18 人。缔约国在各自国家范围内提名候选人。

缔约国有义务根据为实施《公约》所采取的措施和取得的成绩提交全面的首期报告。残障者权利委员会已经发展出了"根据其报告的形式和内容,以便协助报告准备,确保这些内容全面且一致"①的缔约国指南。缔约国遵照报告指南这一点很重要,这将减少委员会进一步要求信息的需要。②

此后,缔约国有义务至少每四年上交一次定期报告,并"应委员会要求另外提交报告"(第三十五条第二款)。委员会评估报告后有权以其认为适当的方式作出"一些提议和全面正式建议"。为解决某一要求、或者需要进一步的技术支持或建议时,委员会可以在联合国系统内,将缔约国报告转给特别机构和其他基金会。委员会也被要求要与联合国的特别机构和其他条约监测机构进行合作(第三十八条)。

根据《任择议定书》(OP),委员会有权接受个人或团体的投诉。这些投诉"**以投诉或代投诉**"的这些个人和团体的名义提交。《任择议定书》文本上并未就是否需要事前授权作说明。这可能给委员会在特别危急情况(如在机构设施内)的行动免除授权开了后门。或者委员会可在获取了一个"显示存

---

① See Guidelines on treaty-specific document to be submitted by states parties under article 35, paragraph 1, of the Convention on the Rights of Persons with Disabilities, UN doc.CRPD/C/2/3,18 November 2009.

② Under Article 36 and under rule 36, para. 3 of the Committee's Rules of Procedure, UN doc. CRPD/C/4/2,13 August 2010.

在严重或系统施暴的可靠情报"后，针对该情况发起审查。(《任择议定书》第六条第一款)。不予受理要件和其他公约《任择议定书》普遍通用的一样：匿名、违法申诉权、同一事且在已审查阶段、没有用尽国内救济、明显无证据、公约生效前缔约国所涉之事已发生(《任择议定书》第二条)。对这类申诉的考虑过程也和那些普遍通用程序类似。委员会特别赋权可要求紧急"**临时措施**"以避免可能的、无法挽回的伤害(《任择议定书》第四条)。这一点在涉及那些可能发生严重暴力的机构时会引人注目。委员会对投诉是审慎而封闭的，(给缔约国的)提议和建议也是机密的。委员会可要求缔约国在其定期报告中包含对委员会反馈细节的回复情况。

（根据《公约》第四十条）还需建立缔约国会议"以审议与实施本公约有关的任何事项"。2008 年 10 月 31 日至 11 月 3 日，在纽约举行了这个会议的第一部分，即监督委员会的选举。[①] 根据程序，任何非政府组织作为观察员，在(缔约国)会议同意的情况下都可参加。[②] 这一会议有一个互动论坛，这是为取得千年发展目标对《公约》作为人权指南和工具进行的讨论。这个讨论邀请到了公民社会组织、世界银行等机构，并考虑了事关妇女和国内法制改革进展等情况。在第二次缔约国会议上(2009 年)有若干圆桌会议是讨论无障碍、合理便利、法律面前平等承认、获得司法保护和支持及自我决定的。第三次缔约国会议(2010 年)只有两个圆桌讨论：一个是关于融合和社区居住，另一个是关于融合和教育权的。第四次缔约国会议(2011 年)探索通过国际合作实现《残疾人权利公约》，并审查了确保对政治和公共生活的有效和全面参与问题。缔约国会议也包括公民社会组织论坛、非正式讨论、花絮和其他一些活动。这一会议未来应该成为缔约国之间分享信息和技术的一个途径。

2.国内实施和监测

第三十三条国内实施和监测特别有价值，而且它可能是《残疾人权利公

---

① For more information on the Conference on States Parties, see 〈http://www.un.org/disabilities/default.asp? id = 1535〉(last accessed 30 April 2012).

② See Provisional rules of procedure for the Conferences of States Parties to the Convention on the Rights of Persons with Disabilities, UN doc.CRPD/CSP/2008/3, 14 October 2008.

约》潜在改变国际人权法和缔约国的国内法之间互动方式的最重要的特点之一。① 在实施领域，它要求缔约国在政府内建立"一个或多个（协调）中心"，并适当考虑"建立或任命一个协调机制"（第三十三条第一款）。它明确指明了涉及残障问题时政府（部门）联合在一起的必要性。然而，第三十三条第一款对"（协调）中心应该什么样或它实现的功能方面"鲜有指南。

人权高专办出版了一个关于实施和监测《残疾人权利公约》的国家机制的研究报告。② 这一报告对（协调）中心给出了一些指南。首先，人权高专办考虑建议采用一个"**双管齐下方式**"，即在政府各个层级或主要部门/部委任命一个中心，且同时任命一个总的协调中心。因为实施公约"需要大多数政府部委采取行动"，将中心置于"政府核心部门，如总统或总理办公厅或内阁办公厅内部最为理想"。这个中心的职责应清晰地以《残疾人权利公约》发展和协调一致的国家级政策为中心。最后，在政府内的这一（协调）中心应该在技术人员和资源上获得足够支持。③

一个有趣的条款是关于统计数据的。理性的政策有赖于对残障者状况的准确勾画。因此《公约》要求收集和分析这些数据以便对《公约》有所作用是合理的。当它被置于《公约》中时，工作小组中的一个欧洲主要国家还曾对此表示了质疑。

《公约》第三十三条第二款要求缔约国"任命或建立……一个框架，包括一个或多个独立机制……去促进、保护和监督实施"。它要求缔约国考虑建立国家人权机构的原则。这是关于国家人权机构地位和功能的巴黎原则（1993 年）的代名词。实际上国际人权机构在起草过程中非常活跃，相互支持着去推动这一委任其任务的第三十三条第二款（的出台）。第三十三条第三

① See *Building the Architecture for Change：Guidelines on Article 33 of the UN Convention on the Rights of Persons with Disabilities*（Budapest：MDAC，2011）.

② See OHCHR，Thematic Study by the Office of the United Nations High Commissioner for Human Rights on the Structure and Role of National Mechanisms for the Implementation and Monitoring of the Convention on the Rights of Persons with Disabilities，UN doc.A/HRC/13/29，22 December 2009.

③ Thematic Study by the Office of the High Commissioner for Human Rights on Enhancing Awareness and Understanding of the Convention on the Rights of Persons with Disabilities，UN doc. A/HRC/10/48，26 January 2009，paras. 22-32.

款要求公民社会组织应该全面参与监测进程。随着委员会对西班牙结论性意见的出版,似乎可以看出残疾人权利委员会对巴黎原则要求(协调)中心的偏离,因为它说西班牙残疾人代表委员会(简称CERMI,一个非政府组织)代表,"**完全符合**"第三十三条第二款。① 这暗示了委员会正在改写第三十三条第二款。但在委员会公开审议西班牙前不久,这种(说法)又蒸发了,西班牙监察专员(the Spanish Ombudsman)作为"**A级**"的国家人权机构和西班牙残疾人代表委员会一道融入西班牙的独立框架。这也解释了为什么委员会认为西班牙"**完全符合**"《公约》第三十三条第二款要求了。

在缔约国建立(协调)中心时有很多泾渭分明的方式。② 这些方式也似乎大体上符合了人权高专办提供的指南。就(协调)中心的设立而言,一个流行的方式是设在已经建立的部级残障权利办公室内。③ 另一个流行的落脚点是在社会事务部或相似的部委中。④ 尽管建立中心的趋势看起来是个不错的开始,但也存在着一个显而易见的挑战,即确保这些中心在实施《残疾人权利公约》中充分实现它们的目的,达到预期成绩。

3.国际合作

很明显,很多国家在履行义务时需要援助。发达国家虽然在讨论中勉强同意,但对《公约》语言上添加这一点,以使援助成为了法定权利有所担忧。第三十二条(国际合作)的单纯效果是:缔约国有义务从《公约》所蕴含的权利

---

① For a discussion on this, see Neil Crowther, 'Has the UN Committee on the Rights of Persons with Disabilities re-written Article 33. 2', October 2011. Available at: 〈http://disabilityandhumanrights. com/2011/10/04/has-the-un-committee-on-the-rights-of-persons-with-disabilities-re-written-article-33-2/〉(last accessed 30 April 2012).

② See Meredith Raley, 'Trends in Focal Points: Monitoring the CRPD', January 2012. Available at: 〈 http://disabilityandhumanrights. com/2012/01/23/trends-in-focal-points-monitoring-the-crpd/〉 (last accessed 30 April 2012).

③ This is the case in Canada( Office on Disability Issues), New Zealand( the Office for Disability Issues) and the United Kingdom( the Office for Disability Issues). The United Kingdom will establish one focal point within each of the devolved governments of Scotland, Wales and Northern Ireland.

④ This is the case in Denmark( Ministry of Social Affairs), Austria( Federal Ministry of Labour, Social Affairs and Consumer Protection), and Germany( the Federal Ministry for Labour and Social Affairs). Germany will establish multiple focal points, with some of the Länder establishing their own focal point, in addition to the one at the national level.

的角度在发展其援助项目方面提供证据。这并不意味着它们一定得在残障预算发展上花费更多,甚或成为其预算的一个重要部分。但在最低限度上,这意味着援助项目不能构成对残障者的隔绝(如修建不是无障碍的学校),且理想状况应创造融合的渠道。① 世界银行和(美国)雪城大学伯顿·布拉特研究所(Burton Blatt Insititute)共同创立的"残障和发展全球合作关系"(Global Partnership on Disability and Development/GPDD)向前迈出了真实的一步。②

因为很多发展中国家正在发生着惊人的变化,伴随《公约》生效而进行的发展援助和更广泛的国际合作可能会很有起色,所以它的意义十分重大,而且这也提升了地方的期待。应该记住的是,为了获得代表欧盟机构的欧盟委员会的批准,《公约》包含了一个特别条款(第四十四条),且这一委员会控制着世界上单笔最大的发展援助预算。

## 四、结　论

《残疾人权利公约》应该加速了在世界各个角落正在进行的尊重和提升残障者权利的步伐。它也加强了很多国家正在进行改革的努力。这将有助于为那些还没有开启严肃改革的国家提供一个充满活力的改革(机会)。

种种迹象都是好的。如前所述,现在联合国人权理事会每年都会考虑残障问题。联合国人权高级专员办公室和议会间联盟就《公约》出版了一本正逐渐获得认可的联合手册。③ 在缔约国会议上,所有迹象都表明各缔约国是

---

① There is a growing literature on disability and international cooperation. See, e.g., Mina Lomuscio et al., *Disability, International Cooperation and Development: The Experience of the Italian Cooperation 2000–2007*(The World Bank, June 2010); 'Article 32 UNCRPD International Cooperation' (European Commission Disability Mainstreaming in Development Cooperation and Dutch Coalition on Disability and Development). Availableat: 〈http://inclusive-development. org/toolsen/06 _ UNCRPD. pdf〉(last accessed 30 April 2012).

② See 〈http://www.gpdd-online.org/〉(last accessed 30 April 2012).

③ *From Exclusion to Equality: Handbook for Parliamentarians on the Convention on the Rights of Persons with Disabilities and its Optional Protocol*(Geneva: Inter-Parliamentary Union with the United Nations Office of the High Commissioner for Human Rights, 2007).

在真诚地交流经验和传递问题解决方案。

残疾人权利委员会的工作并不轻松。这从委员会已号召大家、围绕实施《残疾人权利公约》提交不同的理论和实践文章中就可见端倪。这一过程对所有有兴趣、打算参与的各方都是公开、透明和便利的。委员会已经建立针对第九条和第十二条的工作小组，而上述提交的文章将有助于工作小组更好地对这两个领域一般性意见进行思索。委员会将要处理很多关键性问题。例如，《公约》中渐进性（实现）因素如何从诸如不歧视这类立刻实现的义务中剥离出来？《公约》对一些关乎残障者"**在与其他人平等的基础上**"权利实现的核心概念上的立场是什么？而这会被积极使用还是只在理性的区分差异性上来使用？委员会是如何解释"**合理便利**"义务的？如何将委员会对"**合理便利**"的洞见转化成联合国其他人权公约对歧视的理解？更关键的是，它将如何处理和解释第十二条法定资格？这恐怕是残障领域革命中最根本的问题，是将人视为"**主体**"而非"**客体**"吗？不论发生什么，现在都不可能再回头了，因为残障问题已经进入了联合国人权议程的核心。

（李　敬译　高　媛校）

# 《残疾人权利公约》的执行：
# 原则、含义、实践与局限

[英国]瑞芒德·朗、玛利亚·凯特、
诺拉·格罗斯、吉恩·佛郎索瓦·特拉尼

## 引　　言

无论是在南半球还是北半球的国家中，残障者人群无疑都是在社会中最边缘和遭到排斥的人群了。越来越多的研究表明：残障与贫穷密切相关，两者互为因果。( Beresford, 1996; Braithwaite & Mont, 2009; Elwan, 1999; Filmer, 2008; Mitra, 2006; Trani & Loeb, 2010; Yeo & Moore, 2003)。因此，从统计学的角度考虑，倘若一个人身有残障，那他就更有可能是：无法接受完整的基础教育，几乎不具有正式教育的资历，找不到工作；即使就业，薪酬也比其他人低，获得的公共服务也少于非残障群体( Mitra & Sambamoorthi, 2008; Mitra & Sambamoorthi, 2009; Trani & Loeb, 2010)。反过来说，由于穷人更容易染上慢性病和其他疾病，而且他们的住房条件达不到标准、不够卫生、多从事危险工作、难以获得洁净的水和足够的营养，所以他们致残的可能性更大。所以从平均水平上看，尽管国际社会已经通过了《残疾人权利公约》但正如上文所揭示的那样，发展中国家的残障者的生活经历依然对促进和实施人权构成了挑战。

2008年5月《公约》正式生效后，全世界都在讨论它将对残障者生活产生的长期影响。然而，残障领域几乎没有参与主流人权的倡导，也没有充分讨论用真正以权利为基础的方法( rights-based approaches/RBAs)实施残障政策和计划时面临的挑战。而在现代发展研究的文献中，人们已经开始关注在发展方案中如何将人权转化为"**以权利为基础的方法**"(Cornwall & Nyamu-Musembi,2004;Gready & Ensor,2005;Grugel & Piper,2009)。如何扩展《公约》并将《公约》与已经确立的人权倡导联系起来，以此确保这些权利的实际应用和有效实施，也需要认真讨论。政府、双边和多边的资助机构、主导的非政府组织(NGO)以及针对残障的非政府组织都声称，它们都力争以普遍人权的原则为基础来开展一切活动。不过，这些让人称道的声明与它们的具体实践还存在着巨大的鸿沟，这一点是非常明显的。

有些人可能会说：这条鸿沟之所以日渐加深，至少部分原因在于衡量人权措施和成就是否有效时，缺乏各方都认可的指标；另外是因为这些辩论本身很复杂，因为自身性质的原因有些权利很难得到监测。与其他人权一样，有时候获得某一领域的权利会损害或与另一领域的权利发生冲突。人们一直以来都将其归纳为"**积极权利**"与"**消极权利**"之争，即分别规定在《公民权利和政治权利国际公约》与《经济、社会和文化权利国际公约》中的那些权利。

本文的开头概括《公约》至少原则上具有促进和执行残障权利的巨大潜力。本文还将讨论制定《公约》时的思想基础，目的是展示实施《公约》所面临的挑战与困难，同时对《公约》中某些思想进行批评性的分析。本文接着会探求在残障权利方面，尤其是在发展中国家，采取一种普遍的方法究竟有多大的可能性。

这一讨论的关键在于以下三个核心问题：

●很多已批准《公约》的国家缺少有效的国家残障政策，无法为切实实施《公约》提供一种机制；

●在很多发展中国家，即使国内法已很齐备，但由于管理方面的缺失，政策与实践也会脱节；

●政府和公民社会也许依然缺乏执行《公约》的主观意愿。

本文主张：有必要更好地、更批判性地评估有效实施《公约》所面临的障碍，也有必要改进对实施《公约》进行的监测，以此建立牢固的证据基础，对国内政策与计划进行定期审查。本文进一步主张：包括可行能力模式(the capabilities approach)在内的其他方法也为进一步的讨论提供了重要的理论构成。

最后,本文列举了一些值得进一步研究的潜在领域。

# 一、联合国《残疾人权利公约》中的原则

《公约》是第一部有法定拘束力的国际公约,它不仅全面规范了残障权利,还开创了一种范例来改变残障政策及方法的制定和实施。《公约》的思想基础是残障"**社会模式**"原则。但需要注意的是,《公约》是基于现有的人权原则,主要是"**不歧视**"的基本权利。这一原则确保:残障者不因其身体损伤而受到任何歧视,他们与社会中的非残障者一样,享有权利并承担相应义务。

目前,发展中国家在执行已有的人权公约以及推行以人权为基础的进步立法的过程中,经历了很多的挑战。可以预见的是《残疾人权利公约》也需要应对这些挑战。许多挑战其实都与人们的想法相关,例如,何为权利减损、如何对权利滥用进行监测和报告、如何执行申诉和司法程序、保护和促进人权可用的人力及财政资源、如何评估那些声称是以"**人权价值为基础**"的政策和发展规划、按照何种规范和标准对权利进行衡量。这包括发展项目本身在实施以权利为基础的方法时所采取的具体方式(UNDP:2006)。

联合国为了指导"**以权利为基础**"的方法,专门确认了六项人权原则。[①]具体内容如下:

● 普遍性和不可让与性;

● 不可分割性;

● 相互依存与相互联系;

● 平等和不歧视(non-discrimination);

● 参与和融合;

● 问责制和法治。

有趣的是,上述原则虽已存在,但国际社会并没有一套被普遍认可的指标来评价以人权为基础的援助及发展方法。目前,国际社会、尤其是在联合国

---

① UN Common Understanding on the Human Rights Based Approach to Development(2003).

内部，正在对上述问题展开辩论（Green，2001；Kalantry，Getgen & Koh，2010）。联合国的一些机构在这方面的工作中居于主导地位，尤其是联合国人权高级专员办公室（Office of the High Commissioner for Human Rights/OHCHR，简称人权高专办）。①《残疾人权利公约》秘书处就设在联合国经济与社会事务部（UN Department of Economic and Social Affairs/DESA）和人权高专办之间。

一些双边和多边的资助机构与政府已经存在争论，尤其针对《公约》第三十二条涉及国际合作的内容（Katsui，2009）。各方争论的焦点在于：究竟是为残障者提供有针对性的服务更有效，还是明确保证将残障者纳入主流的一般性发展倡导中更好？此外，关注残障并致力于残障领域工作的主导国际非政府组织坚持认为，它们所有的活动都建立在一个普遍的、不可分割的人权哲学方法之上：即"**以权利为基础**"的方法。但是实情究竟如何，人们也只能猜测了。

但仅仅宣称在政策和计划中推行"**人权**"方法，并不能自动保证政府、捐助者和民间社会机构开展的所有活动就能够保障权利的实现。例如，"**人权**"方法常常被用来解答下面的问题：谁最应该得到帮助？谁是最"**弱势的**"？最近对需求的评估工作、尤其是对紧迫性进行评估时，更多地集中在分析环境或形势方面并以此为前提开展项目实施工作，而不是建立在评估人们的需求方面。（Allan，2003；Donini，2007；ALNAP，2009）。从以权利为基础的角度来看，老年人、女性或者残障者本身，并不会直接成为弱势群体，反倒是无法获取信息与支持加剧了他们的弱势。同样是从以权利为本的角度来看，人人享有获得同等服务、设施的机会。但在现实中，有些人需要得到更多支持和辅助才能获得这些服务和设施。当他们无法获得这些服务和设施时，还需要得到更多的保护。森利用残障的示例提出了这一观点。森认为：这些弱势人群需要更多的资源才能完成与其他人同等程度的功能（Sen，1985，2009）。

---

① The work of all UN agencies work is of course，underpinned by international human rights legislation.

## 二、《残疾人权利公约》与人权的扩展

《公约》是否创造了一组新的权利？抑或是它只是将联合国人权公约迄今为止确立的权利编纂成一个有法定拘束力的国际文书？目前，针对这些问题依然是众说纷纭。联合国坚持认为：由于《世界人权宣言》（1948 年）、《公民权利和政治权利国际公约》（1966 年）、《经济、社会和文化权利国际公约》（1966 年）以及现有的其他六大人权公约及它们的任择议定书具有的综合性，《公约》并没有创设新的人权。

不过，自 2008 年 5 月《公约》生效后，有些学者就认为实际上它已经拓宽了人权概念的基本框架。此外，《公约》还能为联合国后续的人权公约的谈判和实施提供一种模式。《公约》谈判过程的独特之处在于公民社会组织、尤其是残障者自组织（DPOs）的积极参与。而先前的人权公约的谈判过程并没有让公民社会组织系统地参与其中。

有些作者还描述了从实用的角度看，人权文书能在多大程度上增强残障者对人权的享有。例如 2002 年，奎因和戴格勒撰写了具有开创性的一份报告，分析如何运用联合国的人权框架促进和加强残障者的权利（Quinn & Degener, 2002）。这份极具影响力的报告为《公约》奠定了思想基础。由于《公约》刚生效不久，法学家们现在只是着手研究其实施后可能产生的长期影响。《公约》现已开始审议第一份缔约国的履约报告，所以这个问题也变得越来越重要。目前，有关这一题目的学术论文寥寥无几，只有高威（Galway）大学的残障政策与法律研究中心[1]和哈佛大学法学院的残障项目正在进行富有开创性的研究。[2] 不过，对某些国家实施《公约》情况进行的富有创造性的研究成果正在陆续出版。例如沃根（Vaughn）对美国实施《公约》进行的研究具体参考了 1990 年的《美国残疾人法案》（Vaughn, 2008）。赫那德兹（Hernandez）对

---

[1] http://www.nuigalway.ie/cdlp/.

[2] http://www.nuigalway.ie/cdlp/.

印度和中国的教育问题作了比较分析（Hernandez，2008）。奎因研究了爱尔兰实施《公约》产生的影响（Quinn，2009）。

除上述领域外，有些探讨实施《公约》存在的广泛分歧的研究也已经取得成果。例如，尽管联合国声称《公约》没有创设新的权利，但卡耶斯和弗兰奇认为《公约》通过延伸残障权利，已经从根本上改变了人权的框架。这体现在以下方面：创设了要求进行研究以获得详实数据的新权利（以此建立更切实的监督和评估框架）、发展权、意识提升以及在国际发展计划中纳入残障者的社会保护和减贫（Kayess & French，2008：32）。

麦格莱特（Megret）（2008）进一步提出：《公约》的生效对已有的人权倡导基础，特别是许多存在于人权倡导中的传统两分法提出了巨大的挑战。麦格莱特确认了四项主要的两分法：积极权利与消极权利；政府执行的权利与其他权利主体执行的权利；要求立即实施的权利和逐步实现的权利；对人权进行立法与制定政策之间存在的两分（Megret，2008：262-263）。与非残障者相比，由于损伤（impairment）的存在，残障者通常要求更为复杂的社会、政治、经济和制度架构，才能在平等的基础上享有权利（Megret，2008：263）。因此，他的主要观点是"由于残障者的生活以及载入《公约》的原则本身非常复杂，所以当上述过于简单的两分法面对这些复杂性时，就可能会导致对人权基础原理的重新定义了。"

不仅如此，作为《公约》及其他国际人权公约前提的一些假设也引起很大争论。17 世纪以来，约翰·洛克（John Locke）和托马斯·霍布斯（Thomas Hobbes）等政治哲学家的著作中就出现了一种虚构的观念：无论社会和经济背景如何，人人都具有相同的、与生俱来的能力，为"**成年生活的自力更生**"奠定了基础（Petman，2009：22）。洛克认为：人人生而自由，并享有固有的人权。此外，政府基于"**人民**"的意愿获得执政权力。一旦政府滥用其权力去侵害这些固有人权，公民就有权推翻政府。这些"**社会契约**"的理论构成了西方自由民主的基石，时至今日依然产生着深远影响。最近，理查德·德沃金（Richard Dworkin）在其《认真对待权利》一书中指出：保护、促进和实施人权是政治词典中的"**王牌**"，在位阶上高于其他政治思想（Dworkin，1977）。果真如此，包括残障者在内的贫穷和处于边缘化的群体，都有天赋的权利去挑战各自的政府,以确保他们的权利能得到支持,而不被实际剥夺。

格鲁盖尔和派颇完成了一篇颇具洞察力的题为《权利能否促进发展?》的论文。论文对人权倡导能在多大程度上真正促进可持续发展进行的分析非常有趣。此外,文中还谈及了一些影响实现应有效果的主要障碍(Grugel & Piper,2009)。首先,他们提出的一个重要观点就是权利与发展的关系是冷战结束后才出现的一种新现象。亚马蒂亚·森(Amartya Sen)在其鸿篇巨著《以自由看待发展》中,倡导了权利与自由的具体联系(Sen,1999)。

格鲁盖尔和派颇接着指出:主张人权能够为"发展"提供一个强有力的运行基础。不过,这在很大程度上取决于某个问题是否激发了公众的想象力,让他们相信应该还有更高的道德要求。这些额外的变化有助于解释为什么有些问题比其他问题更有可能获得更多的关注,比如虐待儿童就比系统的贫困更易获得更多关注。另外他们还指出:国际法支持的国际人权条约虽要求各国遵守国际规范,但并未要求各国提供有力的机制,以便让个人要求其政府承担责任。过分地强调通过法律框架获得权利(理论上的权利),有可能会导致对真正的实施不够重视(实践中的权利)。而且那些一直以来在社会中处于最边缘化和遭到排斥的人群,原本就没有能力和社会资本真正去要求政府履行实现人权的义务。我们有理由指出:对于在社会中最被排斥的那些群体而言,他们在政治、经济和社会空间中实际上已经被剥夺了作为公民行使权利的机会。因此,格鲁盖尔和派颇认为:

……弱势群体主张权利时,尤其是当他们的多重权利被剥夺时困难重重:哪一类权利应该居于优先地位?为什么我们应当期待这些人同意我们对其权利进行的合理列举及优先对待?……期待"被剥夺了权利"的个人和社群能够持之以恒地主张权利符合情理吗?(Grugel & Piper,2009:84-85)

格鲁盖尔和派颇还主张说:西方国家的政府几乎无一例外,没有认真对待它们就实现"**千年发展目标**"所作的承诺,这足以证明消除贫困的运动并没有产生积极影响。这会对生活在发展中国家的残障者,特别是当他们的权利按照《公约》规定与实现国际发展目标密切相关时,造成严重的影响。

换句话说,对人权实施问题已经颇有研究的学术界开始逐步认识到,仅凭法律权利本身不可能带来运动或进步。要想有效实施人权，尤其是那些与全球发展议程相关的权利，就需要提出、接受、执行这些权利，然后对其进行严谨、密切的监测和评估。如果有一个具有使命感的核心团体与致力于此的公众共同奋斗，他们对这一问题具有主人翁精神、对情况了如指掌、在公民社会中表现活跃、并要求政府采取行动，这一切才有可能变成现实，事实上，这些因素对权利运动及进步至关重要。如果没有强有力的倡导行动，单凭以权利为基础的立法和国际条约取得的成就就微乎其微了。

此外，国际人权条约一般都有共同的目标，即个人的权利在主权国家内部都能得到保护。然而，道德和伦理的推动力虽然存在，但针对缔约国不履行其人权义务的情况，几乎没有可以执行的法律制裁。或者说，即使这样的法律制裁存在，也是微不足道的（Hathaway，2007）。不仅如此，如果国家的政治体制不尊重法治、民主政府原则以及公共事务透明化，它们也不大可能积极地促进人权。正如海瑟薇（Hathaway）一针见血地指出的：

> 由于大多数国际人权条约几乎没有一个国际执行机制，所以有些学者将这些条约视为"无法寄出的信"，也就是简单地议论而已，对国家实践实际上根本没有多大影响（Hathaway，2007：592-593）。

因此，那些有强烈的使命感、一直坚持民主政府原则、并拥有强大的公民社会组织的国家，相对于缺乏上述思想传统的国家，更有可能遵守人权义务。但正如我们下面要阐明的那样，许多发展中国家缺乏促进人权的管理制度，这是令人遗憾的事。尽管许多发展中国家都已批准并实施《公约》，但能否真正使这些国家出现积极的、系统的变化，依然存在着重大疑问。

# 三、发展中国家实施《公约》面临的挑战

## （一）残障权利和全球治理的挑战

前文概述了包括《公约》在内的国际人权条约赖以建立的理论和原则，同时还说明这些理论和原则具有很大的价值和功能，能够拓展包括残障者在内的、被边缘化和遭社会排斥的人群所享有的固有人权。本节则将概述在实施

各项人权文书尤其是《残疾人权利公约》的实践中存在的一些巨大挑战。

《公约》的生效具有历史重要性，但它的有效实施仍面临巨大的挑战，有些内容在前文中已有探讨（Lang，2009；Quinn，2008）。通过人权的视角，重新审视这些评述至关重要。其实，很多挑战和困难绝非残障领域所独有，它们也广泛存在于联合国其他人权条约的实施和监督过程中。也有一些挑战是在从事残障事业中才会遇到的问题，但是重视这些存在的问题仍然十分重要。如果没有强有力的治理结构来履行人权义务，无论是国内层面、还是国际层面的实质进步都将成为空谈。

特别值得关注的一个问题是：尽管许多发展中国家已经制定了以人权为基础的、进步的残障政策，而且其国内的成文宪法也常常明确提及残障权利，但现在的情形依然是，当人们的权利遭到侵害时，残障者会首当其冲地成为受害者。这就导致了政策制定与实施之间存在着"**执行鸿沟**"（implementation gap）。例如，乌干达早在2006年就通过了《残障者法案》，但迄今为止，该国并没有通过任何条例来具体实施这部法案。2009年9月，本文的一位作者（Lang，2009）重点采访了性别、劳动与社会发展部的代表（负责乌干达残障政策的实施工作），他们声称这些条例尚未完成。

这种情况也反映了有关治理结构和过程这一更为广泛的问题。尽管人们认可"**善治**"的必要性，但在政府部门或私人个体中却几乎没有支持"善治"的激励措施。政策制定的过程与政策执行的过程完全分离的事实就足以证明这一点。例如，在诸如残障等跨领域的问题上，各个政府部门之间缺乏协调，另外也缺乏突显残障问题的可靠统计数据。乌干达由于采取高度分散政权的形式，中央政府与地区或地区以下的政府很难开展合作，所以情况更为糟糕（Lang，2009）。其他的发展中国家，例如津巴布韦，也时常出现这种情况（Lang and Chadowa，2007）。

其实，在将残障问题与国际发展议程建立联系的过程中，国内和国际层面的残障运动都可能发挥强有力的催化作用。正如前文所述，《公约》协商过程的独特之处在于公民社会组织，尤其是残障者自组织积极参与其中。以往的人权条约基本上都是主权国家进行协商，而公民社会组织的参与程度很低，可能只是参与了一些边缘的辩论。不过，《公约》仅仅经过五年的协商就得以顺利通过，其用时之短前所未有，这充分显示了核心拥护者们积极参与整个过程的价值所在。这个过程包括从草根组织到与政府高级官员进行讨论、对其施压的所有层面。这尤其关系到《公约》能否大大改善残障者尤其是那些生活在发展中国家的残障者的生活状况。

这也突出了残障者自组织在国家层面的能力，它们率先提出并一直参与围绕《公约》的实施开展的倡导活动。残障者自组织以及关注残障的非政府组织在地方层面发挥的作用也非常重要。不过，值得关注的事实是，在国内层面很多残障者自组织的领导者们已经处于超负荷的工作状态，他们缺乏资源，在主流的发展讨论和政策制定过程中往往被边缘化。更为复杂的是，残障者自组织本身也没有充分理解正当程序的原则和步骤并由此实现权利并履行义务。因此，当他们要求政府或其他的国际组织承担责任时，常常是举步维艰、收效甚微。此外，许多公民社会组织，包括很多非政府组织在内，都是"**孤军作战**"，这也弱化了它们的实力和能力，难以成为进步的政治变革中的有效"**催化剂**"。在很多国家的残障者自组织中都存在这样的问题，从而影响了它们本应强大的政治发声。

有证据表明，残障者自组织游说政府的能力参差不齐（Lang，2008）。这可能部分归咎于下面的事实，即很多组织对政策制定的过程没有细致入微的了解。与此相对应，我们在一些值得注意的情况中发现：政治家和高级官员们虽然口头上声称他们是以人权的视角来理解残障问题的，但实际上根本没有做到这一点。此外，还存在着很多限制因素，例如人力和资金的短缺、缺乏组织能力等。政策制定者与残障者自组织和其他民间社会组织展开更富有建设性的对话，开始理解彼此不同的世界观，这才是当务之急。

尼日利亚就是一个很好的例子。该国有大量的国家级、州级和地方的残障者自组织。然而，除了少数组织之外，绝大多数组织都采取慈善/福利的方法应对残障问题，它们对以权利为基础的议程以及残障的社会模式知之甚少（Lang，2007）。这就导致它们采取了不合时宜的倡导和运动策略（Lang，2008）。另一个挑战是许许多多代表类残障者自组织在全国层面开展工作。究竟是谁能真正代表残障者"**发声**"，这个问题也让人非常困惑。

人们常说残障是一个"**跨领域的问题**"，它与社会经济政策等诸多领域密切相关，包括教育、就业、社会保护以及通用设计等方面。另外，还应该清楚地认识到，残障者本身也是一个复杂的集合体，他们之间存在的性别、社会和经济地位、地区分布等的差异（例如农村与城市）在实施残障政策时都非常重要。这些复杂性也会影响残障者的政治代表性问题，因为具有某种损伤的团体与其他团体相比，明显会拥有更大的"政治影响力"。阿富汗战争受害者就是这样的例子（Trani，Bahkshi，Noor & Mashkoor，2009）。

尼日利亚的情况可以全面展示残障运动的不统一，以及它对倡导和游说产生的不良影响。该国有两个国家级的残障组织，它们都宣称自己能代表本国所有的残障者（Lang & Upah，2008）。在尼日利亚，团体之间的竞争导致了很多残障者自组织更倾向于重视应对诸如环境障碍等简单问题，而不是着手解决深层次的体制性和观念性的障碍。所以到目前为止，尼日利亚的残障运动在推进以权利为基础的方法解决残障问题方面尚未取得明显进步。实际上，尼日利亚的残障者自组织深知《公约》的重要性，但是由于这个国家尚未进行有效的残障立法，也没有完备的行政机构实施《公约》，所以在不远的将来，政治上批准《公约》也不太可能对这个国家产生什么影响。

2008 年，南非残障人士联合会（SAFOD）在四个国家（纳米比亚、斯威士兰、马拉维和莫桑比克）进行的"**残障政策审查**"中有很多引人注目的发现。其中的一个发现是这四个国家都没有设置卓有成效的、高效率的行政机构为残障者提供服务。例如，到底有多少残障儿童可以在主流学校接受并完成基础教育，而且能从中获益？对于这些具体数字，这四个国家，尤其是它们的地方政府都没有任何细分的统计数据。此外，这四个国家也没有为残障者提供任何形式的社会保护项目，因此，残障与贫困之间的恶性循环在不断加剧（Lang，2008）。由于目前还没有既定的基准供公民社会组织监测和评价工作成果，所以在衡量《公约》是否得到有效实施时，这些都是要考量的基本内容。

当然，并不是只在残障领域才会出现这种情况。但这种情况却会影响公共服务供应以及人权执行的一切领域，所有的团体都享有这些人权，应当对此进行监测和评估。正是基于这个原因，非洲的许多发展中国家虽然在历史上曾出现过政治庇护、裙带关系及腐败现象，但现在却都将公共部门的改革提上议事日程。这样的改革也出现在很多资助这些国家的国际捐赠者的议事日程之中。由此看来，这对已经签署和批准了《公约》的国家完全行得通。不过，如果只是名义上拥有最先进和最具远见的残障立法和政策，却缺乏有效的行政机构来执行，那么进行再多的改革也毫无价值可言。

塞拉利昂就是一个很好的例子。早在 2009 年该国政府就批准了《公约》，但到目前为止，尚未制定任何有关残障的政策。该国的《国家残障法案》将提供必要的框架和标准来展示政策的实施效果，可目前还未获批准。不过应当承认的是：由于一些国家的特殊历史，很多时候这些国家在公共部门进行的改革不可避免地要耗时许久才能完成。因此，对于残障领域的工作者而言，与政府部门长期协作以确保建立并维护有效的行政机构是一种义不容辞的责任。

### （二）残障权利的统计和监测框架

由于缺乏坚实的监测框架来评估人权条约的执行状况，继而引发了一系列的困难，那些关注《公约》有效实施的人对此心知肚明。《公约》特别提到急需却缺乏关于残障问题的可靠统计数据。很多重要的挑战都与对残障数据的需求相关：选择一个合适的"**残障**"定义，在国家人口普查中，针对残障提出的有限的、不同的问题（Trani & Bakhshi，2008）。如果没有关于残障者比率和残障者生计状况的统计数据，负责残障工作的政府部门就不会承担责任、完成针对残障进行的预算分配工作。反过来，残障者和残障领域的其他公民社会组织也会因此面临"**民主赤字**"的结果。由于缺乏可用的基准或机制，即使政府已经签署和批准了《公约》，它们也无法让其兑现在残障权利方面作出的承诺。

因此，制定有力的指标及其他监测和评估的框架至关重要。只有这样，《公约》才能得到最充分的利用。联合国人权理事会和联合国发展规划署已经着手开发有关人权监测指标的概念框架工作，这将是一个非常重要的开端（Human Rights Council，2008；UNDP，2006）。尤其值得一提的是，《公约》第三十一条对"**统计和数据收集**"作出了规定。它明确承认开发一套适当的指数以评估《公约》的影响力是非常必要的。该条规定："缔约国承诺收集适当的信息,包括统计和研究数据,以便制定和实施政策,落实本公约"(UN Department of Economic and Social Affairs,2008)。这一条款也在大量统计数据的生产和低效、无预兆的残障权利实现之间建立起了联系。

权利与数据之间的联系也引发了另一个值得特别关注的领域。如果希望残障权利能得到有效执行,那么一国政府、双边和多边的资助机构收集的残障数据的准确性依然是一个需要强调的重要问题。最近有些文献表明:在很多国家,由于污名化、针对残障者的负面社会态度、衡量标准以及调查和人口普查的问题表述方式等因素,关于残障现有的统计数据大大低估了残障者的数量(Altman,Rasch & Madans,2006;Loeb,Eide & Mont,2008)。如果统计数据继续与权利挂钩的话,那就需要重视这个问题。

**"华盛顿残障统计小组"**(Washington Group on Disability Statistics)曾针对这些复杂的方法论和伦理问题开展了大量的工作。该小组还完成了其他很多工作,以便更好地根据《国际功能、残疾和健康分类》(ICF)和可行能力模式来识别残障(Trani & Bakhshi,2008)。

尽管存在上述的复杂性和重重困难,但提供有关残障的翔实的、有价值的统计数据依然迫在眉睫。有了这些数据,那些已批准《公约》的国家才能展示它们对《公约》具体条款的实施程度,尤其是在教育、就业和康复领域实施《公约》的情况。此外,如果一国政府要提供真正融合的公共服务,那获取地区级和地方政府关于残障的统计数据就是非常必要的。没有这些统计数据,就很难预测政府能否有效设计、实施和监测残障服务,或者将残障者纳入当前主流的社会、经济和政治生活之中。

收集这些残障数据的另一个原因是**"残障"**已经被列入发展议程。双边及多边的资助机构依然需要确信将残障者纳入其核心活动后出现的经济状况。人们经常说残障与贫困之间存在着负面的关联性,而残障者往往是社会中最易遭受排斥、边缘化和歧视的人群(Yeo,2006)。但到目前为止,有关残障与贫困关联性的很多证据都是道听途说,在发展机构工作的经济学家们对此并不大相信(Kett,Lang & Trani,2008)。另一个有趣的现象是一些研究发现:尽管残障者可能不会一直经历不同程度的**"经济贫困"**,但在其他领域中他们的确处于**"贫困"**状态,例如在接受教育、医疗保健和参与当地社区生活等方面，这些都是多维度贫困的衡量指数（Trani & Loeb，2010）。

尽管，很多发展中国家已经通过了表面上以权利为基础的残障政策和实施细则，但是，这些社会经济政策的实现基础和制定基本上都是建立在慈善和福利的想法之上的，由此产生了另一大挑战。在很多情况下，公民社会组织在各项活动中也为自己反复灌输慈善和福利方法。这表明：当一些国家对人权知之甚少、缺乏理解，有时甚至不愿支持人权的基本原则和实践时，执行以权利为基础的政策和项目就必然会面临更大的挑战。遇到这类情形，所有的社会活动家、人权运动参与者和其他组织需要通力合作，才能使《公约》大大改善残障者的生活。

有证据表明这样的通力合作已经出现。自《公约》生效以来，联合国的相关机构已经愈加重视监测《公约》实施情况。另外，开发全球和国家层面人权指数的工作也越来越受到重视。但迄今为止，还没有任何关于"**融合**"的全球和国家层面的指标出现。不过，一些人权立法和监测机构已经建立起来，具体包括国家人权委员会（National Human Rights Commissions）、残障委员会（Disability Commissions）及其他非国家主体，如大赦国际、人权观察以及其他关注具体权利受侵害的组织，如"**地雷幸存者团体**"（其正式名称为"Landmine Survivors Network"）。上述很多机构已经开始监测对残障者人权的侵害，但直到最近国际上也没有建立起任何一种责任追究机制。《公约》提供了一种机会，确保国家和其他义务主体对其行为承担责任。反过来，这也让权利的拥有者知晓他们的权利，第一时间掌握获取正义所需的资源。

在讨论有关"**主流化**"和为残障者提供特别担保的靶向服务的问题时，尤其对于生活在南半球的那些残障者来说，进行监测干预非常重要。这是一个复杂的问题，因为正如上文所述，残障者构成的是一个多样的人群。不同损伤类型的人群各自都有不同的需求和期望，反过来就要求制定不同的政策给予回应。此外，很多发展中国家的经济、政治、社会和文化特点都不尽相同，这一事实更进一步加剧了这个问题的复杂性。例如，有些国家饱尝战乱之苦，而有些国家的政权较为稳定，所以这些国家的需求也会迥然不同，由此出现了"**谁容易受伤**"的问题。

# 四、对政策及其执行的启示

实施真正意义上的融合的政策和项目所具有的实践含义非常复杂，而且影响深远。由于篇幅有限，本文虽无法足够深入地探讨，但仍能对这一问题进行简略说明。这些说明来源于双边及多边资助机构以及联合国专门负责残障事务的机构颁布的政策文件和指导原则。英国国际发展部（DFID）在其发布的《残障、贫困和发展》（DFID，2000）文件中，提出残障项目应该采用"**双轨途径**"。这势必会为那些特别担保的残障项目对外提供发展援助（例如，以社区为基础的康复），另一方面也提供资金支持从而将残障问题主流化、即将其纳入针对全体人口的项目之中，比如全纳教育和保证残障者从主流的小型金融机构中获取信贷。自《公约》成功实施后，后一种途径从哲学角度看是建立在"**全纳**"的基础之上的，因而得到了更多的重视。实际上，虽然很难准确定义"**全纳发展**"（inclusive development），但在最近几年里，这个概念却相当流行。"**全纳发展**"所基于的假设就是，发展过程的每个方面都应将残障者包括在内，让他们在基层、国家和国际层面上都能积极参与。

"**以社区为基础的康复**"的历史能很好地展示通向"**全纳发展**"的轨迹。20世纪90年代初期，"**以社区为基础的康复**"的全部意图和目的基本上就是为了为社区的残障者提供医疗和医辅服务，其他所有活动概不进行。但是在2010年10月世界卫生组织出版的《社区康复指南：以社区为基础的康复》中，针对残障问题采用了更为全面的观点。这一"指导原则"明确采纳了全纳发展的方法，提出：

> 全纳发展就是将每个人包括在内并让其参与，尤其是那些被边缘化而且常常受到歧视的人群。残障者及其家庭成员，特别是那些居住在农村、边远社区或城市贫民窟的人，常常不能从发展举措中受益，因此残障者的全纳发展就是为了确保他们能够真正地参与发展过程和政策的制定。将残障者权利主流化（或包括）在发展议程中，是残障者获得平等的一种方式（World Health Organisation，2010：20）。

另一个全纳发展的实例是残障者参与策划和制定了《减贫战略文件》。国际助残（Handicap International）和基督视障使团（Christian Blind Mission）制作了一份如何将残障者纳入《减贫战略文件》制定过程的、非常有用的操作指南，对说明这一观点很有帮助（CBM and Handicap International，2006）。这和参与及社区发展的基本原理相一致，多年以来一直都是国际发展原理的组成部分。

残障者及其同盟者促进地方、国家和国际层面上的包容性发展的原则非常必要，对此应予以重视。详细探讨这一问题已超出本文所限，但后续论文定将深入探讨这个问题。

## 五、"可行性能力模式"在维护残障权利中的作用

落实各种发展的努力是实现《公约》规定的各项残障权利的专有路径，而"可行性能力模式"也许可以为其演化过程作出巨大贡献。它超越了基于收入和商品、社会初级产品（Rawls，1971）或基本需求（Stewart，1985，1995）的正义理论，也强调了诸如歧视、不参与、社会不平等、脆弱性和机构等问题。

首先，**"可行性能力模式"**促进人们普遍获得每个人都认可的基本能力，这些能力对于生存是必不可少的，具体包括长久存活的能力，婴儿或儿童免于过早死亡的能力，获得良好的营养、良好的居住环境、受教育、就业和健康以及不受限制地迁徙、成家立业及照顾家庭的能力（Sen，1985，1999）。

这些基本能力也是联合国发展规划署所倡导的，尤其是通过《人类发展报告》（自1990年起）和《千年发展目标》规定的举措对此予以强调。除了上述基本的功能外，森还主张，每个人都有权享有美好的生活。从"可行性能力模式"的视角看，生活质量有赖于每个人有权选择他们尊崇要做的事以及想成为什么样的人。获得自尊以及得到社会接纳等都是相当复杂的（Sen，1993）。森进一步指出：残障者想过上良好的生活，就需要更多的资源（例如收入和资助）来弥补其残障（被其称为**"盈利障碍"**）（Sen，2009）。森还认为，残障者在将收入和资源转化为良好生活时，会面临更多的困难（被其称为**"转化障"**），这些问题可以

通过"社会帮助和极富想象力的干预"加以克服（Sen,2009:259）。

换言之，"**可行性能力模式**"强调"人们能够享有的实质机会的平等和效率"（Sen,2005:156）。因此，必须消除现有那些阻碍残障者真正过上美好生活的障碍，另外还应提供充分的机会。公共讨论需要决定的是：除了基本的能力之外，还有哪些具体能力对支持一个特定的社会环境至关重要。但是为了保证免受剥夺的权利得到执行，努斯鲍姆确定了人人应当享有的十项重要的可行性能力（Nussbaum,2000）。

现实的困难是，找不到一种让所有社会团体和成员都能发声的方式用来消除或者至少能减轻系统的社会和经济不平等造成的影响。这是发展中国家的残障者面临的一个主要问题，他们几乎没有机会让别人听到他们的声音，特别是在消除障碍以确保自己过上富足生活的时候，他们势必只能得到很少的资源（Nussbaum,2000）。

此外，残障者能否过上他们珍视的生活也取决于特定社会环境中的社会连带关系（social solidarity）。残障者属于家庭、社区以及影响他们进行选择的团体，这就潜在地限制了他们的自由，这一点其实适用于所有人。不过，这样的人际关系网也可以让他们借助于社交能力过上想过的生活，这也是他们与所在社会团体及人际关系网互动的结果（Deneulin & Stewart,2001;Stewart,2005;Trani & Dubois,2009）。

因污名化和偏见而引起的排斥和边缘化，可以在一个依法组织、能有效树立平等权利的社会中得到成功破除。如果一个社会不仅关心权利，而且同样关心所有社会成员之间的相互关照，那么它就可以包容所有的人（Dean,2009;Kittay,Jennings & Wasunna,2005;Nussbaum,2000）。否则，社会最脆弱的群体将一直与社会不公正和不平等的权力关系进行抗争。在提及《公约》以及实施《公约》过程中面临的障碍时反复提及上述考量和价值观。

"**可行性能力模式**"虽然内容丰富而且在不断演进，但残障倡导和研究团体却很少对此展开研究，现有的人权文献也是如此。可以说这是错失了良机。不管"**可行性能力模式**"能否强调或解决《公约》实施进程中的所有问题，但针对其中的很多问题已经开始进行理论的探讨，并且得出了结论，这些都与致力于残障权利和国际发展领域的工作者们密切相关。

# 结　　论

本文探讨了在发展中国家使用人权范式对推进残障事业产生的影响。《公约》是主要的权利文件，因为它将权利与发展问题联系起来。具体而言，《公约》第三十二条特别强调了国际合作问题。《公约》的执行不可避免地将成为一个复杂问题，很多困难都需要得到重视。因此，国际残障领域的工作者有必要深入了解已有的主流国际人权监测和评估框架。

《公约》的执行将困难重重，不仅仅是由于律师和学者们所探讨的"**以人权为基础**"这一问题的复杂性。要想将政治声明转化为切实的实施，还需要重视解决其他的问题。其中一个突出的事实是：只有在这些问题成为实现他们确定的核心目标的巨大阻碍后，或者当残障率高到从道德上考虑应该采取行动的时候，发展议题的实践者和政策制定者才会考虑残障问题。可即使上述机构决定开始解决残障问题时，他们也是采取慈善/医疗模式，然后冠以"**以权利为基础**"的字眼为其贴金。此外，发展议题实践者几乎无一例外地认为：其他某个专门机构会处理残障议题，而没有关注到实际上这样的机构少之又少；即使有，它们也往往缺少资源和政治影响力，无法改变现状。使这一情况更加恶化的是：许多非残障发展机构觉得它们缺少处理残障者特殊需要的能力。它们没有认识到技术帮助可能有些时候能用来解决具体问题。但是残障者往往只需被纳入主流的社区发展计划中就可以了，并不需要作出太多调整。事实上，只有将残障个体和团体纳入一个范围宽泛的、普遍的发展计划中，他们才能够切实从中获益。除此之外，通过将残障者的权利与免于贫困的权利相结合，《公约》还将监测、评估与避免低效和资源流失联系了起来。最后，偏见是融合的障碍，消除偏见需要通过实现残障者权利来完成。观念是最难改变的因素，人权范式对于倡导反对偏见大有帮助。

在残障权利的倡导和实现问题上，多年来已出现过很多的方法。当前人们未进行任何讨论的是"**可行性能力模式**"，它与本文中讨论的许多复杂问题有密切的关联。残障倡导者和学界应该超越常见的狭窄范围，从不被关注的概念领域中汲取更多启迪，比如范围更加广泛的人权文献以及**"可行性能力模式"**。这些当然不是唯一可以选择的情境，但在本文中作者还是展示了两个形象的例子，以此说明如何超越和丰富现有的残障情境。

## 参考文献

Allan, N. J. R. ( 2003 ). Rethinking governance in Afghanistan. *Journal of International Affairs*, 56( 1 ), 193−202. ALNAP. ( 2009 ). *State of the humanitarian system report. Assessing performance and progress.* A pilot study. London：Overseas Development Institute. http：//www.alnap.org/pool/files/alnap-sohs-final.pdf.

Altman, . M., Rasch, E. K., & Madans, J. H. ( 2006 ). Disability measurement matrix：a tool for the coordination of measurement purpose and instrument development. In B. M. In Altman, & S. N. Barnartt ( Eds. ), *International Views on Disability Measures：Moving toward Comparative Measurement. Research in Social Science and Disability* ( pp. 263−284 ). Oxford：Elsevier Jai.

Beresford, P. ( 1996 ). Poverty and disabled people：challenging dominant debates and policy. *Disability and Society*, 11, 553−567.

Braithwaite, J. & Mont, D. ( 2009 ). Disability and poverty：a Survey of World Bank Poverty Assessments and implications. *Alter, European Journal of Disability Research*, 219−232.

CBM and Handicap International. ( 2006 ). *Making PRSPs Inclusive.* Bensheim：CBM and Handicap International.

Cornwall, A., & Nyamu-Musembi, C. ( 2004 ). Putting the "rights-basedapproach" into perspective. *Third World Quarterly*, 25( 8 ), 1415−1437.

Dean, H. ( 2009 ). Critiquing capabilities：the distraction sofa beguiling concept. *Critical social policy*, 29( 2 ), 261−278.

Deneulin, S., & Stewart, F. ( 2001 ). *A capability approach for people living together.* Cambridge：Conference 'Justice and poverty：examining Sen's capability approach'. St Edmunds College.

DFID. ( 2000 ) . *Disability , Poverty and Development.* London : DFID.

Donini , A. ( 2007 ) . Local perceptions of assistance to Afghanistan. *International Peace-keeping , 14* ( 1 ) , 158 - 172.

Dworkin , R. ( 1977 ) . *Taking Rights Seriously.* London : Gerald Duck worth and Co.

Elwan , A. ( 1999 ) . *Poverty and Disability : A Survey of the Literature. Social Protection Discussion Paper.* Washington DC : The World Bank Social Protection Unit. Human Development Network , accessed at : http://web.worldbank.org/external/default/main? menuPK = 4062295&pagePK = 224802&piPK = 224813&q = elwan&theSitePK = 282637.

Filmer , D. ( 2008 ) Disability , poverty , and schooling in developing countries : results from 14 household surveys. *World Bank Economic Review , 22* , 41 - 163.

Gready , P. , & Ensor , J. ( 2005 ) *Reinventing Development? Translating rights-based Approaches from Theory into Practice.* London : Zed Books.

Green , M. ( 2001 ) . What we talk about when we talk about indicators : current approaches to human rights measurement. *Human Rights Quarterly , 23* ( 4 ) , 1062 - 1097.

Grugel , J. , & Piper , N. ( 2009 ) . Do rights promote development? *Global Social Policy , 9* ( 1 ) , 79 - 98.

Hathaway , O. ( 2007 ) . Why Do Countries Commit to Human Rights Treaties? *Journal of Conflict Resolution , 51* ( 4 ) , 588 - 621.

Hernandez , V. ( 2008 ) . Making good the promise of International Law : the Convention on the Rights of Persons with Disabilities and Inclusive Education in China and India. *Pacific Rim Law and Policy Journal , 17* ( 2 ) , 497 - 528.

Human Rights Council. ( 2008 ) . *Report on Indicators for Promoting and Monitoring the Implementation of Human Rights. HRI/MC/2008/3.* Geneva 23 - 25 June : Seventhintercommitteemeeting of human rights treaty bodies. Retrieved from http://www2.ohchr.org/english/bodies/icm-mc/docs/HRI.MC. 2008. 3EN.pdf.

Kalantry , S. , Getgen , J. , & Koh , S. ( 2010 ) . Enhancing enforcement of economic , social and cultural rights using indicators : a focus on the right to education in the ICESCR. *Human Rights Quarterly , 32* ( 2 ) , 253 - 310.

Katsui , H. ( 2009 ) . Towards participation of persons with disabilities in the South : implications of Article 32 of the Convention. In J. Kumpuvori , & M. Scheinin ( Eds. ) , *United*

Nations Convention on the Rights of Persons with Disabilities. Helsinki：The Center for Human Rights for Persons with Disabilities.

Kayess，R.，& French，P.（2008）.Out of darkness into light？ Introducing the convention on the rights of persons with disabilities.*Human Rights Law Review*，*8*(1)，1-34.

Kett，M.，Lang，R.，& Trani，J.F.（2008）.Disability，development and the dawning of a new convention：a cause for optimism？ Journal of International Development，21(5)，649-661.

Kittay，E.，Jennings，B.，& Wasunna，A.（2005）.Dependency，difference and the globalethic of long term care.*Journal of Political Philosophy*，*13*(4)，443-469.

Lang，R.（2009）.The United Nations Conventionon the rights and dignities of persons with disability：a panacea for ending disability discrimination？ *Alter-European Journal of Disability Research*，*3*(3)，266-285.

Lang，R.（2008）.*Disability Policy Audit in Namibia，Swaziland，Malawi and Swaziland.* Bulawayo：Southern African Federation of the Disabled. Retrieved from http：//www. ucl.ac.uk/lcccr/downloads/DISABILITY POLICY AUDIT RESEARCH FINAL REPORT.pdf.

Lang，R.，& Upah，L.（2008）.*Disability Scoping Study in Nigeria.* London：Department For International development. Retrieved from http：//www. ucl. ac. uk/lc-ccr/downloads/dfidnigeria report.

Lang，R.，& Chadowa，G.（2007）.*Disability Scoping Studying Zimbabwe.* Harare：Department for International Development Zimbabwe Country Office. Retrieved from http：//www.ucl.ac.uk/lc-ccr/downloads/dfid.

Lang，R.（2007）.*The development and critique of the social model of disability.* Leonard Cheshire：Disability and Inclusive Development Centre Working Paper Number 3.Retrieved from http：//www. ucl. ac. uk/lc-ccr/centrepublications/workingpapers/WP03 Development Critique.pdf.

Loeb，M.E.，Eide，A.H.，& Mont，D.（2008）.Approaching the measurement of disability prevalence：the case of Zambia.*Alter-European Journal of Disability Research*，*2*(1)，32-43.

Megret，F.（2008）.The disabilities convention：towards a holistic concept of rights.*Inter-*

*national Journal of Human Rights*, 30(2), 261–277.

Mitra, S. (2006). The capability approach and disability. *Journal of Disability Policy Studies*, 16(4), 236–247.

Mitra, S., & Sambamoorthi, U. (2008). Disability and the rural labor market in India: e-vidence formales in TamilNadu. *World Development*, 36(5), 943–952.

Mitra, S., & Sambamoorthi, U. (2009). Wage differential by disability status inanagrarian labor market in India. *Applied Economics Letters*, 16(14), 1393–1398.

Petman, J. (2009). The special reaching for the universal: why aspecial convention for persons with disabilities? In J. Kumpuvuori, & M. Scheinin (Eds.), *United Nations Convention on the rights of persons with disabilities: multidisciplinary perspectives*. Helsinki: The Center for Human Rights of Persons with Disabilities.

Quinn, G. (2009). Bringing the UN Convention on the rights of persons with disabilities to life in Ireland. *British Journal of Learning Difficulties*, 37(4), 245–249.

Quinn, G. (2008). *Implementing the UN Convention on the Rights of Persons with Disabilities: The Institutional Architecture of Change*. New York: Keynote speech at the Conference of State Parties to the UN Convention on the Rights of Persons with Disabilities. UN Headquarters, 31st October.

Quinn, G., & Degener, T. (2002). *Human Rights and Disability: the Current and Future Use of United Nations Human Rights Instruments in the Context of Disability*. New York: Geneva United Nations. Retrieved from http://www. evacuation-for-all. eu/arch/UNHCHR2002Study disability.pdf.

Rawls, J. (1971). *A Theory of Justice*. Oxford: Oxford University Press.

Sen, A.K. (1985). *Commodities and Capabilities*. Amsterdam, NewYork: Elsevier Science.

Sen, A.K. (1993). In M. Nussbaum, & A. Sen (Eds.), *Capability and Well-being. in the Quality of Life*. New Delhi: Oxford University Press.

Sen, A. (1999). *Development as Freedom*. Oxford: Oxford University Press.

Sen, A.K. (2005). Human rights and capabilities. *Journal of Human Development*, 6(2), 151–166.

Sen, A.K. (2009). *The Idea of Justice*. London: Penguin, Allen Lane.

Stewart, F. (1985). *Planning to Meet Basic Needs*. London: Macmillan. Stewart, F.

（1995）.Basic needs,capabilities and human development.*Greek Economic Review*,*17*
(2),83-96.

Stewart,F.(2005).Groups and capabilities.*Journal of Human Development*,*6*,185-204.

Trani,J.F.,&Bakhshi,P.(2008).Challenges for assessing disability prevalence:the case
of Afghanistan.*Alter-European Journal of Disability Research*,*2*(1),44-64.

Trani,J.F.,&Dubois,J.L.(2009).Extending the capability paradigm to address the
complexity of disability.*Alter-European Journal of Disability Research*,*3*,192-218.

Trani,J.F.,Bakhshi,P.,&Mashkoor,A.(2009).Building a disability strategy in Afgha-
nistan:acapabilities approach to research challenges and policy implications.*Alter-Eu-
ropean Journal of Development Research*,*21*(2),297-319.

Trani,J.F.,&Loeb,M.(2010).Disability and poverty:a vicious circle? *Journal of Inter-
national Development*,*12* doi:10. 1002/jid. 1709.Publishedonline:Jun18201012:23am.

UN Department of Economic and Social Affairs(2008).*The UN Convention on the rights
of persons with Disabilities. New York:UN DESA*. Retrieved from http://www. un.
org/disabilities/documents/convention/convoptprot-e.pdf.

UNDP.(2006).*Indicators for the Human Rights-based Approaches to Development in UN-
DP Programming:a User's Guide*.New York:UNDP.

Vaughn,J.(2008).*Finding the Gaps:A Comparative Analysis of Disability Law in the U-
nited States to the United Nations Convention of the Rights of Persons with Disabilities*.
Washington DC:National Council on Disabilities.Retrieved from http://www. hpod.
org/pdf/finding-the-gaps.pdf.

Yeo,R.(2006).Disability,poverty and the new development agenda.In A.Albert(Ed.),
*In and Out of the Mainstream? Lessons from Research on Disability and Development
Cooperation*.Leeds:The Disability Press.

World Health Organisation.(2010).*Community-Based Rehabilitation:CBR Guidelines*.
Geneva:WHO.

Yeo,R.,&Moore,K.(2003).Including disabled people in poverty reduction work:
"nothing about us,without us".*World Development*,*31*(3),1-9.

（周海滨 译　白荣梅 校）

# 多维度社会不利因素性平等的未来？

［冰岛］欧德妮·莫州·阿纳多特

## 一、导　论

联合国《残疾人权利公约》(CRPD,以下有时也会简称为《公约》)是21世纪通过的第一部人权公约。① 通过对已有人权类别的量体裁衣,适用于残障者独特处境的方式,《公约》在保护残障者权利方面实现了巨大跨越。在更抽象的层面上,《公约》为正在进行的范式转变作出极为重要的贡献。《公约》把国际人权法从形式平等( formal equality) 概念移向了多维度社会不利因素性平等(multidimensional disadvantage equality)概念。

本文认为,平等原则是《残疾人权利公约》的主调(leitmotif)。但是,只有把平等原则的发展置于国际人权法及其实施的背景下,人们才能准确地理解它的重要性。本文认为平等原则的发展经历了三个阶段或时期。尽管在某些方面,这些时期有所重合,但还是可以按时间顺序进行勾画的。对平等的国际法保护的三阶段进行分析,将以对法学理论中的平等原则的详细阐述为背景。这一分析将关注国际人权领域,特别是对联合国和欧洲委员会(Council of Eu-

---

① Convention on the Rights of Persons with Disabilities, GA Res. 61/106 ( 2007 ). The Convention and its Optional Protocol entered into force on 3 May 2008, see http://www2. ohchr. org/english/issues/disability/index.htm.

rope)有所强调。① 这一分析将从两个方面着眼于法律的实施。首先是从歧视理由的发展和国际人权法提供的相应保护的角度。其次是从显现于法律及其实施过程中的平等概念的角度。《公约》的问世被精巧地置于这一情境之内,目的是为了详细说明《公约》所反映的是何种平等及其相关后果。本文认为,《残疾人权利公约》和它的平等模式是国际法历史发展的必然结果。这一模式反映了一个实质的和多维度社会不利因素性的平等模式,而这也受到了把残障作为一个社会建构性理解的影响。本文还提出,《公约》已确定无疑地把残障列入了国际疑似歧视的范围之内了。

## 二、作为《残疾人权利公约》主调的平等原则

《世界人权宣言》(UDHR)的第一条宣称:"人人生而自由,在尊严和权利上一律平等。"②且第二条规定:"人人有资格享有本宣言所载的一切权利和自由,不得作任何区别。"《世界人权宣言》开篇就展示出了人权讨论中③平等观

---

① The themes and eras discussed also have a clear resonance in the development of the law of the European Union, but the EU regime will not be the subject of discussion in the present contribution. The reader is referred to Oddný Mjöll Arnardóttir, 'Non-discrimination in International and European Law: Towards Substantive Models' (2007) 25 Nordisk Tidsskrift for Menneskerettigheter, 140 and the contributions of Anna Lawson and Lisa Waddington in the present volume. Although developed independently of it, the themes and eras outlined in this contribution also resonate with Jill Lovecy's account of the women's rights discourse at the Council of Europe, cf. Jill Lovecy, 'Gender Mainstreaming and the Framing of Women's Rights in Europe: The Contribution of the Council of Europe', (2002) 10 *Feminist Legal Studies*, 271. She argues that the first phase between the 1950's and 1970's focused on the political rights and legal position of women(276), that the second phase in the 1980's was characterised by focus on the socio-economic status of women(276) and controversies about positive action and quotas in relation to political representation(279), and finally that this was replaced by the gender mainstreaming approach originating in the 1990's(280).

② Universal Declaration of Human Rights, GA Res. 217 A III(1948).

③ See for example Hersch Lauterpacht, *An International Bill of the Rights of Man*(Columbia University Press, New York 1945)115: "The claim to equality before the law is in a substantial sense the most fundamental of the rights of man. It occupies the first place in most written constitutions. It is the starting point of all other liberties."

念的中心地位。的确，由于人类共同的人性，人权从本质上设想的是所有人平等拥有权利。平等原则以这样或那样的形式体现于所有主要的国际人权法文书中。它的重要性还进一步体现在学术话语中，即，是否这一原则或对其更狭义的解释具有强行法律规范（*jus cogens* norm）的特点。① 因此，可以毫不犹豫地说，平等原则作为一个基本原则，处在国际人权保护法的核心。

理论上，平等和不歧视代表同一含义，可以简单地理解为是对同一原则积极的和消极的陈述。② 然而，法律文书制定中涉及歧视现象时，常常是作禁止性规定，这一禁令的目的是保障歧视背后的平等思想。例如在《欧洲人权公约》（*European Convention on Human Rights*/ECHR）中，就表现于第十二号《任择议定书》的解释报告中。③ 第十二号《任择议定书》的解释报告涉及了平等和不歧视的一般性原则，它指出："……需注意的是，不歧视和平等原则密不可分。例如，平等原则要求同样的情况要同等对待，不同的情况要区别对待。如果不这样做，就可能导致歧视，除非存在客观和合理的理由。……根据第十四条，法院的判例法已经援引了'平等对待原则'……"④

因此这一点很清楚，即平等和不歧视原则要求同等情况要同等对待，不同情况要区别对待。基于国际法的平等和不歧视基本原则的中心思想是，平等理论不仅要检视平等和相同（sameness），还要考虑不平等和差异/不利因素，这一点很明显。这一检视包含的问题有：什么构成了不平等（差异/不利因素）情形；紧跟的问题是这类情形是怎么确立起来的；如何处置平等原则，才能使不歧视得以畅行无阻。下面的第三部分，将详述平等理论和国际实践是

---

① See for example War*wick McKean*, *Equality and Discrimination under International Law* (Clarendon Press, Oxford 1983) 277 - 284, with references. See also Hilary Charlesworth and Christine Chinkin,'The Gender of Jus Cogens' (1993) 15 *Human Rights Quarterly* 63.

② Anne F. Bayefsky,'The Principle of Equality or Non-Discrimination in International Law' (1990) 11 *Human Rights Law Journal* 1, at p. 1, footnote 1 with references.

③ Convention for the Protection of Human Rights and Fundamental Freedoms, CETS No. 5 (1950). Protocol No. 12 to the Convention for the Protection of Human Rights and Fundamental Freedoms, CETS No. 177 (2000).

④ Protocol No. 12 to the Convention for the Protection of Human Rights and Fundamental Freedoms, explanatory report, CETS No. 177 (2000), para. 15, available at http://Conventions. coe. int/Treaty/en/Reports/Html/177. htm (last visited 10 June 2008). See also para. 1.

如何处理这些问题及其相关问题的。就这一点而言,就足以确定平等原则的核心内容在理论上和实践上都已被接受了。①

再回到《残疾人权利公约》的话题,更具体地说,《公约》明显基于两个主要前提。首先,平等和不歧视作为基本原则,显然真的贯穿了整个《公约》。大家普遍认识到了《残疾人权利公约》并无创造新人权这类明显目的。取而代之的是,《公约》寻求将已有的人权保护适用于残障者的特定情况中。《公约》的目标是残障者在与他人平等的基础上,享有所有人权。这一导向,在联合国大会成立特设委员会负责准备《公约》的决议中就已经很明显了。它重点强调了残障者机会平等的思想,并说明《公约》应是"根据社会发展、人权和不歧视领域工作所采用的全盘方针……"②《公约》不应创建新权利,而应将现有权利经过改变以确保残障者可以平等享有的观点,成为《公约》起草过程中无处不见的主题。③

当然,《公约》文本本身就是真正需要执行的。《公约》序言反复提及平等

---

① For example, in *Thlimmenos v. Greece* [GC], 06. 04. 2000, Reports 2000-IV, para. 44, the European Court of Human Rights stated: "The Court has so far considered that the right under Article 14 not to be discriminated against in the enjoyment of the rights guaranteed under the Convention is violated when States treat differently persons in analogous situations without providing an objective and reasonable justification [...] However, the Court considers that this is not the only facet of the prohibition of discrimination in Article 14. The right not to be discriminated against in the enjoyment of the rights guaranteed under the Convention is also violated when States without an objective and reasonable justification fail to treat differently persons whose situations are significantly different."

② General Assembly Resolution 56/168, 19 December 2001, A/RES/56/168, para. 1.

③ The Ad Hoc Committee, for example, concluded its first session by adopting a recommendation for a General Assembly Resolution including the following statement: "*Reaffirming* the need to promote and protect the equal and effective enjoyment of all human rights and fundamental freedoms by persons with disabilities, aware of the contribution that a convention could make in this regard and thus convinced of the need to continue to consider proposals," *cf.* 'Report of the Ad Hoc Committee on a Comprehensive and Integral International Convention on Protection and Promotion of the Rights and Dignity of Persons with Disabilities', A/57/357. It has, however, been argued that this statement that the Convention does not create new rights is an oversimplification that: "… does not do justice to the multilayered normative reality of as rich an instrument as the Convention." Frédéric Mégret, 'The Disabilities Convention: Human Rights of Persons with Disabilities or Disability Rights?' 30 *Human Rights Quarterly* 494, 498. The point here is not to contradict that analysis, but simply to describe the discourse surrounding the drafting process and to explicate how the principle of equality stands out as the most important guiding theme of the drafting process.

和不歧视原则。如序言的第一、二、三、五、六、八、十六、十八和二十四段。《公约》的第一条也阐明《公约》的宗旨是促进、保护和确保所有残疾人充分和平等地享有一切人权和基本自由,并促进对残疾人尊严的尊重。同时《公约》第三条列举了八款原则。第二、五和七款明确指向了不歧视、机会平等和男女平等。其余的第一、三、四、六和八款中提及的问题也在不同程度上是基于平等原则的。大多数条款明确强调了融合和无障碍,但也涉及了残障者的尊严、多样性、自主和独立,甚至尊重残障儿童逐渐发展的能力。

《公约》的第二个前提是,已认识到事实上以往确保残障者人权的努力都是不成功的。联合国各类公约中经典的不歧视条款,如:《公民权利和政治权利国际公约》(ICCPR)的第二条和第二十六条,①《经济、社会和文化权利国际公约》(ICESCR,以下简称《经社文权利公约》)第二条的第二款②都直接反对任何形式的歧视,但也列出了下面这些最重要的歧视理由:种族、肤色、性别、语言、宗教、政治或其他见解、国籍或社会出身、财产、出生或者其他身份。《欧洲人权宣言》的第十四条除了附加少数民族这一理由外,也列出了相同的歧视理由。这些人权文书都没有提到残障。已有的各类专门针对歧视的联合国公约中,也只关注了种族(民族渊源/族裔)和性(社会性别)。例如联合国《消除一切形式种族歧视国际公约》(CERD,以下简称《消除种族歧视公约》)③和联合国《消除对妇女一切形式歧视公约》(CEDAW,以下简称《消除妇女歧视公约》)。④

残障情境中显然存在着亟待填补的真空。正如迈克尔·斯坦恩(Michael Stein)和珍妮特·劳德(Janet Lord)的文章中所解释的那样,填补真空的努力,最初局限于软法和声明等没有约束力的社会政策形式上,而人们也已经证明

---

① International Covenant on Civil and Political Rights,999 UNTS 172(1966).

② International Covenant on Economic,Social and Cultural Rights,993 UNTS 4(1966).

③ International Convention on the Elimination of All Forms of Racial Discrimination,660 UNTS 212(1965).

④ Convention on the Elimination of All Forms of Discrimination against Women,1249 UNTS 14 (1979).Before the adoption of the CRPD,the only UN convention to include disability among the enumerated discrimination grounds was the Convention on the Rights of the Child,1577 UNTS 44(1989), cf.Article 2(1).

这些政策是无效的,这一点毫不奇怪。联合国大会授权起草一个新公约的决议,明确承认从 20 世纪 80 年代初开始采用的那些软法原则和政策指导方针,并未给残障者提供全面有效的参与和机会。① 同样,《公约》本身的序言也承认了这些软法文书和一般人权条款的那些硬法,是《公约》得以采纳发展过程中的重要步骤。但序言还明确意识到"关注尽管有上述各项文书和承诺,残疾人作为平等社会成员参与方面继续面临各种障碍,残疾人的人权在世界各地继续受到侵犯"②。就在《公约》通过之际,曾主持《公约》磋商的特设委员会主席唐·麦凯(Don Mackay)大使,清楚地指出人们能够采纳《公约》的背后假设是:

> 从理论上说,新《公约》并无必要,因为已有人权法适用于残障者,就像它们适用于其他人一样。但不幸的是,现实并未遵循这一理论。……这并非意味着缔约国有意逃避自己的义务。但是其他人权法里的义务规定得相当广泛和类别化,这就为适用于特定群体时留下了灰色地带。③

总之,可以这样说,长久以来平等和不歧视就是人权保护中的基本原则。整体上,《残疾人权利公约》坚定地立足于这一原则之上,这一点非常清楚。人权法中平等原则的最初思想,是在平等基础上确保所有人的权利。然而,《残疾人权利公约》非常有力地阐明,事实上这一原则实现的经历表明,一般**"普遍"**人权规则在残障情境下,或在其他边缘群体的情境下,④并不能全部奏效。《公约》的主调就是要解决这种不平衡。在这样做的过程中,它坚定地以平等原则为基础,但它对平等原则中的"**平等**"显示了更深入、更深刻的理解。《公约》明确反映出的平等原则是要求迅速适用处于特定情形下残障者的普

---

① General Assembly Resolution 56/168,19 December 2001,A/RES/56/168,preamble.

② Preamble,letter k.

③ 'Statement on behalf of New Zealand,by Ambassador Don MacKay(Chair of the Ad Hoc Committee),at the adoption of the Convention on the Rights of Persons with Disabilities by the United Nations General Assembly on 13 December 2006',available at http://www.un.org/disabilities/default.asp? id=155#nz(last visited 11 June 2008).

④ The CRPD has been argued to be part of a wider trend of a"pluralization of human rights", whereby it is increasingly recognised that the general human rights regime needs to be tailored to be able to deal with the realities of specific groups,see Frédéric Mégret,'The Disabilities Convention:Human Rights of Persons with Disabilities or Disability Rights?' 30 Human Rights Quarterly,495-497.

遍权利。因此,《公约》首先清楚地展示出对普遍性平等简单的、肤浅的理解,会导致不歧视条款在法律实践中变得空洞无物并失去强制力。其次是平等原则本身包含的深度与复杂性,需要将对平等更深层的理解应用于法律实践的必然。

## 三、根据人权法上平等原则发展出的残障者权利

《残疾人权利公约》中所反映的对平等的深层理解,植根于理论上国际人权法和实践上已经发展进化了的平等观念。为了充分理解《残疾人权利公约》对平等原则的认识,很有必要看看《公约》作为一个"**婚生子**"的发展。平等原则的理论发展可以用三个阶段加以描述,作者认为这三个阶段的每个阶段,都对随后的某一时期的法律规则和法律实践有影响。可以说女权主义的法律者们引领了对平等原则的理论阐述,并启发了其他批判性进路以及使法律面前人人平等主流化的思想。①

### （一）1950—1970 年期间:普遍同一（Universal Sameness）阶段

第一种模式是形式平等模式及其相对应的时代。这个时期的特点涉及的关键词是普遍和同一,这也是当时人权法上平等原则的基本模式。这一时期大致始于 1948 年世界上通过的第一个国际人权文书《世界人权宣言》及 1950 年《欧洲人权公约》、1966 年通过的两个联合国人权公约并一直持续到 20 世

---

① See e.g. Christine A. Littleton, ' Reconstructing Sexual Equality ', ( 1987 ) 75 *California Law Review* 1279 ( sameness/difference/acceptance ) ; Catharine MacKinnon, *Toward a Feminist Theory of the State*, ( Harvard University Press, Cambridge MA 1989 ) ( sameness/difference/domination ) ; Deborah L. Rhode, ' The Politics of Paradigms: Gender Difference and Gender Disadvantage ', in Gisela Bock and Susan James ( eds ), *Beyond Equality and Difference: Citizenship, Feminist Politics and Female Subjectivity* ( Routledge, London 1992 ) 149 ( sameness/difference/disadvantage ) ; Joan C. Williams: ' Deconstructing Gender ', in Patricia Smith ( ed ), *Feminist Jurisprudence* ( Oxford University Press, Oxford 1993 ), 531 ( sameness/difference/deinstitutionalisation ) . A good overview is presented by Clíona J. M. Kimber, ' E-quality or Self-determination ', in Conor Gearty and Adam Tomkins ( eds ), *Understanding Human Rights*, ( Mansell Publishing, London 1996 ) 266.

纪 70 年代中期。①

理论上的平等进路把这个时期宣告为形式平等模式,它也被称为同一模式或对称模式。② 这种进路关注的是亚里士多德的平等准则,即相同的相同对待,不同的不同对待。③ 形式平等进路并不质疑对平等/同一和差异/他者性(otherness)的传统建构。而平等分析着眼于寻找一个恰当的对照物,这可能把一些严重的平等问题——如怀孕和残障排除在不歧视条款领域之外。④ 因为形式平等只能保证对待的一致性(程序平等),而对对待的内容未作任何要求(实质平等),所以形式平等缺乏规范性内容。⑤ 形式平等蕴含的重点是平等对待,而不考虑由此可能产生的不平等后果。因此,形式平等概念中排除了间接歧视。⑥ 在女权主义者那里,形式平等模式被归入自由女权主义。⑦ 形式平等的对称性和它专注于同一性的对待,直接与在分析中专注于个人优缺点的工具性个人主义相关联,而并非与特定群体中与成员相关的结构性不利因素相关联。因此,设计出来的促进平等的积极措施(positive measures)(以下有时也称为肯定性行动/affirmative action)在形式平等的进路下无法得

---

① The adoption of CERD in 1965 also belongs to this era chronologically, but it will be discussed with the "Specific Difference" era *infra*.

② This paragraph, with references, is in essence a re-print of Oddný Mjöll Arnardóttir, 'Non-discrimination in International and European Law: Towards Substantive Models' (2007) 25 Nordisk Tidsskrift for Menneskerettigheter, 142–143.

③ Aristotle, *Ethica Nicomachea*, V.3.: "...this is the origin of quarrels and complaints-when either equals have and are awarded unequal shares, or unequals equal shares.", cited from Louis P. Pojman and Robert Westmoreland (eds), *Equality-Selected Readings* (Oxford University Press, Oxford 1997) 17,20.

④ A good overview is presented by Clíona J. M. Kimber, 'Equality or Self-determination', in Conor Gearty and Adam Tomkins (eds), Understanding Human Rights, (Mansell Publishing, London 1996), 268–269.

⑤ Ibid.

⑥ Titia Loenen, 'Indirect Discrimination: Oscillating Between Containment and Revolution' in Titia Loenen and Peter R. Rodrigues (eds), *Non-Discrimination Law: Comparative Perspectives* (Kluwer Law International, The Hague 1999) 195,198.

⑦ Stephanie Palmer, 'Critical Perspectives on Women's Rights: The European Convention on Human Rights and Fundamental Freedoms', in Anne Bottomley (ed), *Feminist Perspectives on the Foundational Subjects of Law* (Cavendish Publishing, London 1996) 223,228.

到论证,与这一模式相关联的是强调国家消极角色和国家中立的想法。① 在国际人权法的专业术语中,对这一模式的塑造重点在于消极的国家义务。

这个时期的一个重要的显著性特征是:事实上,人们没有把不歧视普遍视为一个独立的实体权利,它仅仅是作为确保平等享受"**真正的**"实质性权利的附加权利。② 这清楚地反映了当时主流法学界盛行的理解,即平等作为一个法律概念,是一个规范性的"**空白**",它也就是能在确保一致性待遇上有些作用。③ 因此,这个时期的法律规定只有一个模糊的规范性内容,也不清楚它们的解释将向哪个方向发展。在这个问题上,法律文本也未能提供精确导览。

至于这一时期的法律保护范围,属于这个时期的所有关键法律文书(包括《世界人权宣言》、《欧洲人权公约》、《公民权利和政治权利国际公约》、《经济、社会和文化权利国际公约》)都包含了开放模式(open-model)的不歧视条款。典型的开放模式并不试图规定一个穷尽的歧视理由名单,而是禁止"**以任何理由**"的歧视,并在处理过程中可能通过举例的方式提及某些歧视理由。一个对歧视理由未得穷尽的名单有着非常显著的效果。这意味着在这一条款下,任何种类的区别都可能引发司法审查,而且这一问题是否已经遭到侵犯并不激发诸如性别理由是否包括怀孕、性取向或易性癖等问题。一个开放模式也引发该条文本身,并未详细说明其绘制的非法歧视和合理区别之间的界限,因此,它并没有正式地限制有合理理由的区别。所以,开放模式的不歧视条款也通常使与歧视作斗争的工具变得迟钝了。它们不会自动识别存在于现实社会中的一边是特权群体、一边是其他边缘化群体的情境和状况下的深刻分歧。

总之,在这个时期显而易见的是:普遍人权准则的实用性和在这一时期通过的国际法背后,对每个人提供相同的保护时具有潜在可能的真诚、良好的信念。但下面这四个关键因素的组合 1.不歧视条款的显而易见的规范性空白;

---

① Sandra Fredman, 'Reversing Discrimination' (1997) 113 *Law Quarterly Review* 575, 577.

② *Cf*. Article 2 UDHR, Articles 2 and 3 ICCPR, Article 2, Paragraph 2 ICESCR and Article 14 ECHR. Article 26 ICCPR is the exception as it is expressly formulated in a manner that implies a substantive right. This was nevertheless originally disputed, *cf. infra*.

③ Alf Ross, *On Law and Justice* (Stevens & Sons, London 1958) 288. H. L. A. Hart, *The Concept of Law* (2nd edn Clarendon Press, Oxford 1994) 159.

2.自由放任型国家的中立信念;3.注重个人的优缺点;4.关注寻找合适的对照物而非严格审视同一和他者性的理念,所有这些都会对如何在法律上理解平等原则产生了深远的影响。这些因素所宣称的平等原则是在特征上和合理化进路上的同化主义,即让每个人作出不歧视的法律控诉前,需不容置疑地和代表社会优势群体的标准保持一致。这种进路也就有了把所有边缘群体排除于平等原则保护的作用了。而且事实上,它对残障者所造成的后果是证明这一形式平等进路缺点的最好例证了。

### (二)1970—1990 年期间:具体差异(Specific Difference)阶段

接下来的时期大约从 20 世纪 70 年代持续到 20 世纪 90 年代中期。这一时期关注的重点从普遍的、开放模式下的不歧视条款,转变到对歧视理由更加具体和彻底处置上了,而这些理由被理解为天然的或永恒不变的,也就是通常由生物指标来界定的。因此,这一时代的特点可以参照使用特定(specificity)和差异(difference)作为关键词。

实质性差异模式(substantive difference model)在理论上描述这一时代的平等模式。① 和形式平等一样,它也是建立在亚里士多德的平等模式的基础上的。但它更清晰地适应于差异/他者性之上。在形式平等进路之下,差异产生排斥,而差异平等的进路承认必须采纳一些差别对待措施,以促进包容和实现事实上的平等。最典型的例子就包括为孕妇及残障者提供便利。对生物性或不可改变的差异的这种关注以及对差别提供便利,通常被视为形式平等对待规则的一个例外。② 这一差异模式的方式是在平等准则中引入了一个实质的规范性元素,目的是在目标领域内产生结果平等。③ 对结果平等的关注可把肯定性行动合法化,并开启质疑在不同群体间有不同结果的间接歧视的可

---

① This paragraph, with references, is in essence a re-print of Oddný Mjöll Arnardóttir, 'Non-discrimination in International and European Law: Towards Substantive Models' (2007) 25 Nordisk Tidsskrift for Menneskerettigheter, 143–144.

② A good overview is presented by Clíona J. M. Kimber, 'Equality or Self-determination', in Conor Gearty and Adam Tomkins (eds), *Understanding Human Rights*, (Mansell Publishing, London 1996), 270–271.

③ *Ibid.*, 271.

能性。此外,不论动机如何,它都要求平等分析和客观论证。① 在性别平等情境下,差异平等模式扎根于深藏其下的文化女权主义,它专注于男女之间的差异以及妇女独特的价值观和需求。② 而与之相关的实质差异平等进路,认为不干预主义的国家只具有延续不平等状况的功能。③ 因此,差异平等模式反映了国际人权法,从一个简单的、古典的、只关注预防国家干预和消极义务,逐步演化到与国家实施和保障人权的积极角色相结合。但是,实质差异平等的进路只关注某些特定差异和确保在这些领域的结果平等。和这一进路相关的主要问题是何种差异可得到合理便利这一难题。通常,这一时期的重点是那些自然的或不可改变的差异,这些差异对群体认同与他者性的传统观念使其得以延续具有一定的潜能。就对比物而言的差异,塑造了平等的分析也延续了这一进路,即社会中的流行群体是不容置疑的措施标准。因此,差异进路的主要特征也引来了对它潜在固化了社会中特权和不利人群境况的批评。④

在这一时期,关于平等原则内在的"**空白**"和不歧视的权利想法开始消退。20 世纪 80 年代,这一问题在一些国家司法管辖的主流作品中遭到热议,有关《公民权利和政治权利国际公约》第二十六条的文献与这一问题高度相关,因为第二十六条不仅仅是确保一致性的形式程序,还包含着一个独立的实体权利。⑤ 这个问题在 1989 年的《公民权利和政治权利国际公约》人权事务

---

① Titia Loenen, 'Indirect Discrimination: Oscillating Between Containment and Revolution' in Titia Loenen and Peter R. Rodrigues (eds), *Non-Discrimination Law: Comparative Perspectives* (Kluwer Law International, The Hague 1999) 195, 199.

② Stephanie Palmer, 'Critical Perspectives on Women's Rights: The European Convention on Human Rights and Fundamental Freedoms', in Anne Bottomley (ed), *Feminist Perspectives on the Foundational Subjects of Law* (Cavendish Publishing, London 1996) 223, 229.

③ Sandra Fredman, 'Reversing Discrimination' (1997) 113 *Law Quarterly Review* 575, 578-579.

④ A good overview is presented by Clíona J. M. Kimber, 'Equality or Self-determination', in Conor Gearty and Adam Tomkins (eds), *Understanding Human Rights*, (Mansell Publishing, London 1996) 266, 271-272.

⑤ E.g. Peter Westen, 'The Empty Idea of Equality' (1982) 95 *Harvard Law Review*, 537 and Kent Greenawalt, 'How Empty is the Idea of Equality?' (1983) 83 Columbia Law Review, 1167. On the debates about Article 26 ICCPR see Asbjørn Eide and Torkel Opsahl, 'Equality and Non-Discrimination', cited from Asbjørn Eide, Jan Helgesen, Njål Høstmælingen and Erik Møse (eds), *Law and Equality, Selected Articles on Human Rights*, (Ad Notam Gyldendal, Oslo 1996) 165, 192 (with references).

委员会(ICCPR Human Rights Committee/ HRC)《一般性意见:不歧视》中得以积极解决。① 事实上,这一主流法律观点的转化,即接受不歧视权利具有规范性的实质内容经过了判例法发展的刺激。②

对于种族歧视,早在 1965 年通过采纳《消除一切形式种族歧视国际公约》,具体差异性平等进路就崭露了头角。因此,就时间发展顺序而言,《消除种族歧视公约》应属于之前的那个时代。但在概念上,它是统治那个时期典型特征的例外,因此它也就归属于现在这个时期了。③ 正如 1979 年通过的《消除对妇女一切形式歧视公约》中反映的那样,性别歧视在这个时期备受关注。《公民权利和政治权利国际公约》人权事务委员会(HRC)和欧洲人权法院(ECtHR)的判例法也反映这些特定主题的发展。尽管基于《公民权利和政治权利国际公约》第二十六条和《欧洲人权公约》第十四条普遍开放模式的不歧视条款,判例法拣选出特殊的歧视理由用来进行更彻底地处置,并宣称基于这些歧视理由的差别对待需要特别令人信服的理由。这宣告了对基于特定

---

① HRC General Comment No. 18,'Non-Discrimination',10. 11. 1989,available at http://www. unhchr.ch/tbs/doc.nsf/(Symbol)/3888b0541f8501c9c12563ed004b8d0e? Opendocument(last visited 19 June 2008).The General Comment interpreted all the provisions and concepts related to equality in the ICCPR together so as to constitute a basic and general principle and stated:"In the view of the Committee,article 26 does not merely duplicate the guarantee already provided for in article 2 but provides in itself an autonomous right.It prohibits discrimination in law or in fact in any field regulated and protected by public authorities.Article 26 is therefore concerned with the obligations imposed on States parties in regard to their legislation and the application thereof.Thus,when legislation is adopted by a State party,it must comply with the requirement of article 26 that its content should not be discriminatory.In other words,the application of the principle of non-discrimination contained in article 26 is not limited to those rights which are provided for in the Covenant.",cf.para. 12.

② Particularly the views of the HRC in *Broeks v. the Netherlands*, 09. 04. 1987, Comm. No. 172/1984,CCPR/C/29/D/172/1984 and *Zwaan-de Vries v. the Netherlands*, 09. 04. 1987, Comm. No. 182/1984,CCPR/C/29/D/182/1984.

③ The emphasis on racial equality represented in the early adoption of CERD in 1965 has its historical explanations.Firstly,it is explained by the establishment of the UN and the adoptions of its human rights treaties being in effect a response to the atrocities of,particularly,World War II,cf.e.g.the preamble to the UN Charter which opens on this statement:"We the peoples of the United Nations determined to save succeeding generations from the scourge of war,which twice in our lifetime has brought untold sorrow to mankind and to reaffirm faith in fundamental human rights [...]",Charter of the United Nations,1 UNTS 16(1945).Secondly,it can be explained by the emphasis on decolonisation also particularly relevant for historical reasons at the time of its adoption,cf.CERD,Preamble.

"**可疑的**"歧视理由的歧视应给予严格审查。这一时期，欧洲人权法院建立起来的接受严格审查的歧视范畴触及了"**私生子**"和性别等生物性范畴。① 同样，人权事务委员会也把性别视为一个可疑的歧视理由。② 传统上，国际法强调根除种族歧视，也意味着人们普遍理解种族歧视需接受严格审查。③ 然而，国际判例法证明它对识别与种族有关的整体性结构障碍上显得并不周全，而这也可被认为是这个时期间接歧视分析未能得到充分发展的缘故。④

从概念上讲，属于这一时期的法律规定体现了平等的实质性差异模式。《消除种族歧视公约》第一条和《消除妇女歧视公约》第一条，有别于一般的开放模式的歧视条款，两者都包含了对于歧视的一个表述性定义。这一定义涉及了歧视性措施的目的或"**影响**"，但国际法术语中的影响反映的是间接歧视概念，这在欧盟和许多国家的国内司法管辖的法律中已广为人知了。虽然主要的重点仍然是消极国家义务和平等对待的原则，但对积极国家义务的需要、对差异恰当地给予便利、积极行动等也都得到明确承认。例如，《消除种族歧视公约》第一条第四款与第二条第二款及《消除妇女歧视公约》第四条。在《公民权利和政治权利国际公约》的情境下，人权事务委员会的一般性意见对反歧视保护的内在特征也进行了明确的确认，首先是 1981 年对《公民权利和政治权利国际公约》第三条中提到的性别平等的《一般性意见》，之后是 1989

① *Marckx v. Belgium*, 13. 06. 1979, Series A, No. 31 ( illegitimacy ) and *Abdulaziz, Cabales and Balkandali v. The United Kingdom*, 28. 05. 1985, Series A, No. 94( sex ).

② *Mauritian Women v. Mauritius*, 09. 04. 1981, Comm. No. 35/1978, CCPR/C/12/D/35/1978, Broeks v. the Netherlands, 09. 04. 1987, supra note 40 and *Zwaan-de Vries v. the Netherlands*, 09. 04. 1987, supra note 40.

③ Bayefsky, 19−20, citing inter alia the opinion of the European Commission of Human Rights in *East African Asians v. the United Kingdom*, 14. 12. 1973, 3 EHRR 76, where the Commission stated that it was generally recognised that racial discrimination should receive special attention and might be capable of constituting degrading treatment, *cf.* para 207.

④ In *Gueye v. France*, 06. 04. 1989, Comm. No. 196/1985, CCPR/C/35/D/196/1985, the HRC found discrimination in the fact that pension rights were different for former soldiers of French nationality and those of Senegalese nationality who served in the French army prior to the independence of Senegal. The Committee, however, did not label this discrimination as being based on race, but on nationality ( "other status" ). In *Abdulaziz, Cabales and Balkandaliv. The United Kingdom*, a minority of the European Commission of Human Rights found the contested immigration rules indirectly racist, but the Court found no such discrimination established.

年更普遍的涉及不歧视的《一般性意见》了。① 在这一时期,人权事务委员会根据《公民权利和政治权利国际公约》第二十六条的判例法和欧洲人权法院根据《欧洲人权公约》第十四条的判例法,也开始承认一些形式平等对待的例外了。②

对这一时期的总结,可以说基于歧视法干预的假设的具体差异进路是明显的。这一进路不是一种两个个体就所有相关方面相似性进行比较的那种简单的或中立的状态,而是考虑拣选出一个特定的识别标记作为"**差异**"以求校正。对特定差异的校正可能要根据情境,对令人厌恶的差异进行严格审查形式或合理便利形式或积极行动以促进包容。不过在这个时代,积极行动的合法性仍饱受争议,所有对形式和对称平等的偏离都被概括为例外了。③ 在主流的法律实践中,这一处理方法的差异指标被一般性地理解为生物识别标记。从本质上讲,如果是生物学或不可改变的自然差异,与其把干预设想为中立的社会竞争,不如说是法律准备纠正它,因为这暗示没有涉及任何个人的选择性或过失性因素。这一假设是个人之间所有方面的比较,除了挑选出来的社会标记外都是平等的。因此,这一时期的法律把"**问题**"落脚于这样的不歧视规则上,即它被期待着与被边缘化的个人的他或她具有的特定自然的、或生物的差异关联在一起,而不是与结构性的社会因素相关联。所以,不歧视的法律实际上只能解决与当下的标准最相似的社会边缘人群的附属人群的需求。然而,残障的差异性与现行标准是如此难以契合,以至于作为一个平等问题,残

---

① HRC General Comment No. 4, 'Equality between the sexes(Art. 3)', 30. 07. 1981, available at http://www.unhchr.ch/tbs/doc.nsf/(Symbol)/14424a74d091ad7cc12563ed0046a8f2? Open document(last visited 19 June 2008), para. 2(affirmative action) and para. 3(positive obligations). HRC General Comment No. 18, supra note 39, para. 7(indirect discrimination) and para. 10(affirmative action).

② *Stalla Costa v. Uruguay*, 09. 07. 1987, Comm. No. 198/1985, CCPR/C/30/D/198/1985, where it was held that the preferential re-hiring of civil servants who had been unfairly dismissed under a military regime was not in violation of Article 26 ICCPR. Also *Rasmussen v. Denmark*, 28. 11. 1984, Series A, No. 87 and *Schuler-Zgraggen v. Switzerland*, 24. 06. 1993, Series A, No. 263, where the same presumption on the primary role of women in childcare functioned to the detriment of a woman and a man respectively, and met different levels of scrutiny.

③ E. g. Theodor Meron, *Human Rights Law-Making in the United Nations*(Clarendon Press, Oxford 1986)36.

障很大程度上未在国际法中被触及。

### （三）当前趋势：多维度社会不利因素

从 20 世纪 90 年代中期至今，是第三个也是最后一个时期。这一时期的特点是强化了反歧视的保护措施；进一步认识到现实世界中进行干预的社会因素的复杂结构，而在这之前总认为法律是中立的；进一步认识到个体的和群体的身份认同如何产生歧视的多维度的弱势地位。因此，这一时期最好用多维度和结构性社会不利因素的概念来描述。

理论上，这一时期的平等模式可被标记为实质性社会不利因素模式。① 这一模式是一个情境化的进路，它侧重于社会中存在的权力、特权和社会不利因素的不对称结构。它的目的很明确，即，结果平等和消除增加或保持社会不利因素的政策和实践。它并没有将获得这一改变的工具和技术视为类似处理这一主要规则的例外，而是仅仅有时要求消除歧视性的社会和政治结构。② 这和差异平等进路所采取的方式有相似之处，但它的组成内容可以发挥其最大功能。这一进路被描述为对其他进路弱点的回应，后者是用同一性和差异性的比较概念来塑造平等问题。它缘起于女权主义学者们对社会性别本身从同一性或差异角度的关注，转向社会性别的结构性或系统性后果的过程中。③ 因此，它也可以被归于社会建构女权主义的名头之下了。④ 在比性别歧视更

---

① This paragraph, with references, is in essence a re-print of Oddný Mjöll Arnardóttir, 'Non-discrimination in International and European Law: Towards Substantive Models' (2007) 25 Nordisk Tidsskrift for Menneskerettigheter, 140, 144–145.

② A good overview is presented by Clíona J. M. Kimber, 'Equality or Self-determination', in Conor Gearty and Adam Tomkins (eds), *Understanding Human Rights*, (Mansell Publishing, London 1996) 266, 273.

③ Stephanie Palmer, 'Critical Perspectives on Women's Rights: The European Convention on Human Rights and Fundamental Freedoms', in Anne Bottomley (ed), *Feminist Perspectives on the Foundational Subjects of Law* (Cavendish Publishing, London 1996) 223, 230.

④ The social construction of gender has been described as a theoretical perspective: "…which informs a feminist understanding of the systemic aspects of the position of women in society and also integrates empirical research to demonstrate this reality in women's and men's lives.", cf. Judith Lorber and Susan A. Farrell (eds): *The Social Construction of Gender* (Sage Publications, Newbury Park CA 1991) 1.

广泛的范围内,本文认为,一般而言社会建构理论来自于社会不利因素进路的框架。事实上,社会建构理论似乎是为适应这种实质性平等分析而定制的。一如伊恩·哈金(Ian Hacking)的阐述,社会建构所做的工作提高了意识:"X的存在或特性并非由事物的本性所决定。X不是必然的。社会事件、力量、历史都造就了X的存在或形式,且所有这些都可能是不同的。"①因而,社会建构理论拒绝本质主义论(essentialism),实在论声称某些特征或身份标志物是天然的或不可变的,并将注意力集中在他们的社会结构,以及极度关注存在于社会中的权力、统治阶层和社会不利人群的系统性模式。因此,社会不利因素进路明确拒绝关注在形式平等模式中内在的个人主义和自由放任状态,因为它们都有可能有助于维持歧视。与之相关的是在人权对话中越来越强调国家积极的角色和积极义务(positive role and positive obligations of states)。

在现今这一时期,那种认为本质上平等和不歧视作为实质性权利是空洞的,仅倾向于确保"**真正的**"实体法律在应用中的程序一致性的残存想法,终于彻底归于沉寂了。这一切发生在2000年,与之相伴随的是《欧洲人权公约》的第十二个《任择议定书》的降临。这一《任择议定书》除了第十四条规定的保护限定范围外,新增了对歧视的独立且普遍性的禁止。②

---

① Ian Hacking: *The Social Construction of What*? (Harvard University Press, Cambridge MA 1999) 6–7.

② Article 14 of the ECHR is only an accessory right that guarantees non-discrimination in the enjoyment of the other rights and freedoms protected by the Convention. Although there is in fact no watertight division between civil and political rights on one hand and economic, social and cultural rights on the other, the accessory nature of Article 14 has had the effect to exclude large areas of socioeconomic rights from the scope of the protection against discrimination under the ECHR. This was remedied by Protocol 12. The explanatory report to Protocol 12 explains that the expansion reaches discrimination in the following fields: "i.in the enjoyment of any right specifically granted to an individual under national law; ii.in the enjoyment of a right which may be inferred from a clear obligation of a public authority under national law, that is, where a public authority is under an obligation under national law to behave in a particular manner; iii.by a public authority in the exercise of discretionary power(for example granting certain subsidies); iv.by any other act or omission by a public authority(for example, the behaviour of law enforcement officers when controlling a riot).", *cf*.Protocol 12, explanatory report, Protocol No. 12 to the Convention for the Protection of Human Rights and Fundamental Freedoms, explanatory report, CETS No. 177(2000), para. 22.

在这一时期,对于重要歧视理由,如性别和种族的法律回应不断发展。① 然而这一时期的重要特征是,根据国际法中开放模式的歧视条款的可疑歧视理由,从仅仅涵盖社会性别、种族(民族)与"**私生子**"(未婚家长的孩子),已经进一步扩大了。根据《欧洲人权公约》,现在可疑的歧视理由也涵盖了民族、宗教和性取向。② 根据《公民权利和政治权利国际公约》,人权事务委员会也扩大了案例清单,这表明将会对关于性别和其他歧视理由进行严格的审查。目前,发现违反第二十六条的案例主要集中性别、宗教/信仰、国籍/公民身份和政治见解等歧视领域。③ 残障歧视理由,也在这一时期得到了发展。早在1989 年,《儿童权利公约》(CRC)就把残障包括在歧视理由之中,例如第二条第一款。④ 在欧洲人权领域中,1996 年修订的《欧洲社会宪章》(ESC)在为

---

① Important recent examples on race from the case law of the ECtHR include e.g.Cyprus v.Turkey [GC], 10. 05. 2001, Reports 2001-IV, where the Court found widespread and serious discriminatory treatment based on race established and concluded that it amounted to degrading treatment in violation of Article 3 ECHR, and *D.H.and Others v.the Czech Republic* [GC], 13. 11. 2007, unpublished, available at http://cmiskp. echr. coe. int/tkp197/view. asp? action = html&documentId = 825443&portal = hbkm&source = externalbydocnumber&table = F69A27FD8FB86142BF01C1166DEA398649 (last visited 20 June 2008), where the Court for the first time clearly analysed a case from the perspective of indirect discrimination under Article 14 ECHR and found racial discrimination established under that approach. The judgment also reiterated the previously established approach that racial discrimination should be subject to strict scrutiny, cf.paras. 175-176.In the context of sex(gender)equality, the judgment in *Stec and Others v.the United Kingdom* [GC], 12. 04. 2006, unpublished, available at http://cmiskp. echr. coe. int/tkp197/view. asp? action = html&documentId = 794149&portal = hbkm&source = externalbydocnumber&table = F69A27FD8FB86142BF01C1166DEA398649 (last visited 20 June 2008) exhibited that the Court is becoming increasingly aware of how the social context of cases can justify departures from formal and symmetrical equality.Correspondingly, the Court placed positive action to:"correct the disadvantaged economic position of women"under rather lenient scrutiny, cf.para. 66.

② See the analysis of the case law in Oddný Mjöll Arnardóttir, *Equality and Non-Discrimination under the European Convention on Human Rights* (Martinus Nijhoff Publishers, The Hague 2003), 150-155.

③ See the analysis of the case law in Manfred Nowak, *U.N.Covenant on Civil and Political Rights CCPR Commentary* (2nd ed.N.P.Engel Verlag, Kehl 2005), 608-629.

④ In 1990, Anne F.Bayefsky argued that international law would continue to expand the list of suspect discrimination grounds, and that the inclusion of disability on the CRC list of discrimination grounds provided evidence of that process, Anne F.Bayefsky, 'The Principle of Equality or Non-Discrimination in International Law' (1990)11 Human Rights Law Journal 1,24.

《宪章》制定新的不歧视条款时,将健康纳入了通常的歧视理由清单中,例如第五条。《宪章》第十五条修订后,也将之前"职业培训、康复和重新安置"的权利替换为"独立、社会融合和参与社区生活"的权利。① 《宪章》中这些创新的组合产生了如下影响,即根据《宪章》残障者系统性的缺席于主流社会将是不可接受的,且残障现在是不歧视进路下需要处理的主题了。② 然而,2000 年《欧洲人权公约》新的第十二个《任择议定书》并没有把残障列入歧视理由。在起草第十二个《任择议定书》时,针对是否将残障、性取向和年龄列入歧视理由出现过讨论,但不幸的是,答案是否定的。那篇解释性报告作了如下陈述:"并非因为缺乏这样的意识,即和起草该公约第十四条的时代相比,在当今社会这些理由已变得尤为重要……"③而是相关立法技术的原因。在这一情境下还必须牢记,第十四条已被应用于《公约》并未包含在名单内的歧视理由了,④而欧洲人权法院对一些理由进行了严格审查。因此,第十二个《任择议定书》未加入"**新**"的歧视理由的事实,不应解释为这表明它们不能被视为在国际法上可疑的歧视理由的组成部分。《残疾人权利公约》的通过,显然吻合了当前的趋势,这一趋势通过无论是把令人生厌的区别置于严格的审查之下,还是要求或允许合理便利和肯定性行动的方式,都或明或暗地扩大了法律可以修正的那些可疑的歧视理由。考虑到当前趋势和国际人权保护的那些硬法的早期发展的背景,本文在这里指出:《残疾人权利公约》的问世,果断地将残障放入了国际法可疑的歧视理由名单。

强调了残障基于的那些法律的发展,特别是基于性别、种族(民族)、残障和性取向的发展是对这些身份标示的社会建构这一意识的不断提高。这一意识分别受到了女权主义理论、批判种族理论、残障研究和酷儿研究的渗透,它

---

① European Social Charter, CETS No. 35( 1961) and European Social Charter( Revised) , CETS No. 163( 1996).

② For an in depth discussion see Gerard Quinn, ' The European Social Charter and EU Antidiscrimination Law in the Field of Disability: Two Gravitational Fields with One Common Purpose ' , in Grainne de Búrca and Bruno de Witte, ( eds) , *Social Rights in Europe*( Oxford University Press, Oxford 2005) 279 and the contribution of Colm O'Cinneide in the present volume.

③ Protocol 12, explanatory report, Protocol No. 12 to the Convention for the Protection of Human Rights and Fundamental Freedoms, explanatory report, CETS No. 177( 2000) , para. 20.

④ Ibid.

也在国际法和法律实践层次上得以发扬光大。例如，可以指出的是，欧洲人权法院已经开始根据社会建构的社会性别，来概念化过去那些以性为基础的生物学的建构性的歧视。尽管与《欧洲人权公约》第十四条尚无直接关系，但已经出现了朝这个方向发展的迹象。① 2004 年，消除对妇女歧视委员会通过的《一般性建议》也反映了性别的社会建构观。② 1965 年，通过《消除种族歧视公约》在某种程度上对种族歧视也有类似的观点，例如该公约的第一条第一款。人们的普遍理解是：一方面包括与外表和祖先血统相关的生物指标，另一方面也包括与历史和文化相关的社会因素。而且还可以看出在法律实践中，日益强调种族的社会建构了。早在 1990 年，消除种族歧视委员会的《一般性意见》就认为：一个人是否属于一个特定的种族或族裔群体的问题，应基于这个人自身的自我认同。③ 2000 年，消除种族歧视委员会阐明：作为一种社会建构的血统是《消除种族歧视公约》第一条第一款中种族歧视概念的组成部分。④ 在 2005 年，《欧洲人权公约》也清楚地证明了种族的社会建构意识，当

① The most powerful sign of this development is to be found in *Christine Goodwin v. The United Kingdom* [GC], 11. 07. 2002, Reports 2002-Ⅵ, where in the context of a transsexual's right to marry under Article 12, which expressly stipulates this right in terms of "men and women": "The Court [was] not persuaded that at the date of this case it can still be assumed that these terms must refer to a determination of gender by purely biological criteria...", cf. para. 100. Reflective of a wider trend in this direction, Robert Wintemute, 'Filling the Article 14 "Gap": Government Ratification and Judicial Control of Protocol No. 12 ECHR' (2004) 5 *European Human Rights Law Review* 484, 492, has also suggested this as a possible development under Article 14 ECHR, without particular reference to the *Christine Goodwin* judgment.

② Committee on the Elimination of Discrimination against Women, General Recommendation No. 25, 'on article 4, paragraph 1, of the Convention on the Elimination of All Forms of Discrimination against Women, on temporary special measures', thirtieth session, 2004, available at http://www.un.org/womenwatch/daw/cedaw/recommendations/General%20recommendation%2025%20(English).pdf (last visited 22 June 2008), paras. 8 and 11.

③ Committee on the Elimination of Racial Discrimination, General Comment No. 8, 'Identification with a particular racial or ethnic group(Art. 1, par. 1 & 4)', 22. 08. 1990, available at http://www.unhchr.ch/tbs/doc.nsf/(Symbol)/3ae0a87b5bd69d28c12563ee0049800f? Opendocument (last visited 21 June 2008).

④ Committee on the Elimination of Racial Discrimination, General Comment No. 29, 'Article 1, paragraph 1 of the Convention(Descent)', 01. 11. 2002, available at http://www.unhchr.ch/tbs/doc.nsf/(Symbol)/f0902ff29d93de59c1256c6a00378d1f? Opendocument (last visited 22 June 2008), para. 1.

时欧洲人权法院阐述了如何根据法院审判理解种族歧视的词汇。① 因为《残疾人权利公约》明确以残障社会模式为基础,所以它是这一趋势的明显示例。②《公约》第一条规定:"残疾人包括肢体、精神、智力或感官有长期损伤的人,这些损伤与各种障碍相互作用,可能阻碍残疾人在与他人平等的基础上充分和切实地参与社会。"③因此,残障分析的启动器并非是影响认同或功能的损伤或差异本身,而是有损伤者在其日常生活中所面对的结构性社会不利因素这一社会事实。如果《消除种族歧视公约》和《消除妇女歧视公约》都像《残疾人权利公约》一样起草于 21 世纪,它们一定会在性别和种族的社会建构方面作清晰阐述,这一点毋庸置疑。

在当下这一时期,还可看出在法律中对平等的不对称性进路的逐渐接受。例如,2004 年,在《消除妇女歧视公约》的情境下,消除对妇女歧视委员会作出的清楚阐述。④ 在委员会第二十五号《一般性建议》中明确指出对平等和不歧视的原则而言,非对称做法并非例外,而是规则本身的重要组成部分。⑤ 自 21 世纪开始,特别是在可疑的歧视理由下,欧洲人权法院也越来越多地接受和奉

① *Timishev v. Russia*, 13. 12. 2005, unpublished, available at http://cmiskp. echr. coe. int/tkp197/view. asp? action = html&documentId = 790924&portal = hbkm&source = externalbydocnumber&table=F69A27FD8FB86142BF01C1166DEA398649(last visited 21 June 2008).The Court reasoned:"Ethnicity and race are related and overlapping concepts.Whereas the notion of race is rooted in the idea of biological classification of human beings into subspecies according to morphological features such as skin colour or facial characteristics,ethnicity has its origin in the idea of societal groups marked by common nationality, tribal affiliation, religious faith, shared language, or cultural and traditional origins and backgrounds.", *cf*. para. 55.The Court continued to assert that:"Discrimination on account of one's actual or perceived ethnicity is a form of racial discrimination [...]", *cf*. para. 56.

② On the social model,see the contribution of Rannveig Traustadóttir in the present volume.

③ Emphasis added.See also CRPD preamble,letter e.

④ Committee on the Elimination of Discrimination against Women, General Recommendation No. 25,e.g.paras. 7–10.

⑤ *Ibid.*,para. 14:"The Convention,targets discriminatory dimensions of past and current societal and cultural contexts which impede women's enjoyment of their human rights and fundamental freedoms.It aims at the elimination of all forms of discrimination against women, including the elimination of the causes and consequences of their de facto or substantive inequality.Therefore,the application of temporary special measures in accordance with the Convention is one of the means to realize de facto or substantive equality for women,rather than an exception to the norms of non-discrimination and equality."

行不对称方法来实现平等。它果断地建立起了歧视概念可从缺乏合理便利①和（或）从间接歧视分析进行探讨的视角。② 它也被证明对肯定性行动方案相当地开放，当质疑歧视时，它适用了一个相当宽松的客观论证来检验这些方案。③《残疾人权利公约》在发展这些趋势上提供了合乎逻辑的下一步。与《消除种族歧视公约》和《消除妇女歧视公约》相似，《残疾人权利公约》的潜在前提是：平等的普遍性原则对于容易受到歧视的特定群体事实上而言必须加以调试。这只是要求偏离形式对称平等，不是作为一个例外，而是作为实现平等和不歧视原则本身的真正实质内容的一个合乎逻辑的要求。这在《公约》本身的操作性条款上有清楚的表达。《公约》第二条第四款参照直接和间接歧视的概念（目的或效果）界定了歧视，同时也涉及了否认合理便利。合理便利在第二条第五款被定义为：根据具体需要，在不造成过度或不当负担的情况下，进行必要和适当的修改和调整。因此，合理的便利是针对真实生活中的真正的人。参照个人案例，根据否认合理便利制定的歧视的概念，清楚地建立了合理便利的个人权利。此外，第五条第三款规定：为了促进平等和消除歧视，缔约国应采取一切适当步骤，确保提供合理的便利。因此，《残疾人权利公约》清晰地建立起针对缔约国的积极义务，即要求缔约国在相关时刻以个体为基础为残障人士提供便利。④《公约》第五条第四款还将肯定性行动方案合法化，因为它规定根据《公约》条款，它们不应被视为歧视。然而，《公约》在拟定采用积极义务以适应歧视问题的道路上并没有走得很远，因为《公约》是在合理的便利范围之内。因此，对于残疾人权利委员会是否会把《公约》诠释

---

① *Thlimmenos v. Greece* ［GC］, 06. 04. 2000, Reports 2000-IV, para. 44.

② *D. H. and Others v. the Czech Republic* ［GC］, 13. 11. 2007, unpublished, available at http://cmiskp. echr. coe. int/tkp197/view. asp? action = html&documentId = 825443&portal = hbkm&source = externalbydocnumber&table = F69A27FD8FB86142BF01C1166DEA398649（last visited 20 June 2008）.

③ *Stec and Others v. the United Kingdom* ［GC］, 12. 04. 2006, unpublished, available at http://cmiskp. echr. coe. int/tkp197/view. asp? action = html&documentId = 794149&portal = hbkm&source = externalbydocnumber&table = F69A27FD8FB86142BF01C1166DEA398649（last visited 20 June 2008）.

④ A similar positive obligation to accommodate for different/disadvantaged situations was established under the ECHR in *Thlimmenos v. Greece* ［GC］, 06. 04. 2000, Reports 2000-IV, para. 44.

为包含积极义务以执行肯定性行动方案,以及如何根据《公约》对拒绝提供合理便利的、清晰地可受法院审判的个人权利的主张和更难一致化的积极行动之间厘清界限等问题,仍有待观察。整个问题必须从对现代国际人权法已有意识的角度进行探讨,这个时期中作为有效保护人权的必要措施,通常把缔约国的积极义务放在一个日益重要的位置上。① 与之相关,积极义务的实现是有效保护免受歧视的必要组成部分。② 但同样明显的是,有庭审可能的个人权利的转化并非一个直接任务。肯定性行动方案通常在国际监督机构的判例法中,是一个就平等而言更温和的或更具改造作用的中间立场。它允许缔约国选择接受方案,甚至当遇到挑战时可以采取相当宽松的合理性审查,在司法或准司法审查的范围内,它都不主张设定缔约国义务。③ 当然,这在未来涉及特定的歧视理由以及在特定的情境下都是可能改变的。但还可以预见的是,这可能超越了合理的个人便利范畴。监督机构对更加纲领性的、更加抽象的积极义务的规则会非常谨慎地进行转化,以通过肯定性行动获得可庭审的个人权利来促进平等和对抗结构性的社会不利因素。④

当代的另一特点是对主流观念或其实践工具的发展。性别主流化被界定

① See e.g.HRC General Comment No. 31, 'Nature of the General Legal Obligation Imposed on States Parties to the Covenant', 26. 05. 2004, available at http://www. unhchr. ch/tbs/doc. nsf/ (Symbol)/CCPR.C. 21.Rev. 1.Add. 13.En? Opendocument(last visited 22 June 2008), paras. 5–8.

② See e.g.HRC General Comment No. 28, 'Equality of rights between men and women(article 3)', 29. 03. 2000, available at http://www. unhchr. ch/tbs/doc. nsf/(Symbol)/13b02776122 d4838802568b900360e80? Opendocument(last visited 22 June 2008), para. 3 and Committee on the Elimination of Discrimination against Women, General Recommendation No. 25, para. 24.

③ E. g. *Stec and Others v. the United Kingdom* [GC], 12. 04. 2006, unpublished, available at http://cmiskp. echr. coe. int/tkp197/view. asp? action = html&documentId = 794149&portal = hbkm&source = externalbydocnumber&table = F69A27FD8FB86142BF01C1166DEA398649(last visited 20 June 2008).

④ It is unequivocally stated in the context of Protocol 12 to the ECHR that no such positive obligation will arise, cf.Protocol 12, explanatory report, para. 16: "However, the present Protocol does not impose any obligation to adopt such measures. Such a programmatic obligation would sit ill with the whole nature of the Convention and its control system which are based on the collective guarantee of individual rights which are formulated in terms sufficiently specific to be justiciable." The Committee on the Elimination on Discrimination against Women, however, goes quite far in the direction of stating that there exists a positive obligation to adopt affirmative action, cf.Committee on the Elimination of Discrimination against Women, General Recommendation No. 25, para. 24: "[...] the Committee considers that

为："……对政策进程(再)组织、改进、发展和评估,通过社会活动家参与决策的制定,以使性别平等的观点纳入所有层级和所有阶段的政策之中。"①很明显,主流化概念可以参照其他已经作出修正的平等观点,并且也确实已得益于其他视角的主流化的广泛声明。例如,欧洲委员会的残障行动计划就着重强调在它的人权框架和所有政策领域都要把残障问题主流化观点。② 联合国也在各个领域不断期待着残障视角的主流化。③ 进行一天平等对话来关注主流化可被认为是一个温和而非激进的方法,这一方法为当代提供了解决某种意义上具有以前时代特征的肯定性行动的意识形态纷争僵局。在性别平等的情境下,吉尔·拉维斯(Jill Lovecy)指出,主流化做法不主张对参与决策的各类行动者的构成作根本改变,相反它提供了："一条将性别视角纳入已经建立的制度框架、人员和决策制定程序的通路。"④主流化一般并不具备清晰的个人权利主张或者在法律上的能动的执行机制,这当然也确定了它对过去主流法律对话中对积极行动的争论是一个无危险的、安抚性的介入。然而,主流化概念的意识对社会结构和决策制定过程如何通过不计其数的、隐蔽的方式致使社会不利因素和边缘化继续维持,也给予了敏锐的关注。从法律现实主义角度看,这种意识可能对法官如何探讨和分析一个歧视的控诉产生深刻影响。

---

States parties are obliged to adopt and implement temporary special measures in relation to any of these articles if such measures can be shown to be necessary and appropriate in order to accelerate the achievement of the overall,or a specific goal of,women's de facto or substantive equality."It is unclear, however,how this might operate in legal practice if an individual claimed she was the victim of discrimination because of denial of affirmative action under the CEDAW individual complaints procedure.The clear elaboration in terms of an individual right in the Convention text itself,such as exists with respect to reasonable accommodation under the CRPD,would be lacking.

① 'Gender Mainstreaming,Conceptual framework, methodology and presentation of good practices',Strasbourg May 1998,EG-S-MS(98)2,15.

② 'The Council of Europe Action Plan to Promote the Rights and Full Participation of People with Disabilities in Society:Improving the Quality of Life of People with Disabilities in Europe 2006-2015',published as an appendix to Recommendation of the Committee of Ministers,Rec(2006)5,cf.e.g.chapters 1.2.2.and 2.4.

③ E.g.'Mainstreaming disability in the development agenda',Commission for Social Development,forty-sixth session,6-15.02.2008,E/CN.5/2008/6.

④ Jill Lovecy,'Gender Mainstreaming and the Framing of Women's Rights in Europe:The Contribution of the Council of Europe',(2002)10 *Feminist Legal Studies*,p.281,emphasis added.

最后,当今的特点是对传统不歧视法律局限的持续增加的认识,传统方式通常立足于一个时间段的一个识别标记,根据相同/差异/社会不利因素经验作歧视案例分析。因为个体是多维度的,且在一个相同时点内归属于多个人群(如有残障的黑人妇女),她的身份标志的交集可以创造出歧视独特的共同弱点。这也指出了传统不歧视法是如何漏掉了人类身份和人类经验的复杂因素,从而导致最严重的歧视形式处于边缘地位而未被发现。① 早在 1991 年,消除对妇女歧视委员会已经鉴别出残障妇女的双重歧视的危险,并呼吁对残障妇女平等进入和参与社会进行专题汇报。② 紧跟着 1995 年在北京举行了第四次世界妇女大会③以及 2000 年性别和种族歧视联合国专家组会议上,④多维度的问题被坚定地置于国际人权议程中。目前,与多维度平等有关的问题在当代主流平等和人权讨论中已经显得特别重要了。⑤ 可以指出的是,欧洲人权法院在 2000 年的一个判决中,试图对多维度的状况作出一个有效回应。⑥《残疾人权利公约》对多维度平等问题给予很大重视。《公约》序言第

① See e.g.Kimberlé Crenshaw, 'Demarginalizing the Intersection of Race and Sex:A Black Feminist Critique of Antidiscrimination Doctrine,Feminist Theory and Antiracist Politics', (1989) *The University of Chicago Legal Forum*,139 and Sarah Hannett, 'Equality at the Intersections:the Legislative and Judicial Failure to Tackle Multiple Discrimination', (2003)23 *Oxford Journal of Legal Studies*,65.

② Committee on the Elimination of Discrimination against Women,General Recommendation No. 18, tenth session 1991, available at http://www. un. org/womenwatch/daw/cedaw/recommendations/recomm.htm#recom18(last visited 22 June 2008).

③ 'Beijing Declaration and Platform for Action', Report of the Fourth World Conference on Women,Beijing 4–15 September 1995,A/CONF. 177/20.

④ 'Gender and racial discrimination', Report of the Expert Group Meeting,21–24 November 2000,Zagreb Croatia, available at http://www.un. org/womenwatch/daw/csw/genrac/report. htm (last visited 23 June 2008)and Kimbelé Crenshaw(2000) 'Background Paper for the Expert Meeting on the Gender-Related Aspects of Race Discrimination,November 21–24 2000,Zagreb,Croatia', available at http://wicej.addr.com/wcar_docs/crenshaw.html(last visited 23 June 2008).

⑤ See e.g.Dagmar Schiek and Victoria Chege(eds), *European Union Non-Discrimination Law: Comparative Perspectives on Multidimensional Equality Law*(Routledge-Cavendish,London 2008).On the ability of the ECtHR to adopt a multidimensional approach under Article 14 ECHR,see Oddný Mjöll Arnardóttir, 'Multidimensional equality from within:Themes from the European Convention on Human Rights', in Schiek and Chege(eds), *ibid.*,53.

⑥ *Thlimmenos v.Greece* [GC], 06. 04. 2000, Reports 2000–IV, para. 44;see also Arnardóttir, *ibid.*,61.

十六段,关注因种族、肤色、性别、语言、宗教、政治或其他见解、民族本源、族裔、土著身份或社会出身、财产、出生、年龄或其他身份而受到多重或加重形式歧视的残疾人所面临的困难处境。《公约》第六条执行部分还专门提及了残障妇女和女孩所面临的多重歧视,并要求缔约国应当采取一切适当措施,确保妇女充分发展,地位得到提高,能力得到增强。

总之,当代的关键主题是社会不利因素和多维度,这和之前章节所讨论的上一个时代的平等主题和概念相关。这些主题包括:在平等情境下对积极国家义务的进一步发展,通过形式对称平等的摒弃和对间接歧视概念的发展、合理便利和肯定性行动以纠正事实上的不平等。然而在当前时期,对结构性不利因素也有了更深刻的了解。这就把关注的焦点从个人本身是个法律应讨论和纠正的"问题",转移到使边缘群体一直处于边缘化的社会因素上。这就照亮了法律规范和法律实践,以增强对结构性社会不利群体反歧视的保护形式。因此,今日之国际人权法的平等原则并未放弃人人平等的普遍理想,而是承认了平等本身需要发展,要根据特定的现实和那些打算要服务的人们的经验作出调整。

# 四、结 论

通过上述分析,可以看出《残疾人权利公约》把拒绝形式和对称平等作为一个基础和潜在前提是很清楚的。相应地,对一个不容置疑的标准潜在的同化要求也遭到了拒绝。《公约》作为一个整体,在 21 世纪人权法应当努力追求的多样性平衡方面提供了有力的例证。《公约》这一基本进路,对人类权利对话中平等原则的发展,毫无疑问地作出了非常重要的贡献。

对于《公约》中是实质性差异平等还是实质性社会不利因素平等这个问题都是可以进行讨论的。这两个模式在歧视法方面关注同样的问题,它们之间的区别只是与原则相比程度不同而已。表面上,差异模式似乎可通过合理便利概念来代表。合理便利可以通过差异概念来予以理解,但是这一模式的决定性因素并不在于合理便利概念内部或差异本身,而是存在于如何看待需要采取行动和感知到的便利状况。人们也意识到了残障社会建构的法律实践和遭诘难的个体或群体所处的境遇问题,能代表社会不利因素的进路。《公约》如此乐于将注意力集中于这些因素的事实,使《公约》成为国际法指针转向多维度社会不利因素进路的唯一的最有力的例子。

在将多维度社会不利因素的进路转换至不歧视硬法和个体的可司法的权利存在一些困难。把社会弱势群体进行分类可能引发类似于把人们区分为不同群体的问题。与其他群体比较的因素仍然是平等分析的内在固有特性。此外,国际法不能忽略这样一个情境,即不能忽视国际法庭和监测机构权力自主原则的恰当作用。① 此外,社会建构分析与这些机构传统上遇到的那些理念是不同性质的,这一点也必须铭记于心。尽管歧视案件中诸如间接歧视这类概念和相关进路的举证责任,可以做很多事情用来揭开被隐藏的结构性社会不利因素。② 另外,对某个情况的司法或准司法机构的分析可能和个人所关注的问题也有很大不同。③ 但由多维度的情况引发的问题可能对于法律而言是过于复杂了,因为法律自身有简化和把复杂问题化繁为简的内在趋势。④ 尽管存在这些复杂因素,一如上文分析已经展现出来的那样,国际法已经在一定程度上回应了有关多维度和社会不利因素相关的问题。这些回应也许无法反映出理论的全部深奥和微妙之处,但某一特定的意识仍然可以通过照亮国际法给予展现。然而,不歧视进路将永远受限于上文提及的、已甄别出的那些因素。这也是《残疾人权利公约》极其重要的另一方面。《公约》拥有平等原则这一潜藏的主调,并把它精巧地适用于特定情况下的特定个人权利之中。

① See e.g. Dinah Shelton, 'Subsidiarity and Human Rights Law' (2006) 27 *European Human Rights Reports* 4 and Paolo Carozza, 'Subsidiarity as a Structural Principle of International Human Rights Law' (2003) 97 *American Journal of International Law* 38.

② See e.g. *D. H. and Others v. the Czech Republic* [GC], 13. 11. 2007, unpublished, available at http://cmiskp. echr. coe. int/tkp197/view. asp? action = html&documentId = 825443&portal = hbkm&source = externalbydocnumber&table = F69A27FD8FB86142BF01C1166DEA398649 (last visited 20 June 2008).

③ See also Clíona J. M. Kimber, 'Equality or Self-determination', in Conor Gearty and Adam Tomkins(eds), *Understanding Human Rights*, (Mansell Publishing, London 1996) 266, 275.

④ See also Sarah Hannett, 'Equality at the Intersections: the Legislative and Judicial Failure to Tackle Multiple Discrimination', (2003) 23 *Oxford Journal of Legal Studies*, 65, 85-86.

例如,《公约》第十二条在法律面前获得平等承认的权利与第二十四条对一个包容性教育体系拥有的权利。在今后的实践中,《公约》的真正长处,将从《公约》潜在的多维度社会不利因素性平等模式的相互理解,以及对这些具体精巧的权利的解释和应用的相互作用中生发出来。

　　本文题目中所提问题是:未来多维度社会不利因素性的平等是否有前景?乐观主义的结论是它会有前景,但这绝难轻易发生或在一夜成真。如果小心地发展,《公约》与任何已有的国际法手段相比,都会做得更多,从而推进朝向这样一个方向的发展。整体而言,本文认为《残疾人权利公约》恰当地质疑了21 世纪的更为复杂和更多层次的人权法律。

（张金明　郭敬稚 译　李　敬 校）

第二部分

# 实体权利

# 把"人"放回"人权"中：
# 联合国残障公约中的人格与理论创新

［爱尔兰］杰拉德·奎因、［美］安娜·阿斯坦-克斯勒克

相对于一方面抽象且不真实的国家全能理论和另一方面原子化的、人造的个体独立观而言,当下需要认识到的是,这个世界包含着千丝万缕的社会联结,社会权威的自然本性应该得到普遍的承认。一如上述事实是我们生活的基础一样,它们也应该成为我们法律的基础。①

## 一、恢复"人"

"人权"这两个字表示了两个不同的规范性范畴(normative domains)。大多数人简单地认为,这两个范畴相互强化、相互关联、两个范畴边界相邻且同时存在。世界各地的一年级的法科学生被反复灌输着"仅仅因为我们是人,我们就享有了人权"。对于人之所以为人或者**"人格"**是否存有一些核心标准以及如果有这类标准,这类标准是什么的问题却都还悬而未决。仿佛"人"与**"权利"**的结合就解决了这一问题。换言之,权利之说(rights-talk)容易模糊我们对人之所以为人的看法。权利往往归因于某种特定的人性观,而这一人性观并不必然和可以观察到的现实有关。另一个结果在于,(权利之说)有无非

---

① J.N.Figgis, *Political Thought from Gerson to Grotius 1414-1625: Seven Studies* (New York: Harper Torchbooks 1960)206,cited in R.Pound,'Mechanical Jurisprudence'(1980)8 *Columbia Law Review* 605,609.

人（non-human）的"人"（person）（例如动物，甚或地球）。如果有，它们能否成为权利的适当主体这一难以捉摸的争论中，尚缺乏任何清晰的落脚点。

本文的核心论点是：我们必须重新找回"人"意味着什么，这其中的一些自我生发出的内涵（autonomous meaning），以便更新我们的"权利"观，使之适应当代社会。换句话说，本文的核心主张是：本质上，权利的政治性或工具性目的不能、也不应该遭到否定。在历史中，这些目的清晰可见，但它也为我们认识人是什么施加了一股微妙但强大的暗流。的确，权利之说应该是（通常也被解释为）非工具性的、纯粹道义上的存在。但人权和政治社群的某一特定观点是什么样的互为镜像的全息图，这一点也很重要。然而，人们却常常有这样的感觉，这一建构比权利，特别是比权利应该服务的人的价值更为重要。为了把权利放回到人的境况（human condition）中，使两者都得到尊重且服务于这一境况，一如霍姆斯（Holmes）可能的做法，首先，有必要把人权这两个字分开，放入犬儒主义的酸液（cynical acid）中，洗去它的政治外壳，揭示出两者更深层次的关系。①

有人怀疑，当难以避免的"权利"的政治性概念统治了"人"的范畴时，一些宝贵之物便遭丢弃或者被压抑了。或者换一种说法，本质上，权利的政治特性抑制了人是什么的要素。那些要素强大有力，但数量稀少。结果，人权似乎承诺给我们一个对人的境况无比夸张的漫画（一个"神秘体系"）：理性的、能自我引导的、具有他或她自己的道德能动性的完全自治的个人。呈现出的立体画面是无主的个人（masterless man），自由地选择他或她自己对于善的定义，有目的地游荡于社会失范的无主（no-man's）之地。他或她自由地选择是（否）与他人互动，并选择（偶尔地）参与或影响公权力。权利主要关注这一无主的个人与权力，特别是与公权力之间的互动。至于权利对人格及人类繁荣的看法，通常是不可知的。这两者的分离，使权利之说本身变得很困乏。诸如参与权这样的重要权利，很少被视为自我实现的基本要素，而更多的被视为公民美德的一种干瘪的形式。

我们自身的日常生活经验与这一"神秘体系"也有明显不同。甚至连行

---

① O.W.Holmes,Jr,'The Path of the Law'（1987）10 *Harvard Law Review* 457,462.

为经济学也公开承认了把理性人与理性行为作为分析基础的谬误。① 2006 年通过的联合国《残疾人权利公约》(CRPD,以下根据原文,在具体情境中翻译为《公约》或《残障公约》)的有趣之处在于:它使原本受到压制的怀疑,即"**权利**"和人的境况相分离的情况浮出了水面。《残障公约》有着超越残障之外的更普遍的兴趣。事实上,正如我此前所言,《公约》作为一个法律文书,甚至并非主要是关于残障(问题)的。② 《公约》主要是对发生在残障领域的、普遍正义理论的一个最新的再次申明。关键点在于,《公约》通过对正义理论的延展与潜在丰富,对该理论作了添加。

本文认为,把《残疾人权利公约》引入更为广阔的人权领域是(有)双重(意义)的。首先,《公约》始于人是什么,也就是说《公约》并没有始于一个还能被机械地套用于其他群体的权利清单。《公约》的确是以残障者生活现实的三维视角为核心的。这在很大程度上要归功于《公约》谈判过程中,公民社会团体非常积极地参与。③ 这就把所有残障者都有打造自身命运能力的这一坚持不懈的主张、把对共享人格和对我们开创各自的道路时都要依赖的无数正式与非正式的支持的坦诚认可、把参与的至关重要性以及由此渗透出来的伦理上的归属感等内容都带了出来。事实上,与尽可能地直接由权利逻辑反观人的境况和人的繁荣相比较,《公约》是建立在对人的境况和人类繁荣的三维视角之上的。在某种意义上,《公约》表现出了一种在现代人权语境下对"**机械法理学**"的否定,罗斯科·庞德(Roscoe Pound)也曾批判了这种"**机械法理学**"。④

其次,基于以上论述,本文提出《公约》推进了已有人权理论的边界。例如,人们可在《公约》中发现一个迄今为止朝向多元交叉(intersectionality)的更为具体的举动。多元交叉是一个争议很多、但却少得理解的观念。它是一

---

① E.g.H.A.Simon,'A Behavioral Model of Rational Choice'(1955)69 *Quarterly Journal of Economics* 9.

② G.Quinn,'Rethinking Personhood:New Direction in Legal Capacity Law and Policy', Lecture,Vancouver:University of British Columbia,29 April 2011.

③ See V.Ilagan,'Statement on Behalf of the International Disability Caucus at the 5th Session of the United Nations Ad Hoc Committee'(4 February 2005).

④ See generally R.Pound,'Mechanical Jurisprudence'(1908)8 *Columbia Law Review* 605.

个关于人类身份的无限可塑性以及这些交叉特征如何使歧视体验进一步恶化的概念(第六、七条)。人们还可以在《公约》中看到独立生活和融入社区这一创新性的权利(第十九条)。在很大程度上,身份是经由人类互动而建立起来的,而恰恰是这种互动拒绝了很多残障人士(的参与)。《公约》还包括了许多积极参与的权利,这些权利以各自的方式打开了通往生活世界(经济、社会和文化领域)各方面的途径。除此之外,还有一个(残障人士)在任何影响自身的公共决策过程中(如何)主动介入(而不仅仅是被征询意见)的创新权利(第四条第三款)。《公约》在这一点上的用意是,如果人们压根儿无法改变制造坏法的程序,那即使有了帮助人们挑战坏法的公约又有何意义？ 人们在《公约》中还能看到一个处理经济、社会、文化权利的新途径。这一新途径并不假借把残障者置于神坛之名,使其陷入福利牢笼。它转而是要促进人类繁荣。《残疾人权利公约》还体现了一种更广泛的平等概念,这一概念自觉地包含了经由时间累积起来的社会不利因素(disadvantage)。① 承认社会不利因素是一回事,但《公约》更想试图通过创造参与及在社区中自我实现的机会,来扭转这种不利局面。

由于更加深入地理解了对人意味着什么,特别是对一个有残障的人意味着什么,上述所有这些内容就都成为可能了。基于残障的因素,这些深入的理解已经不可回避。人格基础的问题有可能、也曾经在其他公约起草过程中被放在次要位置上。没有人会严肃地质疑女人是人、少数种族者是人、移民和难民也是人等问题。当然,在《儿童权利公约》的起草过程中,关于儿童何时成为儿童曾有过争论。② 但那些争论与任何运用心智以识别人格之基本要件无关(此处暂不考虑有关人格问题的"**本质论**"的正当方面),而更多的是出于要确保未出生的人也算作人这一更为狭隘的政治目的。

那么残障者的人格,特别是那些有极重度智力障碍的人的人格又如何呢？

---

① O.M.Arnardóttir, 'A Future of Multidimensional Disadvantage Equality?', in O.M.Arnardóttir and G.Quinn( eds.) , *The UN Convention on the Rights of People with Disabilities : European and Scandinavian Perspectives* ( Dordrecht : Martinus Nijhoff 2009) 41, 47–54.

② See P.Alston, 'The Unborn Child and Abortion under the Draft Convention on the Rights of the Child' ( 1990) 12 *Human Rights Quarterly* 156.

是否可以说,现今残障者可见的生活状态与**"无主之人"**的**"神秘体系"**相差甚远,以至于他们根本不算是人了,他们不适合成为正义理论中的主体,他们也不被允许从权利中获益呢?(德国)纳粹肯定是这么想的。① 这里试图要说的是,人权领域中的许多人,直到最近都还倾向于这样思考。这些人还把残障者,特别是有智力障碍的人,以社会福利的名义保护起来。这种福利行为常常将残障者同主流社会隔离,以此为代价为残障者提供基本需求。难道与"**神秘体系**"存在重大差距,就可以取消一个人做人的资格吗?

毫不夸张地、也可以是形象地说,《残障公约》的闪光点是第十二条的起草。该条无甚害处地冠以"在法律面前获得平等承认"之名。这一条的最终文本是若干迥然不同的推动力(竞合)的结果。正如大多有争议的、国际磋商达成的文本一样,这一条也具有构造起来的模糊性。总的来说,这一条促使国家远离了"**以缺陷为导向**"的残障观,而转向另一种立场,即视脆弱性为人类境况的普遍特征,经由充分支持得以弥补(不一定由国家或在法律基础上提供支持)。包括本文作者在内的少数人,在第十二条文本如何演变中意识到它有这样的可能性,即它揭示出有关人格的人权之说中的一些深层矛盾,以及它对人权的更为广泛的影响。

结果是,《残障公约》的一般层面,特别是第十二条,都促使我们要揭开权利之说下人格的"**神秘体系**"。首先,《公约》推动了这样一种理解,即人的人格(human personhood)事实上并非原子化的、而是共享的。我们在彼此扶助的同时,几乎总是在彼此威胁。这证明了人格与人类繁荣蕴含着某种程度的相互依赖,也蕴含着某种程度的相互独立。通过《公约》,我们可看到人格蕴含着某种社区的视角,这一视角塑造了个体化的进程(the process of individuation)。人格的这种理解,带着之前古人的领悟,即,最值得拥有的自由是:归属、贡献以及被自我以外的其他主体接纳和重视的权利。②

现在,本文要探索第十二条中包含的人格更深层的理论,以及实际上这一

① E.Colombo, Italian Minister for Foreign Affairs, Preface to M.R.Savile, *The Disabled Persons and the International Organizations* (Rome: International Documentation Ent. 1981).

② See Sir E.Barker, *The Political Thought of Plato and Aristotle* (Mineola, NY: Dover 2009) (1st edn 1959).

理论如何绊上、乃至碰翻了一块人权思考中的基石。为此,本文必须将《残疾人权利公约》中的一些理论创新置于第十二条的革命性情境中。这些创新有更新普遍人权思考的前景,而并不仅仅是在残障领域中。在更详细地考察第十二条之前,现在我们需要检视《残疾人权利公约》取得突破的人格途径。

## 二、人格:一个饱受争议的概念

权利是为了人民(humans)。但哪些人算是人民呢? 总的来说,纵观世界,有资格成为一个人之"**主体**",一个法律面前的"**人**",或者一个具有道德能动性的有知觉的存在(sentient being),往往符合以下条件。这具体包括:能够理性地理解世界;能够理性地处理信息;能够理性地理解个人行为给自身及他人带来的后果;能够理性地选择替代行动方案;并拥有充分的沟通能力,以向他人理性地传达自己的意愿和偏好。① 请注意,这里隐含的假设为,认知能力是人格的"**本质**"。一旦你拥有充分的认知,那就被赋予了广泛自由,甚至可以做结果必然有害的事情。尽管人们有可能重复相同的错误(比如婚姻总是失败),但可以肯定的是,有认知能力的人还是拥有了某种承担风险的尊严。有较少认知能力的人,却未被允许拥有同样范围的承担风险的尊严,一种满载若干世纪家长制保护主义的冲动盘踞此地。

保护人们免受自己或他人的伤害并不必然就是坏事。事实上,《残疾人权利公约》第十六条有一个创新的规则,它确保残障者"**在与其他人平等的基础上**"有权免于暴力、剥削和凌虐。这体现了保护与个人自治对抗中的彻底的重新平衡。过去,尽管可供替代的成人保护体系本应做一个更有效的工作,但出于保护的目的,残障者被剥夺了处理其个人事务的决定权。可是,我们移除(残障者)为自己作决定的权利真的是在保护他们吗? 证据显示并非

---

① This focus on cognition and rationality in granting legal personhood can be seen in functional tests of capacity, as is demonstrated in the England and Wales Mental Capacity Act 2005.

如此。①

这个风险是很大的。在没有第三方或者国家干预的情况下,一个人为自己作决定的权利,给自己的人生轨迹绘图,被认为是自由派法学和政治哲学的基石与最高成就。这一权利源自法律面前把人作为人的承认。这一权利使得个体能够按照自己的意愿、偏好以及对美好生活的设想来引导自己的命运。因此,这一权利对视为一个基于个人良知与自由的开放和自由的社会的建立至关重要。

"**法定资格**"(legal capacity)的概念,仅是人们在这个世界上行使他们道德能动性的一个法律工具。当它作利剑使用时,能提供给人们在生活的各个方面为自己作出决定的权利,而且重要的是,这些决定得到了他人的尊重。它的适用领域包括:亲密关系领域(婚姻、组建家庭及收养孩子的权利)、社会领域(社区生活的社会融合)、政治领域(选举、担任或竞选公职的权利)。法定资格还适用于经济领域,在这其中,我们大多数人需要通过诸多私人交易(缔结合同,控制银行转账,拥有、租赁和管理自身财产等权利)来主导自己的生活。从这个意义上讲,法定资格是行使一系列广泛权利的枢纽。当它作护盾使用时,法定资格也能施法以避开那些意图替我们作决定的人,即便那些人是善意的。这包括反对强制治疗的权利、对各种医学或其他的治疗、干预,或同意或拒绝的权柄。

随着丧失法定资格而来的是一种"**民事死亡**"(civil death),这对任何人可能都是灾难性的。② 一个人丧失法定资格,通常导致第三方为他作决定(所谓的"**替代性决策**"/substitute decision-making)。这一第三方决策,可以是非正式的;也可以采取有限监护(局限于一类特定决策内容或一个特定时间段内)的形式;或者是其最极端的形式,即完全监护(涵盖个人生活的所有方面)。这些替代性决策被设想为依据当事人的"**最大利益**"作出的,同时有适当的程序保障(排除了利益冲突)和实质保障(无权作出某些种类的决策)。过去,防

---

① B.J.Winick,On Autonomy:Legal and Psychological Perspectives(1992)37 *Villanova Law Review* 1705,1755-68.

② W.Blackstone,*Commentaries on the Laws of England*,Vol. 1,442-5(Oxford:Clarendon Press 1765).

止滥用（替代性决策）的保障措施的有效性遭到高度质疑。[①] 不幸的是，由于缺乏使用而退化了的可行能力（capabilities）很难恢复，丧失法定资格可能显示出自我延续性。受此影响的人主要包括：有智力障碍的人、有精神疾病或问题的人，甚至有沟通障碍的人。特别是随着世界及欧洲的老龄化问题加剧，这一人群势必会不断增长。[②] 世界各地（包括欧洲）还有许多法律、实践和政策过度限制了残障者为自己作出决策的法定资格。

回顾过去，我们认识到残障者并非是唯一遭受"**民事死亡**"的群体，这一点很重要。妇女法定资格乃至人格要和配偶的合并在一起，这种情况也部分地被合理化为错置的家长制了，说明了耗费几个世纪才褪去的奴隶制现象的某种形式。[③] 现在妇女在法律面前是完整的人，有权利拥有和处置财产、缔结合同以及在其他方面掌控她们个人的命运。这是联合国《消除对妇女一切形式歧视公约》（CEDAW，1987 年）第十五条的结晶，该条不容忍妇女法律行为能力的任何例外。即便家长制在性别情境下已无落脚之处，但一般它在儿童（领域）的理论上仍有一些回旋余地，因为（至少在达到一定年龄以前）儿童缺乏为他们自己作出很多决策的能力。尽管如此，这里有带着平衡含义的一种义务（通常首先落在父母身上），这种义务要求积极培养儿童的能力，渐进地给他们赋权以使他们能够为自己作决策。这是通过（或至少在理想情况下通过）家庭的社会资本以及儿童成长所在的社区的自然支持来实现的。在这一意义上，儿童领域的家长制有正当理由，因为它是一个逐渐消失的现象，这一现象随着传授行使自治所需的能力与洞见的背景支持系统取得预期效果而逐渐停止。值得注意的是，残障领域的家长制从未伴随着任何逐渐好转的哲学。对此

---

① For an analysis of guardianship regimes in Eastern Europe *see* Mental Disability Advocacy Centre's（MDAC）series of reports，titled *Guardianship and Human Rights*.

② European Commission（Economic and Financial Affairs），*The 2012 Ageing Report*：*Underlying Assumptions and Projection Methodologies*，20，http：//ec.europa.eu/economy_finance/publications/european_economy/2011/pdf/ee-2011-4_en.pdf.

③ In England and Wales，one of the last vestiges of this 'civil death' upon marriage was not removed until 1973 with the enactment of the Domicile and Matrimonial Proceedings Act，which abolished the rule that，upon marriage，a woman's domicile was automatically considered to be her husband's，regardless of whether the couple had subsequently received an order of judicial separation.

可能的假设是:与儿童不同,有些残障即便时光流转也无法在能力上得到改善。

　　幸亏有了《残疾人权利公约》,至少在理念层面上残障者,特别是有智力障碍的人开始显现出充分的法律人格。《公约》第十二条与《消除对妇女一切形式歧视公约》第十五条十分相似。到目前为止,世界上有 95 个国家已经批准了《公约》。美国已经签署了公约,正在等待参议院的批准。为了把握《公约》第十二条所代表的新范式的革命性潜能,我们现在需要专门探索一下残障领域中两个较为传统的有关可行能力(capacity)的理论,然后将二者与第三个"**现代**"理论作比较。

　　第一种"**以(法律)身份为基础**"(status-based)的模式,即法定资格的评估是纯粹基于认知能力损伤的医学诊断之上。换句话说,拥有某种残障(通常以丧失认知能力或有精神疾病为要点),在法律上就无异于丧失法定资格。虽然有认知缺陷,但仍保有至少在涉及一些特定决策时的剩余决策能力是毫无道理的。在某种程度上,这和过去若干世纪以来已婚妇女(包括有已婚妇女身份的人)的人格全部并入其配偶人格非常类似。

　　第二种"**以结果为基础的模式**"(outcome-based),即考虑一个人先前的决策或作出决策的模式,然后评估其与"**正常**"或者"**社会价值**"的一致性。如果两者存在较大差异,那么这个人就被视为缺乏意识能力(mental capacity),因此极易丧失法定资格。这类似于,如果一个人作出一系列的挥霍决策(例如购买一盒子昂贵的影碟而不吃饭),或是缺陷决策模式可被识别出来(重复爱上"**错误**"类型的人),那么这种"**坏**"决策的模式就显示出某人有丧失法定能力的可能。换句话说,在这一模式下法律是从一种对"**坏**"决策的认知出发,回溯到一个人缺乏相应的法律决策能力的假设。

　　但是,现在有一点已经很明确了,即作为有认知损伤的人的这一身份,并不必然导致涉及这个人有法定资格为自己的生活决策的结论。作为原则性问题,"**以结果为基础的模式**"应该受到质疑,因为它公然违背"**法治**"的目标之一,即在合法而不侵犯他人相同自由的前提下,为个人对善的想法的表达创造最大空间。① 从实践角度考虑,这一模式也应该受到质疑,因为,即便社会有

_____

① *See* J.Rawls, *A Theory of Justice* (Cambridge, MA: Harvard University Press 1971) 235-43.

权把一种坏决策的模式作为（某人）缺乏法定资格的表面上确凿的证据（*prima facie evidence*），也不能仅凭一个坏决策模式就判定（某人）缺乏意识能力，以至缺乏法定资格。

由于对这两种传统理论的缺陷有着缓慢却不可阻挡的觉醒，20 世纪 90 年代出现了第三种模式。第三种模式被标记为"**功能主义模式**"（functional approach）。[1] 这一模式的一个最佳代表是 1999 年欧洲理事会部长委员会（the Committee of Ministers of the Council of Europe）精心起草的"**关于无能力成人法律保护的原则**"（principles concerning the legal protection of incapable a-dults）第(99)4 号建议案。这一模式通过"**具体问题具体分析**"来评估意识能力（及最终的法定资格）。也就是考察一个人在一个特定时间点作出某个特定类别的决策时的、真实的而非假定的、功能性的能力。这要求得到评估的决策能力涉及的是特定决策而非泛泛而论。因此，某人在一个事项上的意识能力（例如作出财务决策的能力）的评估结果，不能决定他在其他事项上的能力（例如发生性关系或作出医疗决定的能力）；而且，可能在某一天某人是缺乏能力的，但之后又恢复了能力（可能取决于精神疾病的严重程度、治疗的效果以及社会支持的质量）。

令人瞩目的是，这种更为现代的"**功能主义模式**"否定了存在"**丧失能力的人**"（incapacitated persons）这一观念。而是认为，涉及某些特定类别的决策时，人们可能是无能力的，但这必须要由证据来证明。"**功能主义模式**"假定人们有功能性的能力来作决策，但也勉强承认了允许使用"**替代性决策**"，尽管这些"**替代性决策**"仅适用于一系列狭隘的情况，并伴随着保障措施。

"**功能主义模式**"听起来非常符合常理，而且确实也是对先前模式的改进。那为什么还要改变它呢？值得注意的是，这三种模式具备一些共同的基本特征。第一，它们实际上共享了医疗模式。尽管精神病学家所受的训练是诊断和治疗，但他们经常应邀对一个人管理其日常事务的能力出具专家证明。

---

[1]　A.Dhanda,'Legal Capacity in the Disability Rights Convention: Stranglehold of the Past of Lodestar for the Future?'（2006－7）34 *Syracuse Journal of International Law and Commerce* 429, 431-2.

传统上法院对专家报告的采信,毫无疑问地意味着所有涉及的问题都是功能问题,实际上是基于身份来决定能力的。① 第二,三种模式均强调意识能力是具备法定资格的必要条件(sine qua non)。而意识能力又被专门地(和狭隘地)理解为认知能力。因此,某种程度上,它们又都归因于人之理性的"**神秘体系**"。第三,三种模式倾向于关注限于一时的(synchronic)决策能力的特征,即仅是在特定时点上作出某个决策的能力。这三种模式都没有兴趣在一个更广义的或历时性的(diachronic)意义上考虑决策制定。第四,三种模式似乎在它们的决策制定中都没有考虑一个因素,即事实上大多数"**普通**"人也都依赖一系列广泛的支持、社会提示和社会资本的利益,给出他们最终选择的情境、意义和方向。合作决策(co-decision)而非纯粹的个人决策才是常态。如果把一个人(任何一个人)从确定他身份与决策的这些社会提示中隔绝开来(例如通过机构化),而且如果连接人与人的"**神秘记忆和弦**"②被打乱,那么他的决策能力必将受损。第五,三种模式都没有直接提及对支持的需求。这一支持是提供给残障者以增强他们的剩余能力,并协助他们作出涉及自身的决策。

至此,《残疾人权利公约》蕴含的全新模式所需的舞台已经搭好。这一新模式只有透过一个截然不同的人格概念才能落地生根。正是这一突破,才彰显了《公约》第十二条具备的特殊重要性(exceptional importance)。

# 三、《残疾人权利公约》第十二条:
## "革命"多于"改良"

法定资格问题不断地成为新《公约》的核心。如前文已经指出,残障领域中的一个主要问题是,残障者总是被当作"**客体**"来对待(被管理、照顾或控

---

① See, e. g., Mental Disability Advocacy Centre(MDAC), *Guardianship and Human Rights in Bulgaria*(2008).

② A.Lincoln, *First Inaugural Speech* (Washington 1861).

制)，而不是"**主体**"(能够主导自己生活的)。① 在一定意义上，第十二条是
《公约》提供的武器之一，意在回击各种控制现象，特别是那些规定的极为宽
泛的有关民事监管法(civil commitment laws)和允许强制治疗的法律。第十二
条第一款陈述得很清楚，即残疾人享有在法律面前的人格在任何地方均获得
承认的权利。有趣的是这居然需要如此明显地给予说明。第十二条第二款规
定残障者"**在与其他人平等的基础上**"、"**在生活的各方面**"享有行使法定资格
的权利(the right to exercise legal capacity)。这里并不清楚谁是那些"**其他人**"
(即参照者)。第十二条第三款是第十二条的核心内容。它大意是规定缔约
国应当向残障者提供其行使法定资格所需要的协助。这标志着一个从以缺陷
为导向的监护范式向支持范式的决定性转折。缺陷范式首先着眼于决策制定
有缺陷，随即取缔了作出决策的法律权利(legal rights)。而支持范式是利用
有缺陷的这一事实，来探索支持残障者增长和实践这些可行性能力的途径。
第十二条第四款提供了一个全面的保障措施清单。有些缔约国把它解释为理
性化的功能主义模式(这至少将允许一些监护或替代性决策)；②然而，有些缔
约国把第十二条第四款解释为仅适用于对法定资格的支持模式，而不允许适
用于任何形式的替代性决策。第十二条第五款很明确地规定：行使法定资格
的权利适用于一个人的个人财务领域。

与过去截然不同，第十二条似乎是在要求一种几乎不容辩驳的对法定资
格的推定(presumption)。实际上，它将意识能力(它是能够变化的)从永恒存
在的法定资格权利(right to legal capacity)中分离出来。它要求缔约国通过支

---

① G.Quinn and T.Degener, 'The Moral Authority for Change：Human Rights Values and the Worldwide Process of Disability Reform', in Gerard Quinn *et al.*(eds.), *Human Rights and Disability：The Current Use and Future Potential of United Nations Human Rights Instruments in the Context of Disability* (Geneva：OHCHR 2002)9.

② For example, upon ratification, Canada entered the following declaration and reservation：'Canada recognises that persons with disabilities are presumed to have legal capacity on an equal basis with others in all aspects of their lives.Canada declares its understanding that Article 12 permits supported and substitute decision-making arrangements in appropriate circumstances and in accordance with the law. To the extent Article 12 may be interpreted as requiring the elimination of all substitute decision-making arrangements, Canada reserves the right to continue their use in appropriate circumstances and subject to appropriate and effective safeguards'(11 March 2010).

持人们能动地行使他们的法定资格,来回应意识能力的脆弱性。

即便有严重认知残障的人,都可不考虑其残障而仍然保有完全的法定资格,这一念头看起来似乎有悖常理。但 2006 年以来,有一种明确的观念已经成型。现在,这一观念将我们对第十二条的理解引向支持模式,这一模式在于增强可行能力,而非一看到人有缺陷就移除权利。例如,2009 年,联合国人权事务高级专员办公室的一份报告表明了立场,认为直接或间接地基于残障而认定无法定资格(legal incapacity)制度与《公约》不符。该报告特别支持了向支持范式的转变。①

当然,联合国人权事务高级专员办公室并非《公约》的官方解释机构,但其话语在国际法律秩序中也是特别有分量的。相应的公约监督机构——联合国残疾人权利委员会(以下简称"委员会"),已经在对第十二条非常积极的理解之上,就缔约国报告撰写结论。近期,委员会已经审议了西班牙与突尼斯的报告,这两个国家仍采用残障人士监护制度来剥夺或限制他们的决策权。委员会的立场是:这两国仍然都在实施对于残障者的监护制度,而这移除和限制了残障者作决策的权利。对这两个国家的情况,委员会表达了关切,"缔约国尚未采取任何措施,在行使法律权利能力方面以受到支持的决策取代替代性的决定"。② 对于这两个国家,委员会建议缔约国考虑"审查允许监护和委托权的法律并采取行动制定法律和政策,更换替代作决定制,雇用辅助作决定制,以尊重人的自决、意愿和愿望"。③ 委员会目前正在起草对第十二条的一般性意见(有效深入地阐明委员会在第十二条的解释上所考虑的各种观点)。考虑到目前为止委员会已有结论的基调和内容,一般性意见将很可能对支持性决策模式的具体形式展开扩展性的讨论,而非仅仅强调从缺陷模式向支持

---

① UN OHCHR, *Thematic Study on Enhancing Awareness and Understanding of the Convention on the Rights of Persons with Disabilities*, para. 45, UN Doc. A/HRC/10/48(26 January 2009).

② *Consideration of Reports Submitted by States Parties under Article 35 of the Convention*; *Concluding Observations*, *Tunisia*, Committee on the Rights of Persons with Disabilities(CRPD), 5th Sess., UN Doc.CRPD/C/TUN/CO/1(11-15 April 2011)4.

③ *Consideration of Reports Submitted by States Parties under Article 35 of the Convention*; *Concluding Observations*, *Spain*, Committee on the Rights of Persons with Disabilities(CRPD), 6th Sess., UN Doc.CRPD/C/ESP/CO/1(19-23 September 2011)5.

模式的转变。

欧洲人权法院(ECtHR)在解释缔约国在《欧洲人权公约》(ECHR)下的义务时,已经援引了《公约》作为辅助(甚至针对还没有签署《公约》的国家,如瑞士)。① 欧洲人权法院的判例在涉及第十二条时,正朝着一个积极的方向移动着。最近,在特别针对第十二条的"斯坦那维诉保加利亚"(*Stanev v.Bulgaria*)(2012 年 1 月)一案的判决中,法院显示出了它对现有监护法律将进行更为严密的审查。② 本案当事人在未得到其监护人的许可下,无法对自己在某社会福利机构内遭受的羁押和有辱人格的待遇提出抗议。这使法院认为像保加利亚这样的国家,它的监护制度违反了《欧洲人权公约》第六条规定的获得公平审判的权利。2012 年 2 月,欧洲委员会人权事务高级专员托马斯·海马博格(Thomas Hammarberg)以个人名义发表了《关于欧洲法定资格改革》(*Issues Paper on legal capacity reform in Europe*)的问题报告。该报告也强烈赞同《公约》第十二条的现代理念。③

这一领域的规范性发展并不限于联合国或者欧洲。《美洲间消除对残疾人一切形式歧视公约》的相关监督委员会根据《公约》第十二条的解释,已经发表了对它们自己所监督的公约的《一般性观察》(*General Observation*)。④《观察》对于《公约》第十二条的表达"意味着一种从对个人意愿的替代的范式转变……到基于支持和保障的决策制定的新范式",而且"《公约》所设想的这种支持'恰当地'关注于能力(而非残障)和环境中的障碍消除,以协助残障者畅通无阻并积极地融入社会生活。"⑤

---

① *Glor v.Switzerland*,13444/04 ECtHR(Sect. 1)(2009).

② *Stanev v.Bulgaria*,36760/06 ECtHR［GC］,para. 72(2012).

③ T.Hammarberg,*Who Gets to Decide? Right to Legal Capacity for Persons with Intellectual and Psychosocial Disabilities*,Issue Paper commissioned by the Council of Europe Commissioner for Human Rights,Comm.DH/Issue Paper(2012)2(20 February 2012).

④ General Observation of the Committee for the Elimination of All Forms of Discrimination against Persons with Disabilities on the need to interpret Article I.2(b) in fine of the Inter-American Convention on the Elimination of All Forms of Discrimination against Persons with Disabilities in the context of Article 12 of the UN Convention on the Rights of Persons with Disabilities,OEA/ Ser.L/XX-IV.3.1,CEDDIS/doc. 12(I-E/11)rev. 1(4–5 May 2011)6.

⑤ *Ibid.*,5.

　　简言之,作为起草新立法时的主要出发点,这种赞成支持范式转变的趋势是很明显的。那么人们该如何理解这场"**革命**"呢? 它又如何通过沟通能对他人产生说服力呢?

　　这场革命的重点在于:只有一个人放弃了以认知作为人格的根本,这场革命才有可能实现。《公约》中没有一处把理性或无主之人的"**神秘体系**"作为基础。实际上,《公约》更依赖的是一种对人类存在的现实及复杂性的坦诚认知。与神秘体系相比,这一认知与现实更合拍,其他学科的研究也不断展现出了这一现实。例如,当代神经科学表明了头脑中的想法(the conception of the mind)实际上是一个关系性的看法(relational idea),它随着与他人的关联而演化。① 当然,恰恰是这种互动的可能性拒绝了大多数有智力障碍人士。同时,当代的临床心理学不仅质疑认知和情感之间的可渗透性,更是质疑区别两者这一问题本身。② 意愿和偏好比认知更重要。

　　联系(connectedness)、融入(involvement)和参与(participation)都是实现繁荣的关键因素。这些因素把我们和无数的、非正式的支持相联结,使我们自然而然地从中得到人类互动。在人们自己的社区中,把人和社会资本重新联系起来,是实现人类繁荣的关键因素之一,特别是对那些社会联系像纸一样薄的人而言,这当中肯定包括了老年人。利用各种权利来重启这一联系是《公约》的关键。

## 四、革命的成果:《残障公约》的其他创新

　　《残障公约》采纳一个更为全面的人格概念也引发或辅助了《公约》的其他概念性创新。与对残障领域的一般性权利的刻板适用的详细描述相比,这一全面的人格概念使那些创新更加清晰可见。

　　多元交叉这个广受赞誉的概念是重要的。它基于这样一种理念:人类境

---

① See A.Damasio, *Self Comes to Mind:Constructing the Conscious* Brain(New York:Knopf Doubleday 2010).

② See J.Lehrer, *How We Decide*(Boston,MA:Houghton Mifflin Harcourt 2010).

况不可能被整齐地投射到毫无关联的身份或者标签上；而且在某种程度上，这些身份的累积和叠加效果并未在已有人权文件中传统的禁止歧视的规定里引起充分注意。较其他法律文书而言，《残疾人权利公约》中更为全面的人格概念为更广泛的多元交叉立场创造了空间。《残疾人权利公约》序言的第五段（原文第(e)段）确认了残障本身是一个演变中的概念，是人与环境的互动的作用。序言第十七段（第 q 段）确认残障妇女和残障女孩较其他残障人群面临更大的风险。第六条继续确认了残障妇女和残障女孩可能遭受多重歧视，并责成缔约国采取相应措施以处理这些暴露出来的风险。与此类似，第七条聚焦于残障儿童的特别脆弱性。《残疾人权利公约》并非一个多元交叉的完美范例。① 但是，至少它在正确的方向上作了一次尝试。监督《公约》的委员会在这个问题上将是何种走向，还有待观察；希望委员会能协助多元交叉这一概念的成长，因为在《残疾人权利公约》中，多元交叉已多少有些根基了。

同样，独立生活和融入社区的权利（第十九条）也产生于这一更为广泛的人格概念。这一条包括选择住在何处、与谁同住以及在何种条件下居住等权利。在一定程度上，社区融合会增强残障者的可行能力。过去不合时宜的机构化切断了这种与社区的天然联系，进而部分地导致了（残障者）决策能力的下降。家(a home)不仅仅是砖瓦泥沙。家是"生活中的个体在日常活动中的延续与镜像"，而且强有力地促进了**"身份的具体化"**(materialization of identity)。② 因此，在这里强化法定资格与实现有意义的去机构化之间，具有共生的关联。

保护残障者免受暴力、剥削和虐待，恢复其决策能力，使他们过上自己想要的生活是不够的。人类互动的许多领域都需要被打开。那些领域让生活变得更有意义，也为人格繁荣添加了一些核心要素。这就是《残疾人权利公约》中各种无障碍及参与权之所以如此重要的原因。第九条处理的是无障碍上的一般权利。第二十九条涉及残障者畅通无阻于政治世界的权利。这一条之所

---

① See generally D. Schiek and A. Lawson ( eds.) , *European Union Non-Discrimination Law and Intersectionality*: *Investigating the Triangle of Racial*, *Gender and Disability Discrimination* ( Farnham: Ashgate 2011).

② I. M. Young, *Intersecting Voices*: *Dilemmas of Gender*, *Political Philosophy and Policy* ( Princeton University Press 1997) 150.

以格外重要是因为(尽管残障人士人数众多但)他们常常缺乏政治影响力。第三十条处理的是有权得到和参与文化、休闲以及体育运动的权利。这一条蕴含了一些非同寻常的特征。这些无障碍的权利使得司法体系情境中的第十三条逐渐丰满起来。尽管如此,要点在于这些权利成为标准,并不仅仅因为它们允许人们参与原来遭受排斥的领域或者影响公权力,更因为它们是用来促进自我转化与个体增值的。

前文已经提到,《公约》中的平等概念本身也是一个创新。[1] 它明显考虑到了累加起来的社会不利因素,也考虑到了相互交叉和多重歧视。这促使我们重新界定法定资格的问题,特别是在缺乏融合系统和社会联系的情况下,从特定时点上的决策转向对一个对社会不利因素的更深层次的探索。还需注意的是,不能给予个体提供"**合理便利**"本身就构成了歧视(第二条对歧视的定义)。尽管如此,在残障语境下狭隘地设计平等显然不够,这才是要点。从这个意义上讲,《残疾人权利公约》没有太多揭示有关残障的特殊性,而是阐明了一些适用于所有人的概念。

《残疾人权利公约》的另一个创新特色是它将公民与政治权利同经济、社会、文化权利混合在一起的方式。《公约》不仅关心扩展人的自由,而且非常自觉地为这个自由创造条件。因此,举例来说,仅仅用替代性决策来应对逐渐消减的意识能力是不够的。现在,我们需要一种更为实质性和结构性的应对机制。从修辞上看,它还说出了广受吹捧的权利相互依赖的实情,这一点非常有趣。《公约》这样做时,并没有重复那些关于相互依赖的仪式化的或刻板的魔咒,而是通过塑造社会支持,使得更广泛的个人自由成为现实。

## 结论:对更广泛的人权领域的启示

传统的人权思考总是无法超越对权力及个人与权力互动关系的痴迷。它

---

[1] See O. M. Arnardóttir, 'A Future of Multidimensional Disadvantage Equality?', in O. M. Arnardóttir and G.Quinn(eds.), *The UN Convention on the Rights of People with Disabilities: European and Scandinavian Perspectives* (Dordrecht: Martinus Nijhoff 2009) 41,47-54.

是基于一种对人的境况明显不现实的理想主义图景上的。通过转变惯常的逻辑，并首先聚焦于人类繁荣，《残障公约》展现了它可能塑造权利、使之更自觉地包含为了人类繁荣所需的各种条件。这一革命性的进步，有赖于对人格的一种新态度。这一态度是不给认知或理性优先权的。人们不再仅仅是俗套的**"权利拥有者"**，而是拥有或大或小梦想的人，人们在社区里生活并茁壮成长。权利之说如果是相关的，则必然要做到这些。

《残疾人权利公约》的理论创新包括：多元交叉；独立生活和融入社区的权利；广泛的参与权；更深刻的平等理论；对于经济、社会和文化权利的一个更加微妙的进路以将它们明确地和一个自由进程相关联。一旦人们理解了《公约》在移向对人格与繁荣的一个更深刻的构想，所有上述理论创新便都有答案了。这些创新能够也应该被转化到已有的其他人权公约中。

如果当前针对老年人权利的主题公约的起草程序严肃开展的话，就最容易看到这些创新的可移植性。① 增强老年人的能力，以使他们掌控自己的生活无疑是重要的。准备就绪的、恰当的社区支持可以避免老年人对于住宿机构的需要。嵌入一个参与的权利，有助于弥合随时间自然磨损了的社会联系的各种头绪。通过安排社会支持以促成一个积极的生活，看起来比收容这些人、以达到眼不见心不烦明显要好得多了。这是一场值得输出的革命，并不仅仅因为《残疾人权利公约》的技术创新提升了理论，更是因为《公约》坚定地以人是什么为起点，其次才是实现(人类)繁荣所需的权利。《公约》第十二条的内容使这些成为可能，这也让它具备了不可预期的革命性。

本文将用一个更广泛的评论收尾。未来若干年，《残障公约》中对人格概念的惊人转变将很可能显得至关重要，这还有另一层原因。2008 年美国颁布了世界上第一部禁止歧视性利用遗传信息的法律，即《遗传信息非歧视法案2008》(*Genetic Information Non-discrimination Act 2008*)。这部法案的主要目的在于通过向人们确保信息遭滥用时的救济途径，来提高公众对于发展遗传科学的信心。与之类似，欧洲的立法也即将完成。尽管这些做法颇有价值，但其

---

① Resolution to Establish an Open Ended Working Group on Ageing, United Nations General Assembly, 65th Session, UN Doc. A/RES/65/182(4 February 2011).

实它是掩盖了更深层次的问题,即:如何或是否应该规范新的遗传或其他医学技术以操纵人的性格,甚至设计(如果这是一个正确词)人类。我们现在认为作为我们这一身份的重要组成部分的性格,能否或是否应从我们的设计蓝图中被筛除？我们的精神功能能否或者是否应被增强？工作场所里的同事能否或是否要被设计得更宽容？军队里的战士要被设计得更高效？下一代人权思想家与社会活动家将无法回避这些问题。在这个几乎不可避免地朝向噩梦般的走下坡路的过程中,《残障公约》的核心观念将为我们提供一个重要的立足点,即人类不可以被削减到只剩精华。我们之所以是我们,是因为我们的社区互动(这并非事先设计好的)。还有,在认知能力使我们的存在变得更加复杂的同时,它也不能摧毁我们的人性。

（王　佳　译　周　超　李　敬　校）

# 残障权利公约中的法定资格：
# 既往的钳制还是未来的指南？

[印度]阿米塔·达恩达

## 导　　论

人权公约为国际社会建立了普遍规范。这些规范是通过一个形成共识的过程达成的。人们一般认为，为了达成一致意见，国际人权法通常是设定最低标准。即便这一说法仅是部分正确，那么，我们能从《残疾人权利公约》（有时简称《公约》）里期待得到哪些赋权和改变呢？① 为了回答这一问题，需要分析一下这个业已尘埃落定的文本。但是，仅仅分析文本不够，因为这个《公约》的谈判过程与其他人权公约的不同。《残疾人权利公约》所创造的这一动态进程，将会影响《公约》的实施和解释。因此，有必要通过《公约》磋商过程了解情况，对这一文本进行评估。② 考虑《公约》制定过程中的转承契机，目前

① Convention on the Rights of Persons with Disabilities, G. A. Res. 61/106, U. N. Doc. A/RES/61/106( Dec. 13,2006) ,*available at* http://www.un.org/esa/socdev/enable/rights/convtexte.htm( last visited Apr. 4,2007) [hereinafter CRPD].

② The General Assembly by resolution established an Ad Hoc Committee which invited states, relevant bodies and organizations of the United Nations system, including relevant human rights treaty bodies, the regional commissions, the Special Rapporteur on...non-governmental organizations with an interest in the matter to make contributions to the work entrusted to the Ad Hoc Committee, based on the practice of the United Nations. G. A. Res. 56/168, P P 1,4, U. N. Doc. A/RES/56/168( Feb. 26,2002). On the strength of this directive and due to some proactive chairing, there has been unprecedented participation by civil society in the formulation of the Convention. This participation has influenced every

进行这一评估时机正好。①

对《公约》的评估可以从不同方面进行,但我在本文中自我限定只评估《公约》中对"**法定资格**"(legal capacity)的构建。② 这一针对法定资格而非其他权利的评估,将展示《公约》如何挑战了那些有关残障的陈规旧制。

这一评估将按照如下顺序进行:第一部分将分析不同法域中的国内法如何构建起了残障者的法定资格,那些为了弥补这些法律的明显不足而进行的改革措施,以及这些改革措施的局限。第一部分还将介绍可以指导构建法定资格的理想范式。第二部分在国内法和学术话语对法定资格进行构建的背景下,检视了特设委员会如何对法定资格进行精心考虑。这部分包括第一次到第八次特设委员会会议中演变出的不同的文本和相关论证。第三部分会审视

---

stage of the Convention process, and explains the holding of a formal plenary subsequent to every informal session between State Parties. The comprehensive response of the International Disability Caucus (IDC) to the working text formulated by the Chair and the news page brought out by the IDC were other mechanisms the civil society employed to have its voice heard. Thus, the Convention cannot only be seen as a product of state party negotiations; it is as much the consequence of the persuasive, educative, and advocatory roles performed by civil society.

① The Eighth Ad Hoc Committee on the Rights of Persons with Disabilities met from Aug. 14 to Aug. 25, 2006. U. N. Enable, Promoting the Rights of Persons with Disabilities, http://www. un. org/esa/socdev/enable/rights/adhoccom. htm (last visited Apr. 15, 2007). It made an ad referendum adoption of the text of the Convention on Rights of Persons with Disabilities and referred the text to an open-ended Drafting Group. Id. The Drafting Group was asked to ensure uniformity of terminology through the entire Convention text and harmonize the versions in the official languages of the United Nations. Id. Subsequent to an oral report by Chair of the Drafting Group, the text as cleaned up by the Drafting Subcommittee was adopted by the Ad Hoc Committee at the reconvened session of the Eighth Ad Hoc Committee on the Rights of Persons with Disabilities on Dec. 5, 2006. Id. The Ad Hoc Committee then forwarded the draft final report along with the text of the CRPD and the Optional Protocol, to the General Assembly, which adopted it at its session held on Dec. 13, 2006. Id. According to Article 42 of CRPD the Convention shall be open for signature by all states and regional integration organization as of Mar. 30, 2007. CRPD, art 42. The Convention on being opened for signature was signed by 83 countries and ratified by one. This number has now climbed to 90 countries. http://www. un. org/esa/socdev/enable/rights/adhoccom.htm(last visited May 7, 2007).

② This evaluation has been primarily undertaken on the strength of the various texts on legal capacity that have been proposed during the Convention negotiations. It also has the benefit of personal observation in view of the fact that from the Third Session onwards I have attended all the meetings of the Ad Hoc Committee as a member of the World Network of Users and Survivors of Psychiatry(WNUSP) delegation.

最终的文本,并审视那些充满活力的商讨如何影响了文本的内容。这一动态过程也解释了对一个面向未来的文本(a forward looking text)所试图施加的种种保守束缚。通过研究法定资格和《公约》中其他条款之间的关系就能看出,这些限制本质上是站不住脚的。本文的结论是:鉴于《公约》整个文本的要求,法定资格的条文应该得到扩大解释,缔约国所采取的各项措施,都是源自履行义务以确保所有残障者享有充分(full)的法定资格。

# 一、无资格的法律构建(legal construction of incompetence)

对不同法域残障法的分析显示,对于残障者丧失能力(incapacity)的归因发生于如下情境:

**身份归因(Status Attribution)**:根据这种方法,一旦一个人被认定为残障人士了,法律就推定此人缺乏可行性能力(presumes a lack of capacity)。于是,人们就有了这样的程式,即法律宣布有社会心理(psychosocial)、智力或肢体残障的人不能进行某项具体法律任务。例如,规定有社会心理障碍的人不能抚养小孩,[①]或禁止盲人在无协助的情况下操作银行账户。[②]

**功能测试(Functional Test)**:在这种程式中,把残障作为一种临界状态。然而事实是,如果仅是残障,并不会像前一测试那样,导致被发现了一个法律上的无资格(incompetence)状态。残障者只有是由于残障,导致不能完成某个具体功能时,才被视为无能力的(incapable)。例如,这一测试会因为某人认知缺陷(cognitive deficits),不能理解一个合同的本质,[③]或不能理解一个行为

---

① The Hindu Adoption and Maintenance Act of 1956, applicable in India, contains such a provision. See The Hindu Adoption and Maintenance Act, 1956, No. 78, ch., II 7, 8 Acts of Parliament, 1956.

② Such a disqualification may not be explicitly provided in the law but is routinely reported by blind persons. A number of testimonies to this effect were presented to the Ad Hoc Committee.

③ *See* The Indian Contract Act, 1872, § 12 ch. II para. 12. For case law insistent on similar capacity, *see* Bartlett & Sandland, infra note 10, at 574-78, 580-82.

是错的或违法的，而否认他的法定资格。①

**结果测试（Outcome Text）**：根据这种模式，法律上无资格的归因是基于残障者所作出的决定。关于这个测试一个经常被举出的例子是，一个社会心理障碍者在自愿寻求精神病治疗后不久决定终止治疗。② 在这样的例子里，一个人终止治疗的能力（competency）将遭质疑，但他一开始寻求治疗的决定却不会遭到质疑。

在第一个身份归因模式的测试中，司法解释被局限于判断有无残障。损伤存在本身，构成了判定缺乏能力（competence）的基础，这适用的是医学模式的残障视角。因此，法官得出的法律上无资格的结论，依靠的是医学专家对于有无残障的意见。司法介入的目的仅是确保，残障标签或诊断结果不能未经正当程序就给（随意）贴上了。

与第一个测试相反，功能损伤测试要求法院既要评估有无残障，也要评估是否某个特定残障会导致某人丧失了完成某个特定功能的能力。这里专家证据同样起到关键作用。研究发现在许多法域中，在这一测试下法官作出的判断，与使用第一个测试作出的判断并无不同。也就是说，一旦存在残障，法官就不会再问其他问题了。③ 例如，设想一下法官在一些法律情境下犯了这类错误，他不假思索地判断一个视力障碍的人不能养育她的孩子。而专家在其他情境下也犯了同样的错误，例如推定智力障碍者不能独立生活于社区之中。法医专家们的重要评估④已经表明，如果相关全球参数使专家们这样认为的话，那么，他们通常会在诊断之后进一步认定（某人）缺乏能力。这样的专家

---

① The M'Naughten test has been adopted as the basis of exculpation in innumerable common law jurisdictions.

② Principles for the Protection of Persons with Mental Illness and the Improvement of Mental Health Care, G. A. Res. 46/119, princ. 15, P 3, U. N. Doc. A/RES/46/119(Dec. 17, 1991).

③ For extensive examples on the interpretation of functional requirements in Indian law, *see* Amita Dhanda, Legal Order and Mental Disorder(2000). For reports on American courts, *see* Thomas Grisso, Evaluating Competencies: Forensic Assessments and Instruments(2d ed. 2003). For how British Courts deal with questions of capacity, *see* Peter Bartlett & Ralph Sandland, Mental Health Law: Policy and Practice(2d ed. 2003).

④ For a critical analysis of some of the difficulties confronting experts, *see* Peter Bartlett & Ralph Sandland, Mental Health Law: Policy and Practice(2d ed. 2003).

或者是不关心或者是没有工具去发现一个特定的诉讼当事人、被告人或被害人，是否由于他或她的残障而导致能力丧失。

此外，在结果测试中，当一个残障者作出的决定不能被社会接受时，对其能力的质疑才出现。依据这些参数去质疑可行性能力的法律条文上，结果测试的使用或多或少和第一个测试差不多。一旦残障被查实，一个残障者的可行能力总会遭质疑。

### (一)改革可行能力的努力

上面所有的测试都因范围涵盖过大而遭到了指责。它们都建立在了所有残障者缺乏法定资格的假定之上。因此，证明相反情形的责任就落在残障者身上。范围过大的原因是，所有的测试无论是原则上还是实践中，操作时都像是身份测试。即使，法院依靠专家提供社会心理指导意见，辅助其决策，但社会心理学家的判断以猜测居多，他们过分谨慎而导致了犯错。为了提高心理预判方面的准确性，人们不断创造工具，人们不断产生出文献用以能力评估。法医社会心理学家根据法律要求获得信息，然后发展工具以获得准确的信息提供给法院。这一操作是根据增强准确性的需求产生的，因此，心理学家从没有质疑过这些法律假设或测试，他们仅仅致力于提高这些测试的可靠度。①

如果法医心理学家的介入是为了加强有关法律上无资格的规范的执行状况，那么法律改革就旨在纠正规范性不足了。这些法律改革的努力一般都是从强调所有残障人的可行性能力入手，要求主张(残障者)能力丧失的那个人承担举证责任。② 类似的改革努力还主张，法律上只考虑是否有无推理能力(the ability to reason)，如果存在推理能力的话，就不能因为根据推理作出的决定而宣称无法律资格。③ 这些改革的努力还区分了无能力作决定(inability to

① *See* Thomas Grisso, Evaluating Competencies: Forensic Assessments and Instruments ( 2d ed. 2003), (highlighting the inadequacies of these tests and the efforts to upgrade them).

② *See*, *e.g.*, English Law Commission Consultation Paper No. 119, P 1. 8( 1991) ( distinguishing between mental disorder and the lack of capacity and explicitly stating that the latter did not automatically follow the former) [ hereinafter English Law Commission Paper].

③ *See* Thomas Grisso, Evaluating Competencies: Forensic Assessments and Instruments ( 2d ed. 2003), (discussing the unsatisfactory nature of the outcome test).

make a decision)和无能力表达所作的决定。① 而且,这些改革都承认行使可行能力时,如果需要协助,那么应该提供这样的协助,而非认定此人法律上无资格。② 如果接受这个前提,法律体系开始尝试任命法律承认的能够提供这种协助的人。③ 传统的法律体系里,一旦发现一个人没有法定资格,就会针对此人或他的财产去任命一个监护人。相反,新的改革努力旨在,支持而非取代这个需要协助的人。④ 但是,替代的可能性还是被保留了。⑤

---

① *See*, *e.g.*, English Law Commission Consultation Paper No. 119, P 1. 8 (1991) (distinguishing between mental disorder and the lack of capacity and explicitly stating that the latter did not automatically follow the former) [hereinafter English Law Commission Paper]. P 1. 8.

② *See* Stanley S. Herr, Self Determination Autonomy and Alternatives for Guardianship, in The Human Rights of Persons with Intellectual Disabilities 429–50 (Stanley S. Herr et al. eds., 2003). The author highlights various efforts to this end made in Sweden and Germany. He also sees movements towards greater autonomy and choice in Israel, Austria, Netherlands and New Zealand. Id. According to the author, Sweden now offers a continuum of services, none of which disenfranchise persons with disabilities regardless of the severity of the disability. These services in Sweden include the "God Man", or mentor, who is to act with the consent of the person for whom he is appointed, and whose powers can be seen as somewhat similar to those of a person who had been given a power of attorney. Most importantly the appointment of a "God Man" does not cause loss of civil rights for the person with disability. The mentor's area of operation is tailored to the needs of the person and can be limited to representation of individual rights or supervision of financial matters or attending to other needs for support and guidance. *Id.* at 430–33.

③ *See id.* The "God Man", or mentor, and the personal assistant and escort person hired by the disabled person, represent two experiments with supported decision-making and support prevalent in Sweden. Id. at 430–38. The German law has, on the other hand, enhanced the participation of a person for whom a guardian is to be appointed and has tailored the powers of the guardian to the needs of person with disability. Also, though intervention in personal matters is permitted in exceptional situations, as a general rule, the legal capacity of the person with disability to take decisions of a personal nature has been protected. Also, the appointment is subject to constant reconsideration. *Id.* at 441–44.

④ PO-Sk⟨ring a⟩ne, http://www.po-skane.org/text/sub30.htm (last visited Feb. 20, 2007). For example, the Swedish law allows a person to move the court if the mentor acts outside his authority or does any act to which the disabled person could have given consent to, but did not. Id. See also Herr, supra note 16.

⑤ *See* Stanley S. Herr, Self Determination Autonomy and Alternatives for Guardianship, in The Human Rights of Persons with Intellectual Disabilities 429–50 (Stanley S. Herr et al. eds., 2003). Thus, for example, though the mentor is ordinarily appointed with the consent of the disabled person for whom he is being appointed, there is provision in the law to make this appointment without consent, subject to medical certification and court order. Sweden has also retained the system of appointing a forvaltare, or

除了提供有官方认可的个人来给予协助外，这些改革还允许人们通过设定预先指示（advance directives）或在世遗嘱（living wills）为未来作打算。这些预先指示或在世遗嘱会说明指示或遗嘱指定人希望如何作出重大的生命或医疗决定。① 加入了这些程序，并没有消除争议。例如，预先指示的价值和有效性就遭到了质疑。② 在什么个人情况或场合下可以启动预先指示？如果作出指示的人随后撤回了他或她之前的指示，那么这个指示就失效了吗？尽管有这些质疑，预先指示作为处理下述情况的合适工具，还是得到了越来越多的认可。这包括当一个人需要照顾和照看却又不能把他或她的意愿表达给家属或医疗服务提供者的情况。

需要注意的是，尽管这些改革为了把个人意愿放在首位，试图重建法律。但它们并没有消除围绕法律上的无资格原则（principle of incompetence）的所有争议。法律再设计是促进了各种方式方法的发展。而这些方式方法没有取代而是支持人们根据他们自己的才赋，过他们自己的生活。③ 然而，因为这些努力并没有消除法律上无资格的观念，所以这些改革仍然否认了一些人的完全的法律人格。不管怎么说，这些改革确实表明，只要法律上无资格的精神边界可以跨越，就有可能对所有人提供支持以发展他们的可行能力。

---

administrator trustee, for those persons who object to the appointment of a "God Man." While a "God Man" has to act with the consent of the person, the administrator is a substitute decision-maker. The one significant difference from usual guardianship laws is that the appointment of the administrator does not result in the disenfranchisement of the disabled person. *Id.*

① *See, e. g.*, U. S. Living Will Registry, Advance Directive Forms, http://www.uslivingwillregistry. com/forms.shtm (last visited Apr. 15, 2007) (providing a list of state's websites containing information on advance directives, including forms which can be downloaded and completed).

② *See, e. g.*, The Bazelon Center for Mental Health Law, Advance Psychiatric Directives, http://www.bazelon.org/issues/advancedirectives/index.htm (last visited Apr. 15, 2007). For example, A Vermont law allows doctors to go to court to nullify mental health provisions in a durable power of attorney/advance directive if the treatment choices made by the agent do not result in improvement of the declarant's condition. In October 2001, a federal Magistrate Judge ruled that this provision is discriminatory and violates the Americans with Disabilities Act. *Id.*

③ *See, e. g.*, Stanley S. Herr, *Self Determination Autonomy and Alternatives for Guardianship*, in The Human Rights of Persons with Intellectual Disabilities 429 – 50 (Stanley S. Herr et al. eds., 2003). (providing example of the Swedish law where the PO is required to execute the decisions and desires of the persons with disability, not decide for him or her).

### （二）可行能力的拓展与法定资格

在人类发展学的文献中，一些学者已经指出有必要把人当作人类存在的目的，因此发展是要拓展人的可行能力，而非增加物质资源。① 提出这样的要求，是因为研究发现人均工资的增长并不总转化为预期寿命的提高。② 对人类可行能力的发展，使人类承担进行一个完整的生活（a complete life）所必须的各种活动和功能。但是这样的可行性能力发展，只有在每一个人都被给予了实现他或她自身内在天赋的生活机会时才能发生。根据我的理解，接下来的是，为了使每一个人能够发展这样的可行性能力，假定这个人有可行能力是重要的。

在一篇详细论述法律上无资格的标签副作用重要文章中，布鲁斯·英克（Bruce Winck）对受这类标签影响的个体人格发展，提供了心理学方面的洞见。③ 一个法律上无资格的标签常常能作为自我实现的"**预言**"而发生。一旦发现一个人无资格承担特定任务，任何参与或学习这些任务的机会就不再给予他了。④ 顺着英克的分析可知，如果一个人没有机会从事生活中的某些特定活动，那么他或她也就无法发展出完成这些活动所需要的可行性能力了。

一旦一个人被发现是法律上无资格，一个随之而来的结果就是，这个人的自主选择与偏好将遭到忽视，其他人会替他们作决定。这种对内部控制的替代会使人们相信他们生活中的事件是在他们的控制范围之外的。这一观念对于一个人的自我意识具有很强的负面作用，会影响他或她的后续行为。⑤ 英克进一步认为，法律上无资格的标签会迫使人们学会无能为力，而会使人们拒

---

① Amartya Sen, Development as Capability Expansion, in Readings in Human Development (Sakiko Fukuda-Parr & A.K.Shiva Kumar eds., 2003).

② Martha Nussbaum, Nature, Function, and Capability: Aristotle on Political Distribution (World Inst.for Dev.Econ.Research, Working Paper No. 31, 1987). Martha Nussbaum, in her exposition on the rights of persons with disability, insists that there cannot be a different list of capabilities or even a different threshold of capability for persons with disabilities.See Martha C.Nussbaum, Frontiers of Justice: Disability, Nationality, Species Membership(2006).

③ Bruce J.Winick, The Side Effects of Incompetency Labeling and the Implications for Mental Health, 1 Psych.Pub.Pol'y & L. 6, 42(1995).

④ See id.at 10-11(citing Robert Rosenthal & Lenore Jacobson, Pygmalion in the Classroom: Future Expectation and People's Intellectual Development 54-55, 116-18(1968)).

⑤ See id.at 20(citing Edward L.Deci, Intrinsic Motivation 61-62(1975)).

绝为了生活而拼搏，而拼搏是一个充分生活（a full life）不可或缺的部分。①
基于德西（Deci）对于人类动机的研究，②英克写到，自我决定的内在动机或需
要是人类的一项基本需要。③ 因此，"被标法律上无资格的人，被剥夺了他们
实现自我决定和自我实现这一基本人类需要上的能力"。④

与此相反的是，亚马蒂亚·森（Amartya Sen）和玛莎·努斯鲍姆（Martha
Nussbaum）从亚当·斯密（Adam Smith）、⑤卡尔·马克思（Karl Marx）⑥和亚里

---

① *See id.* at 16–17（citing Martin E.P.Seligman, Helplessness：On Depression, Development, and
Death（1975））；Martin E.P.Seligman, Human Helplessness：Theory and Applications（1980））.E.P.
Seligman conducted a study on animals which showed"that animals exposed to uncontrollable and inescap-
able aversive stimuli in a laboratory setting developed "helpless' behavior in other settings."*Id.*at 15.Ap-
plying this helplessness to humans, he found that such helplessness aggravates when humans attribute their
uncontrollability to internal causes（i.e., lack of intelligence）, global deficits（i.e., lack of problem solving
skills）and stable causes of failure（i.e., brain damage）.Bruce J.Winick, The Side Effects of Incompetency
Labeling and the Implications for Mental Health,1 Psych.Pub.Pol'y & L. 6,42（1995）, at 17.As incompe-
tence labeling could feed into such like thinking it could hence result in learned helplessness.*Id.*at 16–17.

② Bruce J.Winick, The Side Effects of Incompetency Labeling and the Implications for Mental
Health,1 Psych.Pub.Pol'y & L. 6,42（1995）, at 20（citing Edward L.Deci, Intrinsic Motivation 61–62
（1975）, at 61–62）.

③ *See id.*（citing Edward L.Deci, Psychology of Self-Determination 41（1980））.On how the three
inmate psychological needs of competence, autonomy, and relatedness yield enhanced self motivation and
mental health, *see* Richard M.Ryan and Edward L.Deci, Self-Determination Theory and the Facilitation
of Intrinsic Motivation, Social Development, and Well-Being, 55 Am.Psychol. 68–78（2000）.For more
literature establishing the premise, *see* Self-Determination Theory, Publications, http://www.psych.roch-
ester.edu/SDT/publications/pub well.html（last visited Apr. 15,2007）.

④ *See* Bruce J.Winick, The Side Effects of Incompetency Labeling and the Implications for
Mental Health,1 Psych.Pub.Pol'y & L. 6,42（1995）, at 22.Although Winick mounts a strong critique of
the legal concept of incompetence, and uses that critique to ask for a very strict and restrictive use of the
label, he does not go so far as to seek its total abandonment.*Id.*Winick wrote this piece nearly a decade
ago.Even though the birth of the Disability Movement had already happened（and Winick refers to the
writings of some self advocates）, it had not obtained the assertion and certitude of today.*Id.*

⑤ *See* generally Adam Smith, An Inquiry into the Nature and Causes of the Wealth of Nations（1776）
（discussing the importance of functioning and capability to function as determinants of well being）.

⑥ *See* Amartya Sen, Development as Capability Expansion, in Readings in Human Development
（Sakiko Fukuda-Parr & A.K.Shiva Kumar eds.,2003）.Marx is quoted as saying,"in place of wealth and pov-
erty of political economy come the rich human being and rich human need.The rich human being is simulta-
neously the human being in need of totality of human life activities-the man in whom his own realization ex-
ists as an inner necessity, as need."*Id.*at 4（citing Karl Marx, Economic and Philosophic Manuscripts（1844））.

士多德（Aristotle）①的研究中获取灵感，创造了他们的"**可行能力路径**"（capability approach）。虽然亚里士多德关于一个充分的和有意义的生活的想法，已经被同时期的理论学家所采纳，但人们采纳这一想法时注意到了亚里士多德并没有把这样的生活机会扩展到所有人。例如亚里士多德的观念就排斥妇女和奴隶，因为亚里士多德认为这些被排斥的人群缺乏过一个充分的和有意义生活的可行能力。② 因此，这些被排斥群体的能力就受制于社会占统治地位的人群如何看待他们了。社会正义理论家将这一过程称为"**文化帝国主义**"。③ 正是这一"**文化帝国主义**"造成了遭遇排斥群体的各类期许变得不可见了（invisible），并伴随着占统治地位人群的观念和观察对他们形成的偏见。④ "**文化帝国主义**"所征服的人群中包括了残障者，而前者的统治是通过法律、政策、社会实践和日常生活而实现的。⑤ 事实上，正是意识到了这一文化帝国主义，特设委员会需要考虑在《公约》中如何建构残障者的法定资格问题。下一部分将探讨在特设委员会的商议过程中，保护和参与两个相互对立的关注点，是如何在对"**法定资格**"各种构建中逐渐发展起来的。

## 二、特设委员会对法定资格的商讨过程

### （一）工作组文本（**The Working Group Text**）

各缔约国、政府间组织、人权机构和非政府组织组成的工作组为特设委员

---

① *See id.* For Aristotle, the good of human beings was linked with the functions of man and the exploration of life as activity. *Id.* at 4.

② Aristotle, Politics, at part V, available at The Internet Classics Archive, http://classics. mit. edu/Aristotle/politics. 1.one.html（last visited Apr. 2, 2007）.

③ Maria C. Lugones & Elizabeth V. Spelman, Have We Got a Theory for You! Feminist Theory, Cultural Imperialism and the Demand for"The Woman Voice,"6 Women's Studies International Forum 573（1983）, cited in Iris Marion Young, Justice and the Politics of Difference 58（1990）.

④ Iris Marion Young, Justice and the Politics of Difference 58（1990）, at 59.

⑤ The last being of special significance as even when it is no longer politically correct to argue for racism, sexism, or ableism:"Judgments of beauty or ugliness, attraction or aversion, cleverness or stupidity, competence or ineptness, and so on are made unconsciously in interactive contexts and in generalized media culture, and these judgments often mark, stereotype, devalue or degrade some groups."*Id.* at 133.

会的讨论撰写了关于法定资格的第一稿。① 工作组深思熟虑的过程中，从地区性组织、一些国家和残障者组织提交的公约内容的方案中获益良多。② 检视这些方案时发现，尽管承认残障人士在法律面前的人格③并无争议，但是在如何提供协助和支持方面的问题上却有很大分歧。例如，曼谷草案的第二十五条承认了残障者拥有并管理财产的权利。

（曼谷草案）这一条的另一部分则提出了对于普遍享有这一权利的中止情形。④ 此条规定"当一个智力障碍者无法行使这一权利时，这个人的法定监护人有权代表这个人或依照这个人的利益行使权利"。⑤

与曼谷草案恰恰相反，一个叫作融合国际（Inclusion International）的残障非政府组织的方案中公开宣称它们的使命是，反对任何试图将家长制的监护法引入《公约》的尝试。这个组织主张每个人都享有自我决定和自治的权利（the right to self determination and autonomy），强调"通过把残障者贴上完全无能力（incapacitated）或否认部分或全部权利而将他们置于监护之下这事再无

---

① U.N.Dep't of Econ.& Soc.Affairs, Ad Hoc Comm.on Comprehensive & Integral Int'l Convention on Promotion of Rights & Dignity of Pers.with Disabilities, Working Group on Rights of Persons with Disabilities, Report of the Second Session, U.N.Doc.A/58/118 & Corr. 1(July 3,2003), available at http://www.un.org/esa/socdev/enable/rights/ahcwgreport.htm.The Ad Hoc Committee, at its 14th meeting on June 27,2003,"[established] a Working Group with the aim of preparing and presenting a draft text which would be the basis for negotiation by Member States and Observers at the Ad Hoc Committee of the draft convention."Id.P 15. 1.The Working Group was comprised of representatives of governments, non-governmental organizations, and national human rights institutions.Id.P 15. 2.

② See G.A.Res. 57/229,P P 4,7,U.N.Doc.A/57/229(Feb. 27,2003)(where the General Assembly"encourage[d] States to hold meetings or seminars to contribute to the work of the Ad Hoc Committee...[and invite] regional commissions and intergovernmental organizations...non-governmental organizations...and human rights institutions and independent experts with an interest in the matter"to suggest possible elements to be considered in the proposals for a Convention).

③ Asia Pacific Regional EGM, Revised Bangkok Draft, http://www. worldenable. net/bangkok2003a/bangkokdraftrev.htm(last visited Apr. 3,2007)(drafted by the Coalition of Individuals, Organizations and Agencies of the People, for the People and by the People with Disabilities in Eastern Europe(Ukraine, Russia, Belarus, Moldova and Poland)).

④ Id.art. 25.

⑤ Id.art. 25(3).

必要了"。①

精神病治疗使用者(或受疗者)和幸存者世界网络(以下简称:网络)也强调,需要协助这一事实,并不能构成否认法律上的行为能力(legal capacity to act)基础。因此,这个网络主张"对那些主张他们的权利、理解提供给他们的信息或清晰表达或沟通他们的选择方面有困难的残障者,他们有权得到倡导性协助或其他合理便利,旨在使他们自己的决定产生效力"。②

除了这些建议,一些国家的方案里也强调了需要确保残障人和非残障人之间的平等。③ 是故,中国的方案里要求所有国家"针对所有人在国内立法纳入平等和不歧视的原则,并修改或废除与之相反的立法"。④

深思熟虑后,工作组拿出了《公约》第九条的文本。这一文本提出的是一个可得普遍接受的提法,"确认残疾人作为个人在法律面前享有与所有其他人平等的权利"。⑤ 针对法定资格的问题,这一条采用了一个多样化模式(a variegated approach)。首先,在适用不歧视原则时,一个一般性的主张先提了

---

① U.N. Enable, Working Group, Contribution by Inclusion International, http://www. un. org/esa/socdev/enable/rights/wgcontrib-inclintl.htm(last visited Apr. 3,2007).

② U.N.Enable, Working Group, Contribution by World Network of Users and Survivors of Psychiatry, http://www.un.org/esa/socdev/enable/rights/wgcontrib-wnusp.htm(last visited Apr. 3,2007).

③ For proposals that stress the right of equality and non-discrimination, other than the Bangkok Draft, see U. N. Enable, Working Group, Contribution by the European Union, http://www. un. org/esa/socdev/enable/rights/wgcontrib-EU.htm(last visited Apr. 3,2007);U.N.Enable, Working Group, Contribution by India, http://www. un. org/esa/socdev/enable/rights/wgcontrib-india.htm(last visited Apr. 3,2007);U.N.Enable, Working Group, Contribution by New Zealand, http://www.un.org/esa/socdev/enable/rights/wgcontrib-NewZealand.htm(last visited Apr. 3,2007);U.N.Enable, Working Group, Contribution by China, http://www.un.org/esa/socdev/enable/rights/wgcontrib-china.htm(last visited Apr. 3,2007)[hereinafter Contribution by China].

④ Ironically, it was China who, at the initiation of the negotiations, required State Parties to incorporate the principle of equality and non-discrimination in their national legislations and to amend or abolish any legislation that provides the contrary that would take leadership in trying to save national laws which are in conflict with the Convention. See Contribution by China.

⑤ U.N.Dep't of Econ.& Soc.Affairs, Ad Hoc Comm.on Comprehensive & Integral Int'l Convention on Promotion of Rights & Dignity of Pers.with Disabilities, Working Group on Rights of Persons with Disabilities, Report of the Working Group to the Ad Hoc Committee, art. 9(a), U. N. Doc. A/AC. 265/2004/WG/1(Jan. 27, 2004)[hereinafter Draft Convention], available at http://www. un. org/esa/socdev/enable/rights/ahcwgreport.htm.

出来：“承认残疾人具有与其他人平等的充分法律行为能力（legal capacity），包括财务事项方面的法律行为能力”。① 第五（原文 e）和第六（原文 f）款，对财务方面的法定资格又作了进一步的说明。②

第三款（原文 c）对错综复杂的协助问题进行了处理。③ 尽管第三款上有个脚注 33，但是该款强调了寻求协助并不能否认充分的法定资格，与此同时，提供协助应在自主的、独立的个体范式内调整。④ 因此第三款第一项［（c）(i)］规定“提供的援助与有关人员需要的援助程度相当，适合他们的情况，并且不干涉该人的法律行为能力、权利和自由”。⑤ 该款第二项［（c）(ii)］承认了一个人的决定可能被另一个人取代的情形。⑥ 在审议的这一阶段，替代性决策的问题是通过保护措施来解决的。该款第二条［（c）(ii)］还规定“只依照法律制定的程序和适用相关的法律保障措施作出相关的决定”。⑦ 支持性决策和替代性决策之间的张力在脚注中也得到了体现：“工作组中一些成员提出，在其他人代表残疾人行使法律行为能力时，那些决定不应干涉有关人员的权利和自由”。⑧ 因此，对于工作组的这些成员而言，“**最佳利益**”（best interest）的标准是不够的，因为它允许替代性决策者根据他或她认为的残障者的“**最佳利益**”行事，而那是不是残障者认为的最佳利益则是另外一回事了。由于对最佳利益标准的质疑，家长制与参与制之间的对立就体现在了工作组的文本里面。为了使《公约》中“**法定资格**”的最终文本可以被接受，需要提前解决这一对立问题。

---

① U.N. Dep't of Econ.& Soc. Affairs, Ad Hoc Comm. on Comprehensive & Integral Int'l Convention on Promotion of Rights & Dignity of Pers. with Disabilities, Working Group on Rights of Persons with Disabilities, Report of the Working Group to the Ad Hoc Committee, art. 9(b).

② *Id.* art. 9(e)-(f).

③ *Id.* art. 9(c).

④ *Id.* art. 9(c), n. 33.

⑤ *Id.* art. 9(c)(i).

⑥ *Id.* art. 9(c)(ii).

⑦ *Id.* art. 9(c)(ii).

⑧ *Id.* art. 9(c), n. 33.

### （二）对工作组文本的回应

特设委员会在第三、①第四、②第五③和第六次④会议上审议了工作组文本。主要的争议点围绕着法定资格的含义、支持的提供、替代性决策的安排和反对滥用的安全措施。围绕法定资格含义的商讨，一些国家基于它们自己的国内法，对法律上的权利能力（legal capacity for rights）和法律上的行为能力进行了区分。⑤ 随即，他们主张，尽管所有残障人士都拥有权利的能力（the capacity for rights），但类似的一个普遍性在法律的行为能力上并不存在。⑥ 正是由于这一争议，工作组文本的（第九条）第二款（原文 b）作了改动，并加上了一个模糊不清的脚注。

工作组文本的（第九条）第二款（原文 b）之前规定国家"承认残疾人具有与其他人平等的充分法律行为能力，包括财务事项方面的法律行为能力"。⑦ 改动后⑧变成:"缔约国应确认，残疾人在所有领域都具有与其他人平等的[法

① U.N.Enable,Third Session of the Ad Hoc Committee(from May 24,2004 to Jun. 4,2004), www.un.org/esa/socdev/enable/rights/ahc3.htm(last visited Mar. 28,2007).

② U.N.Enable, Fourth Session of the Ad Hoc Committee, (from Aug. 23, . 2004 to Sept. 4, 2004),www.un.org/esa/socdev/enable/rights/ahc4.htm(last visited Mar. 28,2007).

③ U.N.Enable,Fifth Session of the Ad Hoc Committee, (from Jan. 24,2005 to Feb. 4,2005), www.un.org/esa/socdev/enable/rights/ahc5.htm(last visited Mar. 28,2007).

④ U.N.Enable,Sixth Session of the Ad Hoc Committee, (from Aug. 1,2005 to Aug. 12,2005), www.un.org/esa/socdev/enable/rights/ahc6.htm(last visited Mar. 28,2007).

⑤ U.N.Dep't of Econ.& Soc.Affairs,Ad Hoc Comm.on Comprehensive & Integral Int'l Convention on Promotion of Rights & Dignity of Pers.with Disabilities,Working Group on Rights of Person with Disabilities,*Report of the Ad Hoc Committee on a Comprehensive and Integral International Convention on the Protection and Promotion of the Rights and Dignity of Persons with Disabilities on Its Fifth Session*, para. 18 n. b, U. N. Doc. A/AC. 265/2005/2 (Feb. 23, 2005), available at http://www. un. org/esa/socdev/enable/rights/ahc5reporte.htm(last visited Mar. 28,2007).

⑥ *Id.*

⑦ Draft Article 9,http://www.un.org/esa/socdev/enable/rights/ahcwgreporta9.htm(last visited Apr. 23,2007).

⑧ All the informal sessions in the Fourth and Fifth Ad Hoc were coordinated by Ambassador McKay of New Zealand while the formal sessions were chaired by Ambassador Gallegos of Ecuador.The Coordinators Report on the Fifth Session reported the disagreement and required the altered text to be considered at the Sixth Session.See U.N.Econ.& Soc.Council [ECOSOC],Ad Hoc Comm.on a Comprehensive & Integral Int'l Convention on the Prot.& Promotion of the Rights & Dignity of Pers.with

律能力],①并应在需要得到援助以行使［此一能力］［行为能力］时,尽可能确保。"③

对法律上的**权利能力**和法律上的**行为能力**进行区分的提议遭到了公民社会和非政府组织代表们的强烈反对。国际残障联盟(IDC)在其文本分析中指出,法定资格的司法人格(juridical personhood)方面已经在第九条第一款(原文 a)得到了承认。第二段主要是要确保,在任何法律体系中残障者的法律上的行为能力都应该在与其他人平等的基础上得到保障。③ 国际残障联盟还指出,尽管《消除对妇女一切形式歧视公约》(CEDAW,简称《消除妇女歧视公约》)第十五条第二款没有直接提到行为上的能力,但是《消除妇女歧视公约》在这一条中的表述方式暗示了这样一种解释。④ 为了支持这一立场,国际残障联盟引用了(消除对)妇女(歧视)委员会第二十一号《一般性意见》,在意见中阐述"妇女如根本不能签订合同或取得金融信贷,或者只能经其丈夫或男性亲属的同意或保证才能签订合同或取得金融信贷,就被剥夺了法律自治(legal autonomy)"。⑤ 这种对法定资格的组成内容既然得到了《消除妇女歧视公约》的认可,就不应在残障公约中有所减损。而这样一种背离,把残障女性和非残障女性区分开来。如果《消除妇女歧视公约》包括残障女性,那么就剩

---

Disabilities, *Report of the Ad Hoc Committee on a Comprehensive and Integral International Convention on the Protection and promotion of the Rights and Dignity of Persons with Disabilities on its Fifth Session*, U. N. Doc. A/AC. 265/2005/2 (Feb. 23, 2005), available at http://www. un. org/esa/socdev/enable/rights/ahc5reporte.htm(last visited Apr. 23, 2007).

① In Chinese, Russian, and Arabic, legal capacity means "legal capacity for rights" and not "legal capacity to act." Id.n.(b).

② *Id.* Art. 9.

③ *See id.* pp. 17–20.

④ Convention on the Elimination of All Forms of Discrimination Against Women, art. 15(2), *opened for signature* Dec. 18, 1979, 1249 U. N. T. S. 13, 19 I. L. M. 33, *available at* http://www. ohchr. org/english/law/cedaw.htm(last visited Mar. 29, 2007). State Parties shall accord to women, in civil matters, a legal capacity identical to that of men and the same opportunities to *exercise that capacity*. In particular, they shall give women equal rights to conclude contracts and to administer property and shall treat them equally in all stages of procedure in courts and tribunals. Id.(emphasis added).

⑤ Office of the High Comm'r for Human Rights, *Equality in Marriage and Family Relations*, *CEDAW General Recommendation* 21, cmt. 7, U.N.Doc.A/47/38(Apr. 2, 1994), *available at* http://www. unhchr.ch/tbs/doc.nsf/(Symbol)/7030ccb2de3baae5c12563ee00648f1f(last visited Mar. 29, 2007).

在残障女性和残障男性中间存在区别了。如果像《消除妇女歧视公约》和正在起草的残障公约这样的人权文件按照维持歧视而非消除歧视的方法去解释,那就太讽刺了。

工作组所形成的文本着眼于支持,不是给予残障者资格或权利,而是把它作为国家的一种义务。因此,有些成员国提出有关义务范围的问题。① 国际残障联盟②因此建议修改公约草案中的被动表述。国际残障联盟指出,工作组文本看起来好像暗示残障者对于是否使用或接受支持并无最终的决定权。因此,国际残障联盟建议这一条修改为"确保残障者有权[寻求]支持以行使法定资格",③并对围绕这些支持所需要的条件进行积极表述。最后,国际残障联盟还建议工作组文本进行修订以增加"这样的支持要足以满足个人要求","不能损害此人的法律权利或可行能力",④并"应尊重个人意愿和偏好,避免利益冲突和不当影响"。⑤

第三种对于法定资格的回应集中于第三款第二项[(c)(ii)]。在关于这一条的非正式磋商中,人们提出三类意见。⑥ 第一种观点要求在替代性决定

---

① Some State Parties did want limitations to be introduced with regard to the extent of the obligation; for example, India wanted clause(c) to be amended so that State Parties should not be required "to ensure" but only "endeavor to ensure" assistance. U. N. Enable, Daily Summary at the Third Session of the Ad Hoc Committee(May 26,2004), http://www.un.org/esa/socdev/enable/rights/ahc3sum9.htm(last visited Mar. 29,2007). Interestingly all States Parties did not go the same way and there were some who suggested amendments aimed to make explicit the all encompassing scope of the rights guaranteed under the Article. *Id.* Illustratively, Uganda amended clause b so that it should "ensure that [persons with disabilities] have full legal capacity…in political, civil, social, cultural and economic matters." *Id.*

② The International Disability Caucus was a loose network of more than 70 organizations, which was formed at the United Nations and registered with the Department of Economic and Social Affairs (DESA) to participate in deliberations of the Convention. *See* Participation of the Civil Society in the Convention on Disability, http://www. advancednewcomers. com/module3. htm (last visited Apr. 11, 2007).

③ International Disability Caucus, Updated Contribution on the Draft Text(2005), *available at* www.un.org/esa/socdev/enable/rights/ahc5docs/ahc5IDCaucus.doc(last visited Apr. 11,2007).

④ *Id.*

⑤ *Id.*

⑥ The narration in the next two paragraphs has been constructed from my personal participation in conversations around the Article. The narration highlights the opinions discussed rather than stating who held these opinions, because adherence to these views changed with lobbying and counter-lobbying.

作出之前,详细列举所有经过审查的保护措施。第二种观点主张具体列出委任一个个人代表(a personal representative)的场合。第三类的建议来自这样一种信念,即对法定资格的普遍性宣告并不能扩展至所有的残障者。根据这一观点,存在着一小部分残障者即便给予支持也无法活动,因此需要别人代他们作决定。如果这是事实的话,则根据这一观点,《公约》有必要承认这一事实并对替代性决策和防止滥用的保护措施作出规定。

为了回击那些要求在《公约》中详述替代性决策的论证,人们指出如果支持的提供恰切地符合残障者的实际需求,那么这一支持应是包含了整个一系列的支持,从最弱的到最强程度的支持。一个人需要强支持的事实,并非推测其缺乏能力的原因。不论支持的程度,这类支持的提供都必须:不能损害残障者的权利和可行能力、免于利益冲突和不当影响、并尊重本人的意愿和偏好。

即便替代性决策的规定在《公约》中仅适用于一个比例非常小的残障人群,那么仍有必要问一问:通过什么样的程序这一小部分人可以被鉴别出来呢? 假定是,这可以基于一个又一个的个案审查,但是即便这样,这样一个鉴别的过程会使所有残障者的可行能力受到质疑。因为,这一过程可能引起一小部分残障者获得某些令人怀疑的好处(questionable advantage),但是,全体残障者都要处于不利地位了。基于评估监护制度功能优点的研究,国际残障联盟对令人怀疑的好处这一点,提出了质疑。① 这些研究发现监护制度助长,而非预防了虐待。②

替代性决策的前提是残障者丧失能力。因此,一旦采用替代性决策,这些制度安排就允许监护人可以替被监护人作出一切决定,而且无须与受监护人商

---

① U.N.Enable, Article 13-Status of Discussions-Fifth Session.

② For example, see the research on guardian ship undertaken in Central and Eastern Europe by Mental Disability Advocacy Center, which described guardianship as "legal death", especially for persons with intellectual and psychological disabilities. Mental Disability Advocacy Center, MDAC Guardianship Project, http://mdac.info/projects/guardianship.htm(last visited Apr. 3, 2007). *See also* Canadian Association for Community Living, Report of the CACL Task Force on Alternatives to Guardianship(1992), *available at* http://www.worldenable.net/rights/adhoc3meet guardianship.htm(last visited Apr. 3, 2007); Canadian Association for Community Living, Disability Support, http://www.cacl.ca/english/priorityresouces/dissupport/index.html(last visited Apr. 3, 2007)(disseminating information on independent living and supported decision-making).

量。因此,国际残障联盟在特设委员会第五次会议上强调,①**支持性**决策范式优于**替代性**决策范式,因为前者在平等对待和保障残障者人权方面,更加充分地承认了残障者的权利。② 在对支持性决策范式的进一步捍卫中,国际残障联盟指出支持性决策承认了人和人之间的相互依赖性,它将人权扩展到所有人。而另一方面,替代性决策模式中强加的依赖,则否认了人类的期待、尊严和选择。

这些关于决策(模式)的讨论,展示了特设委员会商讨中法定资格问题的二元对立观点是如何进展的。这是在家长制与自治之间、在简易可行与真正可欲之间、是活在当下和计划未来之间的大冲突。这些不同的视角影响了第十二条制定过程的每一步,而这将在下一部分得到体现。

### (三)主席工作文本(the Chair's Working Text)中的法定资格

第六与第七次全体会议休会期间,(特设委员会)主席准备了一个新的工作文本供特设委员会审议。这一文本旨在捕捉每一条文上已有的共识和尚存的异议。例如,"**法定资格**"被纳为主席工作文本第十二条。③ 关于支持性决

---

① U.N.Enable,Article 12-Equal Recognition as a Person before the Law:Comments,Proposals and Amendments Submitted Electronically, http://www. un. org/esa/socdev/enable/rights/ahcstata 12fiscomment.htm(last visited Apr. 3,2007).

② *Id.*

③ U.N. Enable, Working Text-Article 12: Equal Recognition before the Law, http://www. un. org/esa/socdev/enable/rights/ahcstatachtxtart12.htm(last visited Apr. 3,2007):

1.States Parties reaffirm that persons with disabilities have the right to recognition everywhere as persons before the law.

2.States Parties shall recognize that persons with disabilities have [legal capacity] on an equal basis with others in all fields and shall ensure that where support is require to exercise that capacity:(a) The assistance provided is proportional to the degree of support required and tailored to the person's circumstances,that such support does not undermine the legal rights of the person,respects the will and preferences of the person and is free from conflict of interest and undue influence.Such support shall be subject to regular and independent review;(b) Where States Parties provide for a procedure,which shall be established by law,for the appointment of personal representation as a matter of last resort,such a law shall provide appropriate safeguards,including regular review of the appointment of and decisions made by the personal representative by a competent,impartial and independent tribunal.The appointment and conduct of the personal representative shall be guided by principles consistent with the present Convention and international human rights law.]

3.States Parties shall take all appropriate and effective measures to ensure the equal right of persons with disabilities to own or inherit property,to control their own financial affairs and to have equal access to bank loans,mortgages and other forms of financial credit,and shall ensure that persons with disabilities are not arbitrarily deprived of their property.*Id.*

策和替代性决策的争议,文本中用带括号的段落标明允许将指定一个个人代表作为最后手段。①

在接下来的讨论中,有些国家要求删除第十二条第二款二项[12(2)(b)]中的括号,理由是既然要保留对残障人的监护制度,那么对于指定监护人必须有明确的正当程序要求和防止滥用的措施。② 其他国家则提醒特设委员会,《公约》不仅仅是一个法律文件,同时也是一个政治文件,所以,在传达关于一个受排斥群体之法定资格的信息时,应该毫不含糊并具有前瞻性。③ 要实现这一范式转型,《公约》应对支持性决策模式中那些有高度支持需要的人表示关切,这一点很必要。④ 而且,加拿大指出,暴力和凌虐问题已经在《公约》其他条文,特别是第十六条中涉及了,所以对于监护问题上的不一致,这里可默然处之。⑤ 根据这一观点,《公约》既未明令禁止监护制度,也未公开赞同。在此问题上,其他国家表达了灵活态度和随大溜的倾向。⑥

国际残障联盟再次强调了《公约》中范式转型的必要性。他们强调支持性自主决策假设残障者有能力,而替代性决策基于残障人法律上的无资格(无能力),因此,这二者无法共存。⑦《公约》的重要性在于其他人权公约和国内法尚未涉及残障人的权利问题。⑧ 很多心理社会、智力和重度残障者纷纷在特设委员会上发言,表明即便他们有各种残障,但是他们有能力思辨、有能力表达意见、有能力说出愿望和作出决定。这些可能被社会认为没有法律

---

① U.N. Enable, Working Text-Article 12: Equal Recognition before the Law, http://www.un.org/esa/socdev/enable/rights/ahcstatachtxtart12.htm(last visited Apr. 3,2007): art. 12(2)(b).

② Id.

③ Id.

④ Liechtenstein made the most powerful intervention to this effect. (Personal notes, on file with author).

⑤ Personal notes on the proceedings of the Seventh Ad Hoc, on file with author.

⑥ Id.

⑦ Id.

⑧ The following narration on the IDC intervention has been constructed from my personal notes on file as I made the intervention on behalf of the International Disability Caucus. See also International Disability Caucus, Explanatory Note on Legal Capacity and Forced Interventions, http://www.un.org/esa/socdev/enable/rights/ahc8docs/ahc8IDC1218ex.doc(last visited Apr. 3,2007).

资格和需要监护的人,他们的声音得到了倾听,他们的意见受到了尊重。① 即便如此,国际残障联盟也考虑到了一些其他国家提出的那些有高度支持需要人士的问题,随后认可了加拿大建议的价值,即建议《公约》在此问题上保持沉默,既不禁止也不支持替代性决策。②

这里注意到这一点也许是恰当的,虽然,国际残障联盟对于法定资格问题采取了具有前瞻性的态度,但是,一些其他非政府组织和残障者自组织还是继续表达出监护制度在某些情况下应被明确准许的观点。③ 因此,认为残障人缺乏决策能力的(刻板)观点并不仅限于缔约国代表那里,一些公民社会的成员也主张在《公约》中对恰当的监护制度给予承认。④

在第七次特设委员会会议期间,一些(较为进步的)缔约国和国际残障联盟进行了一系列的场外非正式互动,努力试图打破僵局。这其中一个特别令人产生共鸣的游说行动是一期题为《想象》的国际残障联盟通讯特刊。⑤

作为上述沟通的一个结果,欧盟、加拿大、澳大利亚、挪威、哥斯达黎加、美

---

① Personal notes, on file with author.

② Id.

③ People with Disability Australia & Australian National Association of Community Legal Centres, Article 12: Equal Recognition before the Law, *available at* http://www. un. org/esa/socdev/enable/rights/ahc8docs/ahc8pwdaart12.doc(last visited Apr. 15,2007).

④ Id.

⑤ *International Disability Caucus*,*Nothing about Us without Us*, Int'l Disability Caucus Special Ed. ,Jan. 31,2006, http://www.ideanet.org/content.cfm? ID＝595D77(last visited Apr. 3,2007).The text of the newsletter was as follows:Imagine if someone else was making decisions for you.They could decide to take you away,lock you up,not listen to you,give you medication,block you from doing your work and living your life with your body and mind the way they are.

WOULD YOU WANT THIS TO HAPPEN TO YOU?

Wouldn't you have the feeling that you have lost you dignity and want it back? Wouldn't you feel your integrity has been violated?

Wouldn't you want to have support in making decisions without being taken over and to ask for help without being seen any the less for it? Wouldn't you want to maintain your inherent dignity and be supported to make your decisions? Wouldn't you want to retain your integrity and continue to be you?

The principles established in this Convention are universal and will apply to all human beings,as much to you as to me.

Let us make a Convention for a world where we can all grow and develop with mutual support.

IMAGINE A CONVENTION FOR ALL.Id.

国和列支敦士登联手行动以打破僵持局面。① 这些缔约国提出一个新的第十二条的文本,尝试将关于监护权的一些防范措施和一些受青睐的支持性决策的标准结合起来。② 这是对这一关键性段落的潜望镜般的构建,以便每个人都可从这段落中看到他们想要的,从而同意该方案。这一修改的文本,在第七次会议临近尾声时戏剧性地被提出讨论。很多缔约国表示全部或附条件支持。最重要的是,大多数国家和国际残障联盟都在这一修改文本中看见足够的共性,而这有助于达成难以捉摸的共识(elusive consensus)。③

然而,就在看似这一修改文本将是特设委员会第八次会议上协商的唯一文本的时候,一些国家谋求和获得了对原(文本)第十二条第二款第二项[12(2)(b)]的保留。④ 结果,特设委员会需要在第八次会议上对这两个方案进行二选一,即一个"**潜望镜**"般的修改版,另一个版本则在保证正当程序的情况下允许委任监护人或个人代表。⑤

### (四)第八次特设委员会和第十二条的通过

由于第八次特设委员会会议计划用来讨论有争议的各个条文,因此在全体会议上第十二条早早就被提出讨论。休会期间的商议让更多国家倾向于修

---

① *See* U.N.Enable, Article 12－Equal Recognition as a Person before the Law: Comments, Proposals and Amendments Submitted Electronically, http://www. un. org/esa/socdev/enable/rights/ahcstata12fiscomment.htm(last visited Apr. 3,2007).

② *Id.*The crucial paragraph 12(4)of the European Union proposal reads as follows:

States Parties shall ensure that all legislative or other measures which relate to the exercise of legal capacity provide for appropriate and effective safeguards to prevent abuse in accordance with international human rights law.Such safeguards shall ensure that measures relating to the exercise of legal capacity respect the rights, will and preferences of the person, are free of conflict of interest and undue influence, are proportional and tailored to the person's circumstances, apply for the shortest time possible and are subject to periodic impartial and independent judicial review. The safeguards shall be proportional to the degree to which such measures affect the person's rights and interests.*Id.*

③ As deduced by the author from statements made by State Parties in the informals on the Article.(Personal notes, on file with author).

④ Personal notes on the proceeding of the Eighth Ad Hoc, on file with author.

⑤ *Id.*

订版,但共识仍然遥遥无期。国际残障联盟继续坚持要求进一步完善那个修订版,[1]以便《公约》中明确承诺支持性决策模式,同时兼顾关照有高度支持需求的人士。[2] 然而,(这次)国际残障联盟没能发挥影响力,所以不得不集中力量去收集对修订版的支持了。缔约国们也一样地投入。最后,一个在修订版上略微改动的文本成为达成共识的文本。但这一修改文本的任何一个版本并没有包括对第十二条第二款的那个脚注。事实上,会议从未对这一脚注进行过磋商或讨论。因此,当有脚注的文本出现在全体表决程序中时,各缔约国和民间社会都措手不及。

第十二条的文本和一个充满争议的脚注一同出现,这一脚注对法律上的权利能力和法律上的行为能力进行了区分。这样的语言,招致来自加拿大的质疑,它要求特设委员会确认脚注是否将成为公约文本的一部分。[3] 主席的

---

① International Disability Caucus, Correction to Compilation Article 12, http://www.un.org/esa/socdev/enable/rights/ahc8docs/ahc8IDC12.doc(last visited Apr. 15,2007).IDC modified this paragraph to underscore that the Convention should only endorse the supported decision-making model as follows:

States Parties shall ensure that all legislative or other measures that relate to(ADD:support in)the exercise of legal capacity provide for appropriate and effective safeguards to prevent abuse(DELETE:in accordance with international human rights law).Such safeguards shall ensure that measures relating to (ADD:support in)the exercise of legal capacity respects the rights,will and preferences of the person, are free of conflict of interest and undue influence,are proportional and tailored to the person's circumstances(DELETE:apply for the shortest time possible)and are subject to periodic impartial and independent judicial review.(DELETE:The safeguards shall be proportional to the degree to which such measures affect the person's rights and interests).Id.IDC also addressed the concerns of persons with high support need by modifying Article 12(2)as follows:

State Parties shall take appropriate legislative and other measures to(DELETE:provide access by) (ADD:ensure that)persons with disabilities(DELETE:to)(ADD:have)the support they may require in exercising their legal capacity(ADD:such support measures shall include the assistance required to seek and obtain support).Id.

② Side events were organized by Inclusion International,WNUSP and Support Coalition to underscore how legal capacity was integral to rendering the convention real for all persons with disabilities and how the requirement for high support in no way negated legal capacity.(Personal notes,on file with author).

③ Letter from International Disability Caucus to Government Delegate of the Ad Hoc Committee on the Convention on the Rights of Persons with Disabilities,*available at* http://www.aapd-dc.organization/News/international/060908.IDC.htm(last visited Mar. 29,2007)[hereinafter IDC Letter].

回答是肯定的,各国还没来得及反应,这一条就已投票通过了。① 但一些国家政府、②国际残障联盟③和人权机构④的最终陈述中,都对这一脚注的存在提出了质疑。这一脚注的纳入再次表明对残障者、特别是某类残障人士的偏见之深。尽管脚注中表明这一条只是针对特别类型的残障人群,但这一脚注被引入的这个《公约》却是覆盖所有国家和所有类型残障人士的。根深蒂固的成见,却是这一脚注的拥护者不关心或视而不见的。然而,尽管对这一脚注的归纳展现了刻板印象是如何施展统治的,但是,国际残障联盟在其后的庆祝活动的总结陈词中提出的抗议,表明它对抗刻板印象的决心。这一决心在后来起草委员会(drafting committee)进行审议时付诸实践。

### (五)起草委员会和其他语言的翻译

紧随第八次特设委员会会议,公约草案送达起草委员会。⑤ 起草委员会的任务是检阅草案文书的文字连贯性和清晰程度。⑥ 起草委员会是开放式的,在正式文本被重新召集的特设委员会采纳之前,它为成员国提供了互动的机会。⑦ (起草)委员会提议删除脚注,因为《公约》是第一部包含此类限定的人权文书。人权文书本质上是普遍且不得减损的,因此,依据联合国相关议定

---

① Letter from International Disability Caucus to Government Delegate of the Ad Hoc Committee on the Convention on the Rights of Persons with Disabilities, *available at* http://www.aapd-dc.organization/News/international/060908.IDC.htm(last visited Mar. 29,2007)[hereinafter IDC Letter].

② Most notably, the European Union speaking also for Canada and Australia expressed concern on the footnote and the need to reconsider the matter if required. *See id.*

③ *Id.* The IDC made two statements, one cautionary and the other celebratory. The cautionary statement by Stefan Tromel of the European Disability Forum pointed out how a human rights Convention could not legitimize the denial of human rights for any people in any part of the world. *Id.*

④ *Id.* Anuradha Mohit while making her statement on behalf of the Human Rights Institutions did not expressly mention the footnote but expressed anxiety on any efforts to dilute the universal discourse of human rights. (Personal n otes, on file with author).

⑤ *See* U. N. Enable, Timeline of Events, http://www. un. org/esa/socdev/enable/convinfohist1. htm(last visited Apr. 24,2007)[hereinafter Timeline].

⑥ *See id.*

⑦ Letter from Don MacKay, Chair of the Ad Hoc Committee, to Members of the Ad Hoc Committee, *available at* http://www. un. org/esa/socdev/enable/documents/ahc8docs/chairman. doc (last visited Apr. 24,2007).

书,缔约国如果希望寻求对《公约》进行国家豁免(national exemptions),有提交保留声明的自由。① 这类豁免并不减损普遍共识,而仅是允许个别国家选择正式加入的时机。②

有争议的脚注文字的陈述为"在阿拉伯文、中文和俄文中,'legal capacity'是指'法律权利能力',而不是'法律行为能力'"。③ 某一对该文本分析认为,这已构成实质的保留而非语言表述上的区别。上述三种语言在多个国家作为口语和书面文字使用。这是否意味着脚注的主要谈判代表,也即中国、俄国或者叙利亚能够约束其他使用俄语、中文或阿拉伯语但并不要求这一脚注的国家吗? 这一脚注,在澄清语义的外衣下,是否已然转化了对于正文的实际承诺? 这个脚注是否因妥协于国内法,而削弱国际人权法的效力?

起草不同语言的条约文书,可能会也可能不会囿于每一种语言版本。《残疾人权利公约》草案第五十条直陈"本公约的阿拉伯文、中文、英文、法文、俄文和西班牙文文本同等作准"。④ 根据《维也纳公约》,这一表述给予每一语言版本同等的权威。⑤ 在此情形下,英文版怎么说明在其他种语言中的文本如何解释? 对此关注的缔约国在非正式讨论中都提出了上述所有问题。⑥ 国际残障联盟以及公民社会的其他成员并没有实地参与起草委员会的讨论。⑦ 但是,通过一系列的信件、研究备忘录以及非正式的游说,他们证明了自身的存

---

① Vienna Convention on the Law of Treaties, arts. 19 – 23, May 23, 1969, 1155 U. N. T. S. 331 [hereinafter Vienna Convention].

② Id.

③ U. N. Enable, Working Group: Fourth Revised Text(Oct. 30, 2006), *available at* http://www. un. org/esa/socdev/enable/documents/ahc8docs/ AHC8DC – 4th – rvsd – txt. doc(last visited Apr. 24, 2007)[hereinafter Fourth Revised Draft].

④ CPRD, G. A. Res. 61/106, U. N. Doc. A/RES/61/106(Dec. 13, 2006), *available at* http://www. un. org/esa/socdev/enable/rights/convtexte. htm(last visited Apr. 4,2007)[hereinafter CRPD] art. 50.

⑤ Article 33(1) of the Vienna Convention states that when a treaty has been authenticated in two or more languages, the text is equally authoritative in each language, unless the treaty provides or the parties agree that in case of divergence, a particular text shall prevail. Vienna Convention, *supra* note 116, art. 33(1). Article 33(3) further states that "the terms of a treaty are presumed to have the same meaning in each authentic text." *Id.* art. 33(3).

⑥ Personal notes, on file with author.

⑦ *See* IDC Letter, available at http://www. aapd-dc. organization/News/international/060908. IDC. htm(last visited Mar. 29,2007).

在并分享了他们的观点。①

其中一种为脚注的辩护,是主张上述语言并无必需的术语区分权利上的能力和行为上的能力。因此,它提出《消除妇女歧视公约》中的术语也应为《残疾人权利公约》第十二条所采用。② 而当这一方式应用于其他所有语言时,一个中文文本的研究则显示其并不奏效。③ 国际残障联盟在对起草委员会的陈述意见中一直强调,《残疾人权利公约》应当延续《消除妇女歧视公约》使用统一术语的方式,因此应当删除脚注,以免其正文效力在另外三种语言的文本中有所淡化。④ 然而,尽管有强烈的呼声支持删除脚注,但这并未达成一致同意,起草委员会将仍然保留脚注的《公约》文本返还至特设委员会。⑤

### (六)重启对脚注谈判的第八次特别会议

正因为起草委员会内展开了大量的谈判,特设委员会主席致信特设委员会各方成员,力促他们一致同意删除这一脚注,特别是要求坚持保留注释的国家同意这一删除。⑥

随着一致意见的出现,第八次特设委员会在复会后同意删除脚注。⑦ 但

---

① See,e.g.,id.

② Convention on the Elimination of All Forms of Discrimination Against Women,art. 15(2),G. A.Res. 34/180,U.N.GAOR,34ᵗʰ Sess.,Supp.No. 46,U.N.Doc.A/34/46(1979)[hereinafter CEDAW].

③ Id. Article 15(2)of CEDAW the term translating"legal capacity"is"falv xingwei nengli"meaning exactly"legal capacity to act".However the Chinese text uses the phrase"falv quanli nengli"which means legal capacity for rights was introduced in the Chinese text from the Fifth Ad Hoc.Insofar as the Convention has to mean the same in every language it remains to be seen whether this altered terminology holds any significance.

④ IDC Letter,available at http://www. aapd-dc. organization/News/international/060908. IDC. htm(last visited Mar. 29,2007).

⑤ Fourth Revised Draft,available at http://www. un. org/esa/socdev/enable/documents/ahc8docs/ AHC8DC-4th-rvsd-txt.doc(last visited Apr. 24,2007).

⑥ Letter from Don MacKay,Chair,Ad Hoc Committee to Members,Ad Hoc Committee(Nov. 29,2006),available at www. un. org/esa/socdev/enable/rights/ahc8chair29nov. htm (last visited Apr. 1,2007).

⑦ The Secretary-General,Final Report of the Ad Hoc Committee on a Comprehensive and Integral International Convention on the Protection and Promotion of the Rights and Dignity of Persons with Disabilities,P 4,delivered to the General Assembly,U.N.Doc.A/61/611(Dec. 6,2006).

这一同意的达成并非没有发生戏剧性的瞬间。伊拉克代表数个阿拉伯国家在一份声明中向主席进言:

> 坚称上述同意达成一致意见的国家是基于对公约第十二条名为"在法律面前获得平等承认"中第二款法定资格的理解,依据国内法和这些国家的立法,(对于无法实践行为能力的人来说)意味着权利能力而非行为能力。①

该声明已附在特设委员会的报告中,它的出现无疑是反常的。芬兰代表欧盟和其他国家②则在另一份声明中引述前一声明的意见,直言他们达成一致意见是因为"理解'法定资格'这一概念在所有语言版本之下具有同一含义"。③

### (七)联合国大会通过公约

关于法定资格条文意见的助力和压力纠缠于《公约》谈判的整个阶段。2006 年 12 月 13 日联合国大会通过《残疾人权利公约》时,这一问题再次成为首当其冲的争论焦点。④ 各国对该条文作出它们各自的声明时,发表了各种解释。⑤ 加拿大对该条文的立场是,它仅是要求不可基于歧视而否定可行能

---

① The supporting countries are Algeria, Bahrain, Comoros, Djibouti, Egypt, Iraq, Kuwait, Lebanon, Libyan Arab Jamahiriya, Mauritania, Morocco, Oman, Palestine, Qatar, Saudi Arabia, Somalia, Sudan, Syrian Arab Republic, Tunisia, United Arab Emirates and Yemen. Letter from Hamad Al-Bayati, Permanent Representative of Iraq to the United Nations, to Don MacKay, Chairman of the Ad Hoc Committee( Dec. 5, 2006), *available at* http://www.un.org/esa/socdev/enable/rights/ahc8documents.htm ( last visited Apr. 1, 2007). See also Letter from Hamad Al-Bayati, Permanent Representative of Iraq to the United Nations, to Don MacKay, Chairman of the Ad Hoc Committee ( Dec. 5, 2006), Corr. 1, *available at* http://www.un.org/esa/socdev/enable/rights/ahc8documents.htm ( last visited Apr. 1, 2007).

② Letter from Kirsti Lintonen, Permanent Representative of Finland to the United Nations, to Don MacKay, Chairman of the Ad Hoc Committee ( Dec. 5, 2006), available at http://www.un.org/esa/socdev/enable/rights/ahc8documents.htm( last visited Apr. 1, 2007).

③ *Id.*

④ Timeline, http://www.un.org/esa/socdev/enable/convinfohist1.htm ( last visited Apr. 24, 2007).

⑤ U.N.Enable, Statements Made on the Adoption of the Convention on the Rights of Persons with Disabilities, Canada, http://www.un.org/esa/socdev/enable/convstatementgov.htm ( last visited Apr. 10, 2007).

力,并且"尽管该条款并不禁止替代性决策机制,但其确实特别强调了支持性决策的重要性"。① 芬兰代表欧盟和一系列国家,②再次表示法定资格的概念必须在所有语言中含义相同。③ 日本表达的信念则是,"考虑到国内法律体系的千差万别,'法定资格'这一术语应当允许更弹性化的解释"。④ 菲律宾坚称"为将公约的国内实施付诸实践,菲律宾国内对第十二条所指'法定资格'应该解释为行为能力"。⑤ 尽管,菲律宾代表在声明中表述,这一解读和释义仅限于菲律宾国内,但国际残障联盟对该条发表了更具普遍和全球意义的解读声明,它指出《公约》旨在引领范式的转变,这种转变"通过删除第十二条的脚注得到强化,因为在平等的基础上全面享有法定资格的权利,包括行为能力,是享有基本的平等待遇和全面参与生活的根本。"⑥

## 三、法定资格的根本地位

《残障公约》可能比其他任何人权公约都更彻底地展现了对公民—政治

---

① U.N.Enable,Statements Made on the Adoption of the Convention on the Rights of Persons with Disabilities, Canada, http://www. un. org/esa/socdev/enable/convstatementgov. htm ( last visited Apr. 10,2007).

② These countries include Bulgaria,Romania,Turkey,Croatia,Macedonia,Albania,Bosnia,Herzegovina,Serbia,Iceland,Norway,the Ukraine and Moldova,as well as members of the European Economic Area.U.N.Enable,Statements Made on the Adoption of the Convention on the Rights of Persons with Disabilities,Finland,http://www.un.org/esa/socdev/enable/convstatementgov.htm#fi( last visited Apr. 10,2007).

③ Id.

④ U.N.Enable,Statements Made on the Adoption of the Convention on the Rights of Persons with Disabilities, Japan, http://www. un. org/esa/socdev/enable/convstatementgov. htm # jp ( last visited Apr. 10,2007).

⑤ U.N.Enable,Statements Made on the Adoption of the Convention on the Rights of Persons with Disabilities,Philippines,http://www.un.org/esa/socdev/enable/convstatementgov.htm#phi( last visited Apr. 10,2007).

⑥ U.N.Enable,Statements Made on the Adoption of the Convention on the Rights of Persons with Disabilities,International Disability Caucus, http://www.un.org/esa/socdev/enable/convstatementgov. htm#IDC(last visited Apr. 10,2007).

权利以及社会—经济权利进行二元区分的错误。最终在两组权利那里，这种分歧也遭到了消除。正如一些公民—政治权利，诸如言论和表达自由，如果没有物理设施等合理便利，是没有意义的。而其他经济—社会权利，例如健康权，在没有知情同意权和自由选择权的情况下将变得难以忍受。

建立一个普遍包容的法定资格范式是必要的，因为这样的话，就消除了一个有关残障人士的最基本的偏见。这一偏见应在残障者从福利体系向权利制度转变的过程中得到解决。如果没有法定资格的话，残障者不能确保享有《公约》规定的权利，例如生活在社区中的权利或政治和公共生活参与权。①

事实上法定资格基本上和其他所有权利都是相关的。例如，健康权要求"医护人员，包括在征得残疾人自由表示的知情同意基础上，向残疾人提供在质量上与其他人所得相同的护理"，②教育权提到"最充分地发展残疾人的个性、才华和创造力以及智能和体能"。③ 如果这些权利是普遍可及的，那么条约机构、缔约国和残障者组织有必要给予相互依赖和支持的价值以特别地位，这样才不会在残障者中间建立起等级制度。

从第十二条制定过程的叙述中可以看到，关于法定资格的商议过程经常是前进两步、后退一步的。这种运动（方式）是可以理解的，因为法定资格这一条挑战了关于人类选择与自由深层所持有观念。法定资格是主张人之所以为人的基本权利。因此这一条所及之范围也将决定《残疾人权利公约》得以普遍可及的范围。

从本质上说，在人类面前有两种选择：一种是承认所有人都享有法定资格，另一种认为法定资格不是普遍的人类属性。作出第一种选择，并不意味着承认所有人拥有相似的可行能力。即便所有人都有相似的价值，他们之间的不同也不应被忽视或贬损。另一方面，第二种选择认为有些人不具有法定资格的事实，因此被宣布为法律上无资格。前一个体系的前提是能力的普遍存在；后一个体系的前提是能力的选择性的存在。

---

① CPRD, G. A. Res. 61/106, U. N. Doc. A/RES/61/106 ( Dec. 13, 2006 ), *available at* http://www.un.org/esa/socdev/enable/rights/convtexte.htm( last visited Apr. 4,2007) ,arts. 19,29.

② *Id.* art. 25.

③ *Id.* art. 24.

目前,第一个体系还允许可行能力有一个范围,因此,可以说这两个体系是人为区分开的,是有区分而无差异。为了使知情选择权成为可能,有必要更加清楚地指出这两种体系在运行过程中的不同。正如在特设委员会审议过程中呈现的那样,每个体系内的支持者激烈交锋,使得这样的解释更为必要。

承认了可行能力的普遍性,也就承认了所有人在有机会的情况下能够成长和发展。但是为了使成长和发展能发生,有必要使这样的机会适合每一个人的需求。因此机会均等但待遇不同的这一主张需要发展出来。对待遇不同的倡导才能使所有人不分种族、社会地位、阶级、民族、性别、年龄或能力都能普遍地成长和发展。作为这一命题的逻辑延伸,不分种族、社会地位、等级、民族、性别、年龄或能力,这一成长和发展的机会不能拒绝任何人。①

因此,由于成长和发展的机会应给予所有人,法律和政策就应该提供这样的多元选择。在这一方面,瑞典体系取得了明显的进步,其体系里包括了导师、个人助理和上面提到的陪同人员。② 在设计方案的时候,预先指示和委托书(powers of attorney)可以在何种范围内协助残障者和虽无残障但无法表达决定的人,也需要考虑清楚。③

这样的方案在当今世界上的大多数国家中并不存在,因此在制定执行时间表时需要考虑到这些。同时还得承认这些措施要符合一个国家的社会文化环境。因此,条约制定机构可以扩展支持性决策的原则,但将在国内法中设计这些措施并规范其使用的实质任务留给缔约国。这样一种路径,可能会激发那些熟悉某国基层情况的组织的产生。④

---

① Principles for the Protection of Persons with Mental Illness and the Improvement of Mental Health Care, *supra* note 9. Provisions exist in the laws of several countries whereby incapacity is a status attribute that denies some persons the opportunity to grow and develop on just such a reasoning.

② Stanley S. Herr, Self Determination Autonomy and Alternatives for Guardianship, in The Human Rights of Persons with Intellectual Disabilities 429−50( Stanley S.Herr et al.eds. ,2003 );PO-Sk〈ring a〉ne, http://www.po-skane.org/text/sub30.htm( last visited Feb. 20,2007 ).

③ *See*,*e.g.*, U.S.Living Will Registry, Advance Directive Forms, http://www.uslivingwillregistry. com/forms.shtm( last visited Apr. 15,2007 ).

④ In making this argument I am not appealing to theories of cultural relativism but acknowledging the socio-economic diversity that exists worldwide and the need to accommodate it in setting up support systems.

在制订这些多元方案的时候,政策制定者应该以个人的成长和发展为核心,并辅以对其成长和发展的各种支持。① 以此类推,所有的人都是自己生活戏剧中的主角,别的人、别的事,只是支持这场表演的剧组而已。配角可以支持主角,但却无法取代他或她。② 这一剧本对于每个人都是一样的,每个人都是自己生活大戏的主角,而他们也都还是其他一些戏的支持性剧组成员。③

与此相反,当可行能力被视为有选择性地拥有时,法规制定者就会集中精力首先对可行能力进行定义。即使有些人是依靠情感或直觉作出决定,但目前法定资格的标准主要基于认知上的可行能力。④ 这就强调了法定资格是一个建构的概念,总会使某些人处于优势地位。⑤

与可行能力模式相比,丧失能力的模式就是一种排斥的模式。继续之前的生活大戏的比喻,这是一个试着发现谁应留在舞台中央、谁待在两侧、谁因为"**没有角色**"而湮没其中的练习。在这一剧本中,所有的人在自己的生活大戏中都没有角色,更别提主要角色。认识到这一模式对个人的不良后果,在世界范围内已经开始尝试减少这种模式的不良影响。⑥ 正如之前讨论的那样,

---

① For a reform effort prompted by the capabilities approach, Nussbaum suggests combining the underlying vision of human dignity and equality in the Israeli law with the general principles asserted in the German law and the flexible structure of legal and social categories embodied in the Swedish law. Nussbaum, supra note 24.Thus, without quibbling on the nomenclature of support, that is, whether or not it is called guardianship, she has sought its reinvention to facilitate accessing of central capabilities by persons with disabilities.*Id.*

② Here note may be taken of the Swedish remedy of interrogating or challenging the mentor.*See* PO-Sk⟨ring a⟩ne.

③ Such an understanding is important both to the recovery of the lead roles of persons with a disability, as well as the acknowledgement of the supportive roles that persons with a disability play in the lives of innumerable others.*See*, *e.g.*, Pramila Balasundrum, Sunny's Story(2005)(for a recent and true narrative of a young adult with an intellectually disability who lived independently in various parts of India for more than a year).

④ Amita Dhanda, World Network of Users and Survivors of Psychiatry [WNUSP], *Article* 9: *Equal Recognition as a Person Before the Law*, *available at* U. N. Enable, http://www. un. org/esa/socdev/enable/rights/art9legal.htm(last visited Apr. 3, 2007).

⑤ *Id.*

⑥ *See*, *e. g.*, CRPD, G. A. Res. 61/106, U. N. Doc. A/RES/61/106(Dec. 13, 2006), *available at* http://www.un.org/esa/socdev/enable/rights/convtexte.htm(last visited Apr. 4, 2007), art. 4.

这些尝试是通过改善专家使用的工具或提升法定代表(legal representation)、强制听证(mandatory personal hearing)和令状说理(reasons for order)等程序标准,以增强这种模式在程序上的正当性。① 这些改革唯一需要注意的是排斥的过程应尽可能准确无误,任何人都不应被错误地排斥在外。和其他功能参数一样,残障呈现出的是一种临界状况。在这一模式下,所有残障人士的法定资格都可能受到质疑。还因长久以来普通人和专家所持有的观念就是残障者缺乏可行能力,所以这一点特别明显。② 另外,尽管充满争议的报告中提到了改善,但是没有任何措施可以声称取得了绝对的成功。③ 即使这样的成功被承认了,仍有必要认识到这种模式并不允许普遍的融合,它依然是以有些人永远不能达到法定资格标准的信念为前提的。

# 结　　论

第十二条的文本并没有禁止替代性决策,它的语言甚至可以用来为替代性决策作辩解。④ 在这一情况下,或许可以说该条款乃既往(历史)对《公约》的一种钳制了。但是这样的争论,也仅是在淡化或忽略了对可行能力的形成

---

① *See*,*e. g.*, CRPD, G. A. Res. 61/106, U. N. Doc. A/RES/61/106 (Dec. 13, 2006), available at http://www.un.org/esa/socdev/enable/rights/convtexte.htm(last visited Apr. 4,2007), arts. 5,13.

② Thus,those judicial decisions, whereby judges have converted a functional requirement into one of status, are demonstrative of this belief.*See*,*e. g.*, Amita Dhanda, Legal Order and Mental Disorder (2000).For reports on American courts,*see* Thomas Grisso, Evaluating Competencies;Forensic Assessments and Instruments(2d ed. 2003).For how British Courts deal with questions of capacity,*see* Peter Bartlett & Ralph Sandland, Mental Health Law;Policy and Practice(2d ed. 2003).

③ For example,while some claim that the use of lawyers in mental health proceedings makes for a fair process,others hold that lawyers suffer from widespread rolelessness in the arena of mental health law.Jan C.Costello, Representing Children in Mental Disability Proceedings 107(1999), http://www.courtinfo.ca.gov/programs/cfcc/pdffiles/101-130.pdf(last visited Apr. 3,2007).

④ *See* CRPD, G. A. Res. 61/106, U. N. Doc. A/RES/61/106 (Dec. 13, 2006), *available at* http://www.un.org/esa/socdev/enable/rights/convtexte.htm(last visited Apr. 4,2007), art. 12.

已普遍接受的基础上,①而且还要是在直接解读该条款、而完全不考虑倡导和谈判过程的情况下才能成立。上文已经展示了每一次试图将法定资格捆绑于过去的行动,都是遭到了怎样的挑战和斗争。每当回顾这些过程,第十二条所促成的范式转化才得以彰显,且为人赞赏。此外,《维也纳公约》第三十一条规定,条约的解读应当符合其目标和意图。②《公约》序言提供了不可或缺的背景信息。③(序言)第十四段确认"个人的自主和自立,包括自由作出自己的选择,对残疾人至关重要"。④ 这一自由对所有残障者都适用,正如(序言)第十段所言,"确认必须促进和保护所有残疾人的人权,包括需要加强支助的残疾人的人权"。⑤《公约》所规定的一系列其他实质性权利,也对第十二条更先进的解读提供了支持。对所有残疾人充分法定资格的承认,也是平等和不歧视原则的要求。⑥ 这也是教育权的基础,它强调了"残疾人基于其个体性格、才能和创造力以及他们的精神和生理能力的发展,以充分发挥其潜能。"⑦并因此"在自由社会中实现有效的参与"。⑧ 没有法定资格,公约第二十五条对于残疾人基于自由表示的知情同意的保障将是一纸空文;⑨第二十三条的缔结婚姻权和第二十九条政治参与权也将失去意义。⑩

尽管,我也相信为这一前瞻性文本制定战斗不已的力量,仍将面临如何正

---

① A perspective that is rendered even more questionable by the fact that the Ad Hoc Committee in its reconvened session felt impelled to delete the controversial footnote. *See* Letter from Don McKay; The Secretary-General.

② Vienna Convention on the Law of Treaties, arts. 19-23, May 23, 1969, 1155 U. N. T. S. 331, art. 31.

③ *Id.* art. 31(2).

④ CRPD, G. A. Res. 61/106, U. N. Doc. A/RES/61/106 (Dec. 13, 2006), *available at* http://www.un.org/esa/socdev/enable/rights/convtexte.htm(last visited Apr. 4,2007), pmbl.(n).

⑤ *Id.* pmbl.(j).

⑥ *Id.* art 1.

⑦ *Id.* art. 24(1)(b).

⑧ *Id.* art. 24(1)(c).

⑨ CRPD, G. A. Res. 61/106, U. N. Doc. A/RES/61/106 (Dec. 13, 2006), *available at* http://www.un.org/esa/socdev/enable/rights/convtexte.htm(last visited Apr. 4,2007), art. 25.

⑩ *Id.* arts. 23,29.

确解释和实施的挑战。① 正因为"**穿着夹脚的鞋**"，他们必将继续奋斗。他们奋斗的过程成就了这样的现实可能，即法定资格的条文必将成为所有残障人士能力扩展和充分融入这一远大抱负的北极星。

（姜依彤 译 李 敬 校）

---

① A process that is greatly facilitated by the fact that persons with disabilities and disabled people's organizations have been expressly involved in the process of implementing and monitoring the Convention. *See id.* arts. 4(3),32,34(4).

# 联合国《残疾人权利公约》和免于
# 未经同意精神病治疗干预的权利

[美国]缇娜·敏科维茨

本文的观点是强迫性精神病治疗干预（forced psychiatric intervention）违背了普遍禁止酷刑原则。联合国《残疾人权利公约》（以下多数情况简称为《公约》）为本文逐渐发展出来的论点提供了论述基础:首先,《公约》承认了残障人士的平等法定资格（legal capacity）、自由表达和知情同意、身心完整性的权利以及免于酷刑及免于残忍、不人道的或有辱人格的待遇和惩罚的权利。《公约》第十二条、二十五条、十七条及十五条分别载明了这些义务,这些义务要求立即终止一切强迫性的精神病治疗干预。但是,这里还需要进一步追问精神病强制治疗破坏性侵犯的严重本质和后果,而这些行为若非国家纵容作恶,则早就都被立法禁止了。精神病强制治疗影响了个人生活的方方面面:身体、心理、人格、社会关系、灵性价值以及更高层次的意义。基于对上述这些因素及国际社会普遍认同的酷刑含义,本文认为:应当承认强迫性精神病治疗干预是一种对人权的极其严重的侵犯,应对施害者苛以刑罚,对受害者和幸存者进行补救。

## 一、自由表达和知情同意

《残疾人权利公约》第二十五条要求缔约国需要确保医疗服务的提供时

使残障者在和他人平等的基础上，有自由表达和知情同意的权利。①

联合国经济、社会、文化委员会(Committee of Economic, Social and Cultural Rights, CESCR, 以下简称为经社文权利委员会)认为免于未经同意的强行治疗的权利(nonconsensual medical treatment)是可达到的最高水平健康权的组成部分。② 因此，自由表达和知情同意的权利不仅是国内法的功能之一，还是人人享有的人权和基本自由之一，而且在基于残障的状况下要没有歧视地贯彻实施。③

任何只适用于残障者自由表达和知情同意权利的限制、或对残障者不恰当的影响，都可能构成歧视。④ 现在，那些通过设立标准和程序使精神病的治疗可在违背个人意愿下进行的典型的精神卫生立法都应该是属于违法了。⑤ 与之类似，任何无须自由表达和知情同意的精神病治疗干预的惯例和做法，也都应该遭到废除。⑥ 缔约国现在有了这样的作为义务(affirmative duty)，即在国际法和国内法规定下，确保医疗服务提供者(无论是私立的还是公立的)尊重残障人士的自由表达和知情同意。如果一个国家通过立法授权对普通大众进行强制医疗干预(coercive medical interventions)，它的合法性应该在于：1.这

---

① 1. Article 25(d) reads: [States Parties shall:] Require health professionals to provide care of the same quality to persons with disabilities as to hers, including on the basis of free and informed consent by, inter alia, raising awareness of the human rights, dignity, autonomy and needs of persons with disabilities through training and the promulgation of ethical standards for public and private health care...Convention on the Rights of Persons with Disabilities, G. A. Res. 61/106, at 25(d), U. N. Doc. A/RES/61/106(Dec. 13, 2006)[hereinafter CRPD].

② U. N. Econ. & Soc. Council [ECOSOC], Comm. on Econ., Soc., & Cultural Rights, *General Comment No. 14: Substantive Issues Arising in the Implementation of the International Covenant on Economic, Social and Cultural Rights*, 8, U. N. Doc. E/C. 12/2000/4(Aug. 11, 2000)[hereinafter *General Comment No. 14*].

③ General Comment No. 14 uses the phrase "the right to be free from nonconsensual treatment", which is equivalent to free and informed consent. *See* U. N. Econ. & Soc. Council [ECOSOC], Comm'n on Human Rights, *Situation of Detainees at Guantánamo Bay*, 82, U. N. Doc. E/CN. 4/2006/120(Feb. 27, 2006)(*prepared by* Leila Zerrougui, Leandro Despouy, Manfred Nowak, Asma Jahangir, & Paul Hunt)[hereinafter *Situation of Detainees at Guantánamo Bay*].

④ *See also* CRPD, G. A. Res. 61/106, at 25(d), U. N. Doc. A/RES/61/106(Dec. 13, 2006), art. 5.

⑤ *See id.* art. 4(1)(b).

⑥ *Id.*

是否对残障人士产生歧视性的后果？2.这是否满足经社文权利委员会在第十四号《一般性意见》第二十八段中载明的对《经济、社会和文化权利国际公约》（*International Covenant on Economic, Social and Cultural Rights*, ICESCR）第四条的限制性条款的解释情形？① 应当特别注意的是，这些措施要求是否与国际人权法上保障身心完整性的规定相一致？例如，是否与《公民权利和政治权利国际公约》（*International Covenant on Civil and Political Rights*, ICCPR）第七条以及联合国《禁止酷刑和其他残忍、不人道或有辱人格的待遇或处罚公约》（CAT/以下简称为《禁止酷刑公约》）一致，尽管后一个公约尚未对医疗健康领域内的情况进行充分讨论。

尽管第十四号《一般性意见》试图合法化强制的"**精神卫生治疗行为**"（mental health treatment），②但它这是不符合《残疾人权利公约》，不应继续作为权威文本。与之类似，联合国《保护精神疾病患者与改善精神保健的原则》（*Principles on the Protection of Persons with Mental Illness*）虽然力图规范自由表达和知情同意的例外情形，③但是，因为新的法定性条约建立了更高层次的人权保护，这一文件也不能再作为解释人权规则的指南了。

《残疾人权利公约》没有对"**残障**"或"**残障人士**"作出明确定义。但是，毫无疑问，《公约》涵盖了社会心理残障人士（psychosocial disabilities）。④《公

---

① The relevant portion of paragraph 28 reads: "Such restrictions must be in accordance with the law, including international human rights standards, compatible with the nature of the rights protected by the Covenant, in the interest of legitimate aims pursued, and strictly necessary for the promotion of the general welfare in a democratic society." U.N.Econ.& Soc.Council [ECOSOC], Comm.on Economic, Social and Cultural Rights, *General Comment No. 14*, 28, U.N.Doc.E/C. 12/2000/4(Nov. 8, 2000).

② *See id.*34.

③ *See* Principles for the Protection of Persons with Mental Illness and the Improvement of Mental Health Care, G.A.Res. 119 at Principle 11, U.N.Doc.A/RES/46/119(Dec. 17, 1991).

④ The World Network of Users and Survivors of Psychiatry uses the term"users and survivors of psychiatry"to refer to people who self-define as having experienced madness and/or mental health problems, or having used or survived mental health services.World Network of Users and Survivors of Psychiatry (WNUSP), *Statutes*, art. 3, *available at* http://www. wnusp. net/wnusp% 20evas/Dokumenter/statutes.html(last visited May 3, 2007).Psychosocial disability is the preferred term when referring to this type of disability, rather than"mental illness"which can be pejorative.*See* International Disability Law Caucus, News Page for Monday, August 31, 2006, *available at* http://www.un.org/esa/socdev/enable/rights/ahc8docs/ahc8idcreactcomp1.doc(last visited May 3, 2007).

约》第一条提及了"**精神**"或"**智力**"损伤,明确了"**精神**"障碍包括了社会心理范畴。[①] 虽然,该条文仅规定了"**长期的**"损伤,并未提及因何种障碍导致的损伤,[②]但是,这一规定不是排他性的限制条款,因此,限定性地解释这一条款会与《公约》宗旨背道而驰。特别是如果《公约》的适用取决于个人残障经历的细节,不歧视的义务就很难恰切实施。事实上,如果某个人被认为具有某一残障,并因此遭受不公待遇,就足以援引上述条文了。

自由表达和知情同意权所具有的内涵远远超越了免于非法强迫（force）或合法强制（coercion）的治疗,这一权利还要求对预期治疗或服务的性质提供准确的、易于理解的信息。隐瞒或误导的信息（例如,遗漏对电休克治疗会引发严重且永久性记忆损伤的提示）就违背了自由表达和知情同意的权利。通过欺瞒而获得的同意,应当视之为强制治疗,因为它没有实现被治疗者自由表达的意志。

# 二、法定资格

法定资格（legal capacity）是《残疾人权利公约》阐述的最具革命性的新规则,放在本文第二部分（谈）似乎不甚公平。然而,考虑到本文的目的,法定资格放在第二部分是符合逻辑顺序的。自由表达和知情同意的权利是法定资格的运用或是法定资格行使的要求。没有对残障人士同等法定资格的担保,自由表达和知情同意权就很难在反对精神病强迫治疗中有用武之地了。

《残疾人权利公约》第十二条第三款指出,"缔约国应当采取适当措施,便利残疾人获得他们在行使其法律权利能力时可能需要的协助"。[③] 对于社会心理障碍人士而言,这一保证是《公约》的核心。现有法律限制我们的自由及自主决定,都是建立在把社会心理障碍人士等于法定无资格（legal incapacity）

---

① CRPD,G.A.Res. 61/106,at 25(d),U.N.Doc.A/RES/61/106(Dec. 13,2006),art. 1.

② *Id.*

③ *Id.*art. 12(2).

的基础之上。使社会心理障碍人士在法律上失能(incapacitation)是法律对待这些人的主要方式。为了保证在与他人平等基础上,(残障者)在生活各方面的法定资格,应当废除上述法律。

《公约》以平等模式取代了可行能力(capacity)对抗无能力(incapacity)的二元模式。这一平等模式不但承认个人自治及个人自决能力的完全法律权利(legal rights)。这一模式还有资格在需要的时候获得支持,以确保个体行使这些权利时实质的平等机会。这一模式反映了国际人权中已经建立的原则,如一切人权均为普遍(universality)、不可分割(indivisibility)、互相依存和相互联系(interdependence and inter-relatedness)。① 这一模式还承认实现经济、社会和文化权利对任何个人的人格尊严及自由发展是必不可少的。②

面对社会心理障碍者的需要,应用这一支持模式既需要一些制度创新,也需要依靠现有的制度,而这些现有制度以往并未被理解为可以作为行使法定资格的支持。涉及决策制定和使用法定资格时,同伴支持、以复原为本的服务、社区支持网络以及个人助理等途径都可以帮助社会心理障碍者。在瑞典斯科讷省(Skane)有一个得到政府资助的、由精神病治疗使用者和幸存者建起的一个项目,该项目为那些**具有最严重的精神健康问题**的人(那些完全生活在他们个人符号世界中、完全孤立地生活自己公寓中的或无家可归露宿街头的人③)提供**个人申诉专员**(Personal Ombudsperson)服务。个人申诉专员对客户全权负责,对客户资料充分保密、不进行永久存档。同时,他还需要耐心工作以便和客户建立关系,耐心等待,直到客户**了解及敢于讲述**他或她的需要。④ 这个项目非常成功。它为那些在其他情况下不愿意寻找或者不被其他服务接纳的社会心理障碍者提供了便利。而且危机计划预案(advance crisis planning)、支持者的任命都可以适应于那些失能的情境(例如,

---

① World Conference on Human Rights, June 14-25, 1993, *Vienna Declaration and Programme of Action*, 63-65, U.N.Doc A/CONF. 157/23(July 12, 1993).

② Universal Declaration of Human Rights, G.A.Res. 217A, at 22, U.N.GAOR, 3d Sess., 1st plen. mtg., U.N.Doc A/810(Dec. 12, 1948).

③ PO-Skåne-Personal Ombudspersons in Skåne, *available at* http://www.peoplewho.org/documents/jesperson.decisionmaking.doc(last visited Mar. 23, 2007).

④ *Id.*

预先指示和医疗服务委托书），同时客户可以逐渐发展他们自己的能力，直到具有完全的能力，能够更有效地确保自我决策。①

儿童的法定资格基础和成人的不同。然而，残障儿童"**逐渐发展的能力**"得到了承认。② 而且，残障儿童和其他儿童一样，拥有根据自己年龄和成熟程度，就切身相关的问题自由作出选择的权利。③ 残障儿童被进一步赋予了符合年龄与残障状况的辅助手段，以实现他们在支持模式下进行自主决策的权利。

如果法定资格受限的原因不是残障，如一个作为被宣判有罪的罪犯的身份，那么《残疾人权利公约》要求残障者得到同他人平等地对待，而那些限制不应违反其他规则。特别是自由表达和知情同意，作为保护一个人完整性的权利，不应因为犯罪行为的后果受到限制。④

### （一）"法定资格"的解释

法定资格指的是一个既定法律体系中一个个体的身份和委托权限。它包括被动权利（例如对财产的所有或继承）和主动权利（例如缔结合同、处分财产、作为当事人一方或证人出庭、对医疗行为给出同意或拒绝的意思表示）。

有些法律体系区分"**权利能力**"（capacity for rights）和"**行为能力**"（capacity to act），那么"**法定资格**"最好解释为"**行为能力**"或是上述两者的总和。行为能力意味着个人行使权利承担义务时的私人委托权限（personal authority）。没有行为能力，一个人只能在名义上拥有权利和义务，而作决策的委托权限就会被转移给了他人或是机构。行为能力是权利能力的前提。

联合国各官方语言对《公约》第十二条第二款中所称"**法定资格**"的翻译

---

① See PO－Skåne－Personal Ombudspersons in Skåne, *available at* http://www.peoplewho. org/documents/jesperson.decisionmaking.doc(last visited Mar. 23,2007).

② CRPD,G.A.Res.61/106,at 25(d),U.N.Doc.A/RES/61/106(Dec. 13,2006),art. 3(h).

③ Convention on the Rights of the Child, G.A.Res. 44/25, art. 12(1), U.N.GAOR,44th Sess., Supp.No. 49,U.N.Doc.A/RES/44/736(1989)[hereinafter CRC];CPRD,G.A.Res.61/106,at 25(d), U.N.Doc.A/RES/61/106(Dec. 13,2006),art. 7(3).

④ See U.N.Econ.& Soc.Council［ECOSOC］,Comm'n on Human Rights,*Situation of Detainees at Guantánamo Bay*,82,U.N.Doc.E/CN. 4/2006/120(Feb. 27,2006).

是不一致的。有些翻译为行为能力,有些翻译为权利能力,有一个翻译对二者进行了综合。① 这些不一致不应该成为普遍解释的障碍。只有最符合条约目的和宗旨(所有残障人士充分和平等地享有一切人权和基本自由②)的模式,才能在平等基础上,确保残障人士在各方面享有法定资格。这一模式的先驱是《消除对妇女一切形式歧视公约》(*Convention on the Elimination of All Forms of Discrimination against Women*)。委员会就《消除对妇女一切形式歧视公约》第十五条所指的"**法律行为能力**"进行解释:"不论翻译表述如何,(法律行为能力)即指行为能力。"③

有关"**法定资格**"的争议源于《公约》第十二条第二款的那个先被添上了、后又被去掉的脚注。联合国六种官方语言中的三种语言都将"**法定资格**"的含义限定在"**权利能力**"上。④ 这一脚注的移除,再次肯定了缔约国之间希望保证普遍的、没有限制的法定资格。

一些国家代表的解释性声明,显示出实施和监测中需要对平等的法定资格有所警惕。一组阿拉伯地区的国家代表表达的意见认为《公约》第十二条

---

① The Arabic translation of"legal capacity"is"ahlia al qanounia", incorporating both capacity to act and capacity for rights;the Chinese is"falv quanli nengli"meaning capacity for rights;the French is "capacité juridique" meaning capacity to act; the Russian is "pravosposobnost" meaning capacity for rights;the Spanish is"capacidad jurídica"meaning capacity for rights.The English term"legal capacity" in the original text means capacity to act.International Disability Caucus,Communication on the Translation of Legal Capacity(Oct. 19,2006).

② CRPD,G.A.Res. 61/106,at 25(d),U.N.Doc.A/RES/61/106(Dec. 13,2006),art. 1.

③ Comm.on the Elimination of Discrimination against Women,*Report of the Committee on Elimination of Discrimination against Women*,*General Recommendation 21*:*Equality in Marriage and Family Relations*,art. 15,cmt. 7–8,U.N.Doc.A/49/38(SUPP)(Jan. 1,1994).A survey of concluding observations revealed that CEDAW does not apply disparate standards,but uses the term"legal capacity"with the same meaning,irrespective of the language used by the State Party,with an emphasis on the capacity to act.

④ The footnote in Article 12 of the Draft Convention on the Right of Persons with Disabilities reads,"In Arabic,Chinese and Russian,the term 'legal capacity' refers to 'legal capacity for rights,' rather than 'legal capacity to act.' "U.N.Econ.& Soc.Council [ECOSOC],Ad Hoc Comm.on a Comprehensive and Integral International Convention on the Protection and Promotion of the Rights and Dignity of Persons with Disabilities,U.N.Doc.A/AC. 265/2006/L. 6(Aug. 14–25,2006).

所指的法定资格"**根据他们本国的法律**"①应该限定在权利能力上。我们必须拒绝这一解释,因为这种解释对残障人士而言是一种歧视,而且将本国法置于国际人权公约之上也是不妥的。加拿大的观点是"**与他人平等的基础**"并非要求真正的平等,而仅仅是一个可反驳的假设。② 这一意见也属于歧视的一种形式,也应当遭到驳回。在国际残障联盟的支持下,一些国家表达了与上述观点相反的意见。智利和菲律宾都支持"**行为能力**"。③ 与那些认为"**法定资格**"解释应当受限于本国法的国家相反,欧盟和其他一些国家坚持法定资格应有一个国际统一的解释。④

# 三、尊重身心完整性的权利

《残疾人权利公约》第十七条承认残疾人的身心完整性有权在与其他人平等的基础上获得尊重。⑤ 这是第一次在和残障相关的、在国际层面上对尊重身心完整权的承认。这也再次确认了残障并非是一种身体或精神完整的缺损,相反有这样状况的人们拥有属于他们自己的身心完整状态,而这种状态值得在和他人平等基础上获得尊重。这种"尊重差异,接受残疾人是人的多样性的一部

---

① Letter from Hamadal Bayati, Chairman of the Group of Arab States for December 2006, Permanent Representative of Iraq to the United Nations, to the Chairman of the Ad hoc Committee on Comprehensive and Integral International Convention on the Protection and Promotion of the Rights and Dignity of Persons with Disabilities, U.N.Doc A/AC. 265/2006/5(Dec. 5, 2006).

② *See* U. N. Enable, Contributions by Governments: Canada, *available at* http://www. un. org/esa/socdev/enable/rights/ahc7canada.htm(last visited Mar. 23, 2007).

③ *See* U. N. Enable, Contributions by Governments: Philippines, *available at* http://www. un. org/esa/socdev/enable/convstatementgov.htm#phi(last visited May 3, 2007).(Personal notes on the statements made by Chile, on file with author).

④ Letter from Kristi Lintonen, Representative of the Presidency of the European Union, Permanent Representative of Finland to the United Nations, to Chairman of the Ad Hoc Committee on a Comprehensive and Integral International Convention on the Protection and Promotion of the Rights and Dignity of Persons with Disabilities, U.N.Doc.A/AC. 265/2006/6(Dec. 5, 2006).

⑤ CRPD, G.A.Res. 61/106, at 25(d), U.N.Doc.A/RES/61/106(Dec. 13, 2006), art. 17.Article 17 reads in full: "Every person with disabilities has a right to respect for his or her physical and mental integrity on an equal basis with others." *Id.*

分和人类的一分子"①补充了《公约》第十二条对个人自治与个人自主决定的承认。这也为理解精神病强迫治疗干预是一种侵犯人权的行为提供了另外的基础。

尊重人的身心完整性权利已经得到区域性人权公约承认，而这一权利也可被视为对免于酷刑和其他残忍、不人道或有辱人格的待遇或处罚权利的一个积极而普遍的表达。正如联合国人权事务委员会（HRC）将《公民权利和政治权利国际公约》第七条的解释为"**保护个人尊严及身心完整性**"。②

区域性条约中处理身心完整性权利的方式或许能为该条在《残疾人权利公约》中如何解释提供额外的思路。《美洲人权公约》（*American Convention on Human Rights*）中，尊重身心完整性的条款是对剥夺自由、实施酷刑和人道待遇的组成部分。③ 这一权利是不可剥夺的（正如《公民权利和政治权利国际公约》第七条）。对这一权利的法理学解释强调的是自由遭到剥夺的情境，但这一解释同样扩展到了那些被家庭成员剥夺自由的人们，以及受到他们近乎于残忍、非人道及有辱人格地对待的情景中。在《欧盟基本权利宪章》（*European Charter of Fundamental Rights*）中，个人身心完整的权利和一系列必须在医疗和生物领域得到尊重的权利结合在一起，包括"根据法律规定的程序，相关者有自由表达和知情同意的权利"。④ 任何有关自由表达和知情同意的法律规

---

① CRPD, G.A.Res. 61/106, at 25(d), U.N.Doc.A/RES/61/106(Dec. 13, 2006), art. 17. Article 17 reads in full: "Every person with disabilities has a right to respect for his or her physical and mental integrity on an equal basis with others." *Id*. art. 3(d).

② Office of the High Comm'r for Human Rights, Human Rights Comm., *Compilations of general comments and general recommendations adopted by Human Rights Treaty Bodies*, at 30, U. N. Doc. HRI/GEN/1/Rev. 1(July 29, 1994)(referring to General Comment 20, 2).

③ Organization of American States, American Convention on Human Rights art. 5, Nov. 22, 1969, O.A.S.T.S.No. 36, 1144 U.N.T.S. 123. Paragraph 1 states "Every person has the right to have his [or her] physical, mental and moral integrity respected." *Id*. art. 5(1). The inclusion of moral integrity is interesting and useful, and seems to correspond to the prohibition of degrading treatment.

④ Charter of Fundamental Rights of the European Union art. 3, 2000 O.J.(C 364)1, 9. Article 3 reads in full: Right to the integrity of the person

1) Everyone has the right to respect for his or her physical and mental integrity.

2) In the fields of medicine and biology, the following must be respected in particular:

—the free and informed consent of the person concerned, according to the procedures laid down by law,

—the prohibition of eugenic practices, in particular those aiming at the selection of persons,

—the prohibition on making the human body and its parts as such a source of financial gain,

—the prohibition of the reproductive cloning of human beings.

*Id*.

定都需要符合非歧视原则和法定资格的同等承认原则。如前所述，《公约》的
规定将尊重个人身心完整性的权利置于高处，不允许对这一权利进行任何实
体性规制和限制。《非洲人权与民族权宪章》(*The African Charter on Human
and People's Rights*)和其他区域性公约都讨论了这一权利，但它使用了某种
模糊的词汇，称"**人类不可侵犯**"(human beings are inviolable)以及拥有生活和
人的完整性权利，并指出了此权利是不可剥夺的。① 总之，正如来自联合国人
权委员会《一般性意见》和各类区域性条约的规定，对"**尊重身心完整性**"这个
权利作了最具保护性的解释。这一不可剥夺的权利包括了尊重自由表达和知
情同意的权利；它和禁止酷刑与残忍、不人道及有辱人格的待遇和惩罚的权利
紧密联系，最大限度地保护个体不受公共和私人行为的侵害。

# 四、酷刑以及残忍、不人道、
# 有辱人格的待遇或惩罚

《残疾人权利公约》第十五条规定免于酷刑以及残忍、不人道、有辱人格
的待遇或惩罚，包括未经同意的医学和科学试验。它要求缔约国采取有效措
施、在与其他人平等的基础上，预防残障人士成为这类实验的对象。尽管上面
已经提及的《公约》的各项规定，可能足以保护人们免于强制的精神病治疗干
预了。但是，讨论强制精神病治疗干预作为另一种形式的酷刑以及残忍、不人
道、有辱人格的待遇或惩罚也非常重要。国际法将禁止酷刑以及残忍、不人
道、有辱人格的待遇或惩罚规定为国家最严肃的义务之一。禁止酷刑是国际
法规定的、在任何情况下都不得克减(derogated)的强制性规范，而这一条被视
为独立存在的，无论一个国家是否为特定公约的缔约国皆要如此。与酷刑不
同，虽然在国际法中并未对残忍、不人道和有辱人格的待遇或惩罚有类似的强
制性规定，但国家对此都应承担类似的预防性义务。而且，这些义务还要求减

---

① African Union, African Charter on Human and Peoples' Rights art. 4, June 27, 1981, O.A.U.
Doc.CAB/LEG/67/3 Rev. 5, 21 I.L.M. 59.

少有可能导致酷刑以及残忍、不人道、有辱人格的待遇或惩罚的情形。

　　联合国人权委员会已经审议了一些违反《公民权利和政治权利国际公约》第七条未经同意的精神病治疗干预的案件。但是这些案件大多因程序原因①或者由于缺乏充分论证或信息②问题而没有得到受理。例如有这样一个案件，一个囚犯向人权委员会申诉，在三年的牢狱生涯中，他被反复注射抗精神病药物，但尚不清楚人权委员会在其结论中，是否会将这一事实归为"**非人道的待遇**"。③ 联合国人权委员会和禁止酷刑委员会都讨论了精神病治疗机构中不人道和有辱人格的治疗，包括使用带笼子的床。④ 无论医生的医学诊断或医院的治疗偏好如何，欧洲防止酷刑委员会都已经禁止使用直接的电休克疗法。⑤ 这一表态反映出，即使是精神病治疗机构中的那些据称是治疗性的手段，也需要符合禁止酷刑及非人道行为原则的意愿。欧洲人权法院曾经拒绝认为未经同意精神病治疗干预是酷刑以及残忍、不人道、有辱人格的待遇或惩罚的一种，并明确提出允许进行强制治疗的标准情形：在治疗的必要情况下，即"在病人完全不能自己为自己决策时，为了保护病人身心健康（可以进行精神病强制治疗）；因此，（医疗机构）对于这些人要承担完全的责任。"⑥这

---

　　① *See , e.g.*, T. P. v. Hungary, Decision of the Human Rights Committee under the International Covenant on Civil and Political Rights concerning Comm'n No. 496/1992, U. N. Doc. CCPR/C/47/D/496/1992( Apr. 1,1993) ; K.L.B.-W.v.Australia, Decision of the Human Rights Committee under the International Covenant on Civil and Political Rights concerning Comm'n No. 499/1992, U. N. Doc. CCPR/C/47/D/499/1992/Rev. 1( June 7,1993) ; Mohamed Refaat Abdoh Darwish v.Austria, Decision of the Human Rights Committee under the International Covenant on Civil and Political Rights concerning Comm'n No. 679/1996,U.N.Doc.CCPR/C/60/D/679/1996( July 28,1997).

　　② *See , e.g.*, Bozena Fijalkowska v.Poland, Decision of the Human Rights Committee under the International Covenant on Civil and Political Rights concerning Comm'n No. 1061/2002, U. N. Doc. CCPR/C/84/D/1061/2002( July 11–19,2005).

　　③ *See* Antonio Viana Acosta v.Uruguay, Decision of the Human Rights Committee under International Covenant on Civil and Political Rights concerning Comm'n No. 110/1981, U. N. Doc. CCPR/C/OP/2( Mar. 29,1984).

　　④ *See , e.g.*, U.N.Human Rights Comm., *Report of the Human Rights Committee Vol.I*, at 54,82(13), U.N.Doc.A/58/40( 1993) ( discussing the use of cage beds in Slovakia).

　　⑤ *European Committee for the Prevention of Torture and Inhumane or Degrading Treatment or Punishment*, *The CPT Standards*, at 55,39, CPT/Inf/E( 2002) , *available at* http://www.cpt.coe.int/en/documents/eng-standards-scr.pdf( last visited Mar. 27,2007).

　　⑥ Herczegfalvy v.Austria, App.No. 10533/83,15 Eur.H.R.Rep. 437,82( 1992).

一基于"无资格"的法定能力标准,因为和《残疾人权利公约》第十二条第(二)款的规定不符,所以现在也应该认定它无效了。

　　未经同意精神病治疗和其他医学干预手段,在条约谈判及联合国特别报告员的报告中都被认为是酷刑以及残忍、不人道、有辱人格的待遇或惩罚。在草拟《禁止酷刑公约》的过程中,葡萄牙提交的一个修正案认为基于《禁止酷刑公约》第一段中提及的任何目的而使用精神病治疗都应当被视为酷刑。① 《残疾人权利公约》的谈判过程中,第一个工作文本中关于酷刑以及残忍、不人道、有辱人格的待遇或惩罚的条款中,有一款是关于保护残障人士免于"在矫正、改善或缓解任何他们实际的或被认为的损伤的过程中,被强迫进行治疗或住院"。② 这一条款包括了禁止违背其本人意愿下的医学干预以及其他强制行为,例如为了消除或改善他们实际拥有或被认为拥有的损伤而举行的宗教仪式。尽管这一条款得到了很多支持,但仍有相当一部分国家拒绝在残障人语境中加入酷刑以及残忍、不人道、有辱人格的待遇和惩罚的概念,而是把它留给了实施和监督程序。③

　　第一个联合国酷刑特别报告员列出如下的生理酷刑方式:"使用药物、拘留或精神病医院中,……(包括)使用抗精神病药物使人不受控制地颤抖或肌肉收缩,让病人变得淡漠、智力迟缓……"④特别报告员通过分析人在受到电击或药物影响后的体验来解读酷刑的内在含义:

　　　　把人类与其他生物区分开来的是他或她的独特个性(individual per-

---

　　① J.HERMAN BURGERS & HANS DANELIUS, THE UNITED NATIONS CONVENTION A-GAINST TORTURE: A HANDBOOK ON THE CONVENTION AGAINST TORTURE AND OTHER CRUEL, INHUMAN, OR DEGRADING TREATMENT OR PUNISHMENT 42(1988).

　　② Ad Hoc on a Comprehensive and Integral International Convention on the Protection and Promotion of the Rights and Dignity of Persons with Disabilities, Working Group to the Ad Hoc Comm., *Report of the Working Group to the Ad Hoc Committee*, art. 12, 2, U. N. Doc. A/AC. 265/2004/WG. 1 (Jan. 16, 2004).

　　③ *See* Unofficial Daily Summaries of Negotiations, *available at* http://www. un. org/esa/socdev/enable/rights/ahc5sum28jan. htm and http://www. un. org/esa/socdev/enable/rights/ahc5sum4feb.htm(last visited May 19, 2007).

　　④ Special Rapporteur, *Report of the Special Rapporteur on the Torture and Other Cruel, Inhuman or Degrading Treatment or Punishment*, 119, U. N. Doc. E/CN. 4/1986/15(Feb 19, 1986), *available at* http://ap.ohchr.org/documents/E/CHR/report/E-CN_4-1986-15.pdf(last visited Mar. 27, 2007).

sonality）。正是这一独特个性构成了人类的内在的固有尊严,这方面引用《世界人权宣言》序言来说,是"世界的自由、正义和和平的基础"。恰恰是这一独特个性经常为酷刑所摧毁。在很多情况中,酷刑甚至抹杀了独特个性。酷刑是对作为独特人类的、卓越的人类身体和精神完整性的不可分割的相互依存性的侵犯。时常有人想区分身体酷刑和精神酷刑。然而,这一区分似乎更多在于酷刑实施的形式而非酷刑的本质。无论酷刑以何种形式进行,几乎无法避免的酷刑影响都会给人身心造成损害。即使是使用最残忍的身体折磨形式,其所造成的长期后果也主要都是心理上的。即使是最微小的精神折磨,往往都伴随着严重的身体痛苦后果。酷刑最常见的后果是人格解体。[1]

最近,由五位联合国特别报告员组成的小组调查了关塔那摩海湾监狱（Guantánamo Bay）的囚犯状况。他们沿用了欧洲人权法院之前的一个类似判例,认为强制喂食处于禁食抗议中的囚犯是一种酷刑。[2] 他们的结论还认为,强制喂食以及强制服药都是有违健康权的,因为知情同意是"基本的权利,而且根据逻辑推断,他们有权拒绝治疗。"[3]这一叙述再次肯定了医学判断不能凌驾于个人自治之上。此外,如果医学手段的使用造成了伤害而非治疗,这种手段就可以被认为是酷刑。

### (一)按照酷刑定义,思考未经同意的精神病治疗干预

《残疾人权利公约》的不歧视原则以及第十五条第二款规定:残障人士与其他人一样,应当避免遭受酷刑和残忍的、非人道、有辱人格的对待的义务,此条款还要求严肃考虑是否以及在何种情况下,根据国际法中既有的概念,精神病非自愿治疗干预能等同于酷刑。

《美洲防止和惩处酷刑公约》( *The Inter-American Convention to Prevent and*

---

① Special Rapporteur, *Report of the Special Rapporteur on the Torture and Other Cruel, Inhuman or Degrading Treatment or Punishment*, 4.

② Nevmerzhitsky v. Ukraine, App. No. 54825/00, 43 Eur. H. R. Rep. 32 (2005). *See Situation of Detainees at Guantánamo Bay*, supra note 3, 54, n. 73 (noting the judgment on force feeding in Nevmerzhitsky v. Ukraine).

③ *Situation of Detainees at Guantánamo Bay*, 82.

*Punish Torture*，以下简称《美洲公约》）在直接禁止使用任何旨在抹杀人格完整性或降低身体能力或意识能力的技术方面，是现今所有人权法律文书中规定得最先进的。这些技术包括精神类药物和破坏大脑的方式，例如电击和精神外科手术。① 不管这些技术是否引发疼痛或痛苦，它们都被认定为酷刑。《美洲公约》认为这些破坏本身就是一种酷刑，而不像《禁止酷刑公约》中的定义那样复杂。《禁止酷刑公约》中的定义要求目的和意图在于施加疼痛和痛苦。尽管《禁止酷刑公约》中的定义能被认为适用于未经同意精神病治疗干预领域，但在《美洲公约》中这一定义的关系更显而易见，后一个定义承认了包括化学物质在内的心灵控制技术。② 《美洲公约》的定义也有助于区分精神病强制治疗干预及自愿治疗。自愿使用本身有害的药物或治疗手段不应被认为是酷刑，但这应当成为监管的对象，特别是涉及医疗行为时，为了保护公众免受伤害，替代型疗法也许是一个选择。

《禁止酷刑公约》中的定义被使用得最为广泛，其内容如下：

> 为本公约的目的，"酷刑"指为了向某人或第三者取得情报或供状，为了他或第三者所做或涉嫌的行为对他加以处罚，或为了恐吓或威胁他或第三者，或为了基于任何一种歧视的任何理由，蓄意使某人在肉体或精神上遭受剧烈疼痛或痛苦的任何行为，而这种疼痛或痛苦是由公职人员或以官方身份行使职权的其他人所造成或在其唆使、同意或默许下造成

---

① *See* Organization of American States, Inter-American Convention to Prevent and Punish Torture, Sept. 12, 1985, O.A.S.T.S.No. 67, 25 I.L.M. 519.

For the purposes of this Convention, torture shall be understood to be any act intentionally performed whereby physical or mental pain or suffering is inflicted on a person for purposes of criminal investigation, as a means of intimidation, as personal punishment, as a preventive measure, as a penalty, or for any other purpose. *Torture shall also be understood to be the use of methods upon a person intended to obliterate the personality of the victim or to diminish his physical or mental capacities, even if they do not cause physical pain or mental anguish.* The concept of torture shall not include physical or mental pain or suffering that is inherent in or solely the consequence of lawful measures, provided that they do not include the performance of the acts or use of the methods referred to in this article. *Id.* art. 2(emphasis added).

② Andrew Byrnes, Torture and other Offenses Involving the Violation of the Physical or Mental Integrity of the Human Person, in SUBSTANTIVE AND PROCEDURAL ASPECTS OF INTERNATIONAL CRIMINAL LAW 214(Gabrielle Kirk McDonald et al.eds., 2000).

的。纯因法律制裁而引起或法律制裁所固有或附带的疼痛或痛苦不包括在内。①

上述表述可以分解为以下元素,按顺序列举为:

◆严重的肉体或精神疼痛或痛苦

◆蓄意强加的

◆为了以下的目的

◎取得情报或供状

◎处罚

◎恐吓或威胁

◎基于任何一种歧视的理由

◆由公职人员或以官方身份行使职权的其他人所造成或在其唆使、同意或默许下造成的

**1.严重的肉体或精神疼痛或痛苦**

每个受害者经历的疼痛和痛苦的严重程度不尽相同,这取决于折磨手段的使用方式、时长、情景、个体差异(例如年龄和健康情况、对经历的感受或信念)。正如安德鲁·博恩斯(Andrew Byrnes)指出的那样,"**疼痛和痛苦**"的理解不仅包括受害者意识层面的痛苦经历,还包括特定的一些方法对受害者人格的深层后果以及随之而来的对受害者生理和心理影响。② 首先,人们的描述证实了,未经同意的精神类药物治疗、电击以及其他精神病治疗干预都会产生的身体或精神疼痛或痛苦,不论是在当时、还是事后长时段的延续。因为电休克治疗部分会造成记忆缺失和人格破坏,很多人都在描述这一治疗方法的经历时,都认为是一部分的自我死亡了。

电休克治疗十分可怕,特别是如果在没有进行麻醉或肌肉松弛的情况下,身体的强烈痉挛可能会造成骨折(然而,在麻醉和肌肉松弛药物后的"**改良电**

---

① Convention Against Torture, and Other Cruel, Inhuman or Degrading Treatment or Punishment, G.A.Res. 39/46, at 1, U.N.Doc.A/RES/39/46(Dec. 10,1984)[hereinafter CAT].

② *See* Andrew Byrnes, *Torture and other Offenses Involving the Violation of the Physical or Mental Integrity of the Human Person*, *in* SUBSTANTIVE AND PROCEDURAL ASPECTS OF INTERNATIONAL CRIMINAL LAW 214(Gabrielle Kirk McDonald et al.eds.,2000), at 215.

休克治疗”中,需要更强的电流才能达到一次痉挛“**发作**”,但这会导致更高的脑损伤风险)。使用抗精神病药可能出现类似丧失自我或者人格分离的症状,导致震颤或惊恐发作,甚至出现自杀行为。抗精神病药最普遍的副作用是情感淡漠或者运动障碍,例如静坐不能(Akathisia,极端不安和动作兴奋),这种副作用对心理和身体都会造成极大的影响。大卫·科恩(David Cohen)通过对精神病学论文中的抗精神病药副作用进行多元分析之后,得出以下结论:

几乎所有打电话给 SANELINE(译注:英国的精神卫生支持组织 SANE 的热线)的人都报告说,他们感觉好像与外界隔着一层玻璃,他们的感觉麻木了,他们的意志枯竭、生活没有意义。这些潜伏的症状其实对这些来电者的影响远远大于他们那些剧烈的精神病性症状,例如肌肉痉挛。①

每个病人对(静坐不能)这一问题的描述都不一样,这些描述往往很主观:坐不住、肠胃不适、腿颤等。在不太严重的情况下,可能不会出现可观察的运动异常,但是会出现精神兴奋(psychic agitation)和肌肉紧张(常见于静坐不能的并发症)。如果出现可观察的运动异常,那么运动兴奋的表现可能为不断将体重在两腿之间交换、小碎步走、无法将腿保持静止、坐下时不断改变动作。静坐不能……经常被误诊为精神病性激越(psychotic agitation),由此可能导致抗精神病药物使用量增加和静坐不能恶化……在极端情况下,有可能导致自杀或伤人。

静坐不能常常伴随烦躁不安(dysphoric)的精神状态,一般被病人描述为“意志瘫痪”(paralyzed will)。一个医学生服用了 1 毫克氟哌啶醇(haloperidol,一种常用的抗精神病药物)就感觉到有外力迫使他不由自主作出动作……其他研究者描写患者常用来描述的精神病性激越(flare-ups)的说法,例如“一个女人昨晚想要勒死我”,“我感觉身体内部烧起来了”,“我的身体和喉咙好像被钳子钳住”。这些作者强调这些主诉都是

---

① David Cohen, *A Critique of the Use of Neuroleptic Drugs in Psychiatry*, in FROM PLACEBO TO PANACEA:PUTTING PSYCHIATRIC DRUGS TO THE TEST 202 (Seymour Fisher and Roger P. Greenberg,eds.,1997).

*EPS*(锥体外系反应,例如静坐不能)的表现形式。①

对于抗精神病药和其他精神类药物、电休克治疗、精神外科手术的不良反应在科学文献和自述中的描述数不胜数。电休克治疗的长期副作用包括永久的记忆缺失以及认知困难。抗精神病药会导致很多"**迟发性**"(tardive)(即延迟出现的)副作用,特别是运动障碍,而这常常是不可恢复的。电疗和抗精神病药物对人的生活会造成巨大损害,这些治疗方式造成的直接损害(如自身死亡或部分自我的破坏),以及被同类当作治疗对象受到残忍对待都会导致巨大的精神创伤。这些痛苦的种类和程度,都类似于其他被理解为酷刑的方式。

这一情境下的那些不断恶化的因素和受害者的个人特点更是强化了这种侵犯。未经同意的精神病治疗干预的情况往往是自由的丧失。病人在那里被扣留的时长几乎不受任何限制,而且很可能取决于病人是否明显地符合一些武断的精神标准。很多人从他们十几岁或二十岁出头时就被收入精神病医院,这使他们从未体验过自己作为成年人的力量和能力。绝大多数人被收入机构时都处于强烈的精神体验(psychological experiences)中,所以他们遭受的额外创伤可能会更加难以忍受。

2.蓄意强加的

《禁止酷刑公约》中所要求的"**意图**"仅仅是一个一般性的意图,而不是一个引发受害者强烈精神或身体疼痛和痛苦的专门意图(specific intent)。如果某个特定行为在本质会引发强烈的精神或身体疼痛和痛苦,施害者为此不能够辩称自己的善良意图(benign intent)。抗精神病药、电疗和其他类似行为的强烈副作用在精神病学文献和自述中已有充分描述了。② 关于使用有害的精

---

① *Id.* at 206( internal citations omitted).

② *See id.*;PETER BREGGIN, PSYCHIATRIC DRUGS: HAZARDS TO THE BRAIN ( 1983 ); ROGER BREGGIN, ELECTROSHOCK: ITS BRAIN DISABLING EFFECTS ( 1979 ); ELLIOT VALENSTEIN,GREAT AND DESPERATE CURES:THE RISE AND DECLINE OF PSYCHOSURGERY AND OTHER RADICAL TREATMENTS FOR MENTAL ILLNESS( 1986 ); ELLIOT VALENSTEIN, BLAMING THE BRAIN:THE TRUTH ABOUT DRUGS AND MENTAL HEALTH( 1998 ).For first person accounts, *see*,*e. g.*, Mind Freedom, Personal Stories, www. mindfreedom. org/personal-stories/personal-stories/( last visited Mar. 26,2007);Center for Advocacy in Mental Health(CAMH),First Person Stories on Forced Interventions and Being Deprived of Legal Capacity, http://www. camhindia. org/first_person_stories. html ( last visited Mar. 26, 2007 );ECT. org, Personal Stories of Electroconvulsive Therapy, http://www. ect. org/category/personal-accounts/( last visited Mar. 26,2007).

神活性物质作为治疗用途的争论也广为人知,也有很多人强烈反对这种使用方式。违背个人意志使用这些药物和治疗手段、通过恐吓和威胁迫使人接受,这种行为只能被视作一种充满敌意的行为,属于蓄意造成严重肉体和精神上的疼痛和痛苦。

3.为如下目的:向某人或第三者取得情报或供状,惩罚、恐吓或强制,或基于任何理由的歧视

上述这些目的之列举并未穷尽,其他类似目的也可以适当地容纳在内。意在抹杀或摧毁某人人格、或减低他的体能或意识能力等目的都应该被纳入《禁止酷刑公约》的定义解释中。这一定义和《美洲公约》中对酷刑的定义并不一致,因为《禁止酷刑公约》将疼痛和痛苦作为构成酷刑的一部分;但通过压倒他人的意愿或抵抗,从而造成对个人的摧毁,这一行为是酷刑的核心,也独立于其他目的,对它作如此界定也是恰当的。人格改变包括自我认同、自我概念、与这个世界的关系和主观的内在体验的破坏。当着手于(个人)选择时,人格改变可能是成长的过程,然而,当它是被他人强加的时候,不论施害者的理由如何,它都是对人权最极端的侵犯。与之类似,各类抗精神病药也许可以减轻过度体验(intense experiences)的问题,但如果药物是被他人强制要求(服用)的,就会产生可怕的屈服(subjection)和丧失(loss)。而这些目的是精神病治疗的实质,也只有在充分自由表达和知情同意下,才能对这些危害进行补救。

在精神科情境中,取得情报或供状,与改变或者损害人格的目的有关。前面已经提到,精神科医生想要得到(病人自己)承认有精神病的自白,这也是(病人)投降的一个信号。然而得到这一供状后,虐待非但没有结束,反而愈是加强了。因为精神疾病的医疗范式,并不考虑治愈或复原(cure or recovery),而仅仅是通过抑制性的干预手段来管理,以减损一个人的思考、情感、专注、创意及自然表达的能力。取得情报或供状也是一种在更大范围内赢得忠诚、使他背叛原本的信念或战友的有效方式。这种自我背叛是强制精神病治疗的目的之一。在强制治疗中,个人迫于压力要接受一个基于缺陷而非优点的自我认同。通过他人的目光看待他或她自己,只配被管理而非个人自主决定。不幸的是,由于缺少有意义的替代性选择,这类目的通常都会实现。

惩罚在未经同意精神病治疗干预中总是很隐蔽,起于剥夺自由,进而发展成为甚至是毫无怜悯心的、残忍的、非人道的治疗,例如身体约束,辅之以注射抗精神病药或者电击。一个人经历惩罚并不是因为做错什么特定事情,而仅是因为引发了他人的关注、讨厌或愤怒。尽管现代精神病学不承认受害者的指责,但是这些惩罚措施仍然是未经同意精神病治疗中的惯例。

精神科也常被用于惩罚那些有不为社会所容的行为或政治活动或意识形态的人们。无情的治疗经常光顾那些抱怨在精神病医院中受到虐待或不公正待遇的人们。这样的惩罚常常包括增加抗精神病药和电休克治疗的使用、关禁闭、限制身体活动、限制探视、身体或性方面的侵犯。电击往往是惩罚的首选之物,[1]抗

---

① A writer in the U.K., who wishes to remain anonymous but allowed me access to her arguments regarding electroshock(ECT) punishment(on file with author) [herein after Anonymous Author's Arguments]. She writes:

There is another aspect to the business of ECT as punishment besides the patient's view that it punishes(as interpreted by psychiatrists), and this is the attitudes of the psychiatrists who inflict ECT on vulnerable recipients. Abse, with Ewing, in a several page analysis of the attitudes of shock therapists, described an attitude of thinly veiled hatred and violence towards patient-victims. Their list of "Statements of shock therapists in USA and Britain" includes,

"Hit him with all we've got."

"Knock him out with EST."

"Why don't you put him on the assembly line?"

"If he would not get any better with one course, give him a double-sized course now."

"The patient was noisy and resistive so I put him on intensive ECT three times a day."

"The psychiatrist had...given his opinion that it [ECT] would prove beneficial to the patient [a female alcoholic] by virtue of its effect as 'A mental spanking.'" "She's too nice a patient for us to give her ECT."

Anonymous Author's Arguments(citing Abse & Ewing, *Transference and Countertransference in Somatic Therapies*, J.NERVOUS & MENTAL DISEASES(1956)).

Abe and Ewing commented on statements made by User psychiatrists,

Clearly the main attitudes expressed are those of hostility and punishment...

In one hospital which employed a large number of relatively untrained personnel, it was clear that such members of the staff used ECT as a threat. Even non-psychotic voluntary patients reported threats of "You will go on the shock list" for such a lack of cooperation as disinclination to eat a full meal! Certainly such openly threatening remarks are usually confined to the least understanding and most junior attendants who are enjoying a new sense of power. This is sometimes connected with an unconscious participation in the "omnipotence" of the shock therapist.

*Id.*

Ruffin [and others] conducted interviews to ascertain the attitudes of nurses, student nurses and

精神病药物也经常如此使用。① 电休克治疗过去大都用在女性身上,男性医生通常把这叫做"**精神上的掌掴**",用以责打这些不情愿的妇女进入对她们丈夫顺从角色的想象中。② 我认识的一位女士,在她虐待成性的丈夫打电话说她想用链条锯倒一棵树后,被警察送入精神病房,在那里她被强制服用抗精神病药物。纽约布鲁克林某个社区的传道者宣称因为传教活动,他们在当地的精神病治疗体系中遭遇恶意治疗,在那里他们在违背意愿的情况下遭到拘禁,并在未经同意下服用抗精神病药物。③ 作为行为控制的电击和抗精神病药物的使用,作为法律标准还见证了具有伤及自己或他人的"**紧急**"情形下使用抗精神病药物,④照顾的质量标准也授权对行为治疗使用电击,⑤这些情形恰恰

---

attendants assisting with both ECT and ICT and they found that,

Not one of the 34 insulin ward personnel was judged to look upon this treatment as a means of controlling or punishing difficult patients. However, nearly a third of the [25] electroconvulsive personnel regarded shock as a controlling or punitive device. The auxiliary personnel...seemed to share many of the attitudes described as common among shock therapists... The bare suggestion in our results of more grossly sadistic, destructive fantasies associated with electro-shock adds some weight to this conception.

Anonymous Author's Arguments[ citing Ruffin, et al., *Attitudes of Auxiliary Personnel Administering Electroconvulsive and Insulin Coma Treatment: a Comparative Study*, 131 J.NERVOUS & MENTAL DISEASES 241-46( Sept. 1960) ].

Ruffin*et al.*provided"a few statements of the electroshock group" ward personnel to "clearly indicate the controlling, punitive attitudes often involved in the application of electroshock," including, "I was glad to see it come this week...One patient continually wanted pills and whined and complained; now he is better...It makes hard to manage patients easy to manage." *Id.*

① Mental Hygiene Law Court Monitoring Project: Part 1 of Report, *Do Psychiatric Inmates in New York Have the Right to Refuse Drugs? An Examination of Rivers Hearings in the Brooklyn Court*, available *at* http://psychrights.org/states/newyork/courtmonitoringreport.htm( last visited May 3,2007)[ hereinafter Court Monitoring Report].

② *See* Bonnie Burstow, *Electroshock as a Form of Violence Against Women*, 12 VIOLENCE AGAINST WOMEN 372( Apr. 2006), *available at* http://vaw.sagepub.com/cgi/reprint/12/4/372.pdf ( last visited Mar. 26,2007).

③ Court Monitoring Report, Part 1 of Report, *Do Psychiatric Inmates in New York Have the Right to Refuse Drugs? An Examination of Rivers Hearings in the Brooklyn Court*, available *at* http://psychrights.org/states/newyork/courtmonitoringreport.htm( last visited May 3,2007).

④ *See, e.g.*, Rivers v.Katz,504, N.Y.S. 2d 74( 1986).

⑤ *See* N.Y.STATE COMM'N ON QUALITY OF CARE, SURVEY OF THE PROVISION OF ELECTRO-CONVULSIVE THERAPY( ECT) AT NEW YORK STATE PSYCHIATRIC CENTERS( Aug. 7,2001),*available at* http://www.cqcapd.state.ny.us/hottopics/ectsurvey.htm( last visited Mar. 26,2007)

是惩罚和恐吓目的的进一步证据,而非医疗目的。

未经同意的精神病强制治疗中的恐吓和威胁,既直接伴随着作用于思维的精神活性药物,也间接伴随着病人希望通过服从医护人员以出院或者改善住院环境的想法。有时病人取悦精神科医生和护士的行为非常明显,例如,女病人们感到需要通过化妆和表现出她们更女性化的行为以证明她们"康复"了;相反,当不太清楚做出哪些表现可以证明自己足以出院时,病人会执着于一些古怪的行为方式,以表示他们的精神病症状已经消失。

有时使用一种药物是为了迫使病人依从另一种药物。有一次我去精神病医院看望一个朋友时,问医生为什么要给我的朋友服用齐拉西酮(商品名:Geodon,一种抗精神病药物),因为服用这个药后她就会呕吐,感觉十分难受。医生回答说,这会让她乖乖地服用另一种抗精神病药:利培酮,这是唯一一种只能口服不能注射的药。

在精神病医院中,医生和护士常常拥有绝对权力强迫病人服药。新技术为了提高病人对抗精神病药的依从性,大大提高了因恶性症候群(NMS)而死亡的风险,[1]特别是药物植入手术。新的法律制度也是为了实现这种强迫性目的:院外治疗保证(outpatient commitment)是基于病人自愿服用抗精神病药物以防止出现暴力行为的预防措施;而用这种方式被强行治疗的人所获得的,与其说是针对其精神疾病的治疗,不如说是一种由于被诊断为精神疾病,而遭受个体自由和完整性的限制[2]。当这种预防措施的目的合法时,这种治疗事实上是一种基于残障的歧视,是对人权的侵犯。

歧视与其他目的不同之处就在于它不是一种明确的目的,而是一种禁止

---

① *See* Canadian Movement Disorders Group, Drug Induced Movement Disorders: Neuroleptic Malignant Syndrome, *available at* http://www.cmdg.org/Movement_/drug/Neuroleptic_Malignant_Syndrome/neuroleptic_mali gnant_syndrome.htm(last visited May 10,2007).

② While having committed violent acts is only one of the predicates giving rise to IOC eligibility, it is emphasized in legislative campaigns characterized by disinformation and hate speech, such as a newspaper headline in the fall of 1999 reading large capital letters, "GET THE VIOLENT CRAZIES OFF THE STREETS"and in naming New York's outpatient commitment law for a woman killed by a man who was unsuccessfully seeking psychiatric treatment. *See, e. g.*, *Get the Violent Crazies off the Streets*, N.Y.DAILY NEWS, Nov. 19,1999, at 1; Kendra's Law, N.Y.[MENTAL HYG.] LAW § 9. 60 (McKinney 2007).

性动机（"**出于任何一种基于歧视的理由**"）。歧视之所以被认为是构成酷刑的标准之一，就在于歧视会导致受害者遭受非人道的待遇，令受害人在遭受不公正时不能在警察或其他官方机构中获得同等保护。[①] 这一说法无疑也适用于未经同意的精神病治疗。一位经常去精神病医院探访病人的精神病权利人士说，住院病人告诉他"在精神病医院里不能打911（美国紧急情况下拨打的电话）"。直接依据一个社会心理缺陷的精神科诊断进行的、未经同意的精神病治疗本身就带有歧视色彩，因为它不尊重自由表达和知情同意以及身心完整性权利。

4.由公职人员或以官方身份行使职权的其他人所造成或在其唆使、同意或默许下造成的

与《公民权利和政治权利国际公约》第七条不同，根据《禁止酷刑公约》的定义，酷刑需要公职人员或官方机构有一定程度的介入。[②] 官方机构通常都介入未经同意精神病治疗中，因为一般精神病医院都由官方机构运营，即使不是由官方机构直接运营，这些精神病医院也是依据相关的法律、政策、规定，领有特别许可而负担了相应社会功能。如果官方机构不能够负担相应的义务使住院者免受侵害，特别是当整个医疗机制中存在的"**歧视**"成为住院者人权遭受侵害的原因，就可以认为官方是在默许（这种侵害）。既然几乎不存在政府不立法监管私立精神病机构的情况，那么现在这种复杂的情形，可能就是由于政府未能保护住院者、或未能有效地纠正未经同意精神病治疗的弊端造成的。

### （三）义务

为了履行《公约》第十五条，同时也是《公民权利和政治权利国际公约》第七条、联合国《禁止酷刑公约》以及《美洲防止和惩处酷刑公约》规定的义务，这些国际公约的缔约国都需要保证其本国法律中关于酷刑和残忍、非人道和有辱人格的待遇或惩罚的规定是以非歧视的原则施行的，包括对于未经同意

---

① U.N.Econ.& Soc.Council［ECOSOC］,Comm'n on Human Rights,*Civil and Political Rights, Including Questions of：Torture and Detention*, at 11,U.N.Doc.E/CN. 4/2002/76（Dec. 27,2001）（*prepared by* Sir Nigel Rodley）.

② CAT,G.A.Res. 39/46,at 1,U.N.Doc.A/RES/39/46（Dec. 10,1984）.

精神病治疗中发生的类似情形进行刑事起诉。非自愿治疗与其他在治疗中发生的非人道和有辱人格的情形都应当追究实施者的责任,以澄清和普遍化这些禁止性行为。在精神病医院的迫害中获得庇护,是每个人不可否定的权利,①无论他是否残障或者拥有何种社会政治身份。精神病非自愿治疗应当被禁止,而且应当使用有效的监管方式以预防这种非自愿治疗在任何情况下出现在任何场所之中,包括在监狱、拘留所、疗养院、学校和寄养中心以及精神病医院。《公约》第十六条规定缔约国应当保护残障人士在家庭内外免遭一切形式的剥削、暴力和凌虐,包括基于性别的剥削、暴力和凌虐,监督用于为残障人士服务的设施和方案,并且承担提供使受害者身心康复和回归社会的服务,而且这些服务应当在有利于本人健康、福祉、自尊、尊严和自主的环境中进行,②预防强制性精神病治疗也应当位于其中。而且,有效的预防需要限制未经同意精神病治疗干预的例外情形,例如剥夺人身自由和限制自主决策权,或者把要求人们自己并不想接受的精神病治疗干预与他们被迫离家或失去他们所需的社会资源服务等捆绑在一起。

缔约国义务也包括对个人或群体的补救。③ 个人需要赔偿、恢复原本状态、重新取回财产和获得可能的收益,以及康复(在这种语境下意味着为了恢复身心健康而获得的服务)。对群体的补偿是指保证针对这种逾越个人意志的治疗行为不再出现。这些举措包括修订法律政策、约束医疗行为、保持正确的医疗记录,而这些发展可以促进社会对医疗歧视的觉察和反击。《公约》第八条也指出,提高整个社会对残障人士的认识是一种必要义务:④当残障人士遭受极端的隔离和暴力时,它将是人权战役中最核心的部分。如果没有整个社会的高度认知,公共部门就不会主动承担义务、减少歧视并进而有效地制定

---

① *See* Pitcherskaia v.INS,118 F. 3d 641( 1997)( holding that a lesbian can make a claim of psychiatric persecution notwithstanding the perpetrator's"couching actions that torture mentally or physically in benevolent terms such as 'curing' or 'treating' the victims").

② CRPD,G.A.Res. 61/106,at 25(d),U.N.Doc.A/RES/61/106(Dec. 13,2006),art. 16

③ *See*,Basic Principles and Guidelines on the Right to a Remedy and Reparation for Victims of Gross Violations of International Human Rights Law and Serious Violations of International Humanitarian Law,Human Rights Res. 2005/35,U.N.Doc.E/CN. 4/RES/2005/35( April 19,2005).

④ *See* CRPD,G.A.Res. 61/106,at 25(d),U.N.Doc.A/RES/61/106( Dec. 13,2006).art. 8.

反歧视法律。

# 结　　论

对精神科（治疗）的使用者和幸存者而言，未经同意的精神病治疗干预是一个持续存在的创伤来源，因为暴露这些经历往往面临更大的歧视风险，包括遭受额外的监禁或强制治疗。随着《残疾人权利公约》的发展，一个新时代正在形成。在这个新时代中，人们不再恐惧于未经同意的精神病治疗，而且有更好的机会治疗他们个人的创伤、更加活跃地参与社会变革。精神科使用者和幸存者需要和其他人一起，重新审视人类癫狂的本质，找到恰当的方式支持那些正处于癫狂状态的人们。这也包括在发生冲突时，使用非暴力的冲突解决方案。得益于过去三十多年的社会运动，我们已经取得了令人瞩目的进步。《残疾人权利公约》中的规则正是这些努力的果实，它将给予我们实现那些长期追求的目标的能力。

（李　智　译　李　敬　校）

# 残障公约第十九条独立生活之渊源、含义、范围及实施责任的探讨

[爱尔兰]帕德雷克·凯纳、[中国]李 敬*

## 导　　论

联合国《残疾人权利公约》(UN Convention on the Rights of Persons with Disabilities)(以下多数情况简称《残障公约》或《公约》)①是进入 21 世纪后联合国通过的第一部国际人权公约。2001 年 12 月联合国大会通过决议建立特设委员会负责《公约》起草工作。② 2006 年 12 月 16 日《公约》获联合国大会一致通过。2007 年 3 月《公约》开放签署,中国属第一批签署国。2008 年 5 月《公约》生效。2008 年 6 月中国全国人大常委会及时批准了《公约》,③同年 8

---

　　* 本文是在李敬硕士论文基础上重新翻译写成。感谢论文导师凯纳博士对作者的悉心指导,这个文章是两人美好学术友谊的见证。写作基本资料得于凯纳博士独立生活课程资料。第二作者以中文写成初稿并就相关问题求教于导师,所以本文的脚注格式与本书其他的直接翻译论文略有不同,简体中文和英文混用,本文脚注参考了《国际法研究》杂志的规范。

　　① 联合国《残疾人权利公约》:联合国全体大会 2006 年 12 月 16 日通过(A/RES/61/106),网址链接:http://www.un.org/Docs/asp/ws.asp? m = A/RES/61/106,2013 年 9 月 5 日访问。

　　② 2001 年 12 月 19 日联合国决议 56/168 号(General Assembly Resolution 56/168 of 19 December 2001)。

　　③ 2008 年 5 月 3 日《残疾人权利公约》在达到法定批准国家数目后正式生效。我国于 2008 年 6 月 26 日第十一届全国人民代表大会常务委员会第三次会议通过关于批准《残疾人权利公约》,请参见:http://www.npc.gov.cn/wxzl/gongbao/2008 - 12/24/content_1467395.htm,2013 年 9 月 30 日访问。

月起《公约》在华生效。2010 年 8 月中国政府如期提交首期履约报告,2012 年 9月残疾人权利委员会在日内瓦对中国报告进行了公开审议。可以说在《公约》的倡导、起草、签署、批准、履约、不断的国内政策法律改革等各个环节,作为世界上人口最多的发展中国家的中国,充分展现了负责任的政治大国的国际形象。本文的讨论,也正是在《公约》与中国这一独特关系的情境下展开的。

本文聚焦于《残障公约》第十九条独立生活和融入社区(living independently and being included in the community),通过历史的、比较的和文本分析的方法,初步描绘第十九条的历史渊源。不论是从社会发展和社会政策的角度,还是从国际人权文书发展的角度,第十九条都有明显的宏观历史发展轨迹。除了在文献中进行探索外,本文还将对《公约》谈判过程中紧张激烈的磋商进行重点描述,意在说明作为一个磋商的文本(negotiated text),《公约》条款很大程度上也是各国政治力量和意识形态多次较量的结果,这一特点在第十九条上体现得特别明显。本文还将初步讨论第十九条的具体含义、适用范围和履约责任等内容,并对第十九条进行一些讨论和反思。

本文分为六个部分,首先是导论,为本文搭建一个基本的讨论平台。第一部分是研究背景、分别陈述本文使用的关键性词汇、主要方法、独立生活(Independent Living,简称 IL)历史发展情境下的(通过几个重点视角)一个初步的文献综述。本文的一个基本假设就是,独立生活起源于残障社群对不公平的社会命运的抗争,而这种世界范围的不间断的抗争使对独立生活权利的承认逐渐纳入到了各国法律和政策之中。

第二部分将在联合国这一国际层面,通过法定和非法定文书的规定、观察独立生活政策的历史发展痕迹。《公约》的起草者不断强调《残疾人权利公约》并没有创设任何属于残障社群的新权利,而是将既往人权法中的权利,通过精巧设计适用于残障社群上,①所以,这一部分的法源回溯具有特别重要的意义,

---

① 关于残障公约有无创造新权利的问题,请参见:Mégret, F., ' *The Disabilities Convention : Human Rights of Persons with Disabilities or Disability Rights* ', (2008) Human Rights Quarterly Vol. 30, No. 2 pp.494-516. Parker, C. and Clements L. ' *The UN Convention on the Rights of Persons with Disabilities : a new right to independent living*? ' (2008) Vol. 4, European Human Rights Law Review p508-523. Kayess, R. & French, P. ' Out of Darkness into Light? Introducing the Convention on the Rights of Persons with Disabilities', (2008) Human Rights Law Review, 8(1)1-34。

将提示我们如何认识"**新权利**"和权利在特定环境下"**给予新适用**"的情况。

第三部分将透过联合国相关机构的报告和残疾人权利委员会对缔约国的结论性意见(observing conclusion),一览联合国高层对独立生活和融入社区基本含义的理解以及对履约义务如何实施的观点。这一部分也会把中国履约状况和其他国家的并列在一起,以便比较各国在这一问题上的基本情况。这部分还会对第十九条的含义、适用范围和基本措施以及对缔约国的履约义务进行初步研究。

第四部分将结合上述内容对第十九条进行讨论和反思。在某种意义上,通过对第十九条的历史路径描述,似乎可看出这一权利源自民间的特性。这一特性也不断提醒我们,对包括该条款在内的国际法的国内履约过程,并不完全是一个自上而下的过程,而是一个上下互动的、相互学习的过程。如何在履约中注意、珍视、保护民间实践智慧以及法律的地方性知识,将是成功履约且准确领悟国际人权法实质内涵的基本手段。这其中离不开、不断扩展残障社群广泛参与履约的可能途径,创造一个多元主体、互动支持的社会环境。

最后本文将通过一个简短的小结重申本文的基本发现、研究不足和未来可以继续探索的方向等。

# 一、研究背景

## (一)关键术语

残障研究中非常重要的一点就是,研究伊始就需要亮明研究者的立场。这一方面体现出了残障研究中研究者采取的不同立场,对其研究成果会有很明显的影响;另一方面也体现出,在世界范围内的残障研究领域中,至今对一些关键性问题没有一个普遍的学术立场。

本文遵循英国残障社会模式的研究进路,①区分损伤(impairment)和残障

---

① 关于学者对词汇的选择请参考:Colin Barnes and Geof Mercer, *Exploring Disability*, (Polity Press, 2010, 2ⁿᵈ edition), p.11. Michael Oliver and Colin Barnes, '*Disabled people and Social Policy: from exclusion to inclusion*', (Addison Wesley Longman limited, 1998), pp.13-19。

(disability)，认为残障受制于特定社会、文化环境和政策的影响，残障产生于充满偏见的态度及由此衍生出的各种政策或服务。① 本文写作中取残障而非残疾的译法，来描述残障者(persons with disabilities or disabled persons)，这和《公约》作准中文本中的用法不同。

对于本文所要讨论的主题"**独立生活和融入社区**"(living independently and being included in the community)，特别是前一概念，这里需要作一点说明。既往关于独立生活研究中，实际对应的英文词汇是"**独立地生活**"(Independent Living/IL)而不是《公约》中的"**独立生活**"(Living Independently/LI)。② 同样是这两个英文词汇，具体单词的位置差别，就已经体现出不同的内涵，以及立法者或政策制定者所要强调的内容上的差异。前者强调了独立性的生活状态，而后者则更强调生活状态特征具有独立性。前者强调独立，而后者强调生活。但本文行文时多数情况不作区分，为简便，更多时候使用独立生活这一被普遍接受的说法。

前一个概念独立地生活，兴起于 20 世纪 60 年代，从美国民权运动和肢体残障者社区独立生活中心建立开始，很快就传播到了欧洲大陆和北欧地区，并引发了连锁的去机构化(de-institutionalization)运动。按照美国权威学术解释，独立地生活指：

> 通过去除各种障碍，寻求增加残障者社区生活的无障碍，……倡导者寻求增加住房、公共交通和广泛的社会服务上的可及性，以便帮助离开长期住宿机构，如护理之家或康复设施，……这其中最广为人知的中心是 1972 年由爱德·罗伯特(Ed Roberts)在加州伯克利建立的独立生活中心。③

美国最知名的独立生活运动(Independent Living Movement/ILM)的总结来自于 1989 年迪隆(Delong)的文章，他指出，"美国独立生活运动从一小群残障者

① 参见 Traustadottir R. ' *Disability studies, the social model and legal developments* ', in Arnardóttir, O.M. & Quinn, G.(eds.)The UN Convention on the Rights of Persons with Disabilities: European and Scandinavian perspectives.( Leiden: Martinus Nijhoff Publishers, 2009) pp.3–16。对英国残障社会模式一个公允评价以及英国模式和美国、北欧模式的区别，请参考本书第一篇文章。

② 这两个词汇联合国文件一般都翻译为独立生活，没有作中文上的区分。本文为了说明它们之间细微的差别，在翻译上作了一点点区别，请注意。

③ 翻译自 Steven E.Brown, 'Independent Living Movement', in Susan Bruch( ed.)*Encyclopedia of American Disability History*《美国残障史百科全书》( Fact on File, 2009) p.477。

为简单的权利而斗争,演变成为了塑造美国残障政策的重要政治力量。"①

这一理念被传播到欧洲时,引发了各类的讨论,欧洲社会政策认为的独立地生活是:

> 独立地生活是一种决定和选择人们想要什么、在哪里居住以及如何居住、干什么和怎么才能得到这样的安排的可行能力(capacities)。这些目标和决定关系到一个人的生活和充分参与社区的自由,而这曾是,也将是独立地生活的实质。这是一个人对自己的每日生活和各类事务完全管理中所采取和建立的自我控制和自我决策。这也事关要确保所有残障者和他人一样在生活的选择和抉择上有平等机会。②

这一概念中更强调的是一种具体生活状态的安排,虽然它具有一定的社会运动意涵,但已远不如美国民权运动时期所强调的独立性的生活那样强烈了。

本文所讨论的独立地生活(IL),强调的是对生活状态的安排,这可以从下面特设委员会全体大会中对第十九条的讨论中清晰看出。但是,通过下面的各类讨论可发现,绝大多数西方发达国家对第十九条的理解,总是从独立地生活(IL)开始,而且发达国家学者很少质疑或反思这两个概念中的那些细微差异。

## (二)理论框架

本文写作遵循《公约》主调,以英国残障社会模式③和普遍人权观作为基

---

① 参见 Gerben DeJong,'Defining and implementing the independent living concept'in Nick Watson(ed.)*Disability*：*Major themes in Health and Social welfare*, Volume 1-4(Roueledge 2008)in v. 3 pp.127-144(This paper was original came from N.Crewe and I.Zola,*Independent Living for Physically Disabled People*,(Jossey Bass,1983)pp.4-27。

② 引自 John Evans OBE,address on'Independent Living and its Development in the USA and Europe'Lograno,25 May 2002 ENIL.(the European Network on Independent Living/ENIL 成立于 1989 年,是欧洲独立生活运动倡导中非常重要的民间力量)。

③ 本文因篇幅原因,不能对英国残障社会模式进行展开讨论,这一模式起于 1975 年 THE UNION OF THE PHYSICALLY IMPAIREDAGAINST SEGREGATION and THE DISABILITY ALLIANCE discuss Fundamental Principles of Disability, access to：http://disability-studies. leeds. ac. uk/files/library/UPIAS-fundamental-principles.pdf。对这一模式的理论性升华得益于残障学者如 Michael Oliver and Colin Barnes 等人。特别是英国利兹残障研究中心,这个由 Colin Barnes 创建的中心,是英国社会模式不断发展的大本营,具体各类信息资料可以登陆这个中心首创的非营利的残障研究资料库:http://disability-studies.leeds.ac.uk/。上面两个链接最后访问于 2014 年 7 月 19 日。

本的理论分析框架。

前者在上一部分关键概念中已经作了初步的描述。这里强调的是,使用社会模式,是为了更清晰地帮助读者辨别权利实现过程中的各种障碍,使人们的关注点,从改变残障者个体以使其适应社会环境,转为通过质疑环境而为残障者不断拓宽一个真正尊重残障多元化的包容性社会。在讨论《公约》第十九条时,使用社会模式对残障的理解,可以更好地将政策和服务的重点聚焦于以社区为基础的各类支持性服务之上。通过改善服务切实增进残障者独立生活和社区参与的机会。

和英国社会模式理解残障不同,美国的残障政策发展是从民权运动和少数人权权利的角度着手的。这一种公民权立法的趋势,特别是通过不歧视立法的手段,打破残障藩篱,支持残障者平等参与社会的举动,以 1990 年《美国残疾人法案》为开端,席卷世界。①

不过这类少数人权利的立法模式,特别是反歧视工具理性的有限性,也迫使人们去思考这一自由主义社会环境下的个人模式立法存在的缺陷。1999年,比肯巴赫(Bickenbach)指出了少数人权立法视角的有限问题,呼吁通过普遍人权立法的视角对其给予纠正。② 两年后,在另外一篇论文中,比肯巴赫再次指出残障人权立法一方面要关注反歧视问题,另一方面要关注分配正义问题,因此普遍性的残障人权立法是必由之路。③ 除了研究残障反歧视立法的问题外,学者们也不断反思残障人权领域,公民权利和政治权利以及经济社会文化权利之间的关系。早在 1995 年,杰拉德·奎因(Gerard Quinn)就提出,在残障领域,公民权利和政治权利公开的和具有平民主义色彩的经济社会权利

---

① 参见 Theresia Degener, ' *Disability Discrimination law：A Global Comparative Approach* ', in Anna Lawson and Caroline Gooding( eds.) Disability Rights in Europe：from theory to practice essays in European law( Harting Publishing,2005) ,pp.87−106。

② 参见 Jerome E.Bickenbach, ' *Minority Rights or Universal participation：the Politics of Disablement* ', in Melinda Jones& Lee Ann Basser Marks( eds.) Disability,Divers-ability and legal change( Martinus Nijhoff Publishers 1999) pp.101−115。

③ Bickenbach,J. ' *Disability,Human Rights,Law and Policy* ' in Albrect,G.,Seelman,K.D.& Bury,M.( Eds) Handbook of Disability Studies( Sage Publishing,California 2001) p.567。

存在内在联系。① 正是这种内在联系,不断地迫使西方学者去反思残障人权的意涵到底是什么。这些涉及残障和人权的讨论,对《残疾人权利公约》的制定起到根本性的学术推动作用。

依据 2002 年奎因和德格纳(Degener)的观点,"本质上,残障的人权观,意味着把残障者视为权利的主体而非客体。这包含从视残障者为问题转向视其为权利的所有者。"②而这个 2002 年应联合国人权高级专员办公室(以下简称人权高专办)邀请而产生的报告,为《公约》制定提供了源源不断的智力支持。

在《公约》诞生之前,联合国层面上,已经有了几十年通过"**软法**"倡导和呼吁关注残障问题的经验,这一部分在第二章会作详细论述。这些软法对于残障议题逐渐被移入人权问题的核心起到了铺垫作用。③ 2007 年,迈克尔·斯坦恩(Michael Stein)在《公约》通过不久后的一个重要论文中明确指出,《公约》预示着残障人权法领域的范式转化。《公约》是残障社会模式、发展型人权观念和可行性能力导向三者的结合。④

因此,本文的讨论将立足于英国残障社会模式和普遍残障人权观的理论框架,对《公约》第十九条进行一次来自发展中国家视角的有趣探索。

## (三)主要方法

本文主要使用文本分析(text analysis)的方法,并结合历史的、比较的、文献的手段,对本研究主题进行探索。

---

① Gerard Quinn, '*The international covenant on civil and political rights and disability:a conceptual framework*' in Theresia Degener and Yolan Koster-Dreese(eds),Human Rights and Disabled Persons:essays and relevant human rights instrument(Dordrecht:Martinus Nijhoff,1995)p.70。在本书第三篇文章中,奎因和奥马霍尼再次讨论权利不可分割这一主题在残障领域中的体现,提请注意。

② Quinn,G.and Degener,T.*Human Rights and Disability.The current use and future potential of United Nations human rights instruments in the context of disability.* United Nations,New York and Geneva 2002 www.ohchr.org/Documents/Publications/HRDisabilityen.pdf Accessed on 10 Jan. 2014.

③ 对于残障议题被移入联合国人权核心的历史性描述请参考本书第三篇奎因和奥马霍尼的文章。

④ Michael Ashley Stein, '*Disability Human Rights*' (2007) CALIFORNIA LAW REVIEW (CLR) Vol. 95 pp.75-122.

### （四）文献综述

本部分将选择从三个主题上，对以往独立生活这一领域的研究作一些初步梳理。因为是主题性整理，所以本文不可能对这个领域作一个鸟瞰，而仅仅是选择了一些和本文讨论有关的主题进行文献回顾。这部分关注三个问题：第一，独立生活从何而来？第二，为什么独立生活如此值得倡导或拥有？第三，独立生活都包含了哪些最重要的因素？

1.独立生活从何而来？

如前所陈，独立生活作为一个概念、一个社会运动的口号，来自美国民权运动中残障者的集体行动。1974 年，美国《康复法》(*Rehabilitation Act*)中首先规定禁止在联邦资助项目中对残障者的歧视，[1]这开启了美国各州使用联邦资金为残障者建立独立生活中心的政策和实践发展。20 世纪 80 年代，美国全国性残障组织的相关研究报告[2]对 1990 年《美国残障人士法案》的出台起到了直接的推动作用。

与美国社会运动性发展趋势不同，英国的独立生活，如果依然可以使用这个词汇进行表示的话，发源于住宿于长期照顾机构中的肢体损伤者们要求离开机构、融于社区的倡议活动。英国的残障者要求自我决定、选择在哪里和什么人一起生活以及如何掌控自己需要的服务的内容和形式。英国模式更强调的是社区居住和社区服务。[3] 20 世纪 80 年代初，英国残障社群成立了全国性的代表组织并不断倡导政府立法，而当时的保守党政府为了削减社会福利性

---

① 网络来源：http://www.dol.gov/oasam/regs/statutes/sec504.htm，最后访问于 2014 年 7 月 20 日。

② National Council on Disability, 'Toward Independence: An Assessment of Federal Laws and Programs Affecting Persons with Disabilities-With Legislative Recommendations' (Feb. 1986). http://www.ncd.gov/publications/1986/February1986#7, accessed 16 March 2014. National council on Disability, 'On the threshold of independence-progress on Legislative recommendations from 'Toward Independence' A report to the President and to the Congress of the United States' (Jan. 1988). http://www.ncd.gov/publications/1988/Jan1988, accessed 20 March 2014.

③ Colin Barnes and Geof Mercer, *Independent Futures: creating user-led disability services in a disabling society*, (The Policy Press 2006).

开支,顺势采纳了社区照顾的总体政策方案,出台了相关法律。① 英国的地方独立生活中心一般取名为融合中心(Integrated Centre)或社区中心(Community Centre),并发展出了若干服务规则。② 1989 年欧洲层面的独立生活倡导的伞状组织——欧洲独立生活网络(European Network on Independent Living/ENIL)建立,使独立生活运动逐渐在欧洲各国发展壮大。独立生活的理念,通过政策和立法发展逐渐纳入了发达国家残障政策议程。

在这一过程中,伴随着西方学术界不断地反思和批判。如 2003 年珍妮·莫里斯(Jenny Morris)就指出了英国社区照顾政策对残障者家庭关系、残障者个人的选择造成了消极影响,传统住宿服务及专业人士对社区照顾的排斥等。③

这一初步的历史文献回顾,也再次论证本文开始提出的那个假设,独立生活这一权利有其鲜明的社会运动特色。它是残障社群为了一个公平对待的社会,所发起的基层集体行动。这一运动或行动得到了各国在政治层面的承认和不间断的立法保障,④成为了各国成年残障者服务的重要政策和重点讨论

①　英国重要的有关独立生活和社会照顾的立法如下,为方便读者查阅,这里用中英文对照列举:1944 年《残疾人(就业)法案》(Statute:Disabled Persons' (employment)Act,1944)、1948 年《国民健康法案》(Statute:National Health Service Act of 1948)、《国民救济法案》(Statute:National Assistance Act of 1948)、1970 年《长期疾患和残疾人法案》(Statute:Chronically Sick and Disabled Persons Act of 1970)、《地方政府社会服务法案》(Statute:Local Authority Social Services Act)、1986 年《残障者(服务、咨商和代表)法案》(Statute:Disabled Persons(services,Consultation and Representation)Act of 1986)、1990 年《国民健康服务和社区照顾法案》(Statute:National Health Service and Community Care Act of 1990)、1996 年《社区照顾(直接支付)法案》(Community Care(Direct Payments)Act of 1996)等等。对英国战后迄今残障政策的发展可参考 Alan Roulstone and Simon Prideaux,Understanding Disability Policy(The Policy Press,2012)。同时还需要指出英国残障社群从 20 世纪 80 年代就开始倡导在残障不歧视领域的立法,但是可能是当时保守党政府执政期,所以这一动议一直没有实现,直到 1995 年英国残障歧视法才姗姗来迟。这一历史可参见 Colin Barnes,Disabled people and Discrimination in Britain:A Case for anti-discrimination legislation,(London:Hurst in association with British Council of Organizations of Disabled People,1991)。

②　Colin Barnes and Geof Mercer,Independent Futures:creating user-led disability services in a disabling society,(The Policy Press 2006),p.75.

③　Jenny Morris,Independent Lives? Community care and Disabled people(The Macmillan Press LTD 1993).

④　英国、德国和瑞典的立法保障的描述可以参见李敬、程为敏主编:《照顾的困境突围》一书中的相关章节(国防大学出版社 2012 年版)。

的内容。这其中，英国的独立生活政策重点强调的是社区照顾（community care）、直接支付（direct payment）和个人助理（personal assistant），这些都直接体现在了稍后制定的《公约》第十九条中了。

2.为什么独立生活如此值得倡导或拥有？

很有意思的是，当美国的残障人群为能够有一个独立的生活而奋斗的时候，英国残障理论家们已经开始在反思独立生活中的"独立（independent）"到底意味着什么了？1993 年，沙莉·弗兰奇（Sally French）就提出了这个问题，并指出对残障者而言，要求其独立（完全是自己做自己的事情）或许是另外一种形式的社会压迫。她认为人类存在的相互依赖性与在给予和接受之间的互动丰富了人类的生活经验。[1] 迈克尔·奥利弗（Michael Oliver）认为残障所引发的依赖和工业化社会有直接关系。[2] 奥利弗进一步指出经济障碍、政治障碍、专业者的霸权都对残障人士内化自己的依赖者形象，产生了巨大影响，依赖者是工业化产物，只有残障者集体组织起来，在政治框架中树立自己的一席之地，这一依赖者的状况才能有所改善。[3] 也有学者从残障和正常的比较中进行思考，并提出这一正常化的追求，否定了残障者的内在独立性和基本权利，因此残障者需要自我引导型的服务。[4]

3.独立生活都包含了哪些最重要的因素？

马克·普里斯特利（Mark Priestley）认为成人生活中就业、住房和养育子女这三点是讨论成人是否可以独立的关键。他认为西方个人主义范式下，成

---

① Sally French, 'What's so great about independence?' in John Swain, Vic Finkelstein, Sally French and Mike Oliver(eds.) Disabling Barriers-Enabling Environments(Sage Publication Ltd,1993) pp.44-48.她本人是一个视障人士。

② Mike Oliver, '*disability and participation in the labor market*', in PHILLIP BROWN AND RICHARD SCASE, (eds.), *Poor Work*: *Disadvantage and the division of Labor*, (Open Univ. Press, 1991).

③ Mike Oliver, 'Disability and dependency:a creation of industrial societies?' in John Swain, Vic Finkelstein,Sally French and Mike Oliver(eds.) Disabling Barriers-Enabling Environments(Sage Publication Ltd,1993)pp.49-60.

④ John Swain,Sally French and Colin Cameron, '*what's so good about independence?*' in their three persons co-authors's book, Controversial Issues in a Disability Society(Open University Press, 2003)pp.76-86.

人需要具有独立的功能,但残障人士因功能受限被界定为依赖者。① 欧洲残障研究专家学术网络(Academic Network of European Disability Experts / ANED)也甄别出了7个考量独立生活的要素。② 经济能否独立和有无住房保障是学者进行独立生活讨论时达成的基本共识。③

通过这一部分的讨论,可以看出独立生活作为一国的国内政策,在各主要发达国家的政策和立法领域已经得到了法定地位,进入了政策议程。很多学者已经认识到了资本主义的工业化生产排斥了体弱或不够敏捷的残障者对公开就业市场进行有效参与的这个问题。他们通过要求国家社会福利立法、通过增加残障者自身对福利补贴和服务的直接掌控(即残障者直接获得国家给予现金支付,并通过雇用个人助理来自我安排服务),试图克服残障者现实世界中无法完全独立的事实。这其中对经济的、家庭的、服务的和住房的因素的考量逐渐达成共识。

# 二、第十九条在联合国层面上的发展脚步

这部分将首先描述独立生活相关内容在联合国层面非法定文书和法定文书政策、立法中的发展,然后将注意力投射到特设委员会激烈动态的讨论环境中,观察第十九条到底从何而来。

## (一)联合国非法定性文书中的痕迹

联合国的非法定文书,虽然不具有约束力,但缔约国一般出于政治道义并惮于国际影响,会表现出一定程度的遵从。非法定文书的这一软约束力,也让缔约国具有更多灵活性,各国具体讨论某个宣言时更容易获得通过。下面提

---

① Mark Priestley, *Disability: a life course approach* (Polity, 2003, 2012 version), chapter 4.

② Academic Network of European Disability Experts (ANED). http://www.disability-europe. net/theme/independent-living,最后访问于 2014 年 4 月 30 日。

③ Laura Hemingway, Disabled People and Housing, choices, opportunities and Barriers, (The Policy Press, 2011).

到的这些"软法"对残障议题进入联合国人权范畴起到了积极推进的作用。①

1971 年，《智力迟钝者权利宣言》指出：残障者有权和家庭成员生活在一起，有权参与社区，其家庭也有权获得援助，残障者还有权获得监护制度的保护。②

1975 年，《残废者权利宣言》指出：残障者有权得到使其自立的各类措施。残障者有权和家庭成员生活在一起，并参与全部社会性的、创造性和娱乐性活动。如果残障者不可避免地身处特别的设施中，则这类设施应该尽量和同龄人的正常生活接近。③

本格特·林德奎斯特（Bengt Lindquist）指出，20 世纪 70 年代的残障政策关注的是，为一个开放社会所进行的康复和自我准备的个体模式，强调的是残障者管理日常生活的能力。但是随着世界范围内的残障运动，残障新观念开始出现，开始关注环境和社会结构等因素了。④

正是在这一历史背景下，1982 年联合国大会通过了《关于残疾人的世界行动纲领》（WPA，简称《行动纲领》），这一《行动纲领》强调了三个领域：预防、康复和机会均等。它提出，残障者是社会成员，有生活于自己社区的权利，他们也应该在一般的系统中得到诸如教育、就业和社会服务等支持。⑤ 这一

---

① 很有意思的是，根据 Kayess, R. & French, P.（2008）'Out of Darkness into Light? Introducing the Convention on the Rights of Persons with Disabilities', Human Rights Law Review, 8 (1)1-34.的论文，可以看出在特设委员会讨论中一些民间组织对于即将讨论的这些"软法"态度是矛盾的，特别是对一些"软法"中的历史痕迹有争议。这个论文的翻译稿见本书第二篇。

② 中文版文件来源：《智力迟钝者权利宣言》联合国大会 1971 年 12 月 20 日第 2856 (XXVI)号决议宣布。网址链接：http://www.ohchr.org/CH/Issues/Pages/UniversalHumanRightsInstruments.aspx。第 4—5 段。最后访问于 2014 年 4 月 30 日。

③ 中文版文件来源：《残废者权利宣言》联合国大会 1975 年 12 月 9 日第 3447(XXX)号决议宣布。网址链接：http://www.ohchr.org/CH/Issues/Documents/other_instruments/31.PDF。第 4—5 段。最后访问于 2014 年 4 月 30 日。

④ Bengt Lindqvist, 'Standard rules in the disability field-a new United Nations Instrument' in Theresia Degener and Yolan Koster-Dreese(eds), Human Rights and Disabled Persons(Dordrecht：Martinus Nijhoff, 1995) pp.64-65.

⑤ 《关于残疾人的世界行动纲领》文件来源：1982 年 12 月 3 日第 37/52 号决议。网址链接：http://www.un.org/disabilities/default.asp? id＝23, 2014 年 4 月 30 日访问，但在联合国网站并未找到官方翻译。中文翻译取自中国残联网站，网址链接：http://www.cdpf.org.cn/2008old/wxzx/content/2002—11/12/content_50354_2.htm。最后访问于 2014 年 6 月 14 日。

《行动纲领》是联合国通过的一个普遍性政策,也第一次使用了权利视角来看待残障问题。① 它第一次提出了参与权概念。②

1991 年,《保护精神病患者和改善精神保健的原则》(MI)中有两个原则很重要:一个是社区生活权利(原则 3),一个是在社区和文化生活中具有的角色(原则 7)。③

从 1983 年到 1992 年是联合国"**残疾人十年**"期间,一些国家开始提议是否需要考虑制定一个新的残障社群的人权公约,但这些努力,因为种种原因都失败了。④ 1993 年,联合国通过了《残疾人机会均等标准规则》(简称《标准规则》)。《标准规则》中的第四个规则是:支持性服务,第九个规则是:家庭生活和个人融合,并明确了个人助理及个人身心融合等内容。⑤ 可惜,尽管《标准规则》行文优雅,但它依然缺乏法定效力。⑥

1993 年,同时问世的还有《维也纳宣言和行动纲领》⑦(简称《维也纳宣言》)。尽管《维也纳宣言》并非针对残障的文件,但该文件对残障问题有所强调,它强调了残障者应通过去除所有的社会决定的障碍而得以确保平等机会。⑧

---

① Bengt Lindqvist, '*Standard rules in the disability field-a new United Nations Instrument*' in Theresia Degener and Yolan Koster-Dreese(eds), Human Rights and Disabled Persons(Dordrecht:Martinus Nijhoff,1995)p. 65.

② The World Programme of Action Concerning Disabled Persons was initiated by General Assembly Resolution 37/52. 1/ on 3 December 1982.

③ 《保护精神病患者和改善精神保健的原则》中文版来源:联合国大会 1991 年 12 月 17 日第 46/119 号决议通过。网址链接:http://www. ohchr. org/CH/Issues/Documents/other_instruments/32.PDF。最后访问于 2014 年 6 月 15 日。

④ Quinn,G. & O'Mahony,C.'Disability and Human Rights:A New Field in the United Nations' in Krause, C.& Scheinin, M. (eds). *International Protection of Human Rights:A Textbook* (Turku:Åbo Akademi University Institute for Human Rights,2012)p.265,p.271.见本书第三篇论文翻译稿。

⑤ 《残疾人机会均等标准规则》中文版来源:联合国大会 1993 年 12 月 20 日第 48/96 号决议。网址链接:http://www.ohchr.org/CH/Issues/Documents/other_instruments/33.PDF。最后访问于 2014 年 6 月 15 日。

⑥ Quinn, G. & O'Mahony, C.'Disability and Human Rights:A New Field in the United Nations' in Krause, C. & Scheinin, M. (eds). *International Protection of Human Rights:A Textbook* (Turku:Åbo Akademi University Institute for Human Rights,2012)p.265,p.271.

⑦ 《维也纳宣言和行动纲领》中文版链接:http://www.un.org/chinese/esa/social/youth/vienna.htm,最后访问于 2014 年 6 月 25 日。

⑧ *Ibid*,at para. 64.

### （二）联合国已有人权法中的有关规定

在《公约》谈判中，因为各方达成的意见是，本次《残障公约》制定过程并不创造任何新权利，而是把已有人权规则通过精准诠释和描述性说明应用于残障领域。因此在每一个条款的讨论中，为该条款找到法律渊源就变得非常关键了。

1976 年，联合国《公民权利和政治权利国际公约》第十二条第一款，"合法处在一国领土内的每一个人在该领土内有权享受迁徙自由和选择住所的自由。"①是第十九条的讨论中，发达国家最常使用的法源。1999 年，人权事务委员会（Human Rights Committee/HRC）发布第二十七号《一般性意见》阐明，"人人有权依自己的选择从一个地方迁移到另一地方，……"②

1976 年，联合国《经济、社会和文化权利国际公约》（简称《经社文权利公约》）③中的第十条关于保护家庭、母亲和儿童；第十一条关于适足生活的权利，包含住房保障，也和未来的《残疾人权利公约》第十九条有渊源上的联系。

经济、社会和文化权利委员会（Committee on Economic, Social and Cultural Rights/CESCR）的一些一般性意见也在残障领域多有考虑。1991 年的第四号《一般性意见》提到了残障者的住房保障问题以及住所的无障碍。④

1994 年所发布的第五号《一般性意见》是在《残障公约》颁布前最有名的

---

① 《公民权利和政治权利国际公约》的网址链接：http://www.ohchr.org/CH/Issues/Documents/International_Bill/3.pdf，在这个网站上看到的是《盟约》字样，作者写作本文时还在爱尔兰，只依赖网络资源，关于这个公约各类中文版本的一些讨论，作者发现了中国社会科学院国际法研究所研究员孙世彦先生《〈公民及政治权利国际公约〉的两份中文本：问题、比较与出路》（《环球法律评论》2007 年第 6 期）中就版本讨论的研究，深感版本问题的严肃性，故这里提醒读者注意并恳请谅解。

② 第二十七号《一般性意见》在人权高专办网站上只找到英文等三国翻译，无中文翻译。http://tbinternet.ohchr.org/_layouts/treatybodyexternal/Download.aspx? symbolno = CCPR%2fC%2f21%2fRev.1%2fAdd.9&Lang=en，最后访问于 2014 年 7 月 20 日。《一般性意见》不具有法定性，但是得到了各国的尊重和认可，所以这里和相关公约一起讨论，请注意。

③ 《经济、社会和文化权利国际公约》中文链接：http://www.un.org/chinese/hr/issue/esc.htm，最后访问于 2014 年 7 月 20 日。

④ 1991 年第四号《一般性意见》中文版见：http://tbinternet.ohchr.org/_layouts/treatybodyexternal/Download.aspx? symbolno=E%2f1992%2f23&Lang=en，最后访问于 2014 年 7 月 20 日。这个报告很长，第四号一般性意见在第 109 页，请注意。

专题文件了。这个《一般性意见》在不歧视的主导思想下,就《经社文权利公约》中各类实体权利如何落实于残障社群,对缔约国履约提出了一系列的要求,它指出:

> "关于残疾人,《公约》关于应向家庭提供'保护和协助'的规定意味着,应尽一切努力使残疾人(在其愿意的情况下)与其家人生活在一起。第十条也意味着,根据国际人权法一般原则,残疾人有权结婚并拥有自己的家庭。这些权利常常被忽视或剥夺,智力残疾者尤为如此……""……得到适足的住房的权利包括残疾人得到出入方便的住房的权利。""……残疾人在使用餐馆、旅馆、娱乐中心和文化设施方面有与其他任何人同等的权利。"①

通过上述对非法定和法定文件的回顾,可以看出《残障公约》第十九条和之前的各类文书之间存在内在关联。特别是和自由迁徙和居住地选择的权利、拥有家庭的权利、适足生活水平和住房的权利等有法源关系。同时,第十九条也和尊重家庭生活、社区参与、机会平等、作为个体的社会角色、可获得服务等政策主张密切相关。在这个意义上,第十九条可被视为,在不间断的社会运动中对政策和人权发展的一个良好例证了。②

还要特别指出的是,西方发达国家一般将第十九条纳入公民权利和政治权利范畴,如奎因和奥马霍尼(Quinn and O'Mahony)的论文中,就将第十九条纳入了"**获得自主、选择和自立**"的权利串中,他们两个人的观点是,"尽管第十九条对独立生活没有详细定义,但对它的一般理解是自主和选择原则的反映,也毫无疑问地反映了残障社会模式的哲学取向。很清楚,把残障者置于机构内将构成对公约第十九条的'根本性违背'"。③ 但是,通过下面即将展开

---

① 1994 年第五号《一般性意见》中文版见:http://tbinternet.ohchr.org/_layouts/treatybodyexternal/Download.aspx? symbolno=E%2f1995%2f22(SUPP)&Lang=en,最后访问于 2014 年 7 月 20 日。

② Refer to Neil Stammers,Human Rights and Social Movements(Pluto Press,2009).

③ Quinn, G. & O'Mahony, C.' Disability and Human Rights:A New Field in the United Nations' in Krause, C. & Scheinin, M. (eds). *International Protection of Human Rights:A Textbook* (Turku:Åbo Akademi University Institute for Human Rights,2012)p.265,p.288.见本书第三篇论文的翻译稿。

的特设委员会的讨论,可以看出,对于很多国家而言,第十九条绝不仅仅意味着公民权利和政治权利。

### (三)透视特设委员会的磋商过程

《残障公约》第十九条的谈判过程,可以说是紧锣密鼓,分歧斗争不断。从第三次特设委员会(2004 年 5 月)在工作组草案文本(Working Group Text)①基础上进行讨论算起,这一条款的磋商还分别历经了第四次(2004 年 8 月)、第五次(2005 年 1 月)、第六次(2005 年 8 月)和第七次(2006 年 1 月)特设委员会五次全体会议,才最终达成一致意见。以下将对这五次讨论的一些核心焦点进行描述,帮助我们进一步清晰认识这一条款的发展脉络。工作组草案文本中,"独立生活和融入社区"当时排在第十五条的位置上,直到第七次全体大会时,该条排序才有新变化,成为了第十九条。

---

① 2001—2002 年的第一次和第二次特设委员会的全体大会没有讨论实质内容,2004 年 1 月为准备第三次特设委员会全体会议,临时组建的工作组负责起草供未来大会集体讨论中的工作文本,这就是后来大名鼎鼎的工作组草案文本,"拟订保护和促进残疾人权利和尊严的全面综合国际公约特设委员会工作组"的《工作组提交特设委员会的报告》(A/AC. 265/2004/WG. 1)2004 年 1 月,第 27 页。网络来源:http://www.un.org/esa/socdev/enable/rights/ahcwgreport.htm(中文版)。最后访问于 2014 年 6 月 10 日。

独立生活*和融入社区

本公约缔约国应当采取有效和适当措施,包括确保以下各项,使残疾人能够独立生活并充分融入社区:

(a)残疾人有平等的机会选择其住所地点和居住安排;

(b)残疾人没有义务必须住在残疾人院,或必须选择一特定的居住安排;**

(c)残疾人获得居家、住所和其他社区扶助服务,包括支助在社区居住和融入社区,以及防止与社区隔绝或隔离所需的个人援助;***

(d)在平等基础上向残疾人提供向普通民众提供的社区服务,并对他们的需要作出反应;

(e)残疾人获得关于现有扶助服务的信息。

这一条原有三个脚注:

* 工作组中一些成员关切本条草案的标题和起首部分中"独立生活"的措词没有反映出许多国家的文化规范,可能令人联想到残疾人应与其家人分开。特设委员会不妨审议替代的表述。

** 工作组中一些成员尽管接受这一原则,但认为缔约国会发现不可能毫无例外地保障这一义务。其他成员认为这一项是重复的,因为第 1 款(a)项已经涵盖了这个问题。

*** 工作组中一些成员认为,缔约国将难于确保提供第 1 款(c)和(d)项中所述的服务,尤其是第 1 款(c)项中承诺提供的个人援助。

1.第三次特设委员会全体大会①

一开始,各国代表就在讨论中对第十五条归属为公民权利和政治权利范畴还是社会权利范畴争论不休,包括日本在内的很多国家认为这一权利的社会权痕迹明显。很多发展中国家如墨西哥、南非、印度和一些中东比较传统的国家如约旦、科威特、也门等主张大会要慎重考虑这一权利的名称问题,因为"独立地"这个词汇在一些国家的文化习俗中的理解和西方的理解迥然不同,传统国家更重视家庭和社区的作用。在开放给民间组织代表的时候,绝大多数公民社会组织对这一条的关注在生活于社区内的权利以及独立地生活(IL)和独立生活(LI)的含义差别。

2.第四次特设委员会全体大会②

和第三次全体大会中很多国家对此条款的标题有关切类似,韩国、智利、马里、以色列等国家再次提出了本国环境下对标题的理解。对于第十五条的权利来源大家逐渐达成一致,普遍接受它来源《公民权利和政治权利国家公约》,具有自由选择的内涵。一些国家,如泰国,对独立生活运动的历史很关切,认为这个标题很容易让人联系到社会运动。哥斯达黎加等国主张这一条的本质是说生活方式。日本对这一条的权利混合性一直很关注,该国代表认为这个条款的第一、二和五款反映了公民权利,而第三和第四款体现了经济社会权利。加拿大等国主张对第十五条进行重新编写。

当讨论的平台开放给旁听的公民社会组织时,民间的考虑和政府代表的略有不同,如残障国际联盟认为第十五条的核心要义是去机构化和在社区中如他人一样生活的权利。而世界精神病治疗使用者(或受疗者)和幸存者网络(WNUSP)的代表则强调了这个权利所具有的自治、自我决定和选择的内涵。这些民间组织代表都共同强调了社区生活的重要性。

---

① 第三次特设委员会全体大会总结: http://www.un.org/esa/socdev/enable/rights/ahc3reportc.htm;速记:http://www.un.org/esa/socdev/enable/rights/ahc3sum15.htm,最后访问于2014年7月20日。

② 第四次特设委员会全体大会总结: http://www.un.org/esa/socdev/enable/rights/ahc4reportc.htm。速记:http://www.un.org/esa/socdev/enable/rights/ahc4sumart15.htm,最后访问于2014年7月20日。

在这次讨论中,中国代表也有发言,他主张第十五条的实现需要资源,应该归属社会权利范畴,属于逐步实现的权利类别,他还主张这一权利关注的社区生活安排。

3.第五次特设委员会全体大会①

第五次大会期间一些新气象产生了,新西兰大使唐·麦凯(Don Mackay)成为了大会非正式协调人,②他独具个人魅力,发挥了非常积极主动的组织协调作用,为包括这次大会在内的随后的特设委员会顺利达成各类共识奠定了基础。

在第五次全体讨论开始时,会议就之前几次全体大会讨论达成的共识进行了总结,这包括:各国普遍支持残障者应该能够选择如何、在哪里和谁在一起居住。对于之前多有讨论的独立生活一词,主持人总结为,"大多数法律专家同意这一词应该从字面上进行解读,即作为作出独立选择和参与社区生活的能力,而非居住于机构内。"而且"这个词并不包含有独立生活运动的内涵"。③ 后一说明,对于一些发展中国家,如泰国特别重要,因为那些国家担心这一点会启发其国内的社会运动。在这次讨论中,不少国家,如日本和新西兰,都拥护这一条是公民权利和政治权利及经社文权利的混合。在大家讨论社区生活的含义时,主持人认为这里的社区含义宽广,意味的是社会融合。④

---

① 第五次特设委员会全体大会总结:http://www. un. org/esa/socdev/enable/rights/ahc5reportc.htm。速记:http://www.un.org/esa/socdev/enable/rights/ahc5summary.htm,最后访问于 2014 年 7 月 20 日。

② 麦凯作为非正式协调人见:http://www.un.org/esa/socdev/enable/rights/ahc5sum24jan. htm,最后访问于 2014 年 7 月 20 日。在第六次全体大会的时候麦凯成为了特设委员会主席并一直担任到最后。

③ 见第五次特设委员会全体大会总结:http://www. un. org/esa/socdev/enable/rights/ahc5reportc.htm。速记:http://www.un.org/esa/socdev/enable/rights/ahc5summary.htm,最后访问于 2014 年 7 月 20 日。

④ Elizabeth Kamundia also picked up 'community' as a key concept to investigate in her field work in Kenya and contributes with fresh thinking on it.Please refer to Elizabeth Kamundia, *Choice* , *Support and Inclusion* : *Implementing Article 19 of The Convention on the Rights of Persons with Disabilities in Kenya* ( L.L.M Dissertation , August 2012)提醒读者注意:本条款的协助人是德国的 Dr.Theresia Degener,而德国社会学家腾尼斯的《共同体和社会》(*community and society*)是学术史上第一本对传统社区和现代社会的区别进行研究的著作,这一很有趣的关联或许可以启发人们去认识社区和社会的关系。

4.第六次特设委员会的全体讨论①

本次讨论对第十五条的讨论很简短,主要聚焦于这条的具体内容和与其他条款的关系,这之后该条第五款也被移入其他条款中了。

5.第七次特设委员会的全体讨论②

2005 年 10 月,在第七次全体大会(2006 年 1 至 2 月)召开之前,作为特设委员会主席的麦凯给全体代表发出了公开信,公开信中对于前六次已经讨论的各个条款进行了汇总。也正是在这封信中,之前一直排序为第十五条的独立生活和融入社区被移到了第十九条的位置上,主席对这一条也进行了总结,提出了他的个人建议。③

各国在第七次会议之前再次提交了各类建议。④ 第七次会议期间大家讨论并不多,但麦凯主席的总结很重要,他认为第十九条标志着一个范式的转化,因为之前残障者总是被隔离在社区之外,被迫居住在长期住宿机构中。而现在第十九条承认了社区居住的权利。麦凯主席重申大家都关注的独立生活这个词汇实际上就是社区生活的意思。在对这一条款进行文字整理时,中国代表第二次发言,对这一权利的标题提出自己的关切,但是会议没有处理这个问题,标题依旧保留了。

---

① 第六次特设委员会全体大会总结: http://www. un. org/esa/socdev/enable/rights/ahc6reportc.htm。速记: http://www. un. org/esa/socdev/enable/rights/ahc6summary. htm,最后访问于 2014 年 7 月 20 日。

② 第七次特设委员会全体大会的最终总结: http://www. un. org/esa/socdev/enable/rights/ahc7report-c.htm。速记: http://www. un. org/esa/socdev/enable/rights/ahc7summary. htm,最后访问于 2014 年 7 月 20 日。

③ 2005 年 10 月特设委员会主席麦凯致全体代表的一封信: http://www. un. org/esa/socdev/enable/rights/ahcchairletter7oct.htm(有中文版),最后访问于 2014 年 7 月 20 日。第 19 条独立生活和融入社区:

73.在起首部分,我建议我们应使用"便利"一词,然后再以更强烈的措辞"确保"来加以平衡,且应并用"融入"和"参与"两词,因为这两个词得到代表团相当广泛的支持。

74.有关(a)项,看来应在内容上没有存在不同的观点——即残疾人不应被迫居住在包括收容机构在内的特定居住安排——但有些代表团表示关切,认为规定残疾人不应被迫居住在收容机构实质上默示赞成使用收容机构。因此,我建议我们在此不具体提及"收容机构",因为不管如何"特定居住安排"这一一般性术语已包括了这一点。

④ 各国、各组织的各类建议: http://www. un. org/esa/socdev/enable/rights/ahcstata19sevs-comments.htm,最后访问于 2014 年 7 月 20 日。

### （四）第十九条的正文及文字分析

**1.最终修订和正文**

经过五次密集讨论后，第十九条终于成型，等待技术小组的文字技术检验。[①] 围绕这一条款，各国各组织的争议主要集中于：这一权利的标题、这一权利中对机构居住状况的处置、实现这一权利的手段，如个人助理的普遍性问题、这一权利所包含的权利种类，即公民权利和政治权利与经济、社会及文化权利的混合等。

第七次全体大会中，第十九条的起首段被重新整理、第一款和第二款合并、第三款和第四款重新进行文字整理，最后一款被移到其他地方。

最终形成的正文如下：

第十九条　独立生活和融入社区

本公约缔约国确认所有残疾人享有在社区中生活的平等权利以及与其他人同等的选择，并应当采取有效和适当的措施，以便利残疾人充分享有这项权利以及充分融入和参与社区，包括确保：

（一）残疾人有机会在与其他人平等的基础上选择居所，选择在何处、与何人一起生活，不被迫在特定的居住安排中生活；

（二）残疾人获得各种居家、住所和其他社区支助服务，包括必要的个人援助，以便在社区生活和融入社区，避免同社区隔绝或隔离；

（三）残疾人可以在平等基础上享用为公众提供的社区服务和设施，并确保这些服务和设施符合他们的需要。

**2.字义分析**

这里对第十九条内包含的各类关键词作一个初步的统计和描述。

首先这一条款，在欧洲很多国家也被称为是社区生活权利，不无道理。因为社区[②]（community）这个词汇在整个条文中出现了 7 次。充分显示出了这个词汇的绝对重要性。而之前，迈克尔·凯里（Michael P. Kelly）在一篇重要

---

① 特设委员会第八次全体大会并无公开速记资料，且这次会议会期被分成了两个部分，一个是在 2006 年 8 月，随后进行半公开的起草小组技术检验工作流程，经过四个版本的修订 2006 年 12 月《公约》文本正式成型。相关资料见网址链接：http://www.un.org/esa/socdev/enable/rights/ahc8.htm，最后访问于 2014 年 7 月 21 日。

② 作者为表示这些关键词汇的重要性，做加重处理，请注意。

论文中曾指出,从社会学视角看,社区是建构和体验残障的地方,人和人之间的互动,对个体而言是其在生活世界建立身份认同的基础,社区的重要性对残障者来说不言而喻。① 很有意思的是,法学界对于权利的认识以个人主义为基础,对于集体权利的承认在西方法学界非常勉强。② 社区概念在法律人的词典中是没有的。③ 然而,在残障社群权利保障上,不仅残障者应享受各类个体权利,同时作为一个有身份④特质的人群,残障社群权利具有一些集体特性,这也是奎因和安娜·阿斯坦-科斯勒克(Anna Arstein-kerslake)为什么要在他们的论文中提出,残障者"具有共享人格"(…shared personhood)主张的一个原因了。⑤

平等或在(和他者)平等基础上(euality or on the equal-based)在第十九条中一共出现了 4 次。平等和不歧视是《残障公约》的主调之一,一如卡耶斯(Kayess)和弗兰奇(French)指出,《残障公约》不仅承认形式平等(formal equality)和实质平等(substantive equality),还试图追求普遍主义的平等(the universal approach to equality)。⑥《残障公约》对残障社群所创造出来的这一特

---

① Michael P.Kelly,'*Disability and community:A Sociological Approach*', in Albrect,G.,Seelman,K.D.& Bury,M.(Eds)Handbook of Disability Studies(Sage Publishing,California 2001)pp. 396-411.

② The characteristic of rights,whether are individualism rights or collective rights,please refer to 'The Case for Collective Human rights:the reality of group suffering',Ethics and International Affairs 10(1996):pp.47-61.**Refer to** Richard Falk,Hilal Elver and Lisa Hajjar(eds.)Human Rights:critical concepts in Political science(Vo.1-5),Routledge 2008.Volume 2 pp.319-332.Discussion on group rights can be referred to Peter Jones(ed.)Group Rights(UK:ASHGATE,2009).

③ It is no any words related with community in Oxford Dictionary of Law(7ᵗʰ edition,Oxford University Press 2013).There are community-related words' explanation in Oxford Dictionary of Sociology(3ʳᵈ edition,Oxford University Press 2009).

④ 这里是从损伤角度看。残障社会模式并不涉及关注损伤的问题,而主要关注宏观社会环境,希望作者在这里的这个说法不会引起误解。

⑤ Quinn,G.& Arstein-Kerslake,A.'*Restoring the Human in Human Rights:Personhood and doctrinal innovation in the UN disability convention*' In:Gearty,C.& Costas Douzinas(eds).The Cambridge Companion to Human Rights Law(Cambridge:Cambridge University Press 2012)p.38.这篇文章的翻译稿请见本书第六篇。

⑥ Rosemary Kayess & Phillip French 'Out of Darkness into Light? Introducing the Convention on the Rights of Persons with Disabilities'(2008)Human Rights Law Review,8(1)1,7.见本书第二篇文章。

别的平等，有学者将其命名为多维度的社会不利因素性平等（multi-dimensional disadvantage equality）。①

仔细辨析第十九条文本，可以看出，在起首部分存在着：人人平等的形式主义平等观。第一款的平等则是一个实质平等，因为它要求和他人一样的平等的选择权（choice equal to others）。在这一款里的"**在与其他人平等的基础上**"这句话，和公约中其他地方的这句话含义一样，都是模糊不清的，不知道是主张形式平等还是实质平等。但在第三款社区服务中的平等是实质平等性的，它要求开放给普通大众的服务应该对残障者一视同仁。

和其他既往人权公约相比，《残障公约》像是一支充满融合和参与的法律之歌，或还可被理解为反对既往排斥和把残障者边缘化的武器。在第十九条中**融合**（inclusion）出现了 3 次、**充分的**（full）出现了 2 次、**参与**（participation）和**享受**（enjoyment）各出现了 1 次。

虽然很多发达国家和组织都主张第十九条强调的是选择和控制（choice and control），②但细读文本却发现只有两个地方提到了**选择**，一处是与其他人平等（基础上）的选择（with choice equal to others）；一处是具有选择他们住所的平等机会（have the opportunity to choose their place of residence...）这就让人对那些国家对这一条所特别强调的公民权利和政治权利的权利特性产生了一丝疑问。

更有意思的是，这个权利中对于**独立生活**的标定，只有一处，就是这个权利的标题（living independently and being included in the community）。或许，这是由于特设委员会谈判中绝大多数发展中国家表达了对独立生活运动史的特

---

① Arnardóttir, O.M. '*A Future of Multidimensional Disadvantage Equality?*' in Arnardóttir, O.M. & Quinn, G. (eds.) The UN Convention on the Rights of Persons with Disabilities: European and Scandinavian *perspectives*. (Leiden: Martinus Nijhoff Publishers 2000) 这篇讨论平等的文章也被翻译收入本书，见第五篇文章。

② European Union Agency for Fundamental Rights (FRA), 'Choice and control: the right to independent living Experiences of persons with intellectual disabilities and persons with mental health problems in nine EU Member States' (Luxembourg: Publications Office of the European Union, 2012) can be accessed at http://fra. europa. eu/en/publication/2012/choice-and-control-right-independent-living, last access at 10 April 2014.

别关切,或是,这一条就真的如之前所检讨的英国残障理论家们主张的那样,是一种对于生活方式,特别是在社区中如何生活的规定。当然,西方法学界还是倾向于把这一条款和独立生活运动挂钩的。①

这一条款还对缔约国的积极义务(居家、社区和住宿等类型的服务;个人助理;社区服务无障碍等)和禁止性行为(残障者不被安置在特定住所;不被隔离)作了规定,明确了服务提供所遵循的路径。

在对第十九条的文字作分析后,下面再看看联合国相关权威机构是如何理解这一条的。

## 三、认识第十九条的核心要义

### (一)来自联合国人权高级专员办公室的研究报告

联合国人权高专办是《残障公约》实施的积极推动者,对指导各国履约发挥了积极作用。目前人权高专办尚无针对第十九条的专题研究报告,②但在其他一些专题研究中包含了第十九条的内容,这里简要陈述 2009 年专题研究③中涉及第十九条的内容。在这个研究中,它首先提出:第十九条是对过去入院照料的一个转变,它承认了残障者独立生活和融入社区的权利。这就要求缔约国政府履行相关责任,在法律上明确承认残障者有权决定在哪里和与谁生活的问题,并公开声明任何违反残障者意愿的居住安排都是违法的。同

---

① The western legal scholars had naturally established such links, like Parker, C. and Clements L. ' *The UN Convention on the Rights of Persons with Disabilities: a new right to independent living*? ' (2008) Vol. 4, European Human Rights Law Review pp.508-523.

② 《残疾人权利公约》生效后,人权高专办已经出版了包括教育权、就业权、政治参与、意识提高等多个专题研究报告,请见网站链接: http://www.ohchr.org/EN/Issues/Disability/Pages/ThematicStudies.aspx,最后访问于 2014 年 7 月 21 日。

③ 《联合国人权事务高级专员办事处关于促进对〈残疾人权利公约〉的认识和了解的专题研究》( A/HRC/10/48 )中文版网址链接: http://www.ohchr.org/EN/Issues/Disability/Pages/ThematicStudies.aspx,这个报告的英文名在网站上显示如下: "Study of the High Commissioner for Human Rights on Key Legal Measures for the Ratification and Implementation of the Convention on the Rights of Persons with Disabilities" 请注意。最后访问于 2014 年 7 月 21 日。

时报告指出,减少机构照料,不足以实现独立生活之目的,缔约国必须给予残障者在社会服务、医疗卫生、住房、就业等领域的一系列政策支持。因此必须在国内法中明确这一权利,这一权利实现的责任是缔约国的各级政府和具体服务机构组织。这一部分还要求缔约国进行立法。①

### (二)透视残疾人权利委员会的结论性意见

作为监督《残障公约》实施的条约机构,残疾人权利委员会(Committee on the Rights of Persons with Disabilities,简称委员会)根据《残障公约》要求对缔约国通过履约报告、建设性对话、接受平行报告(parallel report 或影子报告 shadow report)、②接受投诉后前往缔约国实地调查或通过《任择议定书》批准国中的个人或团体的投诉等多种手段,对缔约国的履约进行监督。

截至 2014 年 2 月,残疾人权利委员会已经公开审议并对十个缔约国首期履约报告给出了结论性意见。③ 这里通过一个表格把委员会对第十九条的意见和建议作一总结,见本文后附录 1。

总体上,委员会的观点是:各国把残障者放入机构内进行服务依然普遍。各国都还没有充足的和有品质的社区服务。智力和精神障碍者被机构化的情况最严重,且缺乏相应服务。多数发展中国家并没有独立生活和融入社区的政策和服务措施,也没有足够的财政支持。即便有些国家有资金支持,如匈牙利,欧盟资金还被用于建设新机构上了。

从服务角度看,委员会认为各国普遍缺乏综合性国家政策,各国现存的机构照料政策和社区服务政策存在明显的冲突。在第十九条的服务支持方面缔约国提供的资金保障并不充分,由于缺乏社会意识形态的教育,人们对残障社

---

① 同前《专题研究》第 51、52 段。

② 平行报告或影子报告是在缔约国国家报告之外,由其他各类主体提交的对本国履约的一些报告或资料,作者本人倾向于使用平行报告的说法,以体现这些非国家部门的主体所具有的合法性,这些报告提交给相关条约机构后是在网络上可以公开查找的。

③ 残疾人权利委员会的结论性意见网址链接:http://tbinternet.ohchr.org/_layouts/treaty-bodyexternal/TBSearch.aspx? Lang=en&TreatyID=4&DocTypeID=5,这个网站上新增了对三个国家履约情况的资料(阿塞拜疆、哥斯达黎加和瑞典),但因为最近的这次审议是在 2014 年 5 月,本文写作时候只统计到 2014 年 2 月,请注意。

会模式和社区生活权利的认识还不够。

在对中国首期履约报告的审议中,委员会关注到大型照料机构继续存在。对残障者,特别是需要高密度支持的残障者的支持服务不足。有些类别的残障者,如麻风病人还被隔离于社区之外。

### (三)任择议定书下的个人投诉及其处理

《公约》附带了一个《任择议定书》,对批准《任择议定书》的国家而言,其公民或团体可以在穷尽国内司法或其他手段后,将相关案件提交给委员会进行申诉。这也是国际人权法在保障缔约国国内具体人权上的一个措施。目前委员会已经审议了几个投诉,其中有一个来自瑞典的个人投诉涉及了第十九条。①

下面对该投诉作简要介绍,希望从中可以看出委员会是如何认识第十九条的。

当事人因身体原因需要接受水疗,但她无法外出,所以只能考虑在自家院内修建一个水疗池。这个计划需要占用非建筑用地,但当事人的申请未能得到当地规划部门支持,经过五级司法行政部门的审理,最后的意见还是不予批准修建这个水池。为此,当事人投诉至残疾人权利委员会,投诉地方规划部门违反了《残疾人权利公约》第一、第二、第三、第四、第五、第九、第十、第十四、第十九、第二十、第二十五、第二十六和第二十八条,侵犯了当事人应该享有的权利。委员会经过文件审理和与当事人和缔约国的交流,最终认为当事人根据《公约》第三、第四、第五、第十九、第二十五、第二十六和第二十八条提出的指控证据充分,符合受理条件,开始审议案情。最终委员会认定当事人的相关权利,包括第十九条第二款获得服务以避免入住机构的权利,遭到了侵犯,要

---

① 这里需要说明的是,很多投诉都不仅仅是针对《公约》某一个权利被侵犯的现象,而是针对若干权利被侵犯的现象,这也类似于目前《公约》领域中一个很热的话题多元交叉 intersectional discrimination,即一个主体本身遭到多重歧视。瑞典案例见:Swedish case can be seen at CRPD/C/7/D/3/2011,http://tbinternet.ohchr.org/_layouts/treatybodyexternal/Download.aspx? symbolno=CRPD%2fC%2f7%2fD%2f3%2f2011&Lang=en,最后访问于 2014 年 5 月 15 日。

求缔约国给予当事人提供其需要的相关支持。①

### （四）如何认识第十九条的含义、基本措施、适用范围和缔约国实施责任

1.含义

通过上述描述和分析，可以看出第十九条所强调的核心要义在于残障者在与他人平等的基础上，享受自主选择生活的权利以及在社区内生活的权利，而这一权利的实现关键在于国家的履约义务是否可以顺利实施。

第十九条的第一款强调了选择和控制，即残障者有在和他人平等基础上的选择权，即在哪里居住、和什么人居住，并明确提出残障者不得被迫居于特定场所。由于在《公约》谈判中，各国坦言安置残障人士入住长期照顾机构是现实，所以在《公约》中直接提出禁止机构化照料的方式或提出"去机构化"的口号都不现实。最后《公约》撰写者采取了这一比较隐蔽的说法，陈述了去机构化这一反对意见和要求。

第十九条第二款，强调了残障者有权享有的一系列服务，包括居家服务、社区内的服务和住宿支持服务。并明确提出个人助理这一概念。这一概念兴起于美欧，是发达国家为残障者提供的有偿服务（paid labour）支持的一部分，区别于过去家庭成员的无偿服务或如英国式的给予照顾者以补贴的方式。不同国家对个人助理的支持服务范围的界定都不同，有些是 24 小时随身服务、任何事项、几个助理轮流工作。有的则是每周固定的工作时间、固定的工作内容，由残障者和个人助理及其管理组织签订协议。个人助理按照小时提供服务，一般都只能拿到该国或该地区的最低小时工资，所以专业服务能力并不是

---

① 委员会对第十九条第二款的意见如下："8.9 委员会还指出，提交人称，如果家中没有室内水疗池，她最终可能需要入住专门护理机构，还称缔约国未反驳提交人的指控。对此，委员会忆及，《公约》第十九条第（二）款要求缔约国采取有效且妥善的措施有助于实现残疾人在社区中生活和参与的平等权利，为此应确保残疾人'获得各种居家、住所和其他社区支助服务，包括必要的个人援助，以便在社区生活和融入社区，避免同社区隔绝或隔离'。驳回提交人的建筑许可申请令她无法获得仅有的住宿支持服务，水疗这个选择是可以支助其社区生活和融入社区的唯一选择。因此委员会的结论是，提交人根据《公约》第十九条第（二）款享有的权利受到了侵犯。"来源于瑞典案例，见：Swedish case can be seen at CRPD/C/7/D/3/2011, http://tbinternet. ohchr. org/_ layouts/treatybodyexternal/Download. aspx？ symbolno = CRPD% 2fC% 2f7% 2fD% 2f3% 2f2011&Lang=en，最后访问于 2014 年 5 月 15 日。

很高。但是通过个人助理的支持性服务,残障者拥有了更多的自主权这是事实。此外,这一款还提出残障者不应被隔离,这其实是一个很有趣的问题,因为很多年前就有学者提出了残障者在家庭内都有可能遭到隔离或忽视的问题。[①] 独立生活有时候意味着,除了有偿服务的个人助理在固定时间段的服务外,残障者往往处于孤独状态。

第十九条第三款,提出了残障者在与其他人平等的基础上,可以享受社区内的服务,且这些服务对残障者的需求是有回应的,即是可以有效满足残障者需要的。

2.基本措施

通过前面回顾发达国家的文献、政策,透视磋商过程,可以清晰看到这一条在服务措施上兼顾了发达国家和发展中国家各自现有状况。发达国家社会经济状况良好,残障者一般都享有基本社会福利的津贴保障,并拥有地方政府和各类服务机构(传统非营利性机构和 20 世纪 90 年代后逐渐涉足于残障服务的各类营利性机构)提出的服务措施,因此,残障者相对拥有更多的选择自由和实现选择的机会,这一条款对残障者的居住状态以及个人助理服务的说法也反映了发达国家的主张。在绝大多数发展中国家中,残障者主要依靠其原生家庭或扩展大家庭乃至社区、邻里的照顾,经济独立性差,几乎没有对居住场所的选择机会(除了少量社会保障性住房)。由于总体上专业服务欠缺,所以残障者在以社区为基础的服务上也仅仅能获得很有限的支持和服务。在这个意义上,那些仅有的服务的无障碍状态就格外重要了。

第十九条中关于对残障者服务的基本措施,要求服务可以入户、在住宿方面有服务(但非长期照料机构类型)、要求服务在社区中且是无障碍的。此外服务的个体性质通过个人助理体现出来。总体上看,这一条款中所要求的服务类别是个体化服务和社区综合服务的混合体。

3.适用范围和缔约国履约义务

对于所有批准《残疾人权利公约》且没有在该条款上作声明、保留等措施

---

① 参见 Mark Priestley,'*Tragedy strikes again*!*Why community care still poses a problem for integrated living*' in John Swain, Sally French, Colin Barnes and Carol Thomas(ed.),Disabling Barriers-Enabling Environments(Sage Publications,2004,2$^{nd}$ Edition)pp.258-263。

的缔约国而言,都有严格履约的义务。

第十九条包括了公民权利和政治权利(如选择权),也包括了获得服务的权利(个人助理、入户服务、社区服务等),因此在适用上,不同国家可能需要根据本国的发展状况,对于履约作出一个步骤安排。对于一些西方学者过分强调这一权利的公民权特性,需要保持一定的警惕。纵观整部公约,几乎所有实体权利条款都是传统上两类权利范畴(公民权利和政治权利以及经济、社会文化权利)的混合体,那些将《公约》中权利轻而易举地作出一分为二处理的讨论,都流于轻率且需质疑。

在缔约国履约义务部分,这里需要提出的是,第十九条本身规定的履约要求,有积极行动部分,如要求国家提供选择的机会、要求国家提供各类服务;也有消极克制性的义务,如不得将残障者安排在特定住宿环境中,不得将残障者隔离。

缔约国还要注意《公约》第四条一般义务部分上如何要求落实于第十九条的问题。整部《公约》是一个整体,对《公约》总体上的履行要依据一般义务,对具体权利的履约则需要在一般义务基础上加上具体条款上的具体要求,只有这样,对单项权利的履行才能真正符合《公约》要求。有意思的是,现实告知我们,不太可能存在单项权利履行得好、总体义务履行得差的情况,反之亦然。

# 四、讨论与反思

本部分将梳理和讨论一些在整个研究中发现的很有趣的问题或现象,以便为第十九条的深入思考提供更多素材。需要注意的是,这里的讨论仅仅是为了激发进一步地研究和探索,而无法提供所谓正确的答案。

## (一)基本含义:独立生活还是生活独立?

很有意思的是,在本文写作中,可以发现对于第十九条的历史渊源上的各种认识。尽管在磋商阶段,各国似乎达成了一致,即对第十九条的理解主要是从生活安排上进行讨论。但是,不容否认的是:这一条,在某种意义上,从未出现在之前任何人权条约中,无可非议地具有某种"**创新性**"。这一项在普通人看来是理所当然的生活状态和生活安排,在残障者权利领域却需要经过特别的、如此高层且高调的立法,本身就能说明很多问题。

这一人权法上的立法过程,又和过去几十年残障社群不间断地奋斗存在血肉联系。对于西方发达国家而言,独立生活运动是斗争的产物。但是如何理解这一条,对于发展中国家而言则可能是另外的事了。目前包括中国在内的绝大多数发展中国家中,由于社会福利保障体系不健全、社会服务不完善,家庭和社区依然是残障者的主要照顾者。如何在尊重残障者选择的基础上,为其创造一个既符合残障者意愿、又是缔约国可以负担、且家庭和社区乐于接受的生活安排,是我们面对的一个挑战。

### (二)支持和服务手段:个人助理,在发展中国家如何可能?

在第十九条中,很有意思的是,对残障者社区生活的支持手段的具体要求提到的很少,只有一个服务措施是《公约》明确提到的,即个人助理。这一付款型服务是发达国家为解决家庭无法照料且残障者不断抗争、要求平等对待问题的产物。它借用的这一个很个体化服务的手段,在某种程度上消解了残障社群的集体行动。在英国,能够申请到直接支付和个人助理服务的残障人人数很少,多数为肢体残障者。① 目前,欧洲国家普遍在控制或削减社会福利性开支,这一个体模式究竟可以走多远,或许并非一个伪问题。

其实从这一角度看,这一内容进入第十九条,或可理解为西方残障学者和

---

① 英国的直接支付和个人助理政策和过去地方政府提供的社会服务是并行的,往往地方社会管理部门会让残障者在选择接受政策安排的打包服务和申请直接支付或自行安排个人助理上作一个选择,很多自身能力不足或感觉自己能力不足的残障者往往会选择继续使用传统的地方政府服务。目前,在英国已经开始了鼓励残障者家庭申请非直接支付的项目,鼓励残障者家庭参与残障者的资金申请和服务安排,这一信息是作者在 2014 年 7 月 14 至 17 日在奥地利维也纳参加 IASSIDD 欧洲年会时获得的信息。关于直接支付和个人助理的问题,请参见 Michael Oliver, Bob Sapey and Pam Thomas *Social Work with Disabled People*(Palgrave Macmillan, 4<sup>th</sup> edition, 2012) pp.78-81。

残障社群组织为了对抗他们各自国家削减社会开支的一个法律武器。如果真是这样的话，那么这个武器对发展中国家而言，有多少实用意义，真的就是一个问题了。

### （三）社区服务：通用设计还是专门服务？

传统上，发达国家专业化服务机构和专业人士队伍庞大，在过去几十年进行以社区为基础的服务进展缓慢、困难重重，原因之一，就是专业人士有固有利益，重新安排他们的出路不容易。而发展中国家恰恰相反，由于专业服务不足，所以开展"**半专业**"或"**准专业**"的以社区为基础的服务并不困难。这本是由于不同国家在残障服务发展上的所处阶段不同造成的。

《公约》第十九条在社区服务上，似乎采取的是"**两边看**"的策略：一方面要求缔约国提供针对残障者的各类个体化的、以社区为基础的服务；一方面又要求在社区普遍性服务中考虑无障碍设计。这一政策设计思路非常好，但是对于两种不同的设计思路如何更好地融合、相互配合在一起，则是一个需要思考的问题。

### （四）如何认识家庭照顾和国家义务之边界？

如果细读《公约》，人们会发现一个很惊人的现象，整部《公约》对残障者的家庭（支持）涉及的很少，即便有涉及，也是在讨论残障者自己的家庭，即残障者自己组建的家庭，而非残障者的原生家庭、扩展家庭等。这一点在卡耶斯和弗兰奇的论文中有谈到，她们认为这是由于在《公约》磋商中一些民间组织的声音很大，且这些声音质疑了过去残障者原生家庭对残障者虐待等消极行为。[①] 这里，作者需要指出的是，至少在发展中国家，家庭过去是、未来也将是残障者最重要的照顾力量，这里的重要性不仅体现在日常生活照料上，而重要的是体现在对残障者心灵和情感上的慰藉。家庭是每一个人学会生活的课堂，也是每一个人人生大戏的操练场，如果家庭不能体现出对残障者支持、扶

---

① 参见 Kayess, R.& French, P.（2008）'Out of Darkness into Light? Introducing the Convention on the Rights of Persons with Disabilities', Human Rights Law Review, 8（1）pp.1-34。

助和生活体验分享的功能,怎么可能想象其他人对残障者能够有所关注呢?如果残障者不能在家庭中学会与人交往,尝试与家庭建立关系,怎么可能会在和外界的互动中尝试付出信任和与陌生人建立关系呢?

对《公约》而言,强调公权力的责任,毋庸置疑是正确的,这也是残障者作为国家公民一分子理应享受到的权利保障。但是,在强调国家责任的同时,如何关注家庭责任并支持家庭更好地履行相关责任或支持家庭代表国家履行责任,则是一个很有意思的话题。这一责任边界以及各自责任内容的厘清对于发展中国家尤其重要,因为发展中国家的资源有限,缔约国需要考虑如何投放资源以及将资源投放给谁,才能更好地解决问题,履行义务。

### (五)残障者组织的作用

尽管这一条款中并没有直接提到残障者组织的参与及其功能。但是纵观《公约》,不论是磋商过程,还是具体条款,无一不透出"没有我们的参与,不可作事关我们的决定"这一响亮的口号。在落实第十九条社区生活和充分参与的路途上,残障者自我组织以及残障者服务机构的智慧是至关重要的。残障者的社区融合,绝不仅仅是一处房子,而是通过他或她熟悉或陌生的社区,支持他建立属于他或她自己的社交网络。通过社会互动,支持残障者成为一个真正的社会人和有社会角色的人生大戏之主角。而这一目的的实现,除了各类专业化服务外,更重要的是残障者自我组织以及通过组织勾连到的其他社会主体。因此,如何在落实第十九条的过程中,注意、珍视、保护、培养残障者组织将会是个很有趣的话题。

# 小　结

### (一)基本发现

本文通过历史的、比较的和文本分析的方式,对《残疾人权利公约》第十九条的历史渊源、法律渊源、基本含义、适用范围、缔约国义务等作了初步的探索,并透过这些探索,对第十九条的内涵进行了初步反思。

本文认为第十九条本质上来自民间，具有人权的草根特质。第十九条之所以能够进入人权公约，和过去几十年的残障社群的抗争以及各国政府对这一抗争的合法化和立法发展须臾不可分割。而这一国内法上的承认，经由精巧的立法也得到了国际人权公约的承认。在履行公约义务的时候，这一权利的发展历史提醒我们，履约绝不仅仅是自上而下的过程，而是一个上下互动、彼此学习的过程，而其中法律的地方性知识问题特别重要。这一条款目前有浓重的欧美自由主义立法特色，可能存在着在转化为发展中国家立法实践和具体服务发展中的不适应问题。

此外对这一条款的研究还提醒我们，对残障社群本身的集体行动的力量要给予特别关注，要鼓励和支持残障者组织的发展，通过这些组织使其可以支持到残障者在社区中的生活。

对第十九条在发展中国家情境下如何准确认识与积极履约，将是绝大多数发展中国家在履约国际义务时不得不面临的挑战。而一个多元主体参与、可以相互支持的社会环境对于理解和实施第十九条将非常关键。

### （二）研究不足和未来方向

本研究不足之处非常明显，本研究仅仅是一次文本解读的学术思考练习，基层残障社群如何认识和思考第十九条、如何通过自己的生活落实第十九条将是一个更有意思的话题。

对这一权利的田野调查和比较研究将会进一步丰富对这一权利的认识和理解，势必对准确履约有益。

# 附录 1

## 表 1　委员会对十国结论性意见中对第十九条履约的意见和建议

| 缔约国名称 | 委员会的意见/关切 | 委员会对缔约国的改进建议 |
| --- | --- | --- |
| 突尼斯 | 无 | 无 |
| 西班牙 | 39.委员会关切,资源和服务匮乏保障不了独立生活和融入社区的权利,农村地区尤为如此。委员会还关切,残疾人择居受限于可否获得必要的服务,据报告,居住在照管机构中的人除机构安置外别无选择。<br>41.委员会关切,依据增强自决权的法律规定,资金仅限于三级残疾人员或仅为了教育和工作用于聘雇辅助人手。 | 40.委员会鼓励缔约国确保拨出充足的资金切实致使残疾人能与他人同等地享有择居自由;并在日常生活中获得各种家政、居住和其他社区服务,包括人员协助,并能享有合理的住所,从而更好地融入其所在社区。<br>42.委员会鼓励缔约国依据所有残疾人的需求,增加聘雇辅助人手的资金。 |
| 秘鲁 | 32.委员会感到关切的是,缺少保障残疾人有权独立生活和融入社区的资源和服务,在农村地区尤为如此。 | 33.委员会促请缔约国启动综合方案,使残疾人获得各种必要的家庭服务、居所服务和其他社区支助服务,包括人员援助,以便在社区生活和融入社区,并避免同社区隔绝或隔离,在农村地区尤应如此。 |
| 中国 | 31.委员会感到关切的是,大量残疾人生活在机构中,中国管理的一些机构收容多达 2000 居民。此类机构不符合《公约》第十九条的规定。委员会还对存在麻风病人聚居地一事感到关切。在这些聚居地,麻风病人的生活与世隔绝。 | 32.委员会建议立即采取措施,逐步淘汰并消除对残疾人的机构看护。此外,委员会建议缔约国就为残疾人提供支助服务、助其独立自主生活问题与残疾人组织协商。还应向高度需要支助的人提供支助服务。此外,委员会建议缔约国采取一切必要措施,给予麻风病人所需的医治并让他们重新融入社区,从而消除这种麻风病人聚居地。 |
| 阿根廷 | 33.委员会感到遗憾的是,缔约国的独立生活支助服务部门(支助处)尚未开始运作。它还感到关切的是,现有资源和服务在质量和数量方面均不足以保障残疾人独立生活和融入社区的权利。 | 34.委员会敦促缔约国确保支助处尽快开始运作,并执行综合方案,使残疾人能够获得各种居家、住所、社区和其他康复服务,以及选择生活地点和生活方式。 |

匈牙利　33.委员会注意到缔约国认识到有必要以社区环境中的照料(非机构照料)取代大型的残疾人社会照料机构。但是委员会关切地注意到缔约国为非机构照料计划制定了一个30 年的时间表。它还感到关切的是，较之于投入社区支助服务网络建设的资源，缔约国为重建将导致隔离状态继续的大型照料机构投入了过多资源，包括欧盟区域基金。委员会感到关切的是缔约国未能在地方社区提供充足适当的支助服务，使残疾人能够在养护机构之外独立生活。

34.委员会呼吁缔约国确保提供充足的资金，有效地让残疾人能够：与其他人平等享有选择住所的自由；在日常生活中获得全面的家庭服务、养护服务和其他社区服务，包括人员援助；享有合理便利，以便帮助他们融入所在社区。

35.委员会进一步呼吁缔约国再次审查专门用于为残疾人提供支助服务的资金、包括欧盟提供的区域基金的分配情况，以及小型社区生活中心的组织和运作，并确保它们完全符合《公约》第十九条的规定。

巴拉圭　47.委员会遗憾的是，缔约国尚未在制订精神卫生政策方面取得重要进展，这样的政策应包含采取措施，将目前收留在精神病院、残疾儿童收留所、无家可归者收留站的残疾人特别是残疾儿童转移出来。

49.委员会关切的是，对残疾人能够以融入的方式在社区中独立生活的重要性，人们缺乏理解。委员会还关切的是，缺乏帮助残疾人融入社区的措施和政策，而且地方当局和机构在这方面介入的水平很低。

48.委员会请缔约国实施一项政策，在制订明确的期限和标准的基础上，逐步使残疾人脱离精神病院，包括建立社区服务，这种社区服务还包括基于权利的精神健康服务。

50.委员会敦促缔约国鼓励创立一些服务，目的是使残疾人融入社区，为此应使各级政府特别是地方和社区一级政府参与并作出承诺，并开展适当的协商，鼓励残疾人组织参与这些服务。

奥地利　36.委员会关切地注意到，近 20 年来，收容机构中的奥地利残疾人数有所增长。委员会特别关注这一现象，因为采取机构收容的做法有违《公约》第十九条的规定，使残疾人容易受到凌辱和虐待。

38.委员会肯定奥地利(在联邦和各州层面上)为残疾人开展的各项个人援助案。但是，委员会关切地注意到，个人援助方案并不向心理社交残疾者①提供，也没有覆盖全体具有智力残疾的人群。

37.委员会建议，缔约国应确保联邦政府和各州政府应加紧努力，实现去机构化，允许残疾人选择在何地居住。

39.委员会建议缔约国确保个人援助方案提供充分的资金援助，以保证有关人员能够独立在社区中生活。委员会进一步建议，缔约国应统一和扩展其个人援助方案，使之覆盖全体具有智力和心理社交残疾者。

---

①　原文 persons with psychosocial disabilities，一般被翻译为社会—心理残障者，这部分人群和过去传统上的精神障碍者人群类似。但由于一些精神病治疗幸存者的倡导，现在西方很多国家用这个词汇指代过去的 mental illness 人群，相关讨论请见本书第八篇文章的译文。

| 萨尔瓦多 | 41.委员会注意到缔约国没有关于独立生活权的法律和公共政策框架,贫穷成为遗弃和隔离残疾人、使他们与家庭和社区分开的诱因。委员会感到遗憾的是,残疾儿童仍然以机构寄养为主。 | 42.委员会敦促缔约国与残疾人组织合作,实施有足够资金保障的战略,使残疾人包括有智力和/或心理障碍儿童回归家庭,确保他们与社会融合和享有独立生活权利,可能是在家里配备私人护理或提供支持服务。它还建议缔约国采取措施,防止儿童在社会中藏匿或与社会隔绝或脱离自己家庭和社交圈,包括向其家庭提供必要支持。 |
| --- | --- | --- |
| 澳大利亚 | 41.委员会表示关注,尽管有政策规定大型居住中心,但新的举措仍然效仿体制性的生活安排,许多残疾人依然不得不为了获得残疾辅助而住在居住机构。 | 42.委员会鼓励缔约国拟订并落实一个关闭居住机构的国家框架,为帮助残疾人居住在自己的社区的支助服务拨出必要的资源。委员会建议缔约国立即采取行动,确保残疾人自由选择他们希望居住的地方和他们希望居住在一起的人,而且不管他们居住在何处,都有资格获得必要的支助,因此,缔约国应根据各种残疾人的需求,规划各种形式的居住便利。 |

第三部分

# 实　　施

# 人权法的国内纳入与联合国《残疾人权利公约》

[美国]珍妮特·劳德、迈克尔·阿什利·斯坦恩

## 引　言

2006 年 12 月 13 日，①联合国以协商一致的方式通过了《残疾人权利公约》(CRPD，以下多数情况简称《公约》)②及其《任择议定书》。③ 2007 年 3 月 30 日《公约》开放给成员国签署，此后不久，绝大多数国家都签署了该《公约》。2008 年 5 月 3 日，《公约》在按照要求达到了第二十份批准书交存后，开始生效。④

作为 21 世纪的第一个人权公约，同时也是第一部专门针对残障者权利

---

① Press Release, General Assembly, General Assembly Adopts Groundbreaking Convention, Optional Protocol on Rights of Persons with Disabilities: Delegations, Civil Society Hail First. Human Rights Treaty of Twenty-First Century, U. N. Doc. *GA/* 10554 (Dec. 13, 2006), *available at* http://www. un. org/News/Press/docs/2006/gal0554. doc. htm, *permanent copy available at* http://www. law. washington. edu/wlr/notes/83washlrev449n3. pdf.

② Convention on the Rights of Persons with Disabilities, G. A. Res. 61/106, U. N. Doe. A/RES/61/106 (Jan. 24, 2007) [hereinafter CRPD], *available at* http://www. un. org/esa/socdev/enable/rights/convtexte. htm, *permanent copy available at* http://www. law. washington. edu/wlr/notes/83washlrev449nl. pdf.

③ Optional Protocol to the Convention on the Rights of Persons with Disabilities, G. A. Res. 61/106, U.N.Doc. AIRES/61/106 (Jan. 24, 2007) [hereinafter Optional Protocol].

④ The CRPD text, along with its drafting history, resolutions, and updated list of States Parties is posted on the United Nations Enable website. *See* U.N. Enable, Promoting the Rights of Persons with Disabilities: Full Participation and Equality in Social Life and Development (2006), http://www. un. org/esa/socdev/enable/rights/, *permanent copy available at* http://www. law. washington. edu/wlr/notes/83washlrev449n4. pdf.

的、有法律拘束力的联合国文件,《公约》开创了国际人权法及其实践的新纪元。① 目前,只有不足 50 个缔约国有系统的残障立法,②而这些立法还亟待重大修订。③ 此外,《公约》授权其监督委员会审议缔约国为将《公约》义务纳入国内法律框架所采取的措施。④ 为了使《公约》各项规定得以充分实行,缔约国有义务采取一系列国内层面的实施措施(有些是人权公约常见的措施,其余反映出的义务措施则常常源于其他国际法情境)。⑤ 因此,代表全球"**最大的少数者群体**"的《残疾人权利公约》为(缔约国)的国内法及政策改革带来了前所未有的机遇。⑥

---

① *See generally* Michael Ashley Stein, *Disability Human Rights*, 95 CAL.L.REV. 75(2007).

② For a catalogue circa 2002, see Theresia Degener & Gerard Quinn, *A Survey of International*, *Comparative and Regional Disability Law Reform*, *in* DISABILITY RIGHTS LAW AND POLICY: IN-TERNATIONAL AND NATIONAL PERSPECTIVES 3, 25 – 45 ( Mary Lou Breslin & Sylvia Yee eds., 2002). Over the last two years, the authors have been involved in disability-related law reform in roughly a dozen countries. For our perspective, see Michael Ashley Stein & Janet E. Lord, *The United Nations Convention on the Rights of Persons with Disabilities as a Vehicle for Social Transformation*, *in* NATIONAL MONITORING MECHANISMS OF THE CONVENTION ON THE RIGHTS OF PERSONS WITH DISABILITIES( Comisi6n Nacional de los Derechos Humanos ed., forthcoming 2008) *available at* http://www.law.washington.edu/wlr/notes/83washlrev449n6.pdf.

③ *See* Michael Ashley Stein & Penelope J.S.Stein, *Beyond Disability Civil Rights*, 58 HASTINGS L.J. 1203, 1203(2007)("[A] growing number of countries...have enacted disability-related legislation. Unfortunately, the continuing economic inequities and social exclusion of disabled persons worldwide se-verely calls into doubt the efficacy of these efforts.It also begs the question of whether any country ade-quately protects their disabled citizens.").

④ *See* CRPD, U.N.Doc.*GA*/ 10554 ( Dec. 13, 2006 ), *available at* http://www. un. org/News/ Press/docs/2006/galO554. doc. htm, *permanent copy available at* http://www. law. washington. edu/ wlr/ notes/83washlrev449n3.pdf., art. 35 36; Optional Protocol, G. A. Res. 61/106, U. N. Doe. A/RES/ 61/106( Jan. 24, 2007 ) [ hereinafter CRPD ], *available at* http://www. un. org/esa/socdev/enable/ rights/convtexte. htm, *permanent copy available at* http://www. law. washington. edu/wlr/notes/ 83washlrev449nl.pdf, art. 13(1).

⑤ *See* CRPD, U.N.Doc.*GA*/ 10554 ( Dec. 13, 2006 ), *available at* http://www. un. org/News/ Press/docs/2006/galO554. doc. htm, *permanent copy available at* http://www. law. washington. edu/ wlr/ notes/83washlrev449n3.pdf., art. 30.

⑥ INTERNATIONAL CONVENTION ON THE RIGHTS OF PERSONS WITH DISABILITIES, SOME FACTSABOUT PERSONS WITH DISABILITIES 1(2006), *available at* http://www.un.org/dis-abilities/convention/pdfs/factsheet. pdf, *permanent copy available at* http://www. law. washington. edu/wlr/notes/83washlrev449nI 0.pdf.

本文将回顾,因为人权条约的批准或纳入的后果而可能产生的国内层面上对国际人权标准的移植(transposition)过程。① 确切地说,我们将考量《公约》作为促进国内层次残障法律及政策变革媒介的改革视野(transformative vision)。同时,我们还概括了在这一新阶段倡导残障权利所展现的挑战和机遇,并得出一些对人权实践及学界会产生普遍影响的结论。②

本文第一部分解释了影响国内纳入(domestic incorporation)《公约》的过程。第二部分剖析了《公约》寻求改革相应缔约国的国内法及其社会过程的各种方式。最后,第三部分探讨了缔约国面临的各种挑战,既包括将《公约》纳入国内法律体系的挑战,也包括实现《公约》起草者们所设想的社会变迁改革的挑战。

---

① In order for a treaty to have domestic legal effect, an act of government is frequently required to incorporate the treaty into domestic law. Such legal systems are considered "dualist" in nature, in contrast with "monist" systems where the State's legal system is considered to include international treaties without the need for separate, domestic-level action. *See generally* J.G.Starke, *Monism and Dualism in the Theory of international Law*, 17 BRIT. Y. B. INT' L L. 66 (1936). While this traditional distinction between dualist and monist States has been criticized, it does help to underscore a fundamental difference among legal systems that impacts the reception of international-treaty obligations. Human rights scholars and practitioners must take heed of this distinction. For clear treatments of the domestic legal effects of treaties, and international law more generally, see ROSALYN HIGGINS, PROBLEMS AND PROCESS: INTERNATIONAL LAW AND HOW WE USE IT 205 18 (1994); MALCOLM N. SHAW, INTERNATIONAL LAW 99-136($4^{th}$ ed. 1997); John H.Jackson, *Status of Treaties in Domestic Legal Systems: A Policy Analysis*, 86 AM.J.INT' L L. 310, 314-15(1992).

② For earlier accounts that were drawn upon for this chapter, see Janet E.Lord & Michael Ashley Stein, *The Committee on the Rights of Persons with Disabilities*, *in* THE UNITED NATIONS AND HUMAN RIGHTS: A CRITICAL APPRAISAL (Philip Alston & Frederic Megret eds., forthcoming 2008), *available at* http://www.law.washington.edu/wlr/notes/83washlrev449nl2a.pdf, Michael Ashley Stein & Janet E.Lord, *Future Prospects for the United Nations Convention on the Rights of Persons with Disabilities*, *in* THE UN CONVENTION ON THE RIGHTS OF PERSON WITH DISABILITIES: EUROPEAN AND SCANDINAVIAN PERSPECTIVES (Oddny Mjoll Arnard6ttir & Gerard Quinn eds., forthcoming 2008), *available at* http://www. law. washington. edu/wlr/notes/83washlrev449n 12b. pdf; Michael Ashley Stein & Janet E.Lord, *The Normative Value of a Treaty as Opposed to a Declaration: Reflections from the Convention on the Rights of Persons with Disabilities*, *in* IMPLEMENTING THE RIGHT TO DEVELOPMENT 27 32(Stephen P.Marks ed., 2008); Stein.

# 一、国内纳入的过程

国际人权标准要在国内实施是不言而喻的，①而这要通过国内纳入程序予以确立。② 人权公约也在其条款中反映了这一最基本的观点。这些条款所创设的国际层面的义务需要在国内层面上生效，从而保证国际标准被有意义地转化为国内层面上的行动。③

尽管人权条约的现实移植都发生在一国内部，然而，因为在国际上受到高调的监测或通过沟通程序引发司法适用，这些公约确实也在国际层面得以通用。目前很多聚焦于国内纳入的文献，都在探讨法律改革、条约批准以及国际规则在一国法院的适用等颇为令人瞩目的特征。④ 这些研究或许会受到要证

---

① THOMAS BUERGENTHAL, DINAH SHELTON & DAVID STEWART, INTERNATIONAL HUMAN RIGHTS IN A NUTSHELL 347(2d ed. 2002).

② There is an extensive literature on the domestic incorporation of human rights standards and the processes by which this occurs.*See*,*e.g.*,THE EFFECTS OF TREATIES IN DOMESTIC LAW(Francis G.Jacobs and Shelley Roberts eds.,1987);Antonio Cassese,*Modern Constitutions and International Law*,192 RECUEIL DES COURS 331(1985);Felice Morgenstern,*Judicial Practice and the Supremacy of International Law*,27 BRIT.Y.B.INT'L L. 42(1950);lgnaz Seidl-Hohenveldern,*Transformation or Adoption of International Law into Municipal Law*,12 INTL & COMP.L.Q. 88(1963);Luzius Wildhaber & Stephan Breitenmoser,*The Relationship between Customary International Law and Municipal Law in Western European Countries*,48 HEIDELBERG J.INT'L.L. 163(1988).

③ *See*,*e.g.*,Convention against Torture and Other Cruel,Inhuman or Degrading Treatment or Punishment arts. 2 16,G.A.Res. 39/46,U.N.Doc.A/39/51(Dec. 10,1984)(entered into force June 26, 1987)[hereinafter CAT];Convention on the Elimination of All Forms of Discrimination Against Women arts. 2–6, G. A. Res. 34/180, U. N. Doc. A/34/46(Dec. 18, 1979)(entered into force Sept. 3, 1981) [hereinafter CEDAW];International Covenant on Civil and Political Rights arts 1 5,G.A.Res. 2200A (XXI),U.N.Doc.A/6316,999 U.N.T.S. 171(Dec. 16,1966)(entered into force Mar. 23,1976)[hereinafter ICCPR]; International Convention on the Elimination of All Forms of Racial Discrimination arts. 2 7,G.A.Res. 2106(XX),U.N.Doc.A/6014,660 U.N.T.S. 195(Dec. 21,1965)(entered into force Jan. 4,1969)[hereinafter CERD].

④ *See*,*e.g.*, MALCOLM N.SHAW,INTERNATIONAL LAW 99–136(4ᵗʰ ed. 1997),at 99 136; THOMAS BUERGENTHAL, DINAH SHELTON & DAVID STEWART, INTERNATIONAL HUMAN RIGHTS IN A NUTSHELL 347(2ᵈ ed. 2002),at 247.

明国际法的相关性及其内容的国际律师项目的刺激,但实证主义读者常常对此充满疑惑。① 然而,无论是在国内层面还是国际层面,人权实践都格外重视某种形式的法律干预,而忽略那些范围更广的、以权利为导向的工作。但那些工作对社会改革至关重要,它们具体包括人权教育、媒体参与、预算分析及倡导、草根赋权、全民动员等。

更确切地说,在人权倡导者与学者中存在着一种定式,这一定式狭隘地聚焦于法律改革以及在司法或准司法机构面前援引人权标准。或许这一定式反映出,面对人权不断遭践踏及政府冷漠的态度时,主张法律相关性的一个普遍意愿(common desire)。② 同样,在国际发展中,人权法的国内纳入也经常独一无二地成为了自上而下的法治项目范围内的一个特征了。③ 因此,国内层面

---

① See generally MICHAEL BYERS, CUSTOM, POWER AND THE POWER OF RULES: INTERNATIONAL RELATIONS AND CUSTOMARY INTERNATIONAL LAW ( 1999 ) ( noting the preoccupation of international legal scholarship with proving the content and relevance of international law and applying an interdisciplinary perspective to the study of power and rules within the customary-international-law process).Positivist approaches, as applied to the problem of translating international legal obligations into domestic law frameworks, understand municipal and international law as occupying separate and distinct realms, with international law made real only through the express legislative incorporation into domestic law.See generally MALCOLM N.SHAW, INTERNATIONAL LAW 99 – 136(4ᵗʰ ed. 1997), at 100–02; Harold Hongju Koh, ' Why Do Nations Obey International Lau, '? 106 YALE L. J. 2599, 2608 11(1997).

② This may have as much to do with the limits of the international legal scholar's engagement with the broad spectrum of human rights work as it does with the narrowness of traditional human rights practice.This constriction is best reflected in the traditional focus of human rights advocacy on civil and political rights, chiefly through the mechanism of monitoring and reporting on violations.See, e.g. , Kenneth Roth, Defending Economic, Social and Cultural Rights: Practical Issues Faced by an International Human Rights Organization, 26 HuM.RTS.Q. 63 ( 2004 ) ( explaining that nongovernmental organizations ( NGOs ) are most effective when they concentrate on using shaming methods against clear civil and political human rights violations).Such an approach pushes economic, social, and cultural rights along with other forms of human rights promotion to the margins, especially for socially vulnerable groups.See also Janet E.Lord & Katherine N.Guernsey, It Takes a Treaty: Elbowing into the Human Rights Mainstream ( March 2004 )( paper submitted to the International Studies Association Annual Meeting, Montreal, Canada), available at http://www.law.washington.edu/wlr/notes/83washlrev449nl8.pdf.

③ See, e.g. , Joshua G.Smith, Victoria K.Holt & William J.Durch, Enhancing United Nations Capacity to Support Post-Conflict Policing and Rule of Law ( 2007 ), available at http://www. stimson. org/pub. cfmID = 483, permanent copy available at http://www. law. washington. edu/wlr/notes/ 83washlrev449n1 9.pdf.

的行动就变成了这样的项目，即，主要是改革宪法的、改革组织的、程序的和实体的法律及司法改革。①

　　尽管国内法律及程序中的人权作用于这些视角反映了国际法和实践的重要方面，但它们并不是人权工作的全部。实际上，它们低估了人权条约在各个社会中的国内化过程与改革的作用所具有的潜在的、相互建构的特性。② 人们已经越来越多地认识到了人权实践涵盖了更为广泛的领域。人权标准的国内化产生了同化的微观过程，这形成持久的社会变迁中的中坚力量。③

-----

① USAID rule of law programming typifies this approach and is heavily focused on both providing technical-assistance services privileging legal-framework reforms and training government officials and the judiciary.Sustained work to facilitate the effective engagement of civil-society actors in rule of law efforts, which could help to ensure that human rights ideas establish deep roots, is a lower programming priority.See, e. g. , USAID, *User's Guide to DG Programming* 25 35, 41 15（June 2006）, *available at* http://www.usaid.gov/our-work/democracy and governance/publications/pdfs/ug.pdf,*permanent copy available at* http://www. law. washington. edu/wlr/notes/83washlrev449n2O. pdf（cataloguing technical-assistance services in the rule of law realm with primary emphasis on top-down interventions）.For an excellent analysis of the limitations of transformative social change via legal interventions alone, see Smita Narula, *Equal by Law*, *Unequal by Caste*: *The " Untouchable" Condition in Critical Race Perspective*, 26 WiS.INT' L L.J. 255（2008）（arguing that constitutional and legislative approaches to addressing caste-based discrimination have not led to transformative social change）.

② Of particular interest in this context is international relations scholarship that looks to the role played by normative structures rules, principles, and processes of international law and claims that participation in human rights process is mutually constitutive, transforming actor identities and interests.*See generally* MARGARET KECK & KATHRYN SIKKINK, ACTIVISTS BEYOND BORDERS: ADVOCACY NETWORKS IN INTERNATIONAL POLITICS（1998）; SANJEEV KHAGRAM ET AL., RESTRUCTURING WORLD POLITICS: TRANSNATIONAL SOCIAL MOVEMENTS, NETWORKS, AND NORMS（2002）; THE THIRD FORCE: THE RISE OF TRANSNATIONAL CIVIL SOCIETY（Ann Florini ed., 2000）.More broadly, such work shows promise for explaining how systems of shared ideas, beliefs, and values work to influence social and political action.*See*, *e. g.*, Christian Reus-Smit, *Constructivism*, *in* THEORIES OF INTERNATIONAL RELATIONS 209, 216 18（Scott Burchill et al.eds. , 2001）.

③ The work of Ryan Goodman and Derek Jinks captures well how this important work could nonetheless be vitally enriched by interrogating an additional mechanism of social influence in human rights process.They point to shortcomings in the predominant mechanisms used to explain the power of human rights law-coercion and persuasion-and assert that coercion"fails to grasp the complexity of the social environment within which states act" and that persuasion"fails to account for many ways in which the diffusion of social and legal norms occurs." Ryan Goodman & Derek Jinks, *How to Influence States*: *Socialization and International Human Rights Law*, 54 DUKE L.J. 621, 625（2004）; *see also* Ryan Goodman & Derek Jinks, *Toward an Institutional Theory of Sovereignty*, 55 STAN.L.REV. 1749（2003）.Their

上述发展形成了《公约》协商的部分基础。此外,还有残障权利倡导者长久以来一直所持的观点,即主流人权运动未能保护残障社群。① 正因为如此,那些参与起草《公约》的人们才试图构建一个框架。在这个框架中,《公约》最终在国内纳入将会进化并超越现有的人权实践,朝向一个更为广阔的、具有改革属性的视野。② 这至少部分地解释了《公约》所具有的、更为创新的结构性和实体性要素。这些要素能否以及如何通过国内纳入过程真正作用于对残障权利标准的反应,现在还留待考察。同样,国内各类残障社会运动进行大量倡导的可行性能力,作为理解《公约》后得到的建议切入点,这个问题也还有待检验。

## 二、《公约》促进国内变革的改革视野

《公约》为国内层面的行动提供了这种视野。即,如果它被缔约国采纳并

---

conceptual framework for another mechanism of social *influence-acculturation-is* compelling, particularly insofar as it can help to explain the relational dynamics occurring within a contested human rights treaty process and against a highly relevant existing normative framework. Thus, acculturation, defined as "the general process by which actors adopt the beliefs and behavioral patterns of the surrounding culture" helps analyze mechanisms of influence at work within human rights law-making processes. Ryan Goodman & Derek Jinks, *How to Influence States: Socialization and International Human Rights Law*, 54 DUKE L.J. 621, 625(2004) at 626.

① GERARD QUINN & THERESIA DEGENER, HUMAN RIGHTS AND DISABILITY: THE CURRENT USE AND FUTURE POTENTIAL OF UNITED NATIONS HUMAN RIGHTS INSTRUMENTS IN THE CONTEXT OF DISABILITY 1 ( 2002 ), *available at* http://www. nhri. net/ pdf/disability. pdf, *permanent copy available at* http://www. law. washington. edu/wlr/notes/ 83washlrev449n23.pdf.

② Official Statement, U. N. Secretary-General, Secretary-General Hails Adoption of Landmark Convention on Rights of People with Disabilities, U.N.Doc.SG/SM/10797( Dec. 13, 2006), *available at* http://www. un. org/News/Press/docs/2006/sgsml0797. doc. htm, *permanent copy available at* http://www.law.washington. edu/wlr/notes/83washlrev449n24a. pdf( stating that, once adopted, signed, and ratified, the Convention "will have an impact on national laws that will transform how people with disabilities can live their lives" ); *see also* UN News Centre, Lauding Disability Convention as 'Dawn of a New Era,' UN Urges Speedy Ratification ( Dec. 13, 2006), *available at* http://www. un. org/apps/ news/story.asp? NewsD = 20975&Cr-disab, *permanent copy available at* http://www. law. washington. edu/wlr/notes/83washlrev449n24b.pdf.

得到残障者组织(DPOs)、国际发展的行动家们、国家人权机构(NHRIs)及机制的支持，就会具有深远的意义及潜在的革新能力。《公约》设定了许多在其他人权公约中常见的一般义务，即促进国内法律改革以及对《公约》条款的国内纳入。《公约》也为国内层面的残障权利倡导及行动提供了一个整体模式的框架。①

《公约》超越了传统的人权公约的框架，展示出了一个全面行动的样板。它不仅为社会化提供了催化剂，也勾画出处理残障具有的跨界性质所设计出来的整合机制。因此，《公约》对教育和提高残障权利意识都提出了明确要求。② 《公约》呼吁建立政府间的协调机制以及独立的国内层面的监测体系，从而促进《公约》实施并保证跨政府部门综合方法的运用。③ 《公约》也清楚地预料到还存在着更为广泛的人权实践。④ 这些实践超越了监测、违反人权的报告，还有自上而下的法律改革工作。不过，监测和报告机制依然非常重要，它们构成了《公约》实施措施的核心部分。⑤

---

① See Stein, *supra* note 5, at 111 13("[B]ecause attitudes fomenting disability-related exclusion manifest to a greater degree in critiquing an environment's social construction, the framework provides an exemplar for why and how first- and second-generation rights applicable to women should be viewed and implemented holistically....").

② CRPD, *supra* note 1, art. 8(mandating that States Parties"raise awareness throughout society, including at the family level, regarding persons with disabilities" and that States Parties also "promote awareness of the capabilities and contributions of persons with disabilities").

③ *Id.* art. 33("States Parties shall, in accordance with their legal and administrative systems, maintain, strengthen, designate or establish within the State Party, a framework, including one or more independent mechanisms, as appropriate, to promote, protect and monitor implementation of the present Convention. When designating or establishing such a mechanism, States Parties shall take into account the principles relating to the status and functioning of national institutions for protection and promotion of human rights.").

④ For discussion of the impact of mainstream legal-centric approaches to human rights practice to the disregard of other forms of human rights advocacy, see Janet E. Lord & Katherine N. Guernsey, *It Takes a Treaty: Elbowing into the Human Rights Mainstream* (March 2004)(paper submitted to the International Studies Association Annual Meeting, Montreal, Canada), *available at* http://www.law.washington.edu/wlr/notes/83washlrev449nl8.pdf. and Smita Narula, *Equal by Law, Unequal by Caste: The "Untouchable" Condition in Critical Race Perspective*, 26 WiS. INT'L L.J. 255(2008), at 327−40.

⑤ CRPD, U. N. Doc. *GA/* 10554 (Dec. 13, 2006), *available at* http://www. un. org/News/Press/docs/2006/gal0554. doc. htm, *permanent copy available at* http://www. law. washington. edu/wlr/notes/83washlrev449n3.pdf.arts. 32−40.

除了传统的执行手段外,《公约》还建立了一个促进国际合作以及包容性发展计划的实施框架。① 这一条款也许能通过发展计划延伸《公约》的标准。它可能在一些互不相关的领域之中,诸如选举法改革及实践、以社区为基础的康复、残障者组织(DPOs)的能力建设及其他领域引起改变。正如本部分所论述的那样,《公约》为促进国内层面的变革提供了一种改革的视野。

（一）一般义务

人权公约要求缔约国在国内法律秩序中履行它们的义务。所有核心人权公约中都有一般义务条款。它们都是清楚表达那些国内层面的各类框架要求的主要媒介。②《残疾人权利公约》第四条也像其他条约那样,要求缔约国在其国内法律体系中履行《公约》的各类义务。③

第四条要求缔约国采取一切措施确保并促进所有残疾人的一切人权和基本自由的充分实现,使其不受任何基于残疾的歧视。④ 确切地说,该条款列举了缔约国的义务:首先是采取一切适当的立法、行政和其他措施实施本公约确认的权利;其次是采取一切适当措施,包括立法、修订或废止对残疾人构成歧

---

① *Id.* art. 32("States Parties recognize the importance of international cooperation and its promotion, in support of national efforts for the realization of the purpose and objectives of the present Convention, and will undertake appropriate and effective measures in this regard, between and among States and, as appropriate, in partnership with relevant international and regional organizations and civil society, in particular organizations of persons with disabilities.") Article 32 lists examples of measures to promote international cooperation and inclusive programming. *Id.* art. 32.

② *See, e.g.*, CAT, G. A. Res. 39/46, U. N. Doc. A/39/51(Dec. 10, 1984)(entered into force June 26, 1987) art. 2; CEDAW, G. A. Res. 34/180, U. N. Doc. A/34/46(Dec. 18, 1979)(entered into force Sept. 3, 1981), art. 2; ICCPR, G. A. Res. 2200A(XXI), U. N. Doc. A/6316, 999 U. N. T. S. 171(Dec. 16, 1966)(entered into force Mar. 23, 1976), art. 2; CERD, G. A. Res. 2106(XX), U. N. Doc. A/6014, 660 U. N. T. S. 195(Dec. 21, 1965)(entered into force Jan. 4, 1969), art. 2.

③ CRPD, U. N. Doc. *GA/* 10554 (Dec. 13, 2006), *available at* http://www. un. org/News/ Press/docs/2006/galO554. doc. htm, *permanent copy available at* http://www. law. washington. edu/ wlr/notes/83washlrev449n3. pdf. art. 4("States Parties undertake to ensure and promote the full realization of all human rights and fundamental freedoms for all persons with disabilities without discrimination of any kind on the basis of disability.") Following the general statement of obligation, Article 4 lists responsibilities which the States Parties assume through their support of the CRPD. *Id.* art. 4.

④ *Id.* art. 4.

视的现行法律、法规、习惯和做法。① 第四条还进一步要求缔约国采取一个包容性的模式,在一切政策和方案中考虑保护和促进残疾人的人权。② 《残疾人权利公约》和其他公约保持了一致,规定缔约国不可实施与本《公约》不符的行为,还应确保公共当局尊重残障者的权利。③ 同样,《公约》还要求缔约国采取措施,消除任何个人、组织或私营企业基于残障的歧视。④

《公约》第四条的一般义务条款,可以通过采取包括立法措施在内的多种方法加以实施。⑤ 《公约》要求缔约国从事研究开发残障者所用的通用设计的货物、服务及技术,并允许其他人开展这些研究。⑥ 缔约国有义务向残障者提供无障碍信息、介绍辅助技术。⑦ 缔约国还应促进培训协助残障者的专业人员和工作人员,使他们了解《公约》确认的权利。⑧ 重要的是,第四条还要求缔约国在拟定和实施立法、政策以及在涉及《公约》权利的决策过程中,问计于残障者,使其参与其中。⑨

就经济、社会和文化权利的实现而言,《公约》采取了其他人权公约、尤其是《儿童权利公约》的方法。⑩ 缔约国必须尽量利用现有资源以期逐步实现经

---

① *Id.*art. 4(1)(a).

② *Id.*art. 4(1)(c).

③ *Id.*art. 4(1)(d).

④ *Id.*art. 4(1)(e).

⑤ The method of translating international legal obligations into national law depends upon the nature of the domestic legal system. For a straightforward account of this process, see UNITED NATIONS, REPORT OF THE UNITED NATIONS CONSULTATIVE EXPERT GROUP MEETING ON INTERNATIONAL NORMS AND STANDARDS RELATING TO DISABILITY 10 20(Dec. 8 12,1998).

⑥ *See* CRPD, U. N. Doc. *GA/* 10554 (Dec. 13, 2006), *available at* http://www. un. org/News/Press/docs/2006/galO554. doc. htm, *permanent copy available at* http://www. law. washington. edu/wlr/notes/83washlrev449n3.pdf.arts. 4(1)(f)&(g).

⑦ *Id.*art. 4(i)(h).

⑧ *See* CRPD, U. N. Doc.*GA/* 10554 (Dec. 13, 2006), *available at* http://www. un. org/News/Press/docs/2006/galO554. doc. htm, *permanent copy available at* http://www. law. washington. edu/wlr/notes/83washlrev449n3.pdf.art. 4(1)(i).

⑨ *Id.*art. 4(3).

⑩ Convention on the Rights of the Child, G. A. Res. 44/25, U. N. Doc. A/44/49(Nov. 20,1989)(entered into force Sept. 2,1990)[hereinafter CRC].Notably,however,the structure of the CRPD clarifies the relationship between non-discrimination and equality and economic, social, and cultural rights insofar as Article 5(Non-Discrimination and Equality)and Article 3(General Principles)are not stand-

济、社会和文化权利。① 这与条约机构的司法管辖权相一致,也就是要求缔约国"尽可能地采取迅速有效的行动"以全面实现上述权利。② 在这一情境下,对此进行充满活力的监测是非常重要的。这一监测必须由包括残障者组织、国家人权机构等国内参与者、以及残疾人权利委员会共同完成。这项工作不仅仅是对立法和政策进行总结分析,还包括详细的分析工作。例如,作为人权倡导的一种形式,妇女权利社群越来越孜孜以求的是预算分析。这种方式也将是国内(实际上是地方)层面卓有成效的残障人权利倡导运动的重要组成部分。③

---

alone articles. Rather, they are articles of general application to be applied horizontally across the CRPD rights spectrum.

① *See* CRPD, U. N. Doc. *GA*/ 10554 ( Dec. 13, 2006 ), *available at* http://www. un. org/News/Press/docs/2006/galO554. doc. htm, *permanent copy available at* http://www. law. washington. edu/wlr/notes/83washlrev449n3.pdf.art. 4(2).

② U.N.Comm. on Econ., Soc.& Cultural Rights, *Compilation of General Comments and General Recommendations Adopted **by** Human Rights Treaty Bodies*, General Comment **3**, 20, HRI/GEN/1/Rev. 5 ( Apr. 26,2001 ).

③ Budget analysis refers to a process by which state allocation of resources are scrutinized and assessed, for example, to identify sufficiency of resource allocation in the attempt to secure the rights of a particularly disadvantaged group. *See* MARIA DIOKNO, A RIGHTS-BASED APPROACH TO BUDGET ANALYSIS 8 ( 1999 ), *available at* http://www. iie. org/Website/CustomPages/ACFE8. pdf; *permanent copy available at* http://www. law. washington. edu/wlr/notes/83washlrev449n46a. pdf; FUNDAR, INTERNATIONAL HUMAN RIGHTS INTERNSHIP PROGRAM, INTERNATIONAL BUDGET PROJECT, DIGNITY COUNTS: A GUIDE TO USING BUDGET ANALYSIS TO ADVANCE HUMAN RIGHTS 1 ( 2004 ), *available at* http://www. iie. org/IHRIP/Dignity Counts. pdf, *permanent copy available at* http://www.law.washington.edu/wlr/notes/83washlrev449n46b.pdf. For the role of budget analysis in the realm of women's rights, see Debbie Budlender & Rhonda Sharp, *How To Do a Gender-Sensitive Budget Analysis: Contemporary Research and Practice* ( 1998 ), *available at* http://www. llbc. leg. bc. ca/Public/PubDocs/docs/360141/AusAIDTr.pdf, *permanent copy available* at http://www.law.washington. edu/wlr/notes/83washlrev449n46c.pdf. Budget analysis has also been stressed in the context of State reporting obligations on the implementation of economic, social, and cultural rights. *See* U.N. Econ.& Soc. Council, *Limburg Principles on the Implementation of Economic, Social and Cultural Rights*, 79, U.N. Doc. E/CN. 4/1987/17( Jan. 8,1987) ( "Quantitative information should be included in the reports of States parties in order to indicate the extent to which the rights are protected in fact. Statistical information and information on budgetary allocations and expenditures should be presented in such a way as to facilitate the assessment of the compliance with Covenant obligations. States parties should, where possible, adopt clearly defined targets and indicators in implementing the Covenant." ).

### (二)一般原则及残障的构成

《公约》涉及残障者时,明确无误地申明了残障的社会模式。《公约》把残障描述为"与各种障碍相互作用,可能阻碍残疾人在与其他人平等的基础上充分和切实地参与社会"的一种状况,而不是因固有的内在限制导致的状况。①

《公约》第三条记载了它指导应用和解释的一般原则,而这对于制定国内法律及政策框架至关重要。这些原则包括:尊重个人尊严、自主性及个人独立;尊重差异并接受残障是人类多样性的一部分;不歧视;机会均等;充分切实地参与社会;无障碍;男女平等;尊重儿童权利并支持他们逐渐发展的能力。②《公约》的一大创新就是包含了一般原则条款,它不仅指导着条约监测机构对整个条约文本的解释,同时对国内法律及政策的发展也具有指导意义。鉴于有效的国内层面的法律改革不会(也不应)只呈现为一种模式,因此这些一般原则更具有特殊意义。

一般原则也应该起到过滤器的作用,通过这些原则使现有分散的法律符合《公约》的目标及目的。例如,对一国的选举法进行审查时,可以运用该条款进行下列评估:

1.独立:选举法或规则是否规定了独立投票的方式?

2.参与:法律是否规定选民登记及竞选的平等资格?

3.无障碍:这些规定是否有替代性技术及便于投票的方式?

4.不歧视:是否有不能容许的歧视性规定排除了残障人的参与? 例如,是否禁止有发展性残障(developmental disabilities)的合格选民投票?

---

① *See* CRPD, U. N. Doc. *GA*/ 10554 ( Dec. 13, 2006 ), *available at* http://www. un. org/News/Press/docs/2006/galO554. doc. htm, *permanent copy available at* http://www. law. washington. edu/wlr/notes/83washlrev449n3. pdf. , art. *1*. Because these conceptual norms are set forth in the Article of Purpose, it follows that States cannot enter permissible reservations to the normative contents of this Article. *See* Vienna Convention on the Law of Treaties art. 19, G. A. Res. 2166 ( XXI ) ( Dec. 5 1966 ), G. A. Res. 2287 ( XXII ) ( Dec. 6, 1967 ), 1150 U. N. T. S. 331 ( prohibiting a state from entering a reservation to a treaty, *inter alia*, where the "reservation is incompatible with the object and purpose of the treaty" ).

② *See* CRPD, U. N. Doc. *GA*/ 10554 ( Dec. 13, 2006 ), *available at* http://www. un. org/News/Press/docs/2006/galO554. doc. htm, *permanent copy available at* http://www. law. washington. edu/wlr/notes/83washlrev449n3. pdf. art. 3( a ) ; *id*. art. 3( d ) ; *id* art. 3( b ) ; *id*. art. 3( e ) ; *id*. art. 3( c ) ; *id*. art. 3 ( f ) ; *id*. art. 3( g ) ; *id*. art. 3( h ).

### （三）其他跨领域的条款

除了发挥基础性作用的一般原则条款，确保将《公约》标准适当地纳入国内法律、政策及计划之外，《公约》还详细阐明了一般性应用的其他主题条款，这些条款在《公约》中形成了横向整合。有关残障女性权利①以及残障儿童权利②的专门条款在任何一国的国内法律及政策框架中都是必不可少的组成部分。序言部分则承认了遭受多重歧视的其他类型的残障人士。③ 第八条针对基于残障的歧视这一潜在的态度，要求缔约国提高公众认识。该条款还提供了一系列说明性的措施。④ 最后，《公约》第九条通过促进在公共及私营实体中⑤物理的、技术的、信息的、通讯的、经济的以及社会的无障碍，⑥力图消除歧视性态度造成的障碍。

### （四）实质性条款

《公约》专门性的实体条款在残障情境下，阐明了人人享有的人权。这些权利涵盖了所有领域的各类生命活动。⑦ 这些基本保护条款也包括了基本自由，如生命权⑧、免于酷刑的权利⑨、教育权⑩、就业权⑪、政治参与权⑫、

---

① *Id.* art. 6.

② *Id.* art. 7.

③ "Concerned about the difficult conditions faced by persons with disabilities who are subject to multiple or aggravated forms of discrimination on the basis of race, color, sex, language, religion, political or other opinion, national, ethnic, indigenous or social origin, property, birth, age or other status... ." *Id.* pmbl. (p).

④ *Id.* art. 8(1).

⑤ *Id.* art. 9(1).

⑥ *Id.* art. 9.

⑦ This dynamic is taken expressly from the CRC. *See* CRC, G. A. Res. 44/25, U. N. Doc. A/44/49 (Nov. 20, 1989) (entered into force Sept. 2, 1990).

⑧ CRPD, U. N. Doc. *GA*/ 10554 (Dec. 13, 2006), *available at* http://www.un.org/News/Press/docs/2006/gal0554.doc.htm, *permanent copy available at* http://www.law.washington.edu/wlr/notes/83washlrev449n3.pdf.art.10.

⑨ *Id.* art. 15.

⑩ *Id.* art. 24.

⑪ *Id.* art. 27.

⑫ *Id.* art. 29.

法定资格①、获得司法保护②、表达和提出意见的自由③、隐私权④、参与文化生活、体育和娱乐活动⑤、尊重家居和家庭⑥、人身完整性⑦、迁徙自由和国籍⑧、自由和人身安全⑨、适足的生活水平⑩等。

另外，虽然有几个条款看似包含了一些新创设的权利，但《公约》之所以将这些权利包括在内，只是为了指导实现《公约》其他权利的方法。⑪ 例如，如果想实现就业权这类历史上早已被确认的人权，有关独立生活⑫、个人行动能力⑬、适应训练和康复⑭等条款就非常关键。⑮

### （五）国内层面的监测

《公约》所关注的监测机制及实施推动因素，不仅像早期的人权公约那样关注于国际层面的实施，而且还将它拓展到了关注国内层面的实施。虽然这也是有关环境的以及其他国际协定的标准特征，但还是呈现出国际人权公约

---

① *Id.* art. 12.

② *Id.* art. 13.

③ *Id.* art. 21.

④ *Id.* art. 22.

⑤ CRPD, U. N. Doc. *GA*/ 10554（Dec. 13, 2006）, *available at* http://www. un. org/News/ Press/docs/2006/galO554. doc. htm, *permanent copy available at* http://www. law. washington. edu/ wlr/notes/83washlrev449n3.pdf.art. 30.

⑥ *Id.* art. 23.

⑦ *Id.* art. 17.

⑧ *Id.* art. 18.

⑨ *Id.* art. 14.

⑩ *Id.* art. 28.

⑪ *See* U. N. DEP'T OF ECON. & SOC. AFFAIRS, CONVENTION ON THE RIGHTS OF PERSONS WITH DISABILITIES: WHY A CONVENTION? 1（2006）, http://www. un. org/ disabilities/convention/pdfs/qna. pdtf*permanent copy available at* http://www. law. washington. edu/ wlr/notes/83washlrev449n71.pdf.

⑫ CRPD, U. N. Doc. *GA*/ 10554（Dec. 13, 2006）, *available at* http://www. un. org/News/ Press/docs/2006/galO554. doc. htm, *permanent copy available at* http://www. law. washington. edu/ wlr/notes/83washlrev449n3.pdf.art. 19.

⑬ *Id.* art. 20.

⑭ *Id.* art. 26.

⑮ *See generally* Michael Ashley Stein & Penelope J.S.Stein, *Beyond Disability Civil Rights*, 58 HASTINGS L.J. 1203, 1203（2007）.

的一项独特创新。① 对国内层面的重视,也反映在国家人权机构近年来在联合国人权工作中日益提高的声望。②

《公约》第三十三条要求缔约国"**指定一个或多个协调中心**",各自负责《公约》的国内实施。③ 由此《公约》也确认了实施并遵守国际人权公约完全是一国的国内事项。④《公约》进一步要求缔约国"适当考虑在政府内设立或指定一个协调机制,以便利于不同部门和不同级别采取有关行动。"⑤后一规定清楚地显示出了《公约》起草者承认:在国内层面上,确保残障者权利的责任涉及很多政府部门,因此,这显示出在协调一致方面颇为突出的挑战。

第三十三条还要求缔约国建立和(或)支持一个或多个独立机制以"**促**

---

① See, e.g. , International Convention to Combat Desertification in Countries Experiencing Serious Drought and/or Desertification, especially in Africa art. 3( a) , 14 Sept. 1994 33 I.L.M. 1332( 1994) ; U. N.Framework on Convention Climate Change art. 10, 14 ( 2) , May 9, 1992, 31 I. L. M. 849 ( 1992) ( entered into force Mar. 21 ,1994) ; World Health Organization, Framework Convention on Tobacco Control, art. 21, ( June 16 ,2003) , available at http://www.who.int/fctc/text download/en/index.html, permanent copy available at http://www. law. washington. edu/wlr/notes/83washlrev449n76a. pdf; Convention on the Prohibition of the Use, Stockpiling, Production and Transfer of Anti-Personnel Mines and on Their Destruction art. 9 ,2056 U.N.T.S. 241 ,36 I.L.M 1507( 1997) ( Sep. 18 ,1997) [ hereinafter Mine Ban Treaty] , available at http://www.unog.ch/80256EDD006B8954/( httpAssets)/~8DF9CC3 I A4CA8B32C 12571 C7002E3F3E/ $ file/APLC+English.pdf, permanent copy available at http://www. law. washington.edu/wlr/notes/83washlrev449n76b.pdf.

② The dialogue on national-level monitoring during the course of the Ad Hoc Committee negotiations was enhanced and significantly influenced by the participation of NHRIs in all sessions of the process. This included the representation of NHRIs on the Working Group of the Ad Hoc Committee.

③ CRPD, U. N. Doc. *GA*/ 10554 ( Dec. 13, 2006) , *available at* http://www. un. org/News/Press/docs/2006/galO554. doc. htm, *permanent copy available at* http://www. law. washington. edu/wlr/notes/83washlrev449n3.pdf.art. 33( 1) .

④ As such, it is similar to the dual system adopted in the Optional Protocol to the Convention against Torture and Other Cruel, Inhuman or Degrading Treatment or Punishment. The CAT Optional Protocol incorporates a national component in Article 3 requiring State Parties to " set up, designate or maintain at the domestic level one or several visiting bodies for the prevention of torture and other cruel, inhuman or degrading treatment or punishment..." Optional Protocol to the Convention Against Torture and Other Cruel, Inhuman or Degrading.

⑤ CRPD, U. N. Doc. *GA*/ 10554 ( Dec. 13, 2006) , *available at* http://www. un. org/News/Press/docs/2006/galO554. doc. htm, *permanent copy available at* http://www. law. washington. edu/wlr/notes/83washlrev449n3.pdf.art. 33( 1) .

进、保护和监测"《公约》的实施。① 该条款进一步规定残障者及其代表组织"应当获邀参加并充分参与监测进程。"②不过，残障者组织代表的最终成效，很大程度上都得根据国家、地区及国际残障权利团体在参与正式的《公约》工作程序中组织和倡导的具体情况而定。

尽管在建立国内实施框架方面，《公约》第三十三条给予缔约国相当大的自由裁量权，但是《公约》还是提出了建立国内机制的指导原则供缔约国参考。③ 即便如此，该条款并未明确缔约国到底应分配给它的国家人权机构（假定存在这样的一个实体）多少责任，或者缔约国是否有可能采取不同方式。④由于国家人权机构拥有特别广泛的授权，如，参与起草新的立法、审查现存立法、实施（人权）教育和提高意识活动、承担调查及准司法功能等等，所以人们应该把它们看作是《公约》国内实施的关键角色。⑤ 目前，国家人权机构国际协调委员会(International Coordinating Committee of NHRIs)正在通过召开全球和地区会议的方式积极促进有关《公约》的持续对话，鼓励并支持这些组织在

---

① CRPD, U. N. Doc. *GA/* 10554 ( Dec. 13, 2006 ), *available at* http://www. un. org/News/ Press/docs/2006/galO554. doc. htm, *permanent copy available at* http://www. law. washington. edu/ wlr/notes/83washlrev449n3. pdf. art. 33( 2 ).

② *Id.* art. 33( 3 ).

③ *Id.* art. 33( 2 ).

④ A proposal in the original draft considered by the Working Group made explicit reference to establishing national mechanisms consistent with the Paris Principles, but it was rejected. The Paris Principles are standards of independence and accountability for National Human Rights Institutions established by the United Nations and enforced through accreditation by the International Coordinating Committee of National Human Rights. Principles Relating to the Status of National Institutions for the Promotion and Protection of Human Rights, G. A. Res. 48/134, U. N. Doc. A/RES/48/134 ( Dec. 20, 1993 ) [ hereinafter Paris Principles ]. The Office of the High Council for Human Rights( OHCHR ), among others, proposed that explicit mention be made of the Paris Principles. See OHCHR, Expert Paper on Existing Monitoring Mechanisms, Possible Relevant Improvements and Possible Innovations in Monitoring Mechanisms, ( submission to the 7th Session of the Ad Hoc Committee ), U. N. Doc. A/AC. 265/2006/ CRP. 4, at 20, 77, available at http://www. un. org/esa/socdev/enable/rights/ahc7docs/ ahc7unedchrmonitor. doc, permanent copy available at http://www. law. washington. edu/wlr/notes/ 83washlrev449n84. pdf. Consequently, it provides substantially less guidance for States in terms of national-level implementation of disability rights.

⑤ Paris Principles, G. A. Res. 48/134, U. N. Doc. A/RES/48/134( Dec. 20, 1993 ).

上述方面发挥作用。①

## （六）促进国内改革

根据《公约》第三十一条规定，缔约国应当确保它们的残障数据和统计工作符合《公约》要求。② 由于残障是一个社会建构（概念），所以各国国内残障定义及残障的流行率都存在巨大差异。③ 这些不一致性削弱了残障政策制定的效果，也明显地阻碍了对各国残障者状态进行比较分析。④ 缔约国可能需

① Global meetings include those convened at Harvard Law School to work out details of the monitoring proposal submitted to the Sixth Ad Hoc Committee session, see Harvard Law School Hosts Planning Session on International Disability Rights, http://www.law.harvard.edu/news/2005/12/02 disabilities.php ( post date Dec. 2, 2005 ), permanent copy available at http://www.law.washington.edu/wlr/notes/83washlrev449n86a.pdf, and to discuss implementation more generally. See Webcast: Planning Session on International Disability Rights Public Statements, held by Harvard Law School, http://www.law.harvard.edu/media/2007/02/16/hrpdisabilityconv.rm. Regional meetings include a September 27, 2007 convening by the Asia Pacific Forum on National Rights Institutions to discuss national-level monitoring and implementation, see Asia Pacific Forum, Now the Real Work Starts: Implementing the UN Disability Convention ( 2008 ), available at http://www.asiapacificforum.net/news/now-the-real-work-starts-implementing-the-un-disabilityconvention.html, permanent copy available at http://www.law.washington.edu/wlr/notes/83washlrev449n86b.pdf, and a historic public forum held on September 5, 2007 in Seoul, Korea at which Asia Pacific NHRIs discussed monitoring and implementation with representatives of worldwide DPOs. See http://www.asiapacificforum.net/about/annual-meetings/12th-australia-2007/downl]oads/disabilityissues/APF/20Report/20-/20DPI/20Conference.pdf, permanent copy available at http://www.law.washington.edu/wlr/notes/83washlrev449n86c.pdf.

② CRPD, U. N. Doc. *GA/* 10554 ( Dec. 13, 2006 ), *available at* http://www.un.org/News/Press/docs/2006/galO554.doc.htm, *permanent copy available at* http://www.law.washington.edu/wlr/notes/83washlrev449n3.pdf., art. 31( 1 ) ( "States Parties undertake to collect appropriate information, including statistical and research data, to enable them to formulate and implement policies to give effect to the present Convention." ).

③ Kenya, for example, reports less than one percent of its population as having a disability, compared to twenty percent in New Zealand. Daniel Mont, World Bank, Measuring Disability Prevalence, SP Discussion Paper No. 0706 ( March 2007 ), available at http://siteresources.worldbank.org/DISABILITY/Resources/Data/MontPrevalence.pdf, permanent copy available at http://www.law.washington.edu/wlr/notes/83washlrev449n88.pdf.

④ For example, the lack of such empirical data in the United States has been deleterious to reliable conclusions regarding the efficacy of the ADA. See Richard V. Burkhauser & David C. Stapleton, Introduction to THE DECLINE IN EMPLOYMENT OF PEOPLE WITH DISABILITIES: A POLICY PUZZLE 2( David C. Stapleton & Richard V. Burkhauser eds., 2003 ); NATIONAL COUNCIL ON DISABILITY,

要建立纵贯数据集,以便获知本国残障者的发展状况。因此,这条规定的有效实施要求国内各级统计机构参与其中。考虑到这些机构在设计和实施残障数据收集中的糟糕记录,这个工作绝非易事。①

《公约》明确承认了国际合作支持国家为有效履行公约义务而作出的努力。②《公约》的缔约国应通过与其他国家和(或)相关国际和区域国际组织及民间社会的伙伴关系开展国际合作,支持国家采取措施执行《公约》。③ 第三十二条识别出了在国际合作框架内缔约国可以采取的一系列措施。这些措施包括"能力建设,如交流和分享信息、经验、培训方案和最佳做法";④促进研究项目、便利科学知识的获取;⑤技术和经济援助,包括便利获取无障碍技术和辅助技术。⑥

重要的是,第三十二条明确了包括国际发展方案在内的所有国际合作的

---

THE IMPACT OF THE AMERICANS WITH DISABILITIES ACT: ASSESSING THE PROGRESS TO-WARD ACHIEVING THE GOALS OF THE ADA 23(2007), available at http://www.ncd.gov/news-room/publications/2007/pdf/ada impact07-26-07.pdf, permanent copy available at http://www.law.washington.edu/wlr/notes/83washlrev449n89.pdf.

① The Washington Group has responded to the failure of national census bureaus across the world to include disability questions in national census exercises by formulating questions designed to address this gap.See National Center for Health Statistics, Washington Group on Disability Statistics, RE-VISED Census Questions on Disability Endorsed by the Washington Group, http://www.cdc.gov/nchs/about/otheract/citygroup/products/meeting6/REVISED%/ 020WG% on% 20 Short % 20Measure%20on%20Disability.doc, permanent copy available at http://www.law.washington.edu/wlr/notes/83washlrev449n90.pdf.

② CRPD U. N. Doc. *GA/* 10554 (Dec.13, 2006), *available at* http://www.un.org/News/Press/docs/2006/gal0554.doc.htm, *permanent copy available at* http://www.law.washington.edu/wlr/notes/83washlrev449n3.pdf.art.32(1) ("States Parties recognize the importance of international cooperation and its promotion, in support of national efforts for the realization of the purpose and objec-tives of the present Convention, and will undertake appropriate and effective measures in this regard, be-tween and among States and, as appropriate, in partnership with relevant international and regional or-ganizations and civil society, in particular organizations of persons with disabilities.").

③ *Id.* art.32(1).

④ *Id.* art.32(1)(b).

⑤ *Id.* art.32(1)(c).

⑥ *Id.* art.32(1)(d).

努力都应全面包容残障者,而且是无障碍的包容。① 尤其是《公约》要求所有缔约国应保证它们的援助方案从设计、实施到评估的各个方面,都全面地把残障者融合进来。② 缔约国会议可能是监测此项要求的一个理想媒介,而且还是一个分享在各方面包容性发展的最佳做法的论坛。③

上述分析概括了《公约》起草者提出的一个全面的框架。通过这一框架,缔约国可获得国内层面的改变。这一改革不仅是通过国内法律和政策的变化进程,也可以更为广泛地通过革新性方案、社会化及文化适应过程来进行。接下来的第三部分,通过国内层面的转变过程,展示了实施《公约》范围内的这些权利所面临的挑战和机遇。

# 三、运转人权:在国内层面实现《公约》
## 所面临的挑战和机遇

将《公约》转化为国内层面的行动和倡导过程已经启动。这为积极的改变提供了独特的机遇,但同时也揭示出了实现《公约》承诺所面临的重要挑战。要想有效实施《公约》,残障倡导者们需要参与一个全面的人权实践。这样的实践既包括国内残障法律的制定和改革,也包括为鼓励法院适用《公约》权利而提出的策略性诉讼(strategic litigation)。那些活跃分子和他们的同盟

---

① CRPD U. N. Doc. *GA/* 10554 (Dec. 13, 2006), *available at* http://www.un.org/News/Press/docs/2006/galO554.doc.htm, *permanent copy available at* http://www.law.washington.edu/wlr/notes/83washlrev449n3.pdf.art. 32.

② *Id.*

③ This has proved a useful practice in the Mine Ban Treaty implementation process. Regular meetings of States Parties have provided an important forum for reporting and sharing best practices in Mine Ban Treaty implementation, including, for example, expenditures on victim-assistance programming. For more on Mine Ban Treaty implementation and meetings of States Parties, see the International Campaign to Ban Landmines Treaty Meetings website, *available at* http://www.icbl.org/treaty/meetings(last visited Nov. 16, 2008), *permanent copy available at* http://www.law.washington.edu/wlr/notes/83washlrev449n98.pdf. *See also* Mine Ban Treaty, 2056 U.N.T.S. 241, 36 I.L.M 1507 (1997)(Sep. 18,1997).

们应通过全面综合地理解《公约》,深思熟虑地运用一系列的其他方法和技巧。这些方法和技巧包括法律制定和政策制定这一常见技巧,还包括诸多策略,如为实施《公约》包容性发展的要求、通过对个人和团体进行教育和赋权以明确表达《公约》价值、加强残障者组织的组织和倡导能力、促进残障社群与国家人权机构之间以及超越这一牢固关系等等的策略,除此之外还有很多。我们将对这些内容逐一进行探讨,我们首先从宪法制定及立法改革的标准做法开始,然后再探讨一些不常见的(但同样重要的)在国内法律解释和对外援助方案中纳入改革的方法。

### (一)人权与宪法制定过程

如果有可能,残障倡导者要找机会利用宪法的改革过程,将国际人权标准移植到宪法框架内。① 这些过程对残障社群提升可见度并获得更多支持的潜力,以及为残障权利工作拥有一个稳固的法律框架奠定基础的残障者能力而言,都同样重要。② 乌干达和南非宪法改革经验的示例,就足以说明处于边缘的支持者们如何才能将自己的政治可见度和势力提升至重要的优势地位。这两个国家的残障者组织提高了自己的话语权,结果不仅两国宪法都承认了残障者人权,而且残障者的支持大军作为一支有力的政治力量得到了巩固。③尼泊尔和赞比亚正在进行的宪法改革也有残障者组织的参与,以保证起草过

---

① This may be achieved through various mechanisms, including through the explicit recognition of disability as a prohibited ground of discrimination in a non-discrimination clause or through the incorporation of international human rights standards into the constitutional framework.

② For an excellent treatment of human rights and constitutions, see Thomas Buergenthal, *Modern Constitutions and Human Rights Treaties*, 36 COLUM.J.TRANSNAT'L L. 211(1997).

③ Jeff Radebe, Keynote Address at the Disabled People South Africa Conference: Ten Years of Democracy-The Current and Future Status and Role of People with Disabilities, ( Mar. 12,2004), *available at* http://www.polity.org.za/article.php? a_id = 48262, *permanent copy available at* http://www. law.washington.edu/wlr/notes/83washlrev449n101a.pdf, Maria Kangere, *Disability in Development: The Uganda Experience*, ( Conference Paper: Inclusion of Disability in Dutch Development Cooperation Policy and Practice, 2003), *available at* http://www. dcdd. nl/data/1067944239230 _ Development / 20in /20Disability /o20paper /o20( Maria / 20Kangere).pd, *permanent copy available at* http://www. law.washington.edu/wlr/notes/83washlrev449n101b.pdf.

程能有效融入他们的呼声。① 像这样的宪法制定过程,都带来了实体性和程序性的变化。当宪法纳入一个残障权利视角后,就会像《公约》在国际层面所做的那样,将那些早已存在但却久遭忽视的权利黏合在了一起。在这些过程中,残障者的参与可以培养他们的公民社会能力,并在未来的改革中占有一席之地。

这一倡导促进了更强大的、更具吸引力的残障权利同盟的建设,提高了残障人群的可见度,促成了残障人群与其他公民社会的参与者及盟友之间的联系。一如所有边缘社群为了自身地盘(constituencies)争取社会的、政治的和法律的改变时都要面临相当大的障碍一样,世界各地的残障社群在有效参与这一过程中的挑战是实实在在的。尽管许多国家在加强残障倡导方面取得了进展,但同盟工作充斥着分裂,组织管理和能力上的缺陷却进一步削弱了倡导努力的效果。② 虽然存在着这些挑战,宪法制定过程还是为同盟的建设以及倡导技巧的磨炼提供了一个中心,一个新的民主国家的长期改革可以加强并利用这一中心。

## (二)人权与国内立法行动

通过立法变革,确保实现人权法的国内纳入,长久以来一直是人权行动和倡导的宠儿,它也确定无疑地是将国际人权法引入一国国内的重要步骤。这样说,不仅是因为立法的结果,也是因为参与改革活动有可能产生更坚定的支持,而且还能提升政府的意识。

---

① *See*, *e. g.*, NepalNews. com, NFDN Demands Equal Opportunity for Persons with Disabilities (June 7, 2006), *available at http://www neplnews.com/ archivci2006iuniunIViicwsl10php permanent copy available at* http://www. law. washington. edu/wlr/notes/83washlrev449n102. pdf; International, Labor Organization, *Employment of Persons with Disabilities*: *The Impact of Legislation*, *Report of Technical Consultation*, TILE GLA-NE( OLLE( TION 12( 2002) ( "In Zambia, the Persons with Disabilities Act No. 33 of November 1996 is a good example of antidiscrimination law[.]" ).

② The inability of the International Disability Alliance to build a strong, sustained, and well resourced coalition is replicated at the domestic level where impairment-specific organizations traditionally provide services in isolation from each other and rarely if ever engage in effective coalition work. *Cf.* Janet E.Lord, *Mirror*, *Mirror on the Wall*: *Voice Accountability and NGOs in Hunan Rights Standard Setting*, 5 SETON HALL J.DIPL.& INT' L REL. 93( 2004).

在一个如火如荼的民主进程中进行法律改革,有助于残障倡导者们和其他公民社会组织同盟间建立关系。这还会为监测政府实施的倡导活动创造潜在的切入点。《残疾人权利公约》将在缔约国间发动一场前所未有的活动,参与制定国内层面的残障法律和政策。在国内层面上,《公约》将启动前所未有的对缔约国的残障法律和政策的参与。《公约》也会鼓励大量尚未批准它的国家发展或实质改革各自国内涉及残障者的那些法律和社会政策。① 在《公约》为法律制定和法律改革注入了在现代人权实践中无可比拟的活力时,②它对通过立法活动机制,在一国有效实施《公约》方面,也提出了相当大的挑战。③

国家参与制定本国残障法律及政策,至少可以在三个相互关联的层面上表现出来。首先,每个国家应当决定是否批准《公约》,然后对国内体系(包括指定监测和实施的协调中心④)进行相应的调整;⑤在批准《公约》前对国内体

---

① The authors, for example, have worked on law reform in several countries that have yet to ratify the CRPD, including Korea, Laos, Russia, and Vietnam.

② As noted by the President of the General Assembly on the day of the CRPD's adoption, the treaty's consensus acceptance "is a great opportunity to celebrate the emergence of comprehensive guidelines the world so urgently needs." President of the United Nations General Assembly, *Statement at the Adoption of the Convention on the Rights of Persons with Disabilities* (Dec. 13, 2006), *available at* http://www.un.org/ga/president/61/statements/statement2006l2l3.shtml, *permanent copy available at* http://www.law.washington.edu/wlr/notes/83washlrev449nlO5.pdf.

③ To illustrate, Morocco has no comprehensive disability law. Legislation dating to 1982 applies to only a few limited rights with respect to persons with visual impairments, but not to persons with other types of disabilities. The Convention process, in which the Moroccan government and NGOs played major roles, has promoted national-level planning and prompted national-level legislative reform to remedy major gaps. *See* Secretariat a'Etat Charge de la Famille, de l'Enfance et des Personnes Handicap~es, *Programme National de Rcadaptation a Base Communitaire an Profit des Personnes Handicapces 2006−2008* (2006).

④ *See* CRPD, U. N. Doc. *GA/* 10554 (Dec. 13, 2006), *available at* http://www.un.org/News/Press/docs/2006/galO554.doc.htm, *permanent copy available at* http://www.law.washington.edu/wlr/notes/83washlrev449n3.pdf.art. 33(1) (obligating States Parties to "designate one or more focal points within government for matters relating to the implementation of the present Convention"); art. 33(2) (requiring States Parties to "maintain, strengthen, designate or establish…, one or more independent mechanisms…to promote, protect and monitor implementation" of the CRPD); and art. 33(1) (further requiring States to "give due consideration to the establishment or designation of a coordination mechanism within government to facilitate related action in different sectors and at different levels").

⑤ For example, Jamaica, the first State to ratify the Convention, has not acted to align its domestic legal framework with the Convention and remains a disability rights violator in a number of other

系进行微调;①或者采取一些过渡措施。③ 其次,每个国家应当评估本国的社会和法律环境,并确定如何将反歧视的禁令和平等措施平衡得当。③ 最后,每个国家应当解决对现有的与残障相关的政策解释未尽的问题(例如获得司法保护),④同时,还要设法解决先前国内法律未予以支持的《公约》权利(比如个人行动能力)。⑤

法律改革在大多数国家都是一个持续的过程。考虑到残障的多因素特性,和履行《公约》义务有关的法律变化很可能是一个复杂的过程。此外,残

---

areas. *See generally* U.S.Dep't of State, Country Reports on Human Rights Practices: Jamaica(2007), *available at* http://www. state. gov/g/drl/rls/hrrpt/2006/78897. htm, *permanent copy* available at http://www.law.washington.edu/wlr/notes/83washlrev449n108.pdf.

① New Zealand, a leading country in the treaty negotiations, has some notably progressive domestic disability practices, but its legal framework remains underdeveloped in the comprehensive sense mandated by the Convention. *See* Anne-Marie Mooney Cotter, THIS ABILITY: AN INTERNATIONAL LEGAL ANALYSIS OF DISABILITY DISCRIMINATION 100 20(2007).

② Mexico's Senate, for example, ratified the CRPD but made a declaration that it would not apply Article 12 because its domestic law on legal capacity exceeded the Convention's requirements. After well-publicized statements by two experts, the Senate acquiesced to reconsider its position. *See* Katia D'Artigues, *Mexico*, *Farol de la Calle*, 6 *Oscuridad en Casa*? EL UNIVERSAL, Oct. 26, 2007, at A19 (describing the critiques offered by Professors Gerard Quinn and Michael Stein to the General Assembly of Human Rights Institutions of the Americas).

③ Take, for example, the E.U.Framework Directive, prohibiting discrimination in employment on the basis of disability. *See* Council Directive 2000/78/EC, art12, 2000 O.J.(L 303)17(EU). The Directive requires individual employers to take "appropriate measures" to provide reasonable accommodations. It is neutral, however, as to whether Member States may support disabled employment through "specific measures" (i.e., equity modifiers). *Id.* art. 7. An undetermined issue is how Member States with pre-existing programs such as the employment quota system operated in Germany-will respond to the Directive's purely antidiscrimination mandate. The same dynamic is at play in Japan, where the government is under pressure by disability rights groups to supplement or supplant the existing quota system with anti-discrimination laws.

④ *See generally* Tennessee v.Lane, 541 U.S. 509(2004)(holding that one particular individual had a right to physically access one particular court, but leaving open the question of whether any other persons with disabilities could gain relief when denied access to other justice elements, for example, as witnesses or jurors).

⑤ CRPD, U. N. Doc. *GA/* 10554 (Dec. 13, 2006), *available at* http://www. un. org/News/Press/docs/2006/galO554. doc. htm, *permanent copy available at* http://www. law. washington. edu/wlr/notes/83washlrev449n3.pdf.art. 20("States Parties shall take effective measures to ensure personal mobility with the greatest possible independence for persons with disabilities…").

障相关立法的碎片化特性也呈现出了更多的挑战。这些都给政府和残障倡导者们造成了相当大的困难。第一步，按照常情，为将《公约》引入到国内法中，《公约》第三十三条规定的框架应当优先确保对现有法律进行全面审查、修订和发展新的法律。① 正如《公约》第四条所考虑的那样，一项完全符合要求的立法审查活动要求的并非仅仅采纳一般性残障权利立法。② 例如，对现有《选举法》及《实施规则》进行彻底审查，就是实施《公约》第二十九条的重要组成部分。③ 因此，在《选举法》或选举委员会的《实施规则》正在修改或有所发展时，残障团体应参与其中以保证《公约》第二十九条的规定得到执行。④ 国际选举制度基金会在利比亚、非洲和中东等地开展的工作中，都有这样的参与活动。⑤ 在健康权的实施情境下，诺拉·格罗斯（Nora Groce）在世界银行对艾滋病（HIV/AIDS）与残障的一项研究中表明，残障者的需求应当被纳入国家应对艾滋病的战略之中。⑥ 国家在制定方案时也应对此有所反映，以保证项目可以惠及残障社群。⑦ 这就要求采用延伸服务给残障群体的方式，培养医疗保健专业人员和健康教育从业者。⑧

卓有成效的立法改革是一个复杂的过程，它要求的也远远超越为实施

---

① CRPD, U. N. Doc. *GA*/ 10554 ( Dec. 13, 2006 ), *available at* http://www. un. org/News/Press/docs/2006/galO554. doc. htm, *permanent copy available at* http://www. law. washington. edu/wlr/notes/83washlrev449n3.pdf.art. 33.

② *Id.* art. 4.

③ *Id.* art. 4( 3 ) ( "In the development and implementation of legislation and policies to implement the present Convention, and in other decision-making processes concerning issues relating to persons with disabilities, States Parties shall closely consult with and actively involve persons with disabilities, including children with disabilities, through their representative organizations." ).

④ *Id.* art. 29.

⑤ *See* Int'l Found. for Electoral Sys., http://www.electionaccess.org( last visited Sept. 24, 2008 ), *permanent copy available at* http://www.law.washington.edu/wir/notes/83washlrev449n118.pdf.

⑥ CRPD, U. N. Doc. *GA*/ 10554 ( Dec. 13, 2006 ), *available at* http://www. un. org/News/Press/docs/2006/galO554. doc. htm, *permanent copy available at* http://www. law. washington. edu/wlr/notes/83washlrev449n3.pdf. , art. 25.

⑦ NORA GROCE ET AL., GUIDELINES FOR INCLUSION OF INDIVIDUALS WITH DISABILITY IN HIV/AIDS OUTREACH EFFORTS ( 2006 ), http://siteresources. worldbank. org/DISABILITY/Resources/2806581161026944612/HIVGuidelinesENG.doc, *permanent copy* available at http://www.law.washington.edu/wlr/notes/83washlrev449n120.pdf.

⑧ *Id.*

《公约》适用一个肤浅的"**法律样板**"。虽然这类做法试图采取所谓万全之策（one-size-fits-all）的模式助力推进《公约》实施，尤其是正在讨论中的国内法律框架处于相对空白状态的时候。但是这样的方法论根本就未能领会人权公约所被期待完成变革的观点。《公约》确定了这样一个框架，即一国国内的残障法律框架是可以根据特定的法律体系和文化进行评估和举例说明。

### （三）作为国内解释方法的人权标准

当国际法在国内层面的相关性论述超越法院直接适用的人权标准时，学者们将法院间接使用过人权标准的案例分门别类，以表明法院这样做虽无决定性，但产生了很惹眼的效果。① 一位观察家称法院的这一做法是"**蹑手蹑脚的一元论**"②。通过各种形式的司法承认和相关适用（relevance），国际人权标准铺陈开来。③ 梅丽莎·沃特斯（Melissa Waters）曾对五个普通法法域国家法院适用《公民权利和政治权利国际公约》的过程进行研究。④ 她列出了法院可能在下述情况中对人权标准给予考虑，具体包括：1.改进基于国内法律渊源的

---

① See Harold Hongju Koh, *The 1998 Frankel Lecture: Bringing International Law, Home*, 35 House.L.REV. 623(1998); Ralph G.Steinhardt, *The Role of International Law as a Canon of Statutory Construction*, 43 VAND.L.REV. 1103(1990); Melissa A.Waters, *Creeping Monism: The Judicial Trend Toward Interpretative Incorporation of Human Rights Treaties*, 107 COLUM.L.REV. 628(2007).

② This term was coined by Waters to characterize a judicial trend in some common-law systems to take human rights norms into account notwithstanding the absence of implementing domestic legislation. See Melissa A.Waters, *Creeping Monism: The Judicial Trend Toward Interpretative Incorporation of Human Rights Treaties*, 107 COLUM.L.REV. 628(2007), at 628.

③ This trend contrasts markedly with the traditional approach taken by courts in other common-law jurisdictions, and British Commonwealth countries in particular, that declines to give effect to treaties absent express implementing legislation.This approach is consistent with a dualist, as opposed to monist orientation.*Id.* at 628(noting the historic entrenchment of dualism in British Commonwealth jurisdictions).

④ According to Waters' theory, international human rights standards provide additional support for a court's reasoning regarding the interpretation of a domestic law.' Melissa A.Waters, *Creeping Monism: The Judicial Trend Toward Interpretative Incorporation of Human Rights Treaties*, 107 COLUM.L. REV. 628(2007), at 654; see also Ralph G.Steinhardt, *The Role of International Law as a Canon of Statutory Construction*, 43 VAND.L.REV. 1103(1990) at 1110; Melissa A.Waters, *Mediating Norms and Identity: The Role of Transnational Judicial Dialogue in Creating and Enforcing International Law*, 93 GEO.L.J. 487(2005).

推理过程；①2.按照人权标准解释国内制定法；②3.更新普通法；③4.根据上下文来解释一国的权利法案；5.适用宪法解释的标准以阐明国内宪法与国际人权法的一致性。④

有充分的证据表明法院会参阅无法律拘束力的法律文书或未批准的公约中的人权标准以判定国际习惯法的内容。⑤ 这样一来，人权就成了国内人权

---

① Melissa A.Waters,*Mediating Norms and Identity：The Role of Transnational Judicial Dialogue in Creating and Enforcing International Law*,93 GEO.L.J. 487(2005),at 569-70(referencing the U.S. Supreme Court's willingness to use international law to confirm the reasonableness of decisions based in domestic law).

② *Id.*at 509("But through judicial interpretation by both national and supranational tribunals over the past two decades, the prohibition on cruel or inhuman punishment has evolved to encompass real limitations on the death penalty. Using comparative analysis, courts have interpreted this norm to progressively limit or even to abolish domestic statutes permitting the use of the death penalty.")；*see also* WILLIAM A.SCHABAS,THE DEATH PENALTY AS CRUEL TREATMENT AND TORTURE 13 56 (1996).

③ Melissa A.Waters,*Mediating Norms and Identity：The Role of Transnational Judicial Dialogue in Creating and Enforcing International Law*,93 GEO.L.J. 487(2005),at 502("The co-constitutive process is an iterative one in which various 'law-declaring fora-' domestic courts, legislatures, foreign ministries, and the like-articulate and champion domestic norms at the transnational level. Domestic norms thus become part of the international legal discourse, and are translated, modified, diffused and dispersed through various kinds of transnational and transgovernmental channels. These norms, modified to a greater or lesser extent by the international legal discourse, return to the domestic fora to be internalized into domestic law and to further shape and re-shape domestic societal and cultural norms.")；*see also* Curtis A.Bradley & Jack L.Goldsmith,*Customary International Law as Federal Common Law：A Critique of the Modern Position*,110 HARV.L.REV. 815,838 42(1997).

④ Melissa A.Waters,*Mediating Norms and Identity：The Role of Transnational Judicial Dialogue in Creating and Enforcing International Law*,93 GEO.L.J. 487(2005),at 509.

⑤ *See,e.g.*, Rodriquez-Fernandez v. Wilkinson, 654 F. 2d 1382, 1388(10th Cir. 1981)(citing both the American Convention on Human Rights(American Convention) and the Universal Declaration of Human Rights(UDHR) as evidence of the customary-law prohibition of prolonged arbitrary detention)；Filartiga v.Pena-Irala,630 F. 2d 876,883-85(2d Cir. 1980)(taking account of the American Convention and the International Covenant on Civil and Political Rights (ICCPR), *inter alia*, to determine the customary prohibition against torture)；Forti v.Suarez-Mason,672 F.Supp. 1531,1542(N. D.Cal. 1987)(citing the UDHR, American Convention, and ICCPR to assertthe existence of a customary rule prohibiting summary execution), *reh'g granted in part and denied in part*,694 F.Supp. 707(N.D.Cal 1988)；Laureau v. Manson, 507 F. Supp. 1177, 1187-89 & n. 9 (D. Conn. 1980)(citing the U. N. Minimum Standard Rules Governing the Treatment of Prisoners), *modified*, 651 F. 2d 96 (2d Cir. 1981), *afford in part and modified in part*,651 F. 2d 96(2d Cir. 1981).For collections of American

法制度构建的组成要素。就《公约》而言,通过解释性司法程序完成国内纳入的后果,特别是那些在考虑人权标准时作出了实践声明的国家的举动尤其让人心酸。这些国家包括了澳大利亚、新西兰和加拿大等重要的起草国。即使面对通过法律实施完成了批准和纳入时,法院还是会重视那些无法律拘束力的残障文书,如联合国的《标准规则》①、或是那些通过保留、声明和谅解而被修改的条约义务。② 这些机制启发了具有策略性的倡导方法,残障倡导者可以起到跨国的标准创业家(entrepreneurs)作用,助力把《公约》的标准转换到国内法律体系中。③

### (四)人权标准的构成和教育效果

除了在国内层面上把人权标准纳入进程的正式机制外,人权标准作为主要驱动器也促进了社会变革。国际法文献资料在很大程度上一直忽略这些机制。但是,国际关系学者已经认识到人权标准有能力通过非法定机制产生变化。④

---

case law citing to international human rights standards, see RICHARD LILLICH, INTERNATIONAL HUMAN RIGHTS INSTRUMENTS 440(1986);JORDAN J.PAUST,INTERNATIONAL LAW AS LAW OF THE UNITED STATES(1996).

① Standard Rules on the Equalization of Opportunities for Persons with Disabilities, G. A. Res. 48/96,U.N.GAOR,48<sup>th</sup> Sess.,Supp.No. 49,at 202,U.N.Doc.A/48/49(Mar. 4,1994).

② *See generally* Ryan Goodman,*Human Rights Treaties*,*Invalid Reservations*,*and State Consent*, 96 AM.J.INT' L.L. 531(2002).

③ Harold Hongju Koh,*Why Do Nations Obey International Lau*,?,106 YALE L.J. 2599,2608 11 (1997),at 2612.

④ MARGARET KECK & KATHRYN SIKKINK,ACTIVISTS BEYOND BORDERS:ADVOCACY NETWORKS IN INTERNATIONAL POLITICS(1998),at 30(providing case studies of human rights campaigns that worked social change through transnational advocacy networks,or communicative structures whose members are primarily motivated"*by shared principled ideas or values*")(italics in original). For a rare account by an international legal scholar of the importance of social process to work change well beyond the narrow rule of law realm,see Smita Narula,*Equal by Law*,*Unequal by Caste*:*The"Untouchable" Condition in Critical Race Perspective*,26 WiS.INT' L L.J. 255(2008),at 257.Narula provocatively poses the question"whether the law can be a vehicle for social change,or does it simply divert attention away from the social condition it masks and act as a safety-valve to diffuse pressure for real reform...*Id.*at 335.In the context of caste-based discrimination,she calls for a"dismantling of the caste-based hierarchical mindset[,]"which cannot be achieved through law reform efforts alone.*Id.*at 258. Both of these insights resonate as the process of domestic change gains momentum following the CRPD's entry into force as well as its on-going,widespread ratification.

这一模式也承认了这样一些过程。在这些过程中，通过向社会提供人权观点的信息，人权激发了信仰的改变，其附带作用是作为教育手段来改变社会习俗。① 这些观点都把人权法理解为一个过程，②通过这一过程，活跃分子的身份和兴趣得以塑造和重新建构。③ 这样看来，人权也是工具，在其有效适用中，能将消极的社会建构（观点）重铸为与权利相一致的观点，还能阐明为充分享有人权采取的具体方法。

《公约》文本至少部分地承认了，人权原则在产生社会变革和在重构那些与全面实现残障者权利相对的思想中所发挥的作用。缔约国应承担作为义务以改变关于残障者的社会标准，这些义务包括消除有害的污名、定见以及促进残障者的积极形象。④

在《公约》协商的过程中，一个用语的转变为各国代表所熟知，这一转变是从医疗和慈善模式的术语转变为以权利为基础进行分类的社会模式。例如，尼日利亚（代表）在进行早期干预时将残障人士与"**正常人**"（normal

---

① For an account of the expressive-law value of human rights treaties, see Alex Geisinger & Michael Ashley Stein, *A Theory of Expressive International Law*, 60 VAND. L. REV. 77 (2007), and Alex Geisinger & Michael Ashley Stein, *Rational Choice, Reputation, and Human Rights Treaties*, 106 U. MICH. L. Rev. 1129 (2008). For the application of these ideas to the process by which the CRPD was negotiated, see Janet E. Lord, *Normative Landscaping: Power and Norms within Human Rights Law-Making Processes* (Feb. 2005) (unpublished manuscript) *available at* http://www. law. washington. edu/wlr/notes/83washlrev449n135.pdf.

② On the understanding of international law as a process, see generally ROSALYN HIGGINS, PROBLEMS AND PROCESS: INTERNATIONAL LAW AND HOW WE USE IT (1994).

③ *See* Christian Reus-Smit, *Constructivism*, in THEORIES OF INTERNATIONAL RELATIONS 218 (2001) (noting that "[i]nstitutionalized norms and ideas" can "condition what actors' [sic] consider necessary and possible, both in practical and ethical terms"); Alexander Wendt, *Constructing International Politics*, 20 INTL SEC. 73 (1995) (positing that systems of shared ideas, beliefs and values work to influence social and political action within and across multilateral law-making processes).

④ *See, e. g.*, CRPD, *supra* note 1, art. 8 (requiring States Parties "to adopt immediate, effective and appropriate measures... [t]o raise awareness throughout society, including at the family level, regarding persons with disabilities, and to foster respect for the rights and dignity of persons with disabilities...."). For a practical application of human rights education and awareness raising, see JANET E. LORD ET AL., HUMAN RIGHTS. YES! (2007), available at http://wwwl. umn. edu/humanrts/edumat/hreduseries/TB6/pdfs/Manuals/final pdf-default withcover.pdf, *permanent copy available at* http://www.law. washington.edu/wlr/notes/83washlrev449n138.pdf.

people)进行对比,①然而,后来一个南非代表在会议上则呼吁代表们在提及残障者时克制使用不恰当的语言。②

在这个方面,《公约》也产生了一系列实在的益处。这些益处包括:提高普通民众对于残障者权利的意识;突出对这些权利历史上所遭受的持续滥用;通过要求咨询国内和国际残障者组织及非政府组织的方式拓展缔约国的知识根基;为包括对外援助计划在内的扩展性的方案发展提供动力;改进数据收集等。

《公约》表明国际社会承认残障者拥有平等尊严、自决权及价值,借此具有了自身明确的价值。③《公约》能通过向社会提供有关残障者权利的信息,促进信念的迅速改变。④ 如上所述,《公约》改变社会习俗的潜力,可以通过《公约》规定支持它作为教育工具的方式得到有效实现。⑤ 在这一点上,《公约》对各个社会在历史上曾将残障者排除在外的做法进行了讨论,并认为这

---

① Oral Intervention to the Ad Hoc Committee by Representative from Nigeria to the Ad Hoc Committee, Disability Negotiations Daily Summary Vol. 1, #7 ( Aug. 6, 2002 ), http://www.worldenable. net/rights/adhocmeetsumm07. htm, *permanent copy available at* http://www. law. washington. edu/ wlr/notes/83washlrev449n139.pdf.

② Oral Intervention to the Ad Hoc Committee by Representative from South Africa to the Ad Hoc Committee, Disability Negotiations Daily Summary, Vol. 1, #4 ( Aug. 1, 2002 ), http://www.worldenable. net/rights/adhocmeetsumm04. htm, *permanent copy available at* http://www. law. washington. edu/ wlr/notes/83washlrev449n140.pdf.

③ Expressive law explores the process where by legal instruments affect preferences and behavior by altering social perceptions and conventions.*See generally* Alex Geisinger, *A Belief Change Theory of Expressive Law*, 88 IOWA L.REV. 35( 2002 ).For a literature review of expressive law, see Michael Ashley Stein, *Under the Empirical Radar : An Initial Expressive Law Analysis of the ADA*, 90 VA.L.REV. 1151 ( 2004 ).

④ For an account of the expressive-law value of human rights treaties, see Geisinger & Stein.

⑤ *See, e. g CRPD* U. N. Doc. *GA/* 10554 ( Dec. 13, 2006 ), *available at* http://www. un. org/ News/Press/docs/2006/galO554.doc. htm, *permanent copy available at* http://www. law. washington. edu/wlr/notes/83washlrev449n3.pdf. art. 8 ( requiring States Parties " to adopt immediate, effective and appropriate measures...[ t]o raise awareness throughout society, including at the family level, regarding persons with disabilities, and to foster respect for the rights and dignity of persons with disabilities..." ). In this regard, the tools of human rights education may assume an important role in fostering the expressive value of the CRPD.*See, e.g.*, JANET E.LORD ET AL., HUMAN RIGHTS.YES! ( 2007 ), available at http://wwwl.umn.edu/humanrts/edumat/hreduseries/TB6/pdfs/Manuals/final pdf-default withcover.pdf, *permanent copy available at* http://www.law.washington.edu/wlr/notes/83washlrev449n138.pdf.

毫无必要且是可改变的。这类探讨起到了至关重要的作用，它超越了一国法律和政策中对具体实体义务的实施。①

### （五）以权利为本的对外援助计划

人权有各种各样塑造对外政策的机制。② 为了本文目的则可以更明确地讲，人权的这一塑造（能力），既有国内的，也有域外的影响力，首先是对外援助计划的设计，然后是对这些计划的实施。

《公约》是第一个明确呼吁缔约国改革各自的发展援助计划时要把残障者包括在内的核心人权公约。③ 因此，必须采取相当大的努力以保证捐赠国政府和受援的发展中国家都遵守包容性发展的指示。这一点仅仅通过改革国内残障立法是不可能实现的。相反，它应当通过采纳并仔细监测发展政策来实施完成。

《公约》应该促使捐赠国政府确保其发展援助项目将残障人士包括在内，由此通过包容性发展规划来支持人们的社会融合。④ 总的来说，当前的发展

---

① CRPD, U. N. Doc. *GA/* 10554（Dec. 13, 2006）, *available at* http://www. un. org/News/Press/docs/2006/galO554. doc. htm, *permanent copy available at* http://www. law. washington. edu/wlr/notes/83washlrev449n3.pdf.pmbl.（k）（expressing concern that "persons with disabilities continue to face barriers in their participation as equal members of society and violations of their human rights in all parts of the world"）.

② The literature on human rights and foreign policy generally is voluminous. *See* BUERGENTHAL, SHELTON & STEWART, *supra* note 13, at 347 401; JULIE A. MERTUS, BAIT AND SWITCH: HUMAN RIGHTS AND U. S. FOREIGN POLICY（2d ed. 2008）; Mark L. Schneider, *A New Administration's New Policy: The Rise to Power of Human Rights, in* HUMAN RIGHTS AND U. S. FOREIGN POLICY, PRINCIPLES AND APPLICATIONS 3（Peter G. Brown & Douglas MacLean eds., 1979）; David Weissbrodt, *Human Rights Legislation and U. S. Foreign Policy*, 7 GA. J. INTL & COMP. L. 231（1977）.

③ *See* CRPD, U. N. Doc. *GA/* 10554（Dec. 13, 2006）, *available at* http://www. un. org/News/Press/docs/2006/galO554. doc. htm, *permanent copy available at* http://www. law. washington. edu/wlr/notes/83washlrev449n3.pdf.art. 32.

④ *Id.* art. 32（1）（a）（requiring States Parties to "undertake appropriate and effective measures" in making sure that "international cooperation, including international development programmes, is inclusive of and accessible to persons with disabilities"）.

实践都将残障者排除在外了,①因而,加剧了残障人群与主流人口之间本来就很大的平等差距。② 根据《公约》的一般原则,它为实施国际合作创造了一个框架,例如,不歧视和参与的原则。包容性发展的援助改善发展中国家在物质环境中的无障碍状况。这一点可以通过要求缔约国在遵循《公约》一般原则的情况下,要求提供技术帮助、发展援助及人道主义工作,以及援助—资助项目支持的政策和程序等来实现。

直言不讳地说,日渐增多的社会参与有助于让残障人更具可见性了( more visible),③也便于他们享有其他基本权利。④ 因此,《公约》的条文能减少将残障人认定为"**他者**"( the other)的做法,⑤并促进对这一人群的更多

---

① *See* BILL ALBERT,IS DISABILITY REALLY ON THE DEVELOPMENT AGENDA? A RE-VIEW OF OFFICIAL DISABILITY POLICIES OF THE MAJOR GOVERNMENTAL AND INTERNA-TIONAL DEVELOPMENT AGENCIES 7( Sept. 2004) , http://www.disabilitykar.net/pdfs/disability on the agenda.pdf,*permanent copy available at* http://www.law.washington.edu/wlr/notes/83washlrev449n 148.pdf( detailing the historical disregard of inclusive development practice among donor governments in their development assistance programming) ;*see also* Amy T.Wilson, *The Effectiveness of International Development Assistance from American Organizations to Deaf Communities in Jamaica*,150 AM.ANNALS OF THE DEAF 292,298( 2005) ( describing how USAID,in working"on behalf of"deaf-based develop-ment,did not work in conjunction with the local deaf community).

② *See generally* BRITISH COUNCIL OF DISABLED PEOPLE'S INT'L COMM., IMPROVING DFID's ENGAGEMENT WITH THE UK DISABILITY MOVEMENT 4( 2005) , http://www.dfid.gov.uk/pubs/files/bcodp-dfid-disability.pdf, *permanent copy available at* http://www. law. washington.edu/wlr/notes/83washlrev449n149.pdf.

③ *See* GERARD QUINN & THERESIA DEGENER,HUMAN RIGHTS AND DISABILITY:THE CURRENT USE AND FUTURE POTENTIAL OF UNITED NATIONS HUMAN RIGHTS INSTRUMENTS IN THE CONTEXT OF DISABILITY 1 ( 2002) , *available at* http://www. nhri. net/pdf/disability. pdf, *permanent copy available at* http://www. law. washington. edu/wlr/notes/83washlrev449n23.pdf.( "People with disabilities were often virtually invisible citizens of many socie-ties,"and"have been marginalized in nearly all cultures throughout history." ) ;*see also* MARK C.WE-BER, DISABILITY HARASSMENT 6( 2007) ( "Lack of daily contact at a level of true equality with per-sons with disabilities promotes and constantly reinforces stereotypes." ).

④ NAT'L COUNCIL ON DISABILITY,THE IMPACT OF THE AMERICANS WITH DISABIL-ITIES ACT:ASSESSING THE PROGRESS TOWARD ACHIEVING THE GOALS OF THE ADA( July 26, 2007) , http://www. ncd. gov/newsroom/publications/2007/pdf/ada impact 07 - 26 - 07. pdf, *permanent copy available at* http://www.law.washington.edu/wlr/notes/83washlrev449nl51.pdf.

⑤ This is a standard sociological argument.The classic treatment is FRYING GOFFMAN,STIG-MA:NOTES ON THE MANAGEMENT OF SPOILED IDENTITY 5( 1963) ( asserting that stigma mani-fests when"we believe the person with a stigma is not quite human" ).

了解。[1] 这也让残障社群更加贴近了《维也纳宣言》中反复提到的人权是"不可分割、相互依存、相互联系"。[2]《公约》对作为包容性发展计划工具作出的承诺，对那些负责任的、包括民主和治理、卫生、教育及环境等各个部门中的，以权利为本的发展计划，都提供了挑战和机遇。

# 结　　论

《残疾人权利公约》也许是迄今为止人权文书中意义最为深远的一个。《公约》勾画了自己的义务框架，这些义务不仅植根于法律，也更广泛地植根于社会之中。为了实现这些目的，残障者和他们的盟友应该超越把人权实践视为立法倡导或以法庭发起的行动的观点，他们还应当深入地投身于《公约》规定的各种残障权利倡导之中。这些倡导活动包括参与性的教育、人权文化建设以及良好协调和深思熟虑的联合工作。此外，对外援助的社群也应当理解社会变革需要坚持不懈的努力和残障社群的参与。这样才能保证包容性的、以权利为导向的计划运行良好。因此，仅仅一次自上而下的法律改革或一次性的司法培训活动是远远不够的。最后，关注国际法扎根于国内的过程的学者们应该扩大他们项目的范围，而并不仅仅是通过国内法院的适用或批准程序来证明国际法的影响力。相反，他们应关注更具细微差别的、跨学科的活动，这些活动把人权法视为带来变化和文化构建的具有社会意义的变革过程。

（白荣梅 译 李 敬 校）

---

① For an argument on this ground in favor of employing greater numbers of persons with psycho-social disabilities, see Michael E. Waterstone & Michael Ashley Stein, *Disabling Prejudice*, 102 NW. U. L. REV. 1352 (2008).

② World Conference on Human Rights, June 14–25, 1993, Vienna Declaration and Program of Action, 63 ( July 12, 1993), *available at* http://www. unhchr. ch/huridocda/huridocanst ( Symbol )/A. CONF. 157. 23. En, *permanent copy available at* http://www. law. washington. edu/wlr/notes/83washlrev449n I 54.pdf.

# 成功实施国家残障政策的关键因素：
# 来自其他国家的经验与教训①

[爱尔兰]伊利欧诺尔·弗林

## 导　论

以《从修辞到行动》②一书中大量的比较研究为基础，我们能够借助（基于现代公共管理与社区发展领域的研究成果的）独立评估方法，归纳出若干确保国家残障政策成功实施的关键因素。虽然并非在每个被研究的国家中都能体现出所有的成功因素，但是，如果某些因素未能实现则往往会阻碍国家残障政策的有效实施。③

本文将会使用具体的例子来对每一项关键因素及其最佳实践进行讨论，

① 本书编者注：这篇文章是弗林博士的博士毕业论文中的一章，根据全书需要，她本人对原稿进行了修改和缩减。在翻译中经常会提到的那本书《从修辞到行动》(Flynn, E., *From Rhetoric to Action：Implementing the UN Convention on the Rights of Persons with Disablities*(Cambridge University Press,2011))是本文的原始来源，因为本文来源于这一著作中的一章，所以翻译中有和其他章节关联的部分都作出了翻译，大家阅读中请注意，也感谢弗林博士对文章的修改和缩减工作。

② Flynn,E.,*From Rhetoric to Action：Implementing the UN Convention on the Rights of Persons with Disabilities*(Cambridge University Press,2011).

③ For example,in New Zealand,an external review of the implementation of the National Disability Strategy found that one of the reasons for a lack of progress in implementation was the lack of a dedicated implementation and funding plan for the strategy.See Litmus,*New Zealand Disability Strategy Implementation Review 2001 – 2007*(Wellington：Commissioned by the Office for Disability Issues,2008),p.4.

并且会突出在未能达到这些标准时，国家残障政策的实施与监测会遇到哪些问题。被我们列为范例的最佳实践大多选自《从修辞到行动》一书的第三章所讨论过的那些国家或法域，而在必要的时候（尤其涉及外部审查与独立监测问题时），有一些之前未被提及并且尚未出台全面的残障政策的国家或法域也会被纳入讨论。我们希望通过这些例子证明，通过缔约国在各自国家内部的努力（这些努力包括在国内落实《残疾人权利公约》或者对现行法律进行审查），是能够在外部审查与独立监测领域发展出非常好的实践，即便是那些还没有出台残障政策的国家也能够做到这一点。本文中所举的实例仅仅是为了说明问题，而不是对每个领域的最佳实践的完整列举。这样做的目的是为读者提供各国积极的创新举措的"**快照**"，以此推动在国内层面政策的进一步发展。

本文将会讨论国家残障政策能够有效实施的八个核心因素。第一个因素，是政府和公民社会组织应该拥有的领导力。我们能够通过《从修辞到行动》一书第三章①的分析清楚地看到，政治决心在正确的时机下往往是塑造国内变革的决定性因素。同样重要的是，残障社群也要针对国内进行改革的重要性等关键议题表达出一致的声音。本文所讨论的案例体现了政治人物与公民社会组织在推进国家残障政策目标时展现出的卓有成效的领导力。

第二个关键因素，是在制定国家残障政策时有实质性意义的咨询程序，并且残障人士要参与政策的执行与监测中的决策。本文将会讨论若干国家的咨询机制是否能够真实有效地代表残障人士的声音，是否吸纳了最边缘的残障社群的参与（例如智力障碍人士与聋人社群）。另外，国家也有责任提高公民社会组织的领导能力，并且确保残障人士能够实质性地参与实施与监测过程。另外，国家残障政策中有许多需要积极行动的关键领域，其中哪些属于优先目标必须与残障人士进行有效的咨询之后方能确定。许多政策都希望涵盖过多的领域，而这往往使得目标无法及时实现，让草根阶层的残障人士倍感挫败，

---

① This will also be addressed in relation to the Irish context in the following chapter. See in particular, O'Reilly, A., "The Legacy of the Commission on the Status of People with Disabilities", paper presented at 'Changing the Landscape' Conference organised by the Forum of People with Disabilities and DESSA, Dublin, 12 November 2007.

这样的情况已司空见惯。如果能够通过问计于残障人士,并就采取若干优先行动的领域达成一致,这些目标会更容易实现。

第三个因素关系到国家残障政策在多大程度上与《残疾人权利公约》(以下简称《公约》)的国内实施与监测过程相结合。《公约》要求缔约国建立(一个或多个)中心、协调机制、独立监测机制以及一个监测框架,①本文将会重点考察国家在何种程度上将这种基于《公约》义务的改革措施与各自的国家残障政策联系起来。

第四个关键因素关注的是将残障人士纳入规划与政策制定以及设立资助项目以支持、巩固国家残障政策的法定义务。这里讨论的法定义务不仅仅是残障人士获得终端产品与服务的权利,也包括了政府通过实施政策来确保平等的法律承诺。这些义务的重要性体现在能够将空洞的政策性承诺转化为残障人士具体的法律权利。在这一部分我们还会强调,落实国家残障政策的责任在何种程度上应当由公共部门与私营部门共同分担。

第五个因素关注国家残障政策中的透明度与问责机制,包括政府与公共部门的报告措施、媒体与独立机构的批评以及公众可获得的与政策实施有关的信息。

第六个成功因素关注的是,在何种程度上需要将国家残障政策的目标在所有发展领域中予以主流化。这一部分讨论的例子包括政府部门与其他公共部分所采取的"**残障影响评估**"政策、②国家残障政策与其他国家政策(包括国家儿童政策与社会融合政策)的互动以及在所有层次的公共服务中提升残障意识。

第七个成功因素是国家残障政策的外部审查与监测。这包括了对政策实施情况的整体审查,有可能每年进行一次,也可能只在实施中期与结束时进行。审查与监测包括与国家残障政策有关的立法与政策的审查,需要特别强调的是,这些评估与审查应当由外部评估主体进行,并且要有残障人士及其代

---

① Article 33(1)-(2),CRPD.

② The term "disability-proofing" refers to an analysis of legislation and policy prior to publication,to ensure that the provisions are in accordance with the principles of the National Disability Strategy or CRPD.

表组织的参与。

最后，第八个因素是国家残障政策实施过程中的数据收集与统计。定量信息与定性信息都需要收集，以评估总体进展以及残障人士生活的改善情况。对这类数据的收集也是《公约》的一项重要要求，本文也会讨论如何使用残障平等指标来衡量国家残障政策的实施。

# 一、实现变革的领导力——政府和公民社会的责任

无论是国际公约还是国内政策，对于它们的成功实施，领导力都是至关重要的因素。这就对政府以及残障社群，尤其是代表残障人士及其利益的组织，提出了要求。通常情况下，这些团体对于"什么是实现残障平等的最佳方式"分歧巨大，这些分歧可能遭到政府的利用。具体而言，就是让各个团体在为某个残障团体或行动理由争取资助的斗争中相互倾轧，然后再**"逐个击破"**。[①]为了国家残障政策的顺利实施，非常关键的一点便是，这些群体就国家、区域或者国际层面的若干核心问题能够表现出一致的立场。这种一致的立场，通常只有在经历了长期并且痛苦的、对法律与政策改革谈判的学习之后才可能实现。政府领导力的最佳体现可能在于其实现变革的政治决心，听取残障人士的声音并将之纳入体制、法律、政策以及能够增进残障公民权利的项目中。这可能是一个更宏大的社会转型的一部分，例如后种族隔离时代的南非，也可能取决于某位掌握权力的政治人物的个人选择。

缔约国负有明确的义务：在使用《公约》消除上述阻碍、推进国家残障政策的适用范围中起到引领作用；[②]并且残障社群也可以利用这样的机会来克

---

① See Best，J.，Hicks，N.and Swann，W.，*Delivering disability equality in partnership with disabled people*（Milton Keynes：Milton Keynes Council，Milton Keynes Primary Care Trust and Open University，2006）.

② The CRPD is also clear on the degree of responsibility which states parties must assume in order to promote and protect the rights of people with disabilities.See for example Article 4 on general obligations.

服分歧,共同推进解决国家残障政策中的真正重要的问题。残障领域的领导者通常来自基层的残障组织,公民社会要确保能够提供给这些社群领袖足够的机会来提高沟通与谈判能力,最终能够和来自政府的对手们平等地博弈。另外,社群领袖需要明白在国家残障政策中哪些问题可以妥协而哪些要坚定地维护社群的立场,这对于实现残障人士的最佳利益来说至关重要。为了《从修辞到行动》一书的写作,我们专门组织了讨论小组对有关问题进行讨论,其中有的残障参与者提出:在向政府表达残障人士关注的问题时,残障社群中立场一致、坚强有力的领导非常重要。

许多实证研究表明,无论对于某个具体的组织还是在更广泛的意义上,领导能力都对工作成效有显著影响。例如杰维丹(Javidan)和沃尔德曼(Waldman)关于公共部门中的魅力型领导的实证研究表明,这样的领导力"会有超过公共部门负责人平均水平的表现。"①尽管结果的改善在公共部门中并不如在私营部门中那么大,作者表示这可能是由于"**承担风险**"这一指标并没有在之前的研究中被纳入分析(在上述研究中是衡量领导力的指标之一),并且可能在私营领域中的影响更加及时、明显。针对更广泛的组织层面,奥库莫斯(Okumus)写道:"领导力在利用'历程因素'以及改造内部环境使其更有利于变革方面非常关键。"②这里的"历程因素"指的是那些在机构执行自身策略时需要考虑的因素(例如规划、资源与沟通)。如果上述分析也适用于国家残障政策的框架,那么领导力对与该政策相关的实施及监测机制的维护也至关重要。

我们将会讨论一些有趣的实例,它们代表了这个领域的最佳实践,可以说明在将国际人权法中的原则运用在实践中并为其国内的残障人士带来改变的过程中,领导力能够起到什么作用。其中一个便是北爱尔兰的"参与和权利实践项目"(the Participation and the Practice of Rights Project)。这项倡导以国

---

① Javidan, M. and Waldman, D. A., "Exploring Charismatic Leadership in the Public Sector: Measurement and Consequences"(2003)63(2)*Public Administration Review* 229,234.

② Okumus, F., "A framework to implement strategies in organizations"(2003)41(9)*Management Decision* 871,877.

际人权法中的"获得能达到的最高的精神健康标准的权利"①为依据，成功地创立了针对北爱尔兰急救体系中的精神健康服务使用者的"回家前预约卡"（Card Before You Leave）制度。② 该制度是在一个精神健康服务使用者及其父母的组织"预防自杀公共倡导组织"（the Public Initiative for the Prevention of Suicide），或称"大香克尔路权利小组"（Greater Shankill Rights Group）的倡导下得以创立，该组织由两位家长领导，而成立这个组织的想法是在对他们儿子的死因进行勘验时形成的。这个小组由"参与和权利实践项目"（PPR）支持，而该项目是一个由若干组织和机构组成的联盟，其成员都在围绕爱尔兰的社会正义问题开展工作，并以贝尔法斯特北部作为工作重点。这次倡导很好地体现了富有成效的领导能力，他们获得了知名人物、联合国健康权特别报告员保罗·哈恩特（Paul Hunt）的支持，并且发布了一系列由该组织的成员设计的指标，以评估"能达到的最高的精神健康标准的权利"在多大程度上，能够在基层社区中得到实现。③

这样的领导力源于该团体成员、其他服务使用者与支持者的能力的提升。"参与和权利实践项目"的支持，使得该团体成员的一系列能力都得到了提升，包括"树立信心、理解基本的国际人权标准、行动研究、媒体培训、基层精神健康服务中的问题识别以及针对与政府接触所作的准备。"④国家残障政策是针对残障的国家政策，为了能够让残障人士以及公民社会的代表在实施与监测这些政策的过程中发挥积极作用，提升上述能力就显得非常关键。"参与和权利实践项目"在能力提升方面的成功也体现了技能培训的重要性，它是确保参与切实有效的关键因素，本文第二部分会对此进行更为细致的讨论。

南非残障人士地位办公室（Office on the Status of Disabled Persons in South

---

① International Covenant on Economic, Social and Cultural Rights, Article 12(1).

② Participation and the Practice of Rights Project, Rights in Action: Changing Mental Health Services 28th November 2007 Findings of the International Panel(Belfast; Dublin; PPR Project, 2007).

③ McMillan, F.V., Browne, N., Green, S., Donnelly, D., "A Card Before You Leave: Participation and Mental Health in Northern Ireland" (2009) 11 (1) *Health and Human Rights: An International Journal* 61.

④ Ibid, 61, 63.

Africa/OSDP)是好的政府领导力的范例。正如之前所言,南非残障人士地位办公室最开始是作为国家整体残障政策的一部分由副总统负责的,之后被调整到总统办公室。这样的变动是希望让南非残障人士地位办公室拥有更大的领导力并承担更重要的责任,特别是协调各政府部门共同实现1997年国家整体残障政策所设定的目标。南非残障人士地位办公室在政策实施十年后发表了一份精炼的报告,审查了十年间该政策的实施进度。该报告所提取的信息来自多个不同源头,并就政策继续实施中的优先领域提供了建议,为《公约》的实施进行准备。① 最后南非残障人士地位办公室被并入了新成立的妇女、儿童与残障部,随着南非批准《公约》,它有望在跨部门协作与拓展残障事业新机遇方面发挥更重要的作用。

这些例子说明,无论是社群还是政府,领导力都是在国内实现进步的关键驱动力。然而需要提醒的是,上面所说的领导力需要以全面落实国家残障政策为目标,并且以坚实的行动为基础,这些目标与行动包括国家有责任对社群进行能力建设使得残障人士能够有效地参与国家残障政策的起草、实施与监测(这一点会在下文中进一步讨论)。下面将会讨论一些更为具体的例子,它们揭示了政府与公共部门如何相互学习,并如何从来自社群伙伴(counterparts in the community sector)身上学习残障工作中的领导力。

### (一)作为学习型组织的公共部门——来自加拿大(不列颠哥伦比亚省)社群中领导力的经验

为了推进国家残障政策,政府和草根都必须拥有足够的领导力,这是本节始终强调的内容。草根组织应当向政府的领导者学习如何谈判、妥协和推动政策的落实。同样,为了实施那些对残障人士真正重要的政策,政府也可以从草根组织那里学习到许多宝贵的经验,尤其是那些在社群或志愿者组织中因为创新性实践而涌现出来的领导者。不列颠哥伦比亚省政府在与他们的社群伙伴进行合作及学习过程中采用的方法足以说明如何才能达到

---

① Office on the Status of People with Disabilities, Disability Inputs-Ten Year Research: Impact of Government Policies Towards People with Disabilities-Final Report(Cape Town: OSDP, 2003).

这样的效果。

不列颠哥伦比亚省的残障政策聚焦在以下五个关键问题：①整体项目与服务、个人支持、住房、无障碍与融合、就业与收入。其首要目标是协调不同的资金来源以便在每个核心问题上都能看到积极的结果，同时让资助的过程变得更加灵活。② 该政策的宗旨是推进下述转型：

- 从各自为政的、以项目为中心的服务转型为整体的、相互匹配的服务与简化的程序（例如各类申请表）；
- 从割裂的正式与非正式的支持网络转型为针对个人的社会融合网络；
- 增加政府资助与慈善捐款以便支持更多创新性的资助机制。③

在不列颠哥伦比亚省，负责制定残障政策的住房和社会发展部，已经多次倡议公共部门和私人组织伙伴进行合作，而且诸如"**社区生活大不列颠哥伦比亚**"等社群组织都得到资助以提出富有创造性的办法，并就公共服务中如何采取类似的方法向政府提出了报告。

不列颠哥伦比亚省的残障政策体现了政府以开放的心态积极地学习各方经验的重要性。这包括对自身失误的坦诚态度，并且承认社群组织可能在真正满足残障人士需求方面拥有更为有效的工作方法。因此，关键在于政府愿意基于与社群组织的合作经验对自己的工作进行调整。从这些例子中可以看出，落实残障政策所要求的领导能力很重要的一个方面，便是愿意听取残障人士以及和残障人士有紧密工作联系的人士的声音，接受他们的建议，调整政府资助计划以支持那些能够更好地服务残障人士的最佳做法。富有远见的领导能力促成了许多进步，而为了确保这些进步可持续，残障人士必须继续参与残障政策的实施与监测过程。下面的部分讨论的例子便是残障人士全程、有效参与国家残障政策的最佳实践。

---

① Ministry of Housing and Social Development，British Columbia Disability Strategy-Building the Best System of Support in Canada for Persons with Disabilities（Victoria，2009）.

② Ibid.

③ Ibid，slide 8.

# 二、咨询与残障人士的参与

残障人士参与与自身有关的法律、政策或其他问题的决策过程是《公约》的四大核心原则之一。①《公约》缔约过程中的公开磋商环节对此问题有过激烈的辩论（这一点本身也体现了该原则的重要性），一些国家非常积极地主张应当尽最大可能在上述决策过程中确保残障人士的参与。这些国家也尝试将自己在国际层面极力维护的那些原则充分地落实在本国语境之中，这一点让它们成为了本文中的最佳实践的范例。

有实质性意义并富有成效的咨询有两条核心标准。第一，决策者愿意听取并可能接受被咨询者的意见。即咨询并不仅仅被当作一种形式，而是真正的了解法律政策影响个体日常生活的机会，而这就要求法律政策的制定者愿意基于听取的信息而作出改变。第二，应当对咨询的参与者进行能力培训。即为了有效参与上述政治过程，残障人士必须拥有相应的沟通、谈判与评议能力，而这一点经常在国家层面的咨询活动中被忽视。另外，这也包括向残障人士进行包容性与参与式研究技能的培训，并在这些研究成果的基础上制定政策。这种培训要求在领导力与民间参与方面的长期投资。如上所述，这一点本身就是成功因素之一。为了使咨询和参与更加富有成效，相关程序也必须解决残障人士、服务使用者与政治领袖之间的权力不平衡问题。

强有力的证据表明，残障人士参与和自身有关的政策的制定与实施过程能够让这些政策落实得更加有效。麦克莱恩·哈尔珀（McClain-Nhalpo）论证称，在那些在制定减贫战略文件（即各国为了获得发展援助资金而向世界银行以及国际货币基金组织提交的文件）时对残障组织进行咨询的国家，"对残障政策的社会关注在下降而对经济的关注却在上升。"②在社区发展领域的文献也强调了参与式评估的好处，即在政策制定与实施过程中有残障人士的参

---

① Article 4(3),CRPD.

② McClain-Nhalpo,C.,Including People with Disabilities in Actions to Reduce Poverty and Hunger:2020 Focus Brief on the World's Poor and Hungry People(Washington,DC:IFPRI,2007).

与,包括节省财政开支或在初始阶段就避免不适当的长期投资、提升公共形象、提高项目及计划的公共接受度、促进沟通以及节省工作时间。① 因此,国家在制定与实施残障政策时建立残障人士的参与机制不仅是在履行《公约》的原则,在经济效益上也是有利的。

### (一)新西兰:残障人士大会中的草根参与

新西兰建议将"国家密切咨询残障人士及其代表组织"的要求重新表述为"与残障人士共同(in partnership with)制定法律与政策"。② 在法律与政策制定过程中接纳残障人士代表组织时应承认"残障人士的专业能力以及在与自身有关事务上的领导能力"③,新西兰认为这一点在《公约》中也有所反映。新西兰对"**参与**"的关注很大程度上源于本国的残障政策,特别是该政策的制定过程与报告机制中都能看到残障人士大会(Disabled Person's Assembly/DPA)发挥的重要作用。

在《公约》的起草过程中,各国残障人士代表以及国际残障联盟(International Disability Caucus)都扮演了重要角色,这体现了残障人士参与制定与自己有关的法律政策的重要性。在缔约程序刚刚开始时,只有为数不多的几个国家有残障代表参加了特设委员会,新西兰就是其中之一;而在结束时几乎所有的国家代表团中都有残障人士。然而使得新西兰在国际层面表现优异的基础,是在新西兰国内残障人士的参与,这样就不得不提残障人士大会。

残障人士大会的前身是遍布新西兰全境的残障人事务区域协调委员会,这些区域协调委员会在 1978 年合并为一个全国性机构——新西兰残障者委员会(the New Zealand Council for the Disabled)。该委员会的成员包括残障人士、残障人代表组织及服务提供者。成立两年后,委员会参加了 1980 年国际

---

① See for example, InterAct, Evaluating participatory, deliberative and co-operative ways of working(Brighton, InterAct Evaluation, 2001).

② Landmine Survivors' Network, UN Convention on the Rights of People with Disabilities, Third session of the Ad Hoc Committee-Daily Summary of Discussions Related to Article 4: General Obligations(2004) available at http://www.un.org/esa/socdev/enable/rights/ahc3sum4.htm(last accessed 4 October 2010).

③ Ibid.

残障人士年的庆祝活动。① 同年,首届国际康复大会在温尼伯(Winnipeg)召开②,与会的残障倡导者们要求在该会议的架构与具体工作中明确残障人士的参与权。受此影响,新西兰的代表们决定要为国内的组织制定新的章程,以确保国内的残障人士享有同样的权利。最终,一部新的章程在1983年生效,残障人士大会也随之成立。章程要求残障人士大会的管理委员会中残障成员要占到大多数。同时,尽管服务提供者也能够加入DPA并参加会议,但他们对各项事务并无投票权,这样就避免了残障人士大会中残障人士与服务机构之间的权力不均。

残障人士大会的会员资格向残障人士、残障人士家属以及残障组织开放,而为残障人士提供服务的机构可以成为(无投票权)的准会员。同时任何对残障人士大会的工作感兴趣的个人或家属,无论是否有残障,都可以注册为准会员。那些希望成为正式会员的残障者组织(Disabled People's Organisations/DPOs)必须有与残障人士大会类似的组织架构与工作目标,各自的管理委员会中应有超过半数的残障人士。

残障人士大会在章程中对自身工作目标作出了规定,即领导残障人士发出集体的声音、为与残障人士有关的政策提供信息与建议、倡导残障权利、以及监测与反馈与残障人士有关的法律政策的实施情况。残障人士大会对新西兰残障政策也有特别的关注。残障人士大会的全国执行委员会的委员都会通过年会选举产生(有一例外是全国毛利人事务咨询员由执行委员会任命)。执行委员会每年召开三次会议。自新西兰残障政策发布以来,委员会的工作重点之一便是起草一份面对残障人士的"信息",并发送给负责编撰年度进展报告的残障事务办公室。这条"信息"的作用有点类似于影子报告,它会从残障人士大会的角度评价国家残障政策究竟进展如何,并提出在下一年度中应当优先考虑的重点工作。残障人士大会在各地区设有分会及关注特定问题的

---

① National Assembly of People with Disabilities, About DPA NZ (2009) available at http://www.dpa.org.nz/about/index.html(last accessed 4 October 2010).

② 14th World Congress of Rehabilitation International, Winnipeg, Canada, 22–27 June 1980.

专门委员会(或常设委员会),①这些分支机构有着广泛的代表性,通常能够反映草根阶层的残障人士的真实情况与工作经验。

就许多国家残障政策的实施和监测机制而言,想要充分并切实地纳入残障人士的参与通常会遇到许多困难,特别是在代表结构的问题上,通常都是由服务提供者或国家级的大机构所垄断,(而这些机构往往并不是由残障人士直接管理的)。新西兰的残障人士大会通过直接代表的形式确保了残障人士拥有足够的代表性,这对其他国家是个绝佳的示范,也表明了让残障人士有效参与国际残障政策的监测过程是可行的。在一些重要改革中,残障人士大会与政府部门与其他公共部门也有非常紧密的合作,但仍然能够保持自己的立场,并在政策制定与实施过程中发出独立的声音。残障人士大会的资金完全来源于会员的捐款,而非来自国家,这样就确保了残障人士大会的独立立场不会因为资金问题而受到政府的钳制。

### (二)英格兰和威尔士:平等 2025——咨询委员会中的直接代表

英国的"平等 2025"计划也使得在当前的政策制定过程中纳入残障人士的直接参与成为可能。"平等 2025"是由来自不同背景的残障人士组成的团体,他们都通过工作与养老金部(Ministry of Work and Pensions)中的残障事务办公室(Office of Disability Issues)为政府提供残障事务方面的建议。这些残障人士是由残障事务办公室通过一个公开透明的程序选任的,这些职位会向公众公开,任何有残障的个人都有资格申请。每位成员任期三年,其职权范围由残障事务办公室、"平等 2025"以及残障人士部共同认可的一份备忘录予以规定。② 该团体成员不超过二十五名,残障事务办公室在确定人选的过程中会考虑来自不同残障社群的经验,也会考虑性别、种族等其他可能造成多重劣势的因素。这些人积极参与了"2025 路线图计划",目标是在 2025 年之前确保残障人士拥有平等的生活机会。

---

① Disabled Persons' Assembly(New Zealand)Incorporated,*Constitution and Rules*(Amended 3 May 2008),Articles 10-12.

② Equality 2025,Memorandum of Understanding between Equality 2025 and the Office for Disability(London:Office for Disability Issues,2009).

　　然而,由于该团体的职能并不是非常清晰,另外,政府的一些做法也时常忽略了他们的贡献,这些因素往往削弱了该团体的影响力。因此该团体的处境总是非常困难,既没有残障社会活动家那样的影响力,也无法确保能够与相关政府部门及其他公共部门保持长期合作。这些发展必须在一个更大的政治与社会背景下予以评价,并且要强调那些希望实现持续改革的政治决心的重要性。从其他国家的经验中,我们发现应当将残障政策或残障政策部设置在政府的最高级别之中,得到整个政府的配合与支持,并且真正致力于加强残障人士的参与。

### (三)参与国家残障政策的整个制定过程——玻利维亚的经验

　　玻利维亚在制定自己的国家残障政策时,即"残障人士平等与机会均等化国家计划"(the National Plan for Equality and Equalisation of Opportunities for People with Disabilities,简称 PNIEO),采用了非常融合的方式。最初,全国残障人士大会(Conalpedis)在 2005 年起草了一份很全面的草案,一位由申诉专员(Ombudsman)聘请的独立专家也参与了起草过程。起草委员会带着这份草案去全国残障人士大会的各分支机构,分别举办工作坊来解释草案的内容并收集反馈。① 大会与申诉专员向残障者自组织(DPOs)、普通的非政府组织以及一些个人发送了邀请,希望他们参加这些咨询会议,因此来自草根组织的意见也体现到这项计划的草案中。起草委员会将完成后的文本提交给各个相关部委(例如卫生部、教育部、住房部、交通部等),这些部门有责任落实这项计划中的承诺,并在自己部门的工作规划中纳入残障领域的目标。

　　尽管起草过程已经基本完成,起草委员会还是为一些最为重要的部委专门组织了两场全国性的会议以保证它们的参与并有所贡献。收到政府部门的反馈后,该计划被送至发展规划部下属的"社会、经济政策分析办公室"(the Social and Economic Policy Analysis Unit)接受一些技术层面的处理,并在提交国会之前对为了实施该计划需要采取哪些法律措施作一些预判。上述流程始于负责

---

　　① Conalpedis; Defensor del Pueblo, Plan Nacional de Igualdad y Equiparacíon de Oportunidades par alas Personas con Discapacidad(La Paz,Bolivia:OPS/OMS/BOLIVIA,2006),p. 11.

残障事务的政府部门，即全国残障人士大会，并在最终提交政府前让残障人士参与整个过程。结果最终的计划，很顺利地被政府以及所有相关方接受，包括残障人士及其家属、服务提供者、地方政府以及那些参与起草的政府部门。

全国残障人士大会及其在各地区的分支机构都隶属于政府部门，这在一定程度上限制了它们的行动范围与领域。然而，玻利维亚还有一个独立的全国性的残障者组织论坛（DPO Forum），玻利维亚残障人士联盟，即 Cobopdi（the Bolivian Confederation of Disabled People）。其成员主要是草根残障者组织以及个体的残障人士。该联盟在全国残障人士大会中也有代表，但在残障问题上会保持独立的立场，并在国家残障政策的起草过程中发挥了重要作用。

尤（Yeo）针对玻利维亚残障人士进行过一项质性研究，①该研究显示了玻利维亚残障人士联盟与残障人士大会的许多分歧与冲突。背后的原因是很少有残障人士在公共部门工作，只有残障人士联盟才能够更加直接地代表残障人士的声音。她还写到玻利维亚的许多残障人士都对那些国际非政府组织抱有怀疑，因为这些国际机构会为残障人士大会这类"为残障人士工作"（for people with disabilities）的组织提供更多支持，而不是帮助像残障人士联盟那样的残障人士自己的组织（organizations of disabled people）。② 日常生活中的许多困难也让玻利维亚的残障人士们无法乐观起来，比如残障人士无法获得足够的资源与工作、对残障的社会歧视很严重、以及无论在公私领域都很少能实现无障碍。希望玻利维亚"残障人士平等与机会均等化国家计划"能够带来一些资金支持，并且通过协作机制的发展更有效地分配资源，使得残障人士的生活能够按照《公约》设想的那样真正得到改善。

# 三、将国家残障政策与《公约》的落实结合起来

本研究中提到的所有国家都签署了《公约》，大多数也批准了《公约》及其

---

① Yeo, R. and Bolton, A., 'I don't have a problem, the problem is theirs.' The lives and aspirations of Bolivian disabled people in words and pictures ( Leeds : Disability Press, 2008 ).

② *Ibid*, p. 74.

《任择议定书》。另外,欧盟、欧洲委员会(Council of Europe)以及类似的区域性组织在未来的残障法律与政策中也将以《公约》的内容作为重点。对于那些在批准《公约》前就已制定残障政策的国家,如何将既有的国内工作与《公约》所要求的实施与监测结合起来就成为一项挑战。这并不是主张各国应当废除现有的做法,而是应当创造性地调整和改革现有的工作方法,使之能够体现《公约》的原则与要求。

根据其他人权框架特别是在社会、经济权利方面的经验,国际人权规范能够在国内层面发挥重要作用,并且使得国内法律与政策能够更为有效地实施。第一节中讨论过的贝尔法斯特"参与和权利实践项目"就是一个非常重要的实例。① 从实用的角度来看,将《公约》的落实与国家残障政策结合起来也非常有价值,因为这样可以避免重复工作,也保证了那些《公约》履约报告的撰写者知晓并且参与国内具体的工作进程。《公约》的要求也能够帮助人们重新审视现有的政策是否合理,是否能够实现既定目标。因此,我们有必要考察各国在多大程度上将针对《公约》的实施与监测和基于国家残障政策的工作进程相结合。这一节中会通过一些实例讨论这方面的最佳实践。

### (一)澳大利亚

之前也提到过,澳大利亚批准《公约》后正在制定国家残障政策。② 2008年发布的一份报告指出:

> 国家残障政策将为联邦、州及领地政府现有的和将来的相关工作提供一个全国性的框架。该政策以各法域内的实际情况以及政府的现行措施为基础。为了满足《公约》和国家残障协议(National Disability Agreement)的相关要求,各州及领地将和联邦共同致力于制定一份清晰的报告框架。③

① Participation and the Practice of Rights Project, Rights in Action: Changing Mental Health Services 28th November 2007 Findings of the International Panel(Belfast; Dublin: PPR Project, 2007).

② Department of Families, Housing, Community Services and Indigenous Affairs, *The Year in Disability 2009* (Canberra, FAHCSIA, 2010), p. 1.

③ Department of Families, Housing, Community Services and Indigenous Affairs, *National Disability Strategy Discussion Paper* (Canberra: FAHCSIA, 2008), p. 9.

由于写作本文时国家残障政策尚未定稿,所以很难评估国内的措施能在多大程度上与《公约》的实施与监测相协调;然而有一些积极的指标能够说明政府的实施措施是经过深思熟虑的。例如《公约》已经被纳入了《残障歧视与其他人权立法修正案 2009》等联邦立法,并且澳大利亚人权理事会(AHRC)也已经开始受理违反《公约》的投诉。①

澳大利亚人权理事会向家庭、住房、社区服务与土著人事务部提交过一份关于制定国家残障政策的文件,其中就如何将国际义务与国内的具体实施联系起来归纳了若干要点②。首先,人权理事会与易恩斯(Innes)专员指出,对《公约》的批准并不意味着澳大利亚已经在实践中达到了《公约》的要求。他们指出:"实际上《公约》为接下来的行动提供了计划,也让我们有机会重新审视权利是否得到了尊重。"③易恩斯还补充说:"《联合国人权宣言》的起草者之一雷恩·卡森(Rene Cassin)曾经在《宣言》的起草阶段说过:'让人们相信唯一需要的仅仅是一份法律文件,这其实是在欺骗他们……事实是整个社会结构都需要随之改变。'"④因此易恩斯警告说,对立法进行审核对于《公约》的国内实施来说远远不够,重点在于为了更好地体现《公约》原则而重新制定(不仅仅是残障领域的)政策和计划时应当采取的具体措施。

澳大利亚并不认为需要一个新的公约来保护残障人士的权利,主张残障人士适用的是通用的人权标准。⑤ 然而易恩斯认为,对于《公约》中以残障为基础的人权原则的承认与适用是非常重要的,特别是在制订国内实施计划时能够提供具体的指引。也许是受邻国新西兰的影响,澳大利亚在《公约》起草

---

① Department of Families, Housing, Community Services and Indigenous Affairs, *The Year in Disability 2009* (Canberra: FAHCSIA, 2010), p. 3.

② Australian Human Rights Commission, *Submission on National Disability Strategy* (Canberra: AHRC, 2008).

③ Ibid.

④ Innes, G., "Going for Gold: Implications of the Convention on the Rights of Persons with Disabilities for Australian law and Social Policy", paper presented at the Human Rights Indicators Seminar, Queensland Advocacy Incorporated, Brisbane, 20 August 2008.

⑤ See for example, Mason, D., "The Proposed Convention on Human Rights and Disability: An Australian Perspective" paper presented at the Australian Human Rights Commission Workshop, Australian National University, Canberra, 25 March 2004.

阶段就大幅提高了残障人士的参与水平，缔约代表中就包括了残障人士。更重要的是，这些参与者在《公约》定稿后便开始持续地推动对《公约》的批准。

为了在国家残障政策与《公约》的实施中将各州、领地以及联邦政府的思考和努力结合起来，澳大利亚人权理事会提出了若干核心建议。首先，联邦政府需要领导并支持各州和领地在国家残障政策的框架内制定自己的残障政策。联邦政府要确保各州和领地的残障政策在监测与报告制度方面是有效的、具体可问责的。① 为了落实《公约》第四条，即《公约》各原则应当体现在所有的政策制定计划中，人权理事会认为联邦政府的每个部门都应当制定基于《公约》的残障政策。各部门的残障政策应当包括这些部门各自工作中与残障有关的目标，体现本部门的工作领域和特点，同时也要考虑所有部门和机构都适用的目标（例如就业方面的实践、无障碍房屋设施等）。国家残障政策应当确保这些承诺也能够适用于各州和领地政府中的各个部门与公共机构。《公约》第三十三条所规定的协调机制也应当体现在联邦与各州、领地的工作架构中，一方面有助于促进对《公约》与国家残障政策的跨部门学习，也能够让最佳实践或者潜在的障碍成为不同的州或类似的政府部门的宝贵经验。为此，澳大利亚人权理事会特别指出，该协调机制的核心功能之一便是确定那些"《公约》所要求、但涉及多个部长会议的职权范围或者未能明确地归属于某个既有的部长会议的职权范围内的行动。"理事会还预计将会由这个协调机制来负责准备提交给残障权利委员会的缔约国履约报告，而通常情况下这样的工作是由外交部承担的。这项建议使得最终的报告能够兼顾《公约》与国家残障政策，完整地体现出基层、区域与全国层面的发展进程，因此有特别重要的价值。

澳大利亚人权理事会同时建议，政策制定者与公民社会组织在评估国家残障政策的成果以及《公约》实施效果时，可以使用由昆士兰倡导中心（Queensland Advocacy Incorporated）②制定的残障人士人权指标作为评估工

---

① Australian Human Rights Commission, *Submission on National Disability Strategy* ( Canberra : AHRC, 2008).

② Queensland Advocacy Incorporated, Human Rights Indicators for People with Disability-A resource for disability activists and policy makers( Brisbane : QAI, 2007).

具。这些指标的内容在《从修辞到行动》一书的第一章讨论过。令人鼓舞的是，人权理事会认为用这套指标来评估《公约》在国内的落实情况是完全可行的，甚至国家残障政策中的核心目标也应当与指标中的内容联系起来。

另外，人权理事会建议国家残障政策："应当提供充足的资源以支持残障人士代表与倡导组织参与政策的实施与监测，以符合《公约》第三十三条第三款的要求。"①联邦政府在国家残障政策的讨论文件中强调，政府无法为残障人士面临的所有问题提供解决方案，对此人权理事会评论说："的确，政府的知识是有限的，因此国家残障政策应当提供一种逐步实现持续的政策发展及改善的方法，并非一次性地解决所有问题的方法。"②然而，委员会也警告不应以此为借口而延迟国家残障政策的出台，并且指出："包含了许多重要承诺的国家残障政策有望在 2009 年年初定稿，不应该因为数据收集进展太慢或政策审查尚未开始等原因而有所拖延"③。然而不幸的是，人权理事会对国家残障政策的估计过于乐观了，在写作此文时具体的政策与实施计划都还没有出台。尽管如此，人权理事会的工作仍然提供了一个坚实的框架，能够将国家残障政策的制定和《公约》的原则与要求紧密联系起来。

# 四、积极的法律义务与资助项目

本研究中提及的多数国家残障政策都是政府的政策性文件，包含了目的与目标、责任主体以及完成时间表。然而，其中一些包括积极的法律义务，要求政府部门或者其他主体采取行动，以促进残障人士的社会平等并解决残障人士传统上的权力不均问题（这是残障人士参与社会的主要障碍）。本文中讨论的法律义务强调的是主动促进平等（包括积极行动措施、残障平等义务、政策制定过程中要有残障人士的参与的义务等），而不仅仅是残障人士获得

---

① Australian Human Rights Commission, *Submission on National Disability Strategy* ( Canberra: AHRC, 2008).

② Ibid.

③ Ibid.

终端产品服务的权利。同时，由于立法和政策目标的实现需要后续的跟进与落实，本节也会讨论一些通过资助项目分配资源以实现国家残障政策的例子。

大量证据表明，通过积极措施以减少针对特定群体（例如少数族裔）的歧视是非常有效的，在就业领域尤其显著。① 这说明了消除不平等的积极法律义务（无论在就业这一微观问题上还是更宏观的政策领域）是有效的。同时也有一些例子说明，如果国家残障政策中没有包含合适的经费安排，这些政策也往往无法顺利达成目标。本节的讨论能够为那些正在制定或修改本国残障政策的国家提供经验教训。

## （一）英格兰和威尔士

之前提到过，残障平等义务②为英国所有的公共部门设置了一项义务，即起草各自的残障行动计划，明确将采取哪些行动为残障人士提供更多的服务并为他们提供参与本部门工作的机会。这项义务也导致了在各项法律与政策出台前都会进行残障影响评估（disability proofing）。值得注意的是，这项义务是适用于所有政府部门和公共主体的，这说明了残障事务被当作一个综合性的问题，而非只有医疗健康方面的政策才会影响残障人士的生活。③ 作为一种工具，这项义务被描述为：从"依赖残障人士个体投诉歧视的法律框架"转型为"相关公共部门积极能动、寻求变革的法律框架"。④ 这一改革也克服了以往残障语境下，反歧视法领域所遭到的激烈批评，即，采取行动纠正歧视的

---

① See Craig,R.L.,Systemic Discrimination in Employment and the Promotion of Ethnic Equality (Leiden:Martinus Nijhoff Publishers,2007).

② Requirement of the Disability Discrimination ( Public Authorities ) ( Statutory Duties ) Regulations 2005(SI 2005/2966).

③ The general duty applies to all public authorities(apart from a small handful which have specific exemptions ). It includes government departments, executive agencies and ministers, local authorities,governing bodies of colleges and universities,governing bodies of schools, NHS trusts and boards,police and fire authorities,the Crown Prosecution Service and the Crown Office,inspection and audit bodies and certain publicly funded museums. It also includes any organisation which exercises some functions of a public nature.

④ SENCO Update, "Implementing the new Disability Equality Duty" *SENCO Newsletter* July 2006 available at http://www.teachingexpertise.com/articles/implementing-the-new-disability-equality-duty-975(last accessed 1 November 2010).

的义务落在了遭受歧视的人身上。对残障平等义务的最终采纳说明人们能够通过法律义务要求公共主体采取积极行动来促进残障人士的社会融合。

在此义务的推动下,2008 年,政府十一个部门全部都出版报告来展现各自在实现残障平等方面所取得的进展,同时也确定了若干需要跨部门联合行动的领域。残障权利委员会(The Disability Rights Commission,现在是平等与人权委员会的一部分)专门出版了一本工具书来帮助各个部门设计残障平等项目或与之相关的行动计划,还通过一些手册或指引性文件的形式帮助残障人士维护自己相应的权利。① 2007 年,伊普索·莫利调查机构(Ipsos MORI)为残障事务办公室对各政府部门履行残障平等义务的情况作了审计,结果是72%的公共机构在 2007 年 3 月之前都发布了各自的残障平等计划(这项义务在 2006 年 12 月开始实施)。随机抽样的结果显示,75%的计划在制订过程中都有残障人士的直接参与。在这次审计之后,残障事务办公室举办了一系列的工作坊来分享好的实践。在此过程中同时发现,来自高层的支持、残障人士的参与以及对残障问题的态度转变是全面履行该义务的核心要素。②

然而,由于 2010 年《平等法案》(Equality Act 2010)③创设了一项对于公共主体都适用的一般性平等义务(即所有的公共主体都有义务在年龄、残障、变性、怀孕与分娩、种族、宗教信仰、性别、性取向这八个领域内制订平等计划),有些人担心这会削弱残障平等义务这项特殊保护的力度。残障权利委员会前主席伯特·莫西(Bert Massie)爵士就认为新的法律"**让人失望**",会稀释原本基于残障平等义务的那些权利。④ 他对此举例说:"《残障歧视法》(*Disability Discrimination Act*/DDA)中提出的要求是'消除障碍'(remove barriers),但新的法律中把这项要求换成了'避免社会不利'(avoiding

---

① Disability Rights Commission, Making the Duty Work: A guide to the Disability Equality Duty for disabled people and their organisations(London: Disability Rights Commission, 2006).

② Office for Disability Issues, Moving Forward(2009) available at http://www.odi.gov.uk/resources/moving-forward.php(last accessed 1 November 2010).

③ Section 149, Equality Act 2010.

④ Disability Now, "'Equality bill disappointing' says Sir Bert" 29 April 2010 available at http://www. disabilitynow. org. uk/latest-news2/news-focus/old-news-focus/equality-bill-disappointing-says-sir-bert? searchterm=disability+bill+dis(last accessed 1 November 2010).

disadvantage)，这种表述就弱了许多。"①他提醒残障人士和残障人自组织要对新法保持警惕，因为基于新法各公共部门在制定具体的平等项目时，残障人士的参与很可能无法达到残障平等义务所要求的程度。然而，如果新的体系能够为所有遭受歧视的人提供更好的保护，能够有助于全民的平等事业，这样的积极法律义务也理应得到欢迎。

### （二）爱尔兰

爱尔兰国家残障政策的起草、实施与监测机制在《从修辞到行动》一书的第五章到第七章中更详细地讨论，在本文中还是有必要对符合爱尔兰国情并且同时在世界范围内普遍适用的成功因素略作分析。爱尔兰的"**部门计划**"（Sectoral Plans）是国家残障政策的核心组成部分，是最能确保政策有效落实的措施之一。和前面讨论过的一些残障平等计划类似，部门计划的本质是要求各政府职能部门发布自己在残障领域的目标，借此为残障人士提供更广泛的便利并实现残障人士的社会融合。然而，关键的区别在于：根据 2005 年《残障法案》，在爱尔兰只有六个政府部门被要求完成部门计划（涉及领域包括：健康与儿童、社会与家庭事务、交通、通信、海事与自然资源、环境、遗产、基层政府与企业、贸易与就业）。其中最值得注意的是教育与科学部并无义务完成部门计划，这可能是因为该部门是 2004 年的《有特殊教育需求人士教育法》（*Education for Persons with Special Educational Needs Act 2004*，简称 EPSEN Act）的主要负责部门，在该法的要求之下能够达到与部门计划类似的效果。然而，由于预算被削减，《有特殊教育需求人士教育法》的实施被严重地拖延了，②导致了教育部门既没有部门计划来指导未来的政策发展，也缺乏可供执行的法律框架。

2005 年《残障法案》在确定各个部门计划应该包含哪些领域的问题上规

---

① Disability Now，"'Equality bill disappointing' says Sir Bert" 29 April 2010 available at http://www. disabilitynow. org. uk/latest-news2/news-focus/old-news-focus/equality-bill-disappointing-says-sir-bert? searchterm＝disability＋bill＋dis(last accessed 1 November 2010).

② Special Educational Needs，Seanad Debates 24 February 2010 Vol. 201 No. 2 available at http://www.kildarestreet.com/sendebates/? id＝2010-02-24. 252. 0(last accessed 2 November 2010).

定得非常具体。例如第 32 节第（1）款要求健康与儿童部的部门计划应当包含以下信息：

（a）由部长或代表部长为残障人士提供的服务；（b）《医疗健康法》（1947 年—2004 年）中获得服务资格的标准；（c）实施第二部分的计划；（d）在为残障人士住房服务问题上与主管住房事务的行政部门的合作安排；以及（e）其他部长认为适当的事务。

该法也对修改、修订或更换部门计划的程序作出了严格的规定，明确要求任何修改都必须呈交议会，并且在议会通过之前没有任何效力。① 一般来说，部门计划对于更广泛的无障碍和社会融合方面都会提出清晰的目标，也规定了专门的报告机制，即每个部门的计划都需要经过与残障人士的磋商并且接受"国家残障政策利益相关者监测组"的监督，这确保了残障部门能够掌握各项目标的实施情况。此报告机制所体现出的承诺的力度对其他国家而言，可能是可望而不可即的，因为单纯有一份残障行动计划远不及切实的实施和确保实施的报告制度重要。

然而在评估爱尔兰的报告机制时，我们也发现了一系列明显的问题，而这些问题其他国家在未来可能也会面对。例如过于形式化的流程可能会让报告机制退化成"**打钩练习**"；再如严格的修订程序可能造成各部门更愿意维持之前提出的目标并针对这些目标进行报告，但事实上相较于四年前制订计划时社会上已经发生了巨大的变化。另外一个关键的问题是并非所有的政府部门或者事实上的公共部门都被要求制订部门计划，因此与残障人士密切相关的一些领域无法通过综合的方式得到解决，例如教育、基层政府的无障碍以及消除隔离的财政措施等。

爱尔兰的国家残障政策也包括了专门的资助计划，名为"残障服务多年度投资计划"（Multi-Annual Investment Programme for Disability Services），时间为 2006 年至 2009 年。然而一些评论者注意到许多资金流向了传统的住宿服务（residential services）、日间照料（day care）或喘息服务（respite services），而

---

① Disability Act 2005, section 31(6).

这一点并不符合国家残障政策"提高参与和融入主流社会"的原则。① 因此,我们希望"2008—2011 资金与政策价值计划"(Value for Money and Policy Initiative 2008—2011)②作出的残障服务评估能够产生一些积极的影响,让残障服务资助计划更加符合国家残障政策以及《公约》的价值与目标。

这一节解释了积极实现平等法律义务以及相应的资助计划对于落实国家残障政策的重要性,同时也强调了实现这些法律义务以及分配资金方面可能遭遇的问题与障碍。提出这些障碍并不是想劝阻其他国家推行类似的措施,而是希望揭示这些问题能够有助于找到相应的解决方案,以便更加有效地实施与监测国家残障政策。

# 五、透明度与问责

社会政策发展与新公共管理领域的文献表明,透明度、反应速度以及可问责性对于国家及其他主体来说都是落实国家残障政策的关键因素。③ 国家残障政策的实施与监测往往受限于缺乏足够的透明度与问责,之前讨论过的那些国家的有关经验也印证了这一点。值得注意的一点是,在落实国家残障政策过程中需要透明度与问责的并不仅仅是国家或相应的公共主体,事实上所有参与到这一进程中的主体都应该做到这一点。

无论是落实《公约》还是国家残障政策,阶段性成果的报告都应当符合一定的透明与可问责的标准,为参与式民主打下基础。诚然,在国际法领域和国内层面都存在这样的情况,即人们针对某些条款特地使用模糊的表述来实现

---

① See Disability Federation of Ireland, "People with Disabilities to Face Further Income and Services Cuts in 2010" *Special Budget 2010 Edition Newsletter*(Dublin:DFI,2010).

② Department of Health and Children, *Review of Disability Services under the Value for Money and Policy Review Initiative 2008 - 2011* (2009) available at http://www.dohc.ie/press/releases/2009/20090918.html(last accessed 15 November 2010).

③ See for example, Blagescu, M. and Young, J., "Partnerships and Accountability: Current thinking and approaches among agencies supporting Civil Society Organisations" Working Paper 225 (London:Overseas Development Institute,2005).

某些共识或者通过不公开的秘密磋商来实现更好的结果。然而在评估《公约》和国家残障政策的落实情况时,国家对于实现了哪些进步、遭遇了何种障碍都应当抱有足够的坦诚,后者尤为非常关键,因为确认存在哪些问题是解决这些问题的第一步,如此才能顺利地实现各项政策目标。残障人士也有权利获得这些阶段性成果的信息,相应地,基于《公约》国家也有义务促进残障人士对这些与其相关的法律和政策的理解和认识,①并且针对自身采取了哪些措施主动为残障人士提供可获得的、便利的信息。② 最后,针对相关成就为这些参与者(无论是公共主体、私营机构、个人或者社群)提供准确的信息对于管理他们对实施情况的预期也非常重要,因为每一份报告都会对下一阶段的实施造成影响。

为了实现政策发展、实施与监测过程的公开透明,必须在整个过程中的所有阶段确保残障人士及其代表机构的充分参与。然而这些代表的确定也必须通过透明的方式进行,并且这些代表必须对自己的角色有清晰的理解。另外,当私营机构参与到残障政策的落实中时,它们对报告与监测过程的参与也必须以透明和可问责的方式进行。本节将会就报告机制中的公开透明与可问责提供具体的实例,重点将会放在公共主体上。

### (一)瑞典

与其他斯堪的纳维亚国家一样,瑞典在政府透明度与可问责度方面享有盛誉,③在公共政策和社会政策方面尤其如此。这一点有时被归因于瑞典政府对公民权④、特别是政治公民权的重视以及在政策制定与政治决策中有着较高的民主程度。由于瑞典在保障公民权方面有着一贯的坚持和承诺,而且瑞典的社会政策也着力于消除所有生活领域的参与障碍,因此人们并不太愿

---

① Article 8.

② Article 9(2)(d)-(h).

③ Arter, D., "From 'Parliamentary Control' to 'Accountable Government'? The Role of Public Committee Hearings in the Swedish Riksdag" (2008) 61(1) *Parliamentary Affairs* 1.

④ Cambridge, P. and Ernst, A., "Comparing local and national service systems in social care Europe: framework and findings from the STEPS anti-discrimination learning disability project" (2006) 9 (3) *European Journal of Social Work* 279, 285.

意将残障问题单列出来并通过一些特别的政策来处理。

在瑞典,残障服务是以"**去中心化**"(decentralise)的方式提供的,即由基层政府承担分配资源与提供服务的责任。这意味着尽管国家政策能够起到指导作用,例如 2000 年的《从患者到公民:国家残障政策行动计划》(*From Patient to Citizen:National Action Plan for Disability Policy 2000*),对于政策的实施中的主要决策仍然是在基层作出的。从某些方面来说这种以基层为主的方式是很有益处的,因为这样的方式能够让残障人士及其家属更多地参与,并且确保政策制定者能够直接对当地的选民负责。然而这种去中心化的方式往往无法保证资源分配和服务的提供在全国层面上的协调与一致,对这一点卢吟(Lewin)等人有所论述,前文也有所涉及。①

为了解决全国层面的一致性问题,Handisam 即瑞典残障政策协调局(the Swedish Agency for Disability Policy Coordination)开发了一套重要的电子工具(E-Verktyget or E-tool)。② 这套工具能够通过网络搜集 21 个郡、290 个自治市的相关数据,从而评估某个基层政府在无障碍方面的工作水平。每个人都能够在网络上阅读评估的结果,并且这套工具能够进行各郡之间或者城市间的数据比较,因此人们能够共同学习最佳实践以及有关障碍的实例。通常情况下各市或各郡的有关官员会将无障碍方面的信息发布在这套电子工具上,同时残障组织也能够注册为信息提供者,这样就确保了官方发布的数据能够反映当地残障人士的真实情况。③

该电子工具的开发工作始于 2006 年,瑞典残障政策协调局与瑞典基层政府与地区协会(Swedish Association of Local Authorities and Regions)、若干郡议会、若干城市以及残障联合会(Disability Federation)共同成立了一个指导委员会和工作小组。开始的时候制定出了二十项与无障碍有关的指标,之后缩减

---

① Lewin, L., Lewin, B., Bäch, H. and Westin, L., "A Kinder, Gentler Democracy? The Consensus Model and Swedish Disability Politics"(2008)31(3)*Scandinavian Political Studies* 291.

② See Handisam & Sveriges Kommuner Och Landsting, E-Verktyget (2010) available at http://www.e-verktyget.se/EService/EServicePage____1000.aspx(last accessed 10 October 2010).

③ See Handisam & Sveriges Kommuner Och Landsting, *Sex sidor om e-verktyget för tillgänglighetsarbete*(2010) available at http://www.e-Is the layout ok here? verktyget.se/EService/EServicePage____1106.aspx(last accessed 25 October 2010).

为八个领域：政策、责任、合作、采购或购买、物理环境、信息与通讯、就业以及预算。"**政策**"方面的指标仅仅是记录是否有关于无障碍的政策，而"**责任**"方面的指标则考评该政策的落实情况。"**合作**"测量的是政府与公民社会的合作，尤其是残障人士的赋能以及那些缺乏无障碍环境或措施的领域。"**采购与购买**"方面的指标确保所有公共主体购买的物资与服务可为尽可能多的人获得并且使用。

在评估物理环境的无障碍时，电子工具会对建筑物的无障碍设施以及为了消除障碍所作的努力进行记录，确保该部门职权范围内的所有建筑物都能够（对残障人士）发挥作用（包括投票站），并确保规划中的建筑物是无障碍的。"**信息与通讯**"方面的指标测量的是基层政府网站的无障碍程度、与个体公民就有关决策进行沟通的替代性方法、以及基层政府与公民群体之间的会议程序中的无障碍。在这一部分也会考察当地的旅游指南是否包含了无障碍方面的信息。"**就业**"指标则会评估招聘环节的无障碍水平、提供的合理便利、以及对员工进行的残障事务培训。最后，基层政府会被问及在财政预算中有多少资源被分配用于消除障碍，尤其是那些如果若无专门的资源投入在合理的时间内无法自动消除的那些阻碍，以及有多少资源用于为负责落实无障碍政策的人提供支持。①

该电子工具可用于两个不同的层面：第一是反映是否存在适当的计划、程序与机制，第二是测量这些已有的政策在多大程度上得到落实。第二个层面针对上述八个领域设置了更具体的指标，使得其他参与者能够根据这些由基层政府提供的原始数据进行相关评议。例如，在"**政策**"问题上设置了以下更为深入的问题来判断落实的水平：

- 如果一项政策已经得以通过，该政策会被执行到哪一年？
- 谁批准了这项政策？ 是市政府、市政府的某个委员会还是残障服务委员会？
- 这项政策是否经过监测、评估、更新？上一次监测、评估、更新是在哪

① See Handisam & Sveriges Kommuner Och Landsting, *Sex sidor om e-verktyget för tillgänglighetsarbete*(2010) available at http://www.e-verktyget.se/EService/EServicePage ＿＿＿ 1106. aspx(last accessed 25 October 2010).

一年？

· 这项无障碍政策是否参照了该市的行动规划政策？①

所有八个领域都设置有类似的更为深入的问题,这能够对不同的市与郡的情况进行比较,并分享其中的最佳实践。为了实现这一点,来自不同基层政府的工作人员建立了一个网络,使用瑞典基层政府与地区协会的网站上的一个网络论坛进行在线交流。该网络每六个月在瑞典的不同地区召开一次会议,来自不同基层政府的工作人员会介绍自身消除障碍工作中的成就与困难,以此寻找共同的解决方案。② 这样的会议和电子工具搜集的数据能够在基层提供公开和透明的对话机会,并且能够为残障倡导机构提供相关证据来指导今后的政策发展。

瑞典残障政策协调局每年会在全国层面发布不同国家机关间的"**公开比较**"( open comparisons),为每个机关打分:"**基础的无障碍环境**"满分为 13 分(包括制订行动计划、建筑物的勘察及已有的相关程序)、"**信息与通讯**"满分为 15 分(包括信息是否能够以不同格式获得、网站的无障碍等等)、"**商业领域无障碍**"满分为 17 分(对该机构总部的无障碍情况进行评级)。③ 2007 年和 2010 年,瑞典残障政策协调局针对所有全国性的国家机关进行了公开比较的调查,从而能够对不同公共部门所完成的工作进行比较。

上述实践体现了透明和可问责的报告机制在"评估一项政策是否成功落实"这一工作中有多么重要,它能够找到落实中的阻碍、合理地分配责任并且达成解决方案。这一项关键因素的实现也需要和另外两项重要标准相结合:一个是残障人士对于政策制定过程的参与(在前面已经有过讨论),另一个是"将公共部门视作学习型组织",这一点在后面将会有更详细的讨论。

---

① See Handisam & Sveriges Kommuner Och Landsting, *Fördjupningsfrågor om indikatorområdet Policy*(2010)available at http://www.e-verktyget.se/EService/EServicePage ＿＿ 1706.aspx( last accessed 1 November 2010).

② See Handisam & Sveriges Kommuner Och Landsting, *Om Nätverket för tillgänglighetsfrågor* available at http://www.e-formatting ok? verktyget.se/EService/EServicePage ＿＿2986.aspx( last accessed 20 October 2010).

③ See Handisam, *Öppna jämförelser 2010*( 2010) available at http://www. handisam. se/Tpl/ OpenComparisonSurvey2010＿＿13728.aspx( last accessed 22 October 2010).

# 六、将残障平等主流化——公民权与
# 生命周期模式

这一项成功因素是为了评估国家残障政策在多大程度上被纳入总体的公共政策发展计划（特别是在社会融合方面），是否能够与其他公共部门的改革计划相协调。"**主流化**"在这里指的是公共服务与政策对于残障人士是无障碍的，并且能够针对残障人士的需求作出反应。然而，如果我们将其视为更广泛的公共部门改革计划的一部分，那么"**公民权**"的表达可能就更为合适，因为这意味着所有的公共服务都应当能够对所有公民在整个生命周期中的需求作出反应。因此，我们不应将主流化本身看作终极目的，而是将其作为实现更广泛的社会参与和融合的一个重要步骤。

残障平等的主流化意味着在普遍的政策制定过程中都要将残障平等作为考量因素，这样的做法的好处之一是能够聚焦于特定的领域（例如就业与交通）并有助于找到影响残障人士生活的具体的系统性障碍。政策制定者便有机会来重新审视某项具体政策的目的究竟是什么，并且能否实现"服务所有公众"的目标。佐拉（Zola）的研究表明采取主流化的方法能够提高相关政策的效益，他自己使用的表述是"**将残障政策普遍化**"（universalizing disability policy），类似于（在科技、交通与就业领域的）通用设计的构想。① 也有一些经济方面的证据表明，性别与种族平等的主流化政策对于其他政策发展领域也是非常高效的。②

本文将会讨论残障平等主流化的三个主要问题：（立法与政策中的）残障影响评估、残障政策与其他公共政策的互动（例如社会融合政策与发展援助计划）、以及在公共服务中提升残障意识。讨论中也会涉及一些国家在这三

---

① Zola, I.K., "Toward the Necessary Universalizing of a Disability Policy" (1989) 67(2)(2) *The Milbank Quarterly* 401.

② See Craig, R.L., Systemic Discrimination in Employment and the Promotion of Ethnic Equality (Leiden: Martinus Nijhoff Publishers, 2007).

个领域的最佳实践。

## （一）残障影响评估

在许多国家残障政策中，一项核心的承诺便是制定出针对立法与政策的残障影响评估机制，人们相信这项机制能够确保每项具体政策都符合国家残障政策的原则与目标。联合国人权事务高级专员办公室以及国际议会联盟共同出版了一本手册，向各国议员介绍《公约》及其任择议定书。[①] 这本手册建议议员们对所有现行法律（包括宪法）进行审查，以确保这些法律是承认《公约》各个条文所保护的那些权利的。更为重要的是，该手册要求立法者保证"在议会层面建立相关的机构或者机制以确保新的立法符合《公约》"。[②] 值得注意的是该手册和《公约》所要求的都是审查所有与残障人士有关的法律、政策与项目，而不仅仅是传统上认为的那些残障领域的具体政策（例如健康与社会服务）。该手册中所设计的残障影响评估也要求各国在财政预算中为那些促进与保护残障人士权利的主体分配足够的经费。政府在制定政策时应当确保这些政策同时符合国家残障政策和《公约》。

瑞典的国家残障政策主要关注的是残障人士如何能够获得充分的、包容的公民权，指出"残障政策是和整个社会都紧密相关的"[③]，并且强调了将残障视角纳入整体规划的重要性：

> 目前残障视角尚未被充分纳入整体规划中。我们并没有在一开始的时候就创造一个无障碍的环境或者具体活动，而是之后才采取一些特别的方案来解决问题，这样的方式花费更多并且更加麻烦。如果一开始在规划时能够具备残障视角就能避免这些问题。特殊的措施应当作为补

---

① Department of Economic and Social Affairs, the Office of the United Nations High Commissioner for Human Rights and the Inter-Parliamentary Union, *From Exclusion to Equality: Realizing the Rights of Persons with Disabilities-Handbook for Parliamentarians on the Convention on the Rights of Persons with Disabilities and its Optional Protocol*(Geneva, UN, 2007).

② Ibid, p. 75.

③ Ministry of Health and Social Affairs, From Patient to Citizen: A National Action Plan for Disability Policy(Stockholm: 2000), p. 8.

充，而不应成为第一选择。①

上文提到过，瑞典在基层、区域与全国层面都有常规的报告与监测机制，每个环节都会审查这些公用服务是否对于最大多数的公民在生命周期的每个阶段都是无障碍的，这样就自然而然地实现了残障影响评估。

英格兰和威尔士的残障平等义务以及维多利亚（澳大利亚）的残障行动计划也向残障影响评估迈出了积极的一步，因为它们适用于所有公共主体而不论这些公共主体的工作领域，并且要求所有的政策制定者在规划阶段就要考虑残障平等和无障碍问题。爱尔兰也承诺将残障影响评估作为国家残障政策的一部分增加进自己的《内阁指南》（*Cabinet Handbook*）。② 然而这一点尚未完全实现：爱尔兰残障联合会在 2010 年提交的针对财政预算的报告中指出，财政经费的分配也应当经过残障影响评估。③

### （二）国家残障政策与其他政策之间的互动

本研究认为有必要将国家残障政策与其他公共政策联系起来，并且在其他政策的规划阶段就有必要结合国家残障政策来讨论这些政策可能对残障人士的生活造成什么影响。可能与国家残障政策紧密相关的政策领域与实例包括：人权（瑞典、新西兰、菲律宾）、儿童（南非、爱尔兰）、公共卫生（南非、新西兰、葡萄牙、菲律宾）、发展（斯洛文尼亚）、老龄化（新西兰）、就业与社会融合（所有欧盟成员国）。在这些政策领域之间建立联系能够确保残障与无障碍问题在各种各样的政策讨论中都能占有一席之地，并在所有政策的制定过程中都能够被认为是需要考虑的一部分。这意味着没有任何一项国家政策（例如交通、就业、教育等）能够在没有残障人士参与并表达哪些问题应当得到优先考虑的情况下就被制定出来。总而言之，如果能将残障问题置于更广泛的

---

① Ministry of Health and Social Affairs, From Patient to Citizen: A National Action Plan for Disability Policy(Stockholm:2000), p. 8.

② Department of An Taoiseach, Sectoral Plans under the Disability Act 2005 – An Overview (Dublin:2006), p. 4.

③ See Disability Federation of Ireland, *2010 Pre-Budget Submission* (2010) available at http://www.disability-federation.ie/index.php? uniqueID=226(last accessed 2 November 2010).

政策领域内予以考虑,而不是简单地认为仅凭一项单独的国家残障政策就能解决所有的残障问题,那么残障工作的推进将会更加高效。

### (三)公共改革与残障意识

本研究认为,对于国家残障政策的落实来说,一个关键的障碍是,最基层也是草根层面的公共服务未能以无障碍的方式提供,而这一点恰恰是国家残障政策的核心原则。奎因(Quinn)评论说:"一方面肯定这些高标准的原则,另一方面却拒绝让这些原则适用于特定的群体并让他们受益。有趣的是这一点,几乎在每一个文化中都存在,但似乎并未造成任何理念和认识上的矛盾。"[①]因此仅仅让政府部门里的高层官员或者残障服务机构的负责人接受国家残障政策中的原则并作出承诺是不够的,如果希望残障人士能够真切地感受到生活中发生的改变,那就应当让最前线的服务提供者承担起责任来实现这些原则。

这就需要在文化上或者组织结构上进行重大的改变,其中正在进行的一项工作便是提高相关人员对待残障权利的认识。即便是在经济条件受限制的情况下也不能忽略针对残障权利的意识提升,因为一旦忽略就可能在未来的落实过程中造成更多的问题,这一点特别重要。由于制定新的残障政策时未能将这些政策与残障人士的期待联系起来,因此许多国家或法域都遭遇了许多挫折,在对国家残障政策的落实情况进行监测与评估时发现这一点是最棘手的问题之一。新西兰就遭遇了这样的麻烦,2007年在对国家残障政策进行第一次审查时,有证据表明:

> 对于国家残障政策在过去六年的实施进展,政府官员和残障人士抱有不同的看法。中央政府的有关机关认为残障政策是政府的一项承诺,是在其他的优先工作任务以及基于现有预算的工作量之外带来一些改变,并且他们认为这种改变正在发生。然而残障人士、残障机构以及残障服务的提供者期待在2007年能实现更大程度的进展,希望新西兰能够接

---

① Quinn, G.and Bruce, A., "Towards free and inclusive societies for people with disabilities" in Quinn, S.and Redmond, B., eds., *Disability and Social Policy in Ireland* (Dublin: University College Dublin Press, 2003), p. 182.

近成为一个充分融合和赋能的社会。①

这样的证据表明国家残障政策在未来的实施过程中应当聚焦于那些对残障人士而言真正重要的领域,改革草根层面的公共服务。

最后,这一项关键因素虽然很难量化,但不应被忽视,因为这会对残障人士产生实质性的影响。有时候我们能够通过在立法和政策制定过程中进行更多的残障影响评估来实现一些积极的变化,然而也有一些问题的解决需要更加实质性的改变,需要一定的政治决心,并且得到来自于残障人士、家属、照顾者以及公共服务提供者的大力支持。

# 七、独立监测与审查

在之前的讨论中,我们主要依赖政府部门与公共主体自己作出的报告来评估国家残障政策的落实情况,因此很重要的一点是,需要有独立的监测机制来监督这套报告体系,只有这样才能确保呈现出来的是真实的落实情况。《从修辞到行动》一书的第一章提到过,《公约》要求缔约国建立一个全国性的架构(包括一个或多个独立的机制)来促进、保护并监测《公约》的实施情况。②《公约》也指出公民社会组织,尤其是残障人士及其代表组织必须参与到这些监测程序之中。③

《公约》的要求实际上也很符合社区发展领域的一些研究成果,这些文献主要研究社会政策(包括促进残障平等的政策)中参与式评估(participatory evaluation)的效果。④ 许多基于社群的非政府组织正在运用参与式评估技术对自身在残障领域的工作进行考评,并且这种方式被越来越多地运用在各个政

---

① Litmus, *New Zealand Disability Strategy Implementation Review 2001–2007*(Wellington: Commissioned by the Office for Disability Issues, 2008), p. 4.

② Article 33(2).

③ Article 33(3).

④ Hasenfeld, Y., Hill, K. and Weaver, D., *A Participatory Model for Evaluating Social Programs* (San Francisco: James Irvine Foundation, 2002).

策领域。之前所作的评估较少会涉及社会政策对于农村的影响，传统上也有一些参与者或受访者（包括儿童、老年人与残障人士）并不容易接触到，或者有些群体的声音在评估中被忽略了，而现在参与式评估的方式在上述情形中都得到了更为普遍的运用。① 最后，这一节所讨论的最佳实践体现的是，独立监测与外部评估领域的结果如何指导之后的政策发展。有人认为这是国家残障政策能够有效落实的关键因素，霍克里（Holkeri）和苏玛（Summa）就评论说："如果没有渠道能将外部评估的结果用于新项目的准备工作，那么这些来自于外部评估的批评（尽管可能并未遭到反对）可能会被认为是没有作用的。"很多时候评估被当作一项独立于项目规划与实施的活动，这就会降低人们对于评估的支持程度与参与兴趣。②

### （一）新西兰

2001 年，新西兰的国家残障政策在出台时就承诺将在实施五年和十年后接受独立的审查。③ 2007 年进行了第一次审查，是残障事务办公室委托一家名为石蕊集团（Litmus）的独立评估与研究公司执行的。这次评估不仅仅面对政府，而是纳入了全社会的参与。石蕊集团在评估总结中提到：

> 这次评估对残障政策相关文件进行了分析，也对众多相关方进行了深度访谈，包括残障人士、以残障人士为成员的组织、残障儿童家长、残障支持的提供者、中央政府部门、基层政府、区域医疗健康委员会（District Health Boards）、高等教育机构以及负责国家残障政策落实的其他机构。④

评估机构制定了一系列评估指标与问题来评估落实情况，探究实施中的障碍与有利因素，分析残障政策在实施过程中对于残障人士生活的具体影响

---

① Kuipers, P. Kendall, E. and Hancock, T., "Evaluation of a rural community-based disability service in Queensland, Australia" (2003) 3 Rural and Remote Health 1.

② Holkeri, K. and Summa, S., Evaluation of Public Management Approaches in Finland: From Ad Hoc Studies to a Programmatic Approach (Helsinki: Ministry of Finance, 1996), p. 17.

③ Minister for Disability Issues, *The New Zealand Disability Strategy-Making a World of Difference* (Wellington: Ministry of Health, 2001), p.iv.

④ Litmus, *New Zealand Disability Strategy Implementation Review 2001-2007* (Wellington: Commissioned by the Office for Disability Issues, 2008), p. 3.

（包括那些意料之外的影响），同时为残障政策下一阶段（至 2011 年）的实施作准备，也为 2011 年的独立评估搭建出基本的框架。

正如上面所讨论的，政府部门所声称的进步与残障人士具体的期待与感受之间是存在差距的。因此新西兰的国家残障政策需要外部的评估主体来对实施效果进行评估。

根据所使用的评估框架，需要在以下两个层面考虑实施的效果：

**实施结果**——在残障相关问题中利益相关者视角、想法与行动上的改变，这有助于提高全社会对残障人士的价值的认识，有助于残障人士获得更多支持以更充分地参与社会生活。

**残障人士生活的改善**——这些成果能够让残障人士在生活的方方面面都充分参与社会，能够在官方数据以及残障人士的体验报告中得到体现。①

这种概念上的区分尤为重要，我们能够以此为基础为两种实施效果制定不同的评估指标。这份评估报告随后将重点放在实施中的挫折上："残障人士认为，尽管残障政策在实施过程中开展了非常广泛的活动，但对于他们的生活而言，诸如在健康、教育、交通、住房和残障支持领域，并没有发生什么变化。"②为了解决这样的问题，报告建议政府优先开展那些可能会对残障人士生活带来最大程度的改善的活动。报告也强调，应当将评估的重点放在残障政策的实施如何提高残障人士生活质量、如何改善残障人士参与社区生活以及如何提高残障人士的社会价值。

或许这份独立评估最大的成就在于它清晰地描述了残障政策在实施过程中的阻碍，并开始为之寻找解决方案，报告中提出的建议正是这样的尝试。对于这些实施障碍，报告写道：

参与者认识到实施过程中总体而言有三项最主要的挑战：缺乏全国性的实施计划以及配套的财政支持；残障事务办公室的规模与地位；以及社会对于残障人士的态度。中央政府相关部门的内部机制也被认为阻碍

---

① Litmus, *New Zealand Disability Strategy Implementation Review 2001-2007* (Wellington: Commissioned by the Office for Disability Issues, 2008), p. 3.

② Ibid, p. 57.

了它们对残障视角的接受，阻碍了国家残障政策的落实。①

针对下一次审查，即实施十年时的独立审查，本次报告为新西兰国家残障政策的各利益相关方都提出了一系列的指标，并且指出了通过哪些数据可以得出这些指标以及如何搜集这些数据。这些问题将在下一节作进一步的讨论。

## 八、指标与数据——对残障政策的
## 实施与监测状况进行测量

本研究中一直都在强调应当对残障人士具体状况进行数据搜集，以此衡量国家残障政策的落实情况。正如《从修辞到行动》一书第一章所讨论的那样，《公约》也认为有必要在国家层面搜集数据以及统计数据，"用于协助评估本公约规定的缔约国义务的履行情况，查明和清除残障人士在行使其权利时遇到的障碍。"②搜集相关数据是对《公约》中的原则如何在缔约国国内影响残障人士的生活进行衡量的第一步。然而，历史上大部分的数据搜集系统都仅仅关注残障或者不同损伤类型的发生率。《公约》要求各缔约国收集残障人士的具体体验，希望通过这样的方法解决上述问题。

这样的要求也应当在国内的政策中予以体现，即在国家残障政策中嵌入衡量残障平等状况的相关指标。"**指标**"一词指的是对残障政策中的不同计划或者措施使用统计测量的方式进行呈现，并且能够用于对这些计划或措施乃至整个残障政策的效果进行评定。举个例子，一项与就业政策相关的指标就可能表现为残障人士在公开的就业市场中获得就业机会的数量。为了让这些统计数据更为实用，特别是在对有关措施对于残障人士生活的影响进行评估时，应当就全国与基层分别制定指标，然而《公约》以及其他的由联合国、欧

---

① Litmus, *New Zealand Disability Strategy Implementation Review 2001-2007*( Wellington：Commissioned by the Office for Disability Issues,2008)，p. 4.

② Article 31(2).

盟文件建议搜集的数据是能够在区域和国际层面进行比较分析的。最后，为了评估《公约》和国家残障政策的影响所设置的指标应当同时包括量化与质性的信息，更加完整地呈现在国内层面残障人士生活中发生的改变。

通过《从修辞到行动》一书的第一章以及本文所作的比较研究，我们能够看出设置这些指标来评估残障政策影响残障人士生活的重要性。接下来我们会强调，当残障人士参与到指标的制定过程中时，这些有关残障平等的指标才是最为有效的，①效果远远优于通过政府自上而下地设置指标。这一节我们所讨论的几个国家的最佳实践是关于如何将残障平等指标的数据收集与国家残障政策的实施与监测过程联系起来的。

### （一）英格兰与威尔士

在英格兰与威尔士，针对残障人士状况的数据搜集，主要有两项计划在进行之中。第一个是由残障事务办公室资助的"**生活机会调查**"（Life Opportunities Survey）。这项调查开始于 2009 年夏，计划在 2012 年秋完成。这项调查是一项纵向调查，即聚焦于残障人士在不同生命阶段的转换期的经历和体验，比如从儿童迈入成年或者入职与失业等等。调查涵盖的问题包括工作与学习、健康、交通、社区与社会生活、休闲、关键服务的使用、照顾与家庭生活、仇恨犯罪与歧视、收入与福利。这项调查会搜集与平等有关的各个领域的各种数据，而不仅仅是针对残障问题，另外残障人士与非残障人士都会参与。这样做是为了能够更全面地搜集信息，比较残障人士和他们的非残障伙伴们在生活中是否拥有同样的机会。

生活机会调查的目的是形成一份基线调查报告，随机选取了 37 500 个家庭为样本，其中所有 16 岁及以上的人都会被访问。如果有年龄在 11 至 15 岁的儿童，也会向他们的父母询问一些问题。人们希望能够通过这次调查了解残障的发生率，更为重要的是，政府希望利用这次调查得出的数据来为 2025

---

① Again, the work of the PPR Project as described above is significant as it shows how communities can develop their own indicators based on international human rights norms. See McMillan, F.V., Browne, N., Green, S., Donnelly, D., "A Card Before You Leave: Participation and Mental Health in Northern Ireland" (2009) 11(1) *Health and Human Rights: An International Journal* 61.

年平等生活机会目标的评估制定指标。调查未来涵盖的信息还包括当人们遭遇残损时的经历，以及残损情况的变化与生活状况之间的联系。此次调查所用的残障的概念源自于世界卫生组织的《功能、残疾与健康国际分类》（即 ICF Model），并着重于测量残障对于残障人士参与社会的阻碍以及不同的残损等级对功能的影响。

此次调查是在残障事务办公室 2005 年的一份报告的建议下设计并执行的，该报告名为《满足残障人士对于残障信息的长期需求的可行性报告》（*Meeting DWP's long-term information needs on disability：A feasibility report*）。[1] 另外，2007 年，国家统计数据办公室发布了一份平等数据审查报告，[2]其中指出了一些统计数据上的缺失，这次调查也希望能够弥补这方面的缺陷。在 2025 年之前实现残障人士在生活中的平等机会是英国国家残障政策的一项核心目标，对此目标的实施情况进行评估的另一份报告，即《提高生活机会报告》，也直接使用了这次调查的结果。此次调查所提供的信息同时也能用来评估英国对《公约》的落实情况。

第二项值得一提的计划是对"**残障平等指标**"的使用，该指标是为监测独立生活战略（Independent Living Strategy）的落实情况而专门设计的。这些指标所涵盖的主要领域包括：残障儿童与青年、就业效果与机会、生活标准、歧视与社会态度、社会参与、产品与服务的获得与使用、住房的获得与适宜性、犯罪、司法与独立生活。[3] 这份指标清单随着时间的推移也有所扩充，添加了一些诸如就业和教育相关领域的新问题、甚至还有贫困这样的新话题。每个话题有 2 到 12 个具体的指标，而不同的话题会有不同的数据搜集的基线日期。在残障事务办公室的网站上能够查询到实时更新的数据，并且会针对数

① Purdon, S., et al, *Meeting DWP's long-term information needs on disability：A feasibility report* (London：Corporate Document Services, 2005) available at http://www.dwp.gov.uk/asd/asd5/rports2005−2006/rrep267.pdf(last accessed 2 November 2010).

② Office for National Statistics, *Report from the Review of Equality Data* (London：Office for National Statistics,2007) available at http://www.statistics.gov.uk/about/data/measuring-equality/downloads/DataAuditfinal.pdf(last accessed 4 November 2010).

③ Office for Disability Issues, *Roadmap 2025−Disability Equality Indicators* (2010) available at http://www.odi.gov.uk/roadmap-to-disability-equality/indicators.php (last accessed 4 November 2010).

据的趋势提供具体信息。这些趋势以非常便利的方式呈现出来，会清晰地显示这种趋势是朝着正确的方向发展还是朝着错误的方向发展，或者维持不变。如果对于某一项指标缺乏足够的数据来判断其趋势，残障事务办公室的网站会将这种情况标示出来，并且提供这个领域最新的公开数据。①

在对独立生活政策进行评估时有专门的咨询环节，在此过程中形成了一系列意见。为了回应这些意见，政府专门成立了独立生活保障小组，其成员来自"**平等 2025**"委员会成员以及之前的独立生活专家审查委员会的成员。这个小组会对独立生活政策的实施过程进行监测，并就实施过程中的数据搜集工作起草一份独立报告提交给"实现残障平等理事会"（Disability Equality Delivery Board）和"生活机会部长级会议"（Life Chances Ministerial Group）。② 该小组的会议记录以及年度实施进展报告③都可以通过互联网获得。然而独立生活政策目前仅仅适用于英格兰地区而并非在英国全境，因此为了完成英国对《公约》实施情况的数据搜集义务，需要将这样的实践予以扩展。

## （二）爱尔兰

爱尔兰的国家残障调查在记录残障人士的体验与感受方面是个正面典型（在调查中会询问受访者对自身残障状况的态度以及参与社会生活的体验）。④ 与上面提到的生活机会调查类似，爱尔兰的残障调查也基于世界卫生组织的《功能、残疾与健康国际分类》来调查残障的发生率。然而，与生活机会调查不同的是，爱尔兰的国家残障调查的样本来自于在 2006 年的全国人口调查中将自己认定为残障人士的那部分人，同时对于非残障人士也抽取了一个数量相对小的样本。这次调查中共访谈了约 17 000 名不同年龄层的人。

---

① Office for Disability Issues, *Roadmap 2025-Disability Equality Indicators* (2010) available at http://www. odi. gov. uk/roadmap-to-disability-equality/indicators. php ( last accessed 4 November 2010).

② Office for Disability Issues, *Independent Living Scrutiny Group Terms of Reference* (2009) available at http://www. odi. gov. uk/docs/wor/ind/ILSG-supp-3-tor. pdf ( last accessed 2 November 2010).

③ See Office for Disability Issues, *Independent Living Strategy* (2010) available at http://www. odi.gov.uk/working/independent-living/strategy.php( last accessed 20 October 2010).

④ Central Statistics Office, *National Disability Survey* 2006-Volume 2( Dublin: CSO, 2010).

因此可以说这次调查展现出来的结果是聚焦于残障人士这个群体的。国家残障委员会（National Disability Authority）在 2005 年发布的《距离平等还有多远》（*How far towards Equality*）①指出缺乏残障人士相关领域的数据，因此这次的国家残障调查提供的丰富的数据补充了这项空白。这份报告用了专门的一章来讨论在未来的落实中制定合适的监测指标的重要性。国家残障委员会在报告中提出了一套"能够聚焦于实际成果的重点指标，例如就业率，而不是仅仅衡量付出的投入，例如师生比或者在服务上的财政支出。"②这些由国家残障委员会提出的指标源自于残障人士生活中的核心领域，而这些核心领域也已得到若干重要文件的认可，例如残障人士地位委员会在 1996 年的报告、《联合国残疾人机会平等标准》以及《功能、残疾与健康国际分类》。国家残障委员会还专门设置了残障组织与残障人士代表的咨询会议，在会议中选出了最能体现爱尔兰残障平等状况的各项指标，并且由参与者对这些领域的重要性分别打分（满分为 10 分）：③

| | 平均得分（满分 10 分） |
|---|---|
| 交通 | 9.3 |
| 拥有常规性的社会生活 | 9.2 |
| 陷入贫困的风险 | 9.2 |
| 有一份工作 | 9.0 |
| 人们的态度 | 8.8 |
| 收入水平 | 8.7 |
| 和朋友见面 | 8.7 |
| 培训 | 8.6 |
| 教育水平 | 8.5 |
| 无障碍的道路与建筑物 | 8.5 |
| 能出门购物 | 8.2 |

---

① National Disability Authority, How far towards Equality? Measuring how equally people with disabilities are included in Irish society(Dublin：NDA, 2005).

② Ibid, p. 97.

③ Ibid, p.100.

续表

| | 平均得分（满分 10 分） |
|---|---|
| 拥有正常的工作,而非在庇护工场的工作 | 8.0 |
| 拥有假期 | 7.7 |
| 在普通学校而非特殊学校上学 | 7.0 |
| 有自己的住处 | 6.9 |
| 参加俱乐部或其他团体 | 6.8 |
| 结婚或者与伴侣共同生活 | 6.0 |
| 有小孩 | 4.8 |

国家残障委员会仅收到了十三份来自残障机构的反馈。基于这些反馈以及对其他在指标设计领域国际文献的分析,国家残障委员会提出了以下二十五项核心指标:①

| 领域 | 指标 | 可能的数据来源 |
|---|---|---|
| 可独立使用的交通工具 | 拥有汽车的比例 | 全国人口调查（Census）、欧盟收入与生活状况统计（EU-SILC） |
| | 能够使用公共交通系统的人的比例 | 尚无 |
| 就业 | 就业率 | 全国家庭季度调查（QNHS） |
| 收入 | 等值家庭收入（Equivalised household income） | 欧盟收入与生活状况统计 |
| | 可能陷入贫困的人的比例 | 欧盟收入与生活状况统计 |

---

① National Disability Authority, How far towards Equality? Measuring how equally people with disabilities are included in Irish society (Dublin: NDA, 2005), p. 106. The abbreviations in the table below have the following meanings: QNHS-Quarterly National Household Survey, the main source for national labour force and labour market developments, based on interviews with a large nationally-representative sample of households throughout the country. EU-SILC-European Union Statistics on Income and Living Conditions (discussed in Chapter 2 of *From Rhetoric to Action*). This survey monitors income, poverty, social exclusion and living conditions in EU member states. DOHELG-Department of the Environment, Heritage and Local Government. SLAN-Survey of Lifestyle, Attitudes and Nutrition. This survey is conducted by the Department of Health and Children every 5 years and covers general health, behaviours relating to health (e.g. exercise, nutrition) and the use of certain health services.

续表

| 领域 | 指标 | 可能的数据来源 |
|---|---|---|
| 教育 | 15—19 岁正在接受教育的人的比例 | 全国人口调查：全国家庭季度调查 |
| | 25—29 岁区间能够获得最高教育资格的人的比例 | 全国人口调查：全国家庭季度调查 |
| 住房 | 35—39 岁与父母一起生活的人的比例 | 全国人口调查 |
| | 居住在住宿机构中人的比例 | 全国人口调查 |
| 健康 | 爱尔兰与经合组织国家中在特定情况下（例如囊性纤维化）的相对平均寿命（Comparative life expectancy in Ireland and OECD for certain conditions，e.g.cystic fibrosis） | 生命统计（Vital Statistics） |
| | 看牙医的人的比例 | 欧盟收入与生活状况统计 |
| | 吃水果/蔬菜的人的比例 | 爱尔兰生活方式、态度与营养调查（SLÁN） |
| 支持 | 援助与器械的候补清单 | 身体与感官数据库（Physical and Sensory Database） |
| | 个人照顾服务的候补清单 | 身体与感官数据库 |
| 家族与家庭 | 40—45 岁区间处在不同婚姻状态的人的比例 | 全国人口调查 |
| 社会生活 | 在过去十四天中有过外出消费活动（早晨/下午/晚上）的人的比例 | 欧盟收入与生活状况统计 |
| 无障碍 | 为残障人士改造的道路的比例（Proportion of footpaths which have been dished） | 环境、社区与基层政府的部门计划监测报告（Monitoring of Sectoral Plan DOEHLG） |
| | 无障碍超市的比例 | 尚无 |
| 社会主流化的机会 | 在公开就业市场中获得工作的残障人士占全部有工作的残障人士的比例 | 全国家庭季度调查以及庇护工场提供的数据 |
| | 在普通学校中残障学生占全部学生的比例 | 教育统计数据 |
| 态度 | 对于有残障人士作为邻居感受舒服的人在公众中的比例 | 尚无 |
| 公民参与 | 上一次选举中进行投票的残障人士的比例 | 全国家庭季度调查的投票部分或者欧洲社会调查（European Social Survey） |

续表

| 领域 | 指标 | 可能的数据来源 |
|------|------|----------------|
| 通讯 | 有途径使用电脑或互联网 | 全国人口调查 |
| 安全 | 在家感觉安全 | 尚无 |
| 友情 | 残障服务的使用者中有3个或更多朋友的人的比例 | 尚无 |
| 独立 | 残障服务的使用者中能够对自己的生活作决定的人的比例 | 审计工具(Audit Tool)、国家标准(National Standards) |

在这些指标中,只有五项是无法在目前的数据资源中获得的,这可能意味着人们在选择这些指标时主要选择了那些目前更容易获得的。另外,尽管这些被选择出来的领域都能够在之前讨论过的不同国家中得到印证,然而有些具体的指标却并不一定是最佳选择。例如用"有途径使用电脑或互联网"可能并不是评估通讯状况的最佳指标,也许"公共服务中能够以无障碍的方式获得的信息所占的比例"放在这里更为合适。无论如何,在最终选择哪些数据来衡量爱尔兰国家残障政策的落实情况时,都应当广泛并直接地咨询残障人士的意见。

到目前为止爱尔兰中央统计数据办公室已经发布了两份报告:一份是关于样本中残障以及不同种类损伤的发生率,另一份是关注更广义上的参与社会生活中的问题。第二份报告包含了以下话题:来自其他人的照顾与帮助、其他人的态度、交通、无障碍建筑、教育、工作与培训、社会参与、体育锻炼以及其他人口统计信息。[1] 这份报告中所提的问题有一部分是来自于国家残障委员会在上面讨论过的那些问题,例如与在公开就业市场中获得工作机会的残障人士有关的问题,然而这份报告的结果只是基于特定的样本而不能体现爱尔兰残障人士的整体情况。由于这份报告在一些问题上提供了非常具体的信息,比如为什么残障人士不找工作或者离开工作岗位的原因、提前离开学校的原因、使用公共交通工具时的困难、在建筑物缺乏无障碍环境时所遇到的困难等,所以这份报告能够为我们理解残障人士的生活经验提供宝贵的洞见,并且

---

[1]　Central Statistics Office, *National Disability Survey* 2006-Volume 2(Dublin:CSO,2010).

能够为今后的数据搜集，特别是与国家残障政策与《公约》的落实与监测相关的数据搜集提供基线。

# 结　语

在本文中，我们结合最佳实践与潜在障碍的实例对国家残障政策成功实施的八项核心因素进行了细致的讨论。通过前面的分析也能够看出这八项核心因素是相互联系的，其中某一项的进步都会促进其他方面的提高。这八项标准关涉三个核心的主题：残障人士的咨询与参与、实施与进展报告以及独立监测与审查。这三点也体现了《公约》各项原则的要求，并且应当成为每一项有效的国家残障政策的基石。爱尔兰的国家残障政策以及针对其他国家的讨论为我们提供了一些非常具体的建议，这些建议的核心便是在规划、制定与实施国家残障政策时如何更有效地融合、统一这三个主体（以及八个核心因素）。

（陈　博 译　白荣梅 校）

# 附录一　原文作者简介

（此处遵照英文习惯名前姓后，按姓氏排序）

**欧德妮·莫州·阿纳多特（Oddný Mjöll Arnardóttir）**，博士，冰岛大学人权法教授，她是该大学人权研究所理事会主席。她的代表作包括 2003 年《欧洲人权公约中的平等和不歧视》（专著）。2009 年她和杰拉德·奎因联合主编了《残疾人权利公约：欧盟和斯堪的纳维亚的视角》。她在不歧视法、国际人权法和宪法等领域有一系列作品。

**阿米塔·达恩达（Amita Dhanda）**，印度海德拉巴大学（NALSAR）法学教授。她在大学主要讲授法学理论、公法和残障法。她的代表作之一是关于精神残障者权利的《法律秩序和精神障碍》，该书质疑法律上无能力者的社区生活，并提出减少法律障碍以促进充分的社会和法律包容。在《残疾人权利公约》起草过程中，她和民间组织紧密合作。随着印度批准《公约》，她积极参与印度法律改革，以求本国法律和《公约》和谐。

**伊利欧诺尔·弗林（Eilionóir Flynn）**，博士，爱尔兰国立大学（高威）法学院高级讲师，残障法和政策研究中心（CDLP）副主任。她毕业于爱尔兰考克大学学院（UCC），获博士学位。2011 年剑桥出版社出版了她的第一本专著《从言辞到行动：实施〈残疾人权利公约〉》。目前她的研究兴趣包括：法定资格（legal capacity）、倡导、获得司法公正、残障的多重交叉关系、社会性别和老年等领域。在爱尔兰国内，她积极参与法定资格领域的改革，并在残障、精神健康和老年人领域主持了一个由 15 个民间组织在一起的工作组。国际层次上，她长期支持残疾人权利委员会的工作，特别是支持工作组起草关于《公约》第十二条《一般性意见：法定资格》的工作。

　　**诺拉·埃伦·格罗斯（Nora Ellen Groce）**，教授，伦敦大学学院隆纳济世残障和融合发展中心主任（Leonard Cheshire Disability and Inclusive Development Centre,UCL）。她本人是医学人类学家。工作领域为全球健康和国际发展，特别关注弱势社群和残障人群。在2008年加入伦敦大学学院之前她先后在哈佛大学和耶鲁大学工作过。她在联合国相关组织、政府、非政府组织以及残障者组织中担任多个顾问职位。

　　**帕德雷克·凯纳（Padraic Kenna）**，博士，英国沃里克大学（Warwick）研究生，爱尔兰国立大学法学博士（2002）。爱尔兰国立大学（高威）法学院分管科研的副院长，讲师。他讲授产权法、住房法、人权中的住房权、住房政策、制度等相关课程。他在无家可归者国家机构欧洲联合会（FEANTSA）专家组中关注住房权利，也是住房权利观察（Housing Rights Watch）的成员。他在住房权研究上有相当建树，2008年，他和欧洲议会人权专员及其他专家一起出版了政策建议书《住房权：确保人人享有住房的义务》。2009年，他还对人权专员出版的《实施住房权》一文提供了相关建议。他是国际杂志《建筑环境中的法律》的编委成员。2010年前，他还是欧盟基本权利机构爱尔兰法律专家组成员（FRALEX）。2014年他主编出版了《全球化世界中的当代住房问题》。

　　**安娜·阿斯坦—克斯勒克（Anna Arstein-Kerslake）**，博士，爱尔兰国立大学（高威）残障法和政策中心（CDLP）的玛丽·居里研究员。她是美国圣地亚哥国立大学的社会学学士，纽约城市大学的法律博士（J.D.）并通过纽约律师执业资格考试。她在"平等基础上的法定资格和法律面前人人平等"等领域进行了大量研究。她支持了联合国残疾人权利委员会对《公约》第十二条"法律面前人人平等"的《一般性意见》的起草工作。

　　**玛利亚·凯特（Maria Kett）**，博士，是英国隆纳济世残障和融合发展研究中心副主任。她的研究兴趣包括灾害和冲突情境中的残障相关问题，社会融合、冲突心理影响、迁移的后果、减贫措施以及围绕发展和人权的更广泛领域。她是目前《灾害反应最低标准指导手册》中残障部分修改版的核心专家，同时还是国际残障和发展联盟（IDDC）冲突和紧急状况工作组主席。她还是《医学、冲突和生存》杂志联合主编。

　　**萝丝玛丽·卡耶斯（Rosemary Kayess）**，人权律师。她目前任教于澳大利亚新南威尔士法学院,主要讲授国际法和人权法课程。她关注于国际法中的平等权利以及国际法如何移入国内法和政策。她有丰富研究经历,为众多社会科学项目实施调查或担任顾问,研究领域包括:获得司法正义;人权和残障;澳大利亚、亚太地区和欧洲如何实施《残疾人权利公约》等。她本人是澳大利亚政府参与《残疾人权利公约》谈判过程中的外部专家。她在联合国特设委员会对《公约》第二十四条教育权的起草过程中是条款协助员。她现在是澳大利亚发展援助署残障融合顾问组的成员,也是澳大利亚残障法研究中心的主席。

瑞芒德·朗（**Raymond Lang**）,博士,英国隆纳济世残障和融合发展研究中心高级研究员和政策分析师。主要研究兴趣在残障政策和实施领域。目前正在写一本由美国国家卫生研究所资助的关于全球治理和残障的书。他还从事涉及残障者健康的社会决定因素的相关工作。

珍妮特·劳德（**Janet E.Lord**）,国际人权法律师,专长在国际残障法和政策以及残障包容性发展领域。她是美国雪城大学伯顿·布拉特研究所（Burton Blatt Institute of Syracuse University）的人权和包容性发展的高级研究员。她还是哈佛大学法学院残障项目的高级研究员,同时还在马里兰大学、美国华盛顿大学法学院等多个大学任有教职。她的研究、写作和执业都围绕着残障权利、国际法和包容性发展。她在世界三十多个国家从事过促进残障者人权的项目,是联合国以及一些国际、美国本土残疾人组织在残障法和政策领域的咨询顾问。

缇娜·敏科维茨（**Tina Minkowitz**）,《残疾人权利公约》起草者之一,并在《公约》法定资格、免于因残障导致的拘留、免于作为酷刑或虐待的强迫精神病治疗等条款讨论中发挥重要作用。她是世界精神病治疗者和幸存者网络（WNUSP）的国际代表,也是精神病治疗者和幸存者人权中心的创始人和主席。

查尔斯·奥马霍尼（**Charles O'Mahony**）,博士,2012 年加入爱尔兰国立大学法学院,任公法讲师。2013 年他毕业于残障法律和政策研究中心（CDLP）获博士学位,论文关注的是精神卫生法。他之前在大赦国际爱尔兰办公室任法律官员,倡导精神健康领域的运动。在开始博士生研究之前他供职于爱尔兰法律改革委员会从事法律研究工作。

**迈克尔·阿什利·斯坦恩**（**Michael A.Stein**），拥有哈佛大学法学院的法律博士（J.D.）和剑桥大学哲学博士（Ph.D.）学位。是哈佛大学法学院残障项目的联合创始人和执行主任。他任教于哈佛大学、纽约大学、斯坦福大学等。作为国际认可的残障法和政策的顶级专家，他参与起草了《残疾人权利公约》并和世界各地的残疾人组织紧密合作。他为多国政府的残障政策和法律提供咨询服务，并是联合国下多个组织的顾问。由于其卓越的工作成绩，他获得了大量荣誉和奖励，最近获得了鲁德曼包容奖（Morton E.Ruderman），并被美国总统奥巴马提名为联合国大屠杀委员会（the United States Holocaust Council）委员。

**吉恩·佛郎索瓦·特拉尼**（**Jean Francois Trani**），现为美国华盛顿大学（圣路易斯）的助理教授。之前是英国隆纳济世残障和融合发展研究中心高级研究员。他的研究包括精神健康、残障、脆弱性和贫困等，他主要使用亚马蒂亚·森的可行能力的研究取向。他目前的工作广泛深入到了非洲和亚洲的多类型贫困等领域。

**拉恩维格·特劳斯塔多特**（**Rannveig Traustadóttir**），博士、教授，冰岛大学残障研究中心主任。她的残障研究涉及残障和社会性别的相互关系以及其他类型的不平等，如社会阶级、种族、年龄、性取向以及上述这些如何对残障者生活产生了多重歧视和社会排斥。她目前的研究课题关注儿童期的残障、贫困、社会政策和《残疾人权利公约》等。她出版了关于残障、社会性别、政策、家庭、去机构化和定性研究方法等多领域的大量论文和 12 本著作。

# 附录二　翻译、校对人员简介

（姓氏拼音排序）

　　**白荣梅**,日本广岛大学法学博士(2011)。内蒙古大学法学院讲师。研究和讲授国际公法、人权法、法律英语等。

　　**陈博**,深圳衡平机构研究员。德国汉堡大学欧洲法与国际法硕士(2011)。中国政法大学法学学士(2010)。

　　**傅志军**,上海民远职业技术学院讲师。2012年8月—2013年7月,美国大学华盛顿法学院访问学者。上海海事大学法学院法学硕士(2008)、中国科技大学文学学士(2003)。研究领域:残障权利与法律。

　　**高媛**,2014年秋入读华东政法大学博士研究生课程。北京理工大学法学院法律硕士(2014)。研究方向:社会保障法。

　　**郭敬稚**,首都医科大学康复治疗学学士(2011年)。专业:物理治疗学。

　　**黄裔**,英国利兹大学博士研究生。研究方向:身心障碍者权利、精神卫生法、反歧视与平等权、成年人监护制度、医学伦理与法律。博士论文选题:《残疾人公约第12条如何影响中国成年监护制度改革》。

　　**姜依彤**,2010年获得中欧大学人权法硕士学位,之后一直从事残障相关项目。她现是英国瑞慈中心的项目官员。

　　**李敬**,中国社会科学院社会学研究所助理研究员。2014年获爱尔兰国立大学残障国际与比较法法学硕士。研究领域:社会科学和法学视角下的残障研究。

　　**李智**,荷兰马斯特里赫特大学司法心理学硕士(2014),中南财经政法大学法学学士(2011)。研究兴趣为执行法律正义中与心理学相关的各种问题,包括暴力和再犯风险评估，刑事罪犯的人格诊断与判决精神治疗及法庭相关情景的社会心理分析等。

**王佳**，爱尔兰国立大学（高威）爱尔兰人权中心博士研究生。哈尔滨工业大学法学学士（2007）、国际法硕士（2009）。主要研究方向为国际刑法、人权法与外层空间法。博士论文题目：柬埔寨转型正义问题。

**张金明**，挪威奥斯陆大学国际社区医学哲学硕士（2004）。自 2010 年任中国康复研究中心社会医学副研究员。研究领域：残疾人康复、权利及相关政策。

**周超**，法学博士，中国农业大学人文与发展学院副教授。

**周海滨**，现任国际劳工组织中国和蒙古局"用立法促进残障人平等就业与机会"（中国）项目协调员。他曾在各类媒体发表多篇关于残障人技能、就业与反歧视的论文。他拥有悉尼大学人权学硕士（2012）、武汉大学国际法学硕士（2008），此前在《武汉晚报》（2008—2011 年）从事党政新闻报道，涉及党政、民政、工青妇、民间社团等事务，曾在斯里兰卡、德国等国家从事发展与社会事务研究。

# 附录三 联合国《残疾人权利公约》 及《任择议定书》①（中文版）

2006 年 12 月 13 日大会决议

［未经发交主要委员会而通过（A/61/611）］

61/106.残疾人权利公约

大会，

回顾其 2001 年 12 月 19 日第 56/168 号决议，其中决定设立一个开放供联合国所有会员国和观察员参加的特设委员会，以便根据社会发展、人权和不歧视领域工作所采用的全盘方针，并考虑到人权委员会和社会发展委员会的各项建议，审议关于拟订促进和保护残疾人权利和尊严的全面综合国际公约的提案，

又回顾其以往各项相关决议，其中最近的一项是 2005 年 12 月 23 日第 60/232 号决议，以及社会发展委员会和人权委员会的相关决议，

欣见各政府间组织、非政府组织以及各国人权机构对特设委员会工作作出宝贵贡献，

1.表示赞赏特设委员会完成《残疾人权利公约》草案和《公约任择议定书》草案的拟订工作；

---

① 联合国《残疾人权利公约》及《任择议定书》（A/RES/61/106）来源：本资料的中英文版本都来自：http://documents.un.org/simple.asp，根据文件编号即可搜索到 WORD 和 PDF 版本。最后访问于 2014 年 8 月 19 日。以下 5 个文件来源如上。

感谢联合国人权高级专员办公室和联合国残疾人权利委员会秘书处提供找寻资料的线索。特别感谢克丽斯塔·奥拉马（Krista Orama）和佐治·阿拉亚（Jorge Araya）两位项目官员的大力协助。

2.通过本决议所附《残疾人权利公约》和《公约任择议定书》，从 2007 年 3 月 30 日起在纽约联合国总部开放供签署；

3.吁请各国优先考虑签署和批准《公约》和《任择议定书》，并表示希望《公约》和《任择议定书》早日生效；

4.请秘书长为缔约国会议及根据《公约》和《任择议定书》规定设立的委员会在《公约》生效后切实履行职能并为传播关于《公约》和《任择议定书》的信息提供必要的工作人员和设施；

5.又请秘书长考虑到《公约》的相关规定，特别是在进行整修时，逐步执行联合国系统设施和服务无障碍标准和导则；

6.请联合国各机构和组织，并邀请各政府间组织和非政府组织，作出努力，传播关于《公约》和《任择议定书》的信息并增加对《公约》和《任择议定书》的认识；

7.请秘书长在题为"残疾人权利公约"的分项下，就《公约》和《任择议定书》现况及本决议执行情况向大会第六十二届会议提交报告。

2006 年 12 月 13 日

第 76 次全体会议

## 附件一

# 残疾人权利公约

**序言**

本公约缔约国，

（一）回顾《联合国宪章》宣告的各项原则确认人类大家庭所有成员的固有尊严和价值以及平等和不可剥夺的权利，是世界自由、正义与和平的基础，

（二）确认联合国在《世界人权宣言》和国际人权公约中宣告并认定人人有权享有这些文书所载的一切权利和自由，不得有任何区别，

（三）重申一切人权和基本自由都是普遍、不可分割、相互依存和相互关联的，必须保障残疾人不受歧视地充分享有这些权利和自由，

（四）回顾《经济、社会、文化权利国际公约》、《公民权利和政治权利国际

公约》、《消除一切形式种族歧视国际公约》、《消除对妇女一切形式歧视公约》、《禁止酷刑和其他残忍、不人道或有辱人格的待遇或处罚公约》、《儿童权利公约》和《保护所有移徙工人及其家庭成员权利国际公约》，

（五）确认残疾是一个演变中的概念，残疾是伤残者和阻碍他们在与其他人平等的基础上充分和切实地参与社会的各种态度和环境障碍相互作用所产生的结果，

（六）确认《关于残疾人的世界行动纲领》和《残疾人机会均等标准规则》所载原则和政策导则在影响国家、区域和国际各级推行、制定和评价进一步增加残疾人均等机会的政策、计划、方案和行动方面的重要性，

（七）强调必须使残疾问题成为相关可持续发展战略的重要组成部分，

（八）又确认因残疾而歧视任何人是对人的固有尊严和价值的侵犯，

（九）还确认残疾人的多样性，

（十）确认必须促进和保护所有残疾人的人权，包括需要加强支助的残疾人的人权，

（十一）关注尽管有上述各项文书和承诺，残疾人作为平等社会成员参与方面继续面临各种障碍，残疾人的人权在世界各地继续受到侵犯，

（十二）确认国际合作对改善各国残疾人，尤其是发展中国家残疾人的生活条件至关重要，

（十三）确认残疾人对其社区的全面福祉和多样性作出的和可能作出的宝贵贡献，并确认促进残疾人充分享有其人权和基本自由以及促进残疾人充分参与，将增强其归属感，大大推进整个社会的人的发展和社会经济发展以及除贫工作，

（十四）确认个人的自主和自立，包括自由作出自己的选择，对残疾人至关重要，

（十五）认为残疾人应有机会积极参与政策和方案的决策过程，包括与残疾人直接有关的政策和方案的决策过程，

（十六）关注因种族、肤色、性别、语言、宗教、政治或其他见解、民族本源、族裔、土著身份或社会出身、财产、出生、年龄或其他身份而受到多重或加重形式歧视的残疾人所面临的困难处境，

(十七)确认残疾妇女和残疾女孩在家庭内外往往面临更大的风险,更易遭受暴力、伤害或凌虐、忽视或疏忽、虐待或剥削,

(十八)确认残疾儿童应在与其他儿童平等的基础上充分享有一切人权和基本自由,并回顾《儿童权利公约》缔约国为此目的承担的义务,

(十九)强调必须将两性平等观点纳入促进残疾人充分享有人权和基本自由的一切努力之中,

(二十)着重指出大多数残疾人生活贫困,确认在这方面亟需消除贫穷对残疾人的不利影响,

(二十一)铭记在恪守《联合国宪章》宗旨和原则并遵守适用的人权文书的基础上实现和平与安全,是充分保护残疾人,特别是在武装冲突和外国占领期间充分保护残疾人的必要条件,

(二十二)确认无障碍的物质、社会、经济和文化环境、医疗卫生和教育以及信息和交流,对残疾人能够充分享有一切人权和基本自由至关重要,

(二十三)认识到个人对他人和对本人所属社区负有义务,有责任努力促进和遵守《国际人权宪章》确认的权利,

(二十四)深信家庭是自然和基本的社会组合单元,有权获得社会和国家的保护,残疾人及其家庭成员应获得必要的保护和援助,使家庭能够为残疾人充分和平等地享有其权利作出贡献,

(二十五)深信一项促进和保护残疾人权利和尊严的全面综合国际公约将大有助于在发展中国家和发达国家改变残疾人在社会上的严重不利处境,促使残疾人有平等机会参与公民、政治、经济、社会和文化生活,

议定如下:

**第一条 宗旨**

本公约的宗旨是促进、保护和确保所有残疾人充分和平等地享有一切人权和基本自由,并促进对残疾人固有尊严的尊重。

残疾人包括肢体、精神、智力或感官有长期损伤的人,这些损伤与各种障碍相互作用,可能阻碍残疾人在与他人平等的基础上充分和切实地参与社会。

**第二条 定义**

为本公约的目的:

"交流"包括语言、字幕、盲文、触觉交流、大字本、无障碍多媒体以及书面语言、听力语言、浅白语言、朗读员和辅助或替代性交流方式、手段和模式，包括无障碍信息和通信技术；

"语言"包括口语和手语及其他形式的非语音语言；

"基于残疾的歧视"是指基于残疾而作出的任何区别、排斥或限制，其目的或效果是在政治、经济、社会、文化、公民或任何其他领域，损害或取消在与其他人平等的基础上，对一切人权和基本自由的认可、享有或行使。基于残疾的歧视包括一切形式的歧视，包括拒绝提供合理便利；

"合理便利"是指根据具体需要，在不造成过度或不当负担的情况下，进行必要和适当的修改和调整，以确保残疾人在与其他人平等的基础上享有或行使一切人权和基本自由；

"通用设计"是指尽最大可能让所有人可以使用，无需作出调整或特别设计的产品、环境、方案和服务设计。"通用设计"不排除在必要时为某些残疾人群体提供辅助用具。

**第三条　一般原则**

本公约的原则是：

（一）尊重固有尊严和个人自主，包括自由作出自己的选择，以及个人的自立；

（二）不歧视；

（三）充分和切实地参与和融入社会；

（四）尊重差异，接受残疾人是人的多样性的一部分和人类的一分子；

（五）机会均等；

（六）无障碍；

（七）男女平等；

（八）尊重残疾儿童逐渐发展的能力并尊重残疾儿童保持其身份特性的权利。

**第四条　一般义务**

一、缔约国承诺确保并促进充分实现所有残疾人的一切人权和基本自由，使其不受任何基于残疾的歧视。为此目的，缔约国承诺：

（一）采取一切适当的立法、行政和其他措施实施本公约确认的权利；

（二）采取一切适当措施，包括立法，以修订或废止构成歧视残疾人的现行法律、法规、习惯和做法；

（三）在一切政策和方案中考虑保护和促进残疾人的人权；

（四）不实施任何与本公约不符的行为或做法，确保公共当局和机构遵循本公约的规定行事；

（五）采取一切适当措施，消除任何个人、组织或私营企业基于残疾的歧视；

（六）从事或促进研究和开发本公约第二条所界定的通用设计的货物、服务、设备和设施，以便仅需尽可能小的调整和最低的费用即可满足残疾人的具体需要，促进这些货物、服务、设备和设施的提供和使用，并在拟订标准和导则方面提倡通用设计；

（七）从事或促进研究和开发适合残疾人的新技术，并促进提供和使用这些新技术，包括信息和通信技术、助行器具、用品、辅助技术，优先考虑价格低廉的技术；

（八）向残疾人提供无障碍信息，介绍助行器具、用品和辅助技术，包括新技术，并介绍其他形式的协助、支助服务和设施；

（九）促进培训协助残疾人的专业人员和工作人员，使他们了解本公约确认的权利，以便更好地提供这些权利所保障的协助和服务。

二、关于经济、社会和文化权利，各缔约国承诺尽量利用现有资源并于必要时在国际合作框架内采取措施，以期逐步充分实现这些权利，但不妨碍本公约中依国际法立即适用的义务。

三、缔约国应当在为实施本公约而拟订和施行立法和政策时以及在涉及残疾人问题的其他决策过程中，通过代表残疾人的组织，与残疾人，包括残疾儿童，密切协商，使他们积极参与。

四、本公约的规定不影响任何缔约国法律或对该缔约国生效的国际法中任何更有利于实现残疾人权利的规定。对于根据法律、公约、法规或习惯而在本公约任何缔约国内获得承认或存在的任何人权和基本自由，不得以本公约未予承认或未予充分承认这些权利或自由为借口而加以限制或减损。

五、本公约的规定应当无任何限制或例外地适用于联邦制国家各组成部分。

**第五条 平等和不歧视**

一、缔约国确认,在法律面前,人人平等,有权不受任何歧视地享有法律给予的平等保护和平等权益。

二、缔约国应当禁止一切基于残疾的歧视,保证残疾人获得平等和有效的法律保护,使其不受基于任何原因的歧视。

三、为促进平等和消除歧视,缔约国应当采取一切适当步骤,确保提供合理便利。

四、为加速或实现残疾人事实上的平等而必须采取的具体措施,不得视为本公约所指的歧视。

**第六条 残疾妇女**

一、缔约国确认残疾妇女和残疾女孩受到多重歧视,在这方面,应当采取措施,确保她们充分和平等地享有一切人权和基本自由。

二、缔约国应当采取一切适当措施,确保妇女充分发展,地位得到提高,能力得到增强,目的是保证妇女能行使和享有本公约所规定的人权和基本自由。

**第七条 残疾儿童**

一、缔约国应当采取一切必要措施,确保残疾儿童在与其他儿童平等的基础上,充分享有一切人权和基本自由。

二、在一切关于残疾儿童的行动中,应当以儿童的最佳利益为一项首要考虑。

三、缔约国应当确保,残疾儿童有权在与其他儿童平等的基础上,就一切影响本人的事项自由表达意见,并获得适合其残疾状况和年龄的辅助手段以实现这项权利,残疾儿童的意见应当按其年龄和成熟程度适当予以考虑。

**第八条 提高认识**

一、缔约国承诺立即采取有效和适当的措施,以便:

(一)提高整个社会,包括家庭,对残疾人的认识,促进对残疾人权利和尊严的尊重;

(二)在生活的各个方面消除对残疾人的定见、偏见和有害做法,包括基于性别和年龄的定见、偏见和有害做法；

(三)提高对残疾人的能力和贡献的认识。

二、为此目的采取的措施包括：

(一)发起和持续进行有效的宣传运动,提高公众认识,以便：

1.培养接受残疾人权利的态度；

2.促进积极看待残疾人,提高社会对残疾人的了解；

3.促进承认残疾人的技能、才华和能力以及他们对工作场所和劳动力市场的贡献；

(二)在各级教育系统中培养尊重残疾人权利的态度,包括从小在所有儿童中培养这种态度；

(三)鼓励所有媒体机构以符合本公约宗旨的方式报道残疾人；

(四)推行了解残疾人和残疾人权利的培训方案。

**第九条　无障碍**

一、为了使残疾人能够独立生活和充分参与生活的各个方面,缔约国应当采取适当措施,确保残疾人在与其他人平等的基础上,无障碍地进出物质环境,使用交通工具,利用信息和通信,包括信息和通信技术和系统,以及享用在城市和农村地区向公众开放或提供的其他设施和服务。这些措施应当包括查明和消除阻碍实现无障碍环境的因素,并除其他外,应当适用于：

(一)建筑、道路、交通和其他室内外设施,包括学校、住房、医疗设施和工作场所；

(二)信息、通信和其他服务,包括电子服务和应急服务。

二、缔约国还应当采取适当措施,以便：

(一)拟订和公布无障碍使用向公众开放或提供的设施和服务的最低标准和导则,并监测其实施情况；

(二)确保向公众开放或为公众提供设施和服务的私营实体在各个方面考虑为残疾人创造无障碍环境；

(三)就残疾人面临的无障碍问题向各有关方面提供培训；

(四)在向公众开放的建筑和其他设施中提供盲文标志及易读易懂的标志；

（五）提供各种形式的现场协助和中介，包括提供向导、朗读员和专业手语译员，以利向公众开放的建筑和其他设施的无障碍；

（六）促进向残疾人提供其他适当形式的协助和支助，以确保残疾人获得信息；

（七）促使残疾人有机会使用新的信息和通信技术和系统，包括因特网；

（八）促进在早期阶段设计、开发、生产、推行无障碍信息和通信技术和系统，以便能以最低成本使这些技术和系统无障碍。

**第十条　生命权**

缔约国重申人人享有固有的生命权，并应当采取一切必要措施，确保残疾人在与其他人平等的基础上切实享有这一权利。

**第十一条　危难情况和人道主义紧急情况**

缔约国应当依照国际法包括国际人道主义法和国际人权法规定的义务，采取一切必要措施，确保在危难情况下，包括在发生武装冲突、人道主义紧急情况和自然灾害时，残疾人获得保护和安全。

**第十二条　在法律面前获得平等承认**

一、缔约国重申残疾人享有在法律面前的人格在任何地方均获得承认的权利。

二、缔约国应当确认残疾人在生活的各方面在与其他人平等的基础上享有法律权利能力。

三、缔约国应当采取适当措施，便利残疾人获得他们在行使其法律权利能力时可能需要的协助。

四、缔约国应当确保，与行使法律权利能力有关的一切措施，均依照国际人权法提供适当和有效的防止滥用保障。这些保障应当确保与行使法律权利能力有关的措施尊重本人的权利、意愿和选择，无利益冲突和不当影响，适应本人情况，适用时间尽可能短，并定期由一个有资格、独立、公正的当局或司法机构复核。提供的保障应当与这些措施影响个人权益的程度相称。

五、在符合本条的规定的情况下，缔约国应当采取一切适当和有效的措施，确保残疾人享有平等权利拥有或继承财产，掌管自己的财务，有平等机会获得银行贷款、抵押贷款和其他形式的金融信贷，并应当确保残疾人的财产不被任意剥夺。

### 第十三条 获得司法保护

一、缔约国应当确保残疾人在与其他人平等的基础上有效获得司法保护，包括通过提供程序便利和适龄措施，以便利他们在所有法律诉讼程序中，包括在调查和其他初步阶段中，切实发挥其作为直接和间接参与方，包括其作为证人的作用。

二、为了协助确保残疾人有效获得司法保护，缔约国应当促进对司法领域工作人员，包括警察和监狱工作人员进行适当的培训。

### 第十四条 自由和人身安全

一、缔约国应当确保残疾人在与其他人平等的基础上：

（一）享有自由和人身安全的权利；

（二）不被非法或任意剥夺自由，任何对自由的剥夺均须符合法律规定，而且在任何情况下均不得以残疾作为剥夺自由的理由。

二、缔约国应当确保，在任何程序中被剥夺自由的残疾人，在与其他人平等的基础上，有权获得国际人权法规定的保障，并应当享有符合本公约宗旨和原则的待遇，包括提供合理便利的待遇。

### 第十五条 免于酷刑或残忍、不人道或有辱人格的待遇或处罚

一、不得对任何人实施酷刑或残忍、不人道或有辱人格的待遇或处罚。特别是不得在未经本人自由同意的情况下，对任何人进行医学或科学试验。

二、缔约国应当采取一切有效的立法、行政、司法或其他措施，在与其他人平等的基础上，防止残疾人遭受酷刑或残忍、不人道或有辱人格的待遇或处罚。

### 第十六条 免于剥削、暴力和凌虐

一、缔约国应当采取一切适当的立法、行政、社会、教育和其他措施，保护残疾人在家庭内外免遭一切形式的剥削、暴力和凌虐，包括基于性别的剥削、暴力和凌虐。

二、缔约国还应当采取一切适当措施防止一切形式的剥削、暴力和凌虐，除其他外，确保向残疾人及其家属和照护人提供考虑到性别和年龄的适当协助和支助，包括提供信息和教育，说明如何避免、识别和报告剥削、暴力和凌虐

事件。缔约国应当确保保护服务考虑到年龄、性别和残疾因素。

三、为了防止发生任何形式的剥削、暴力和凌虐，缔约国应当确保所有用于为残疾人服务的设施和方案受到独立当局的有效监测。

四、残疾人受到任何形式的剥削、暴力或凌虐时，缔约国应当采取一切适当措施，包括提供保护服务，促进被害人的身体、认知功能和心理的恢复、康复及回归社会。上述恢复措施和回归社会措施应当在有利于本人的健康、福祉、自尊、尊严和自主的环境中进行，并应当考虑到因性别和年龄而异的具体需要。

五、缔约国应当制定有效的立法和政策，包括以妇女和儿童为重点的立法和政策，确保查明、调查和酌情起诉对残疾人的剥削、暴力和凌虐事件。

**第十七条　保护人身完整性**

每个残疾人的身心完整性有权在与其他人平等的基础上获得尊重。

**第十八条　迁徙自由和国籍**

一、缔约国应当确认残疾人在与其他人平等的基础上有权自由迁徙、自由选择居所和享有国籍，包括确保残疾人：

（一）有权获得和变更国籍，国籍不被任意剥夺或因残疾而被剥夺；

（二）不因残疾而被剥夺获得、拥有和使用国籍证件或其他身份证件的能力，或利用相关程序，如移民程序的能力，这些能力可能是便利行使迁徙自由权所必要的；

（三）可以自由离开任何国家，包括本国在内；

（四）不被任意剥夺或因残疾而被剥夺进入本国的权利。

二、残疾儿童出生后应当立即予以登记，从出生起即应当享有姓名权利，享有获得国籍的权利，并尽可能享有知悉父母并得到父母照顾的权利。

**第十九条　独立生活和融入社区**

本公约缔约国确认所有残疾人享有在社区中生活的平等权利以及与其他人同等的选择，并应当采取有效和适当的措施，以便利残疾人充分享有这项权利以及充分融入和参与社区，包括确保：

（一）残疾人有机会在与其他人平等的基础上选择居所，选择在何处、与何人一起生活，不被迫在特定的居住安排中生活；

（二）残疾人获得各种居家、住所和其他社区支助服务，包括必要的个人援助，以便在社区生活和融入社区，避免同社区隔绝或隔离；

（三）残疾人可以在平等基础上享用为公众提供的社区服务和设施，并确保这些服务和设施符合他们的需要。

### 第二十条 个人行动能力

缔约国应当采取有效措施，确保残疾人尽可能独立地享有个人行动能力，包括：

（一）便利残疾人按自己选择的方式和时间，以低廉费用享有个人行动能力；

（二）便利残疾人获得优质的助行器具、用品、辅助技术以及各种形式的现场协助和中介，包括以低廉费用提供这些服务；

（三）向残疾人和专门协助残疾人的工作人员提供行动技能培训；

（四）鼓励生产助行器具、用品和辅助技术的实体考虑残疾人行动能力的各个方面。

### 第二十一条 表达意见的自由和获得信息的机会

缔约国应当采取一切适当措施，包括下列措施，确保残疾人能够行使自由表达意见的权利，包括在与其他人平等的基础上，通过自行选择本公约第二条所界定的一切交流形式，寻求、接受、传递信息和思想的自由：

（一）以无障碍模式和适合不同类别残疾的技术，及时向残疾人提供公共信息，不另收费；

（二）在正式事务中允许和便利使用手语、盲文、辅助和替代性交流方式及残疾人选用的其他一切无障碍交流手段、方式和模式；

（三）敦促向公众提供服务，包括通过因特网提供服务的私营实体，以无障碍和残疾人可以使用的模式提供信息和服务；

（四）鼓励包括因特网信息提供商在内的大众媒体向残疾人提供无障碍服务；

（五）承认和推动手语的使用。

### 第二十二条 尊重隐私

一、残疾人，不论其居所地或居住安排为何，其隐私、家庭、家居和通信以及其他形式的交流,不得受到任意或非法的干预,其荣誉和名誉也不得受到非法攻击。残疾人有权获得法律的保护,不受这种干预或攻击。

二、缔约国应当在与其他人平等的基础上保护残疾人的个人、健康和康复资料的隐私。

### 第二十三条 尊重家居和家庭

一、缔约国应当采取有效和适当的措施,在涉及婚姻、家庭、生育和个人关系的一切事项中,在与其他人平等的基础上,消除对残疾人的歧视,以确保:

(一)所有适婚年龄的残疾人根据未婚配偶双方自由表示的充分同意结婚和建立家庭的权利获得承认;

(二)残疾人自由、负责任地决定子女人数和生育间隔,获得适龄信息、生殖教育和计划生育教育的权利获得承认,并提供必要手段使残疾人能够行使这些权利;

(三)残疾人,包括残疾儿童,在与其他人平等的基础上,保留其生育力。

二、如果本国立法中有监护、监管、托管和领养儿童或类似的制度,缔约国应当确保残疾人在这些方面的权利和责任;在任何情况下均应当以儿童的最佳利益为重。缔约国应当适当协助残疾人履行其养育子女的责任。

三、缔约国应当确保残疾儿童在家庭生活方面享有平等权利。为了实现这些权利,并为了防止隐藏、遗弃、忽视和隔离残疾儿童,缔约国应当承诺及早向残疾儿童及其家属提供全面的信息、服务和支助。

四、缔约国应当确保不违背儿童父母的意愿使子女与父母分离,除非主管当局依照适用的法律和程序,经司法复核断定这种分离确有必要,符合儿童本人的最佳利益。在任何情况下均不得以子女残疾或父母一方或双方残疾为理由,使子女与父母分离。

五、缔约国应当在近亲属不能照顾残疾儿童的情况下,尽一切努力在大家庭范围内提供替代性照顾,并在无法提供这种照顾时,在社区内提供家庭式照顾。

### 第二十四条 教育

一、缔约国确认残疾人享有受教育的权利。为了在不受歧视和机会均等的情况下实现这一权利,缔约国应当确保在各级教育实行包容性教育制度和终生学习，以便：

（一）充分开发人的潜力，培养自尊自重精神，加强对人权、基本自由和人的多样性的尊重；

（二）最充分地发展残疾人的个性、才华和创造力以及智能和体能；

（三）使所有残疾人能切实参与一个自由的社会。

二、为了实现这一权利，缔约国应当确保：

（一）残疾人不因残疾而被排拒于普通教育系统之外，残疾儿童不因残疾而被排拒于免费和义务初等教育或中等教育之外；

（二）残疾人可以在自己生活的社区内，在与其他人平等的基础上，获得包容性的优质免费初等教育和中等教育；

（三）提供合理便利以满足个人的需要；

（四）残疾人在普通教育系统中获得必要的支助，便利他们切实获得教育；

（五）按照有教无类的包容性目标，在最有利于发展学习和社交能力的环境中，提供适合个人情况的有效支助措施。

三、缔约国应当使残疾人能够学习生活和社交技能，便利他们充分和平等地参与教育和融入社区。为此目的，缔约国应当采取适当措施，包括：

（一）为学习盲文，替代文字，辅助和替代性交流方式、手段和模式，定向和行动技能提供便利，并为残疾人之间的相互支持和指导提供便利；

（二）为学习手语和宣传聋人的语言特性提供便利；

（三）确保以最适合个人情况的语文及交流方式和手段，在最有利于发展学习和社交能力的环境中，向盲、聋或聋盲人，特别是盲、聋或聋盲儿童提供教育。

四、为了帮助确保实现这项权利，缔约国应当采取适当措施，聘用有资格以手语和（或）盲文教学的教师，包括残疾教师，并对各级教育的专业人员和工作人员进行培训。这种培训应当包括对残疾的了解和学习使用适当的辅助和替代性交流方式、手段和模式、教育技巧和材料以协助残疾人。

五、缔约国应当确保，残疾人能够在不受歧视和与其他人平等的基础上，获得普通高等教育、职业培训、成人教育和终生学习。为此目的，缔约国应当确保向残疾人提供合理便利。

**第二十五条　健康**

缔约国确认,残疾人有权享有可达到的最高健康标准,不受基于残疾的歧视。缔约国应当采取一切适当措施,确保残疾人获得考虑到性别因素的医疗卫生服务,包括与健康有关的康复服务。缔约国尤其应当:

(一)向残疾人提供其他人享有的,在范围、质量和标准方面相同的免费或费用低廉的医疗保健服务和方案,包括在性健康和生殖健康及全民公共卫生方案方面;

(二)向残疾人提供残疾特需医疗卫生服务,包括酌情提供早期诊断和干预,并提供旨在尽量减轻残疾和预防残疾恶化的服务,包括向儿童和老年人提供这些服务;

(三)尽量就近在残疾人所在社区,包括在农村地区,提供这些医疗卫生服务;

(四)要求医护人员,包括在征得残疾人自由表示的知情同意基础上,向残疾人提供在质量上与其他人所得相同的护理,特别是通过提供培训和颁布公共和私营医疗保健服务职业道德标准,提高对残疾人人权、尊严、自主和需要的认识;

(五)在提供医疗保险和国家法律允许的人寿保险方面禁止歧视残疾人,这些保险应当以公平合理的方式提供;

(六)防止基于残疾而歧视性地拒绝提供医疗保健或医疗卫生服务,或拒绝提供食物和液体。

**第二十六条　适应训练和康复**

一、缔约国应当采取有效和适当的措施,包括通过残疾人相互支持,使残疾人能够实现和保持最大程度的自立,充分发挥和维持体能、智能、社会和职业能力,充分融入和参与生活的各个方面。为此目的,缔约国应当组织、加强和推广综合性适应训练和康复服务和方案,尤其是在医疗卫生、就业、教育和社会服务方面,这些服务和方案应当:

(一)根据对个人需要和体能的综合评估尽早开始;

(二)有助于残疾人参与和融入社区和社会的各个方面,属自愿性质,并尽量在残疾人所在社区,包括农村地区就近安排。

二、缔约国应当促进为从事适应训练和康复服务的专业人员和工作人员制订基础培训和进修培训计划。

三、在适应训练和康复方面,缔约国应当促进提供为残疾人设计的辅助用具和技术以及对这些用具和技术的了解和使用。

### 第二十七条　工作和就业

一、缔约国确认残疾人在与其他人平等的基础上享有工作权,包括有机会在开放、具有包容性和对残疾人不构成障碍的劳动力市场和工作环境中,为谋生自由选择或接受工作的权利。为保障和促进工作权的实现,包括在就业期间致残者的工作权的实现,缔约国应当采取适当步骤,包括通过立法,除其他外:

(一)在一切形式就业的一切事项上,包括在征聘、雇用和就业条件、继续就业、职业提升以及安全和健康的工作条件方面,禁止基于残疾的歧视;

(二)保护残疾人在与其他人平等的基础上享有公平和良好的工作条件,包括机会均等和同值工作同等报酬的权利,享有安全和健康的工作环境,包括不受骚扰的权利,并享有申诉的权利;

(三)确保残疾人能够在与其他人平等的基础上行使工会权;

(四)使残疾人能够切实参加一般技术和职业指导方案,获得职业介绍服务、职业培训和进修培训;

(五)在劳动力市场上促进残疾人的就业机会和职业提升机会,协助残疾人寻找、获得、保持和恢复工作;

(六)促进自营就业、创业经营、创建合作社和个体开业的机会;

(七)在公共部门雇用残疾人;

(八)以适当的政策和措施,其中可以包括平权行动方案、奖励和其他措施,促进私营部门雇用残疾人;

(九)确保在工作场所为残疾人提供合理便利;

(十)促进残疾人在开放劳动力市场上获得工作经验;

(十一)促进残疾人的职业和专业康复服务、保留工作和恢复工作方案。

二、缔约国应当确保残疾人不被奴役或驱役,并在与其他人平等的基础上受到保护，不被强迫或强制劳动。

**第二十八条 适足的生活水平和社会保护**

一、缔约国确认残疾人有权为自己及其家属获得适足的生活水平，包括适足的食物、衣物、住房，以及不断改善生活条件；缔约国应当采取适当步骤，保障和促进在不受基于残疾的歧视的情况下实现这项权利。

二、缔约国确认残疾人有权获得社会保护，并有权在不受基于残疾的歧视的情况下享有这项权利；缔约国应当采取适当步骤，保障和促进这项权利的实现，包括采取措施：

（一）确保残疾人平等地获得洁净供水，并且确保他们获得适当和价格低廉的服务、用具和其他协助，以满足与残疾有关的需要；

（二）确保残疾人，尤其是残疾妇女、女孩和老年人，可以利用社会保护方案和减贫方案；

（三）确保生活贫困的残疾人及其家属，在与残疾有关的费用支出，包括适足的培训、辅导、经济援助和临时护理方面，可以获得国家援助；

（四）确保残疾人可以参加公共住房方案；

（五）确保残疾人可以平等享受退休福利和参加退休方案。

**第二十九条 参与政治和公共生活**

缔约国应当保证残疾人享有政治权利，有机会在与其他人平等的基础上享受这些权利，并应当承诺：

（一）确保残疾人能够在与其他人平等的基础上，直接或通过其自由选择的代表，有效和充分地参与政治和公共生活，包括确保残疾人享有选举和被选举的权利和机会，除其他外，采取措施：

1.确保投票程序、设施和材料适当、无障碍、易懂易用；

2.保护残疾人的权利，使其可以在选举或公投中不受威吓地采用无记名方式投票、参选、在各级政府实际担任公职和履行一切公共职务，并酌情提供使用辅助技术和新技术的便利；

3.保证残疾人作为选民能够自由表达意愿，并在必要时根据残疾人的要求，为此目的允许残疾人自行选择的人协助投票；

（二）积极创造环境，使残疾人能够不受歧视地在与其他人平等的基础上有效和充分地参与处理公共事务，并鼓励残疾人参与公共事务，包括：

1.参与涉及本国公共和政治生活的非政府组织和社团，参加政党的活动和管理；

2.建立和加入残疾人组织，在国际、全国、地区和地方各级代表残疾人。

**第三十条　参与文化生活、娱乐、休闲和体育活动**

一、缔约国确认残疾人有权在与其他人平等的基础上参与文化生活，并应当采取一切适当措施，确保残疾人：

（一）获得以无障碍模式提供的文化材料；

（二）获得以无障碍模式提供的电视节目、电影、戏剧和其他文化活动；

（三）进出文化表演或文化服务场所，例如剧院、博物馆、电影院、图书馆、旅游服务场所，并尽可能地可以进出在本国文化中具有重要意义的纪念物和纪念地。

二、缔约国应当采取适当措施，使残疾人能够有机会为自身利益并为充实社会，发展和利用自己的创造、艺术和智力潜力。

三、缔约国应当采取一切适当步骤，依照国际法的规定，确保保护知识产权的法律不构成不合理或歧视性障碍，阻碍残疾人获得文化材料。

四、残疾人特有的文化和语言特性，包括手语和聋文化，应当有权在与其他人平等的基础上获得承认和支持。

五、为了使残疾人能够在与其他人平等的基础上参加娱乐、休闲和体育活动，缔约国应当采取适当措施，以便：

（一）鼓励和促进残疾人尽可能充分地参加各级主流体育活动；

（二）确保残疾人有机会组织、发展和参加残疾人专项体育、娱乐活动，并为此鼓励在与其他人平等的基础上提供适当指导、训练和资源；

（三）确保残疾人可以使用体育、娱乐和旅游场所；

（四）确保残疾儿童享有与其他儿童一样的平等机会参加游戏、娱乐和休闲以及体育活动，包括在学校系统参加这类活动；

（五）确保残疾人可以获得娱乐、旅游、休闲和体育活动的组织人提供的服务。

### 第三十一条　统计和数据收集

一、缔约国承诺收集适当的信息，包括统计和研究数据，以便制定和实施政策，落实本公约。收集和维持这些信息的工作应当：

（一）遵行法定保障措施，包括保护数据的立法，实行保密和尊重残疾人的隐私；

（二）遵行保护人权和基本自由的国际公认规范以及收集和使用统计数据的道德原则。

二、依照本条规定收集的信息应当酌情分组，用于协助评估本公约规定的缔约国义务的履行情况，查明和清除残疾人在行使其权利时遇到的障碍。

三、缔约国应当负责传播这些统计数据，确保残疾人和其他人可以使用这些统计数据。

### 第三十二条　国际合作

一、缔约国确认必须开展和促进国际合作，支持国家为实现本公约的宗旨和目的而作出的努力，并将为此在双边和多边的范围内采取适当和有效的措施，并酌情与相关国际和区域组织及民间社会，特别是与残疾人组织，合作采取这些措施。除其他外，这些措施可包括：

（一）确保包容和便利残疾人参与国际合作，包括国际发展方案；

（二）促进和支持能力建设，如交流和分享信息、经验、培训方案和最佳做法；

（三）促进研究方面的合作，便利科学技术知识的获取；

（四）酌情提供技术和经济援助，包括便利获取和分享无障碍技术和辅助技术以及通过技术转让提供这些援助。

二、本条的规定不妨害各缔约国履行其在本公约下承担的义务。

### 第三十三条　国家实施和监测

一、缔约国应当按照本国建制，在政府内指定一个或多个协调中心，负责有关实施本公约的事项，并应当适当考虑在政府内设立或指定一个协调机制，以便利在不同部门和不同级别采取有关行动。

二、缔约国应当按照本国法律制度和行政制度，酌情在国内维持、加强、指定或设立一个框架，包括一个或多个独立机制，以促进、保护和监测本公约的实施。在指定或建立这一机制时,缔约国应当考虑与保护和促进人权的国家机构的地位和运作有关的原则。

三、民间社会,特别是残疾人及其代表组织,应当获邀参加并充分参与监测进程。

### 第三十四条　残疾人权利委员会

一、应当设立一个残疾人权利委员会(以下简称"委员会"),履行下文规定的职能。

二、在本公约生效时,委员会应当由十二名专家组成。在公约获得另外六十份批准书或加入书后,委员会应当增加六名成员,以足十八名成员之数。

三、委员会成员应当以个人身份任职,品德高尚,在本公约所涉领域具有公认的能力和经验。缔约国在提名候选人时,务请适当考虑本公约第四条第三款的规定。

四、委员会成员由缔约国选举,选举须顾及公平地域分配原则,各大文化和各主要法系的代表性,男女成员人数的均衡性以及残疾人专家的参加。

五、应当在缔约国会议上,根据缔约国提名的本国国民名单,以无记名投票选举委员会成员。这些会议以三分之二的缔约国构成法定人数,得票最多和获得出席并参加表决的缔约国代表的绝对多数票者,当选为委员会成员。

六、首次选举至迟应当在本公约生效之日后六个月内举行。每次选举,联合国秘书长至迟应当在选举之日前四个月函请缔约国在两个月内递交提名人选。秘书长随后应当按英文字母次序编制全体被提名人名单,注明提名缔约国,分送本公约缔约国。

七、当选的委员会成员任期四年,可以连选连任一次。但是,在第一次选举当选的成员中,六名成员的任期应当在两年后届满;本条第五款所述会议的主席应当在第一次选举后,立即抽签决定这六名成员。

八、委员会另外六名成员的选举应当依照本条的相关规定,在正常选举时举行。

九、如果委员会成员死亡或辞职或因任何其他理由而宣称无法继续履行其职责,提名该成员的缔约国应当指定一名具备本条相关规定所列资格并符合有关要求的专家,完成所余任期。

十、委员会应当自行制定议事规则。

十一、联合国秘书长应当为委员会有效履行本公约规定的职能提供必要的工作人员和便利，并应当召开委员会的首次会议。

十二、考虑到委员会责任重大，经联合国大会核准，本公约设立的委员会的成员，应当按大会所定条件，从联合国资源领取薪酬。

十三、委员会成员应当有权享有联合国特派专家根据《联合国特权和豁免公约》相关章节规定享有的便利、特权和豁免。

**第三十五条　缔约国提交的报告**

一、各缔约国在本公约对其生效后两年内，应当通过联合国秘书长，向委员会提交一份全面报告，说明为履行本公约规定的义务而采取的措施和在这方面取得的进展。

二、其后，缔约国至少应当每四年提交一次报告，并在委员会提出要求时另外提交报告。

三、委员会应当决定适用于报告内容的导则。

四、已经向委员会提交全面的初次报告的缔约国，在其后提交的报告中，不必重复以前提交的资料。缔约国在编写给委员会的报告时，务请采用公开、透明的程序，并适当考虑本公约第四条第三款的规定。

五、报告可以指出影响本公约所定义务履行程度的因素和困难。

**第三十六条　报告的审议**

一、委员会应当审议每一份报告，并在委员会认为适当时，对报告提出提议和一般建议，将其送交有关缔约国。缔约国可以自行决定向委员会提供任何资料作为回复。委员会可以请缔约国提供与实施本公约相关的进一步资料。

二、对于严重逾期未交报告的缔约国，委员会可以通知有关缔约国，如果在发出通知后的三个月内仍未提交报告，委员会必须根据手头的可靠资料，审查该缔约国实施本公约的情况。委员会应当邀请有关缔约国参加这项审查工作。如果缔约国作出回复，提交相关报告，则适用本条第一款的规定。

三、联合国秘书长应当向所有缔约国提供上述报告。

四、缔约国应当向国内公众广泛提供本国报告，并便利获取有关这些报告的提议和一般建议。

五、委员会应当在其认为适当时，把缔约国的报告转交联合国专门机构、基金和方案以及其他主管机构，以便处理报告中就技术咨询或协助提出的请求或表示的需要，同时附上委员会可能对这些请求或需要提出的意见和建议。

**第三十七条　缔约国与委员会的合作**

一、各缔约国应当与委员会合作，协助委员会成员履行其任务。

二、在与缔约国的关系方面，委员会应当适当考虑提高各国实施本公约的能力的途径和手段，包括为此开展国际合作。

**第三十八条　委员会与其他机构的关系**

为了促进本公约的有效实施和鼓励在本公约所涉领域开展国际合作：

（一）各专门机构和其他联合国机构应当有权派代表列席审议本公约中属于其职权范围的规定的实施情况。委员会可以在其认为适当时，邀请专门机构和其他主管机构就公约在各自职权范围所涉领域的实施情况提供专家咨询意见。委员会可以邀请专门机构和其他联合国机构提交报告，说明公约在其活动范围所涉领域的实施情况；

（二）委员会在履行任务时，应当酌情咨询各国际人权条约设立的其他相关机构的意见，以便确保各自的报告编写导则、提议和一般建议的一致性，避免在履行职能时出现重复和重叠。

**第三十九条　委员会报告**

委员会应当每两年一次向大会和经济及社会理事会提出关于其活动的报告，并可以在审查缔约国提交的报告和资料的基础上，提出提议和一般建议。这些提议和一般建议应当连同缔约国可能作出的任何评论，一并列入委员会报告。

**第四十条　缔约国会议**

一、缔约国应当定期举行缔约国会议，以审议与实施本公约有关的任何事项。

二、联合国秘书长至迟应当在本公约生效后六个月内召开缔约国会议。其后，秘书长应当每两年一次，或根据缔约国会议的决定，召开会议。

**第四十一条　保存人**

联合国秘书长为本公约的保存人。

**第四十二条　签署**

本公约自二〇〇七年三月三十日起在纽约联合国总部开放给所有国家和区域一体化组织签署。

**第四十三条　同意接受约束**

本公约应当经签署国批准和经签署区域一体化组织正式确认,并应当开放给任何没有签署公约的国家或区域一体化组织加入。

**第四十四条　区域一体化组织**

一、"区域一体化组织"是指由某一区域的主权国家组成的组织,其成员国已将本公约所涉事项方面的权限移交该组织。这些组织应当在其正式确认书或加入书中声明其有关本公约所涉事项的权限范围。此后,这些组织应当将其权限范围的任何重大变更通知保存人。

二、本公约提及"缔约国"之处,在上述组织的权限范围内,应当适用于这些组织。

三、为本公约第四十五条第一款和第四十七条第二款和第三款的目的,区域一体化组织交存的任何文书均不在计算之列。

四、区域经济一体化组织可以在缔约国会议上,对其权限范围内的事项行使表决权,其票数相当于已成为本公约缔约国的组织成员国的数目。如果区域一体化组织的任何成员国行使表决权,则该组织不得行使表决权,反之亦然。

**第四十五条　生效**

一、本公约应当在第二十份批准书或加入书交存后的第三十天生效。

二、对于在第二十份批准书或加入书交存后批准、正式确认或加入的国家或区域一体化组织,本公约应当在该国或组织交存各自的批准书、正式确认书或加入书后的第三十天生效。

**第四十六条　保留**

一、保留不得与本公约的目的和宗旨不符。

二、保留可随时撤回。

**第四十七条　修正**

一、任何缔约国均可以对本公约提出修正案,提交联合国秘书长。秘书长应当将任何提议修正案通告缔约国,请缔约国通知是否赞成召开缔约国会议以审议提案并就提案作出决定。在上述通告发出之日后的四个月内,如果有至少三分之一的缔约国赞成召开缔约国会议,秘书长应当在联合国主持下召开会议。经出席并参加表决的缔约国三分之二多数通过的任何修正案应当由秘书长提交联合国大会核可,然后提交所有缔约国接受。

二、依照本条第一款的规定通过和核可的修正案,应当在交存的接受书数目达到修正案通过之日缔约国数目的三分之二后的第三十天生效。此后,修正案应当在任何缔约国交存其接受书后的第三十天对该国生效。修正案只对接受该项修正案的缔约国具有约束力。

三、经缔约国会议协商一致决定,依照本条第一款的规定通过和核可但仅涉及第三十四条、第三十八条、第三十九条和第四十条的修正案,应当在交存的接受书数目达到修正案通过之日缔约国数目的三分之二后的第三十天对所有缔约国生效。

### 第四十八条　退约

缔约国可以书面通知联合国秘书长退出本公约。退约应当在秘书长收到通知之日起一年后生效。

### 第四十九条　无障碍模式

应当以无障碍模式提供本公约文本。

### 第五十条　作准文本

本公约的阿拉伯文、中文、英文、法文、俄文和西班牙文文本同等作准。

下列签署人经各自政府正式授权在本公约上签字,以昭信守。


# 附件二

## 残疾人权利公约任择议定书

本议定书缔约国议定如下:

### 第一条

一、本议定书缔约国("缔约国")承认残疾人权利委员会("委员会")有权接受和审议本国管辖下的个人自行或联名提出或以其名义提出的,声称因为该缔约国违反公约规定而受到伤害的来文。

二、委员会不得接受涉及非本议定书缔约方的公约缔约国的来文。

**第二条**

来文有下列情形之一的,委员会应当视为不可受理:

(一)匿名;

(二)滥用提交来文的权利或不符合公约的规定;

(三)同一事项业经委员会审查或已由或正由另一项国际调查或解决程序审查;

(四)尚未用尽一切可用的国内补救办法。如果补救办法的应用被不合理地拖延或不大可能带来有效的救济,本规则不予适用;

(五)明显没有根据或缺乏充分证据;或

(六)所述事实发生在本议定书对有关缔约国生效之前,除非这些事实存续至生效之日后。

**第三条**

在符合本议定书第二条的规定的情况下,委员会应当以保密方式提请有关缔约国注意向委员会提交的任何来文。接受国应当在六个月内向委员会提交书面解释或陈述,澄清有关事项及该国可能已采取的任何补救措施。

**第四条**

一、委员会收到来文后,在对实质问题作出裁断前,可以随时向有关缔约国发出请求,请该国从速考虑采取必要的临时措施,以避免对声称权利被侵犯的受害人造成可能不可弥补的损害。

二、委员会根据本条第一款行使酌处权,并不意味对来文的可受理性或实质问题作出裁断。

**第五条**

委员会审查根据本议定书提交的来文,应当举行非公开会议。委员会在审查来文后,应当将委员会的任何提议和建议送交有关缔约国和请愿人。

**第六条**

一、如果委员会收到可靠资料,显示某一缔约国严重或系统地侵犯公约规定的权利,委员会应当邀请该缔约国合作审查这些资料及为此就有关资料提出意见。

二、在考虑了有关缔约国可能提出的任何意见以及委员会掌握的任何其他可靠资料后,委员会可以指派一名或多名委员会成员进行调查,从速向委员会报告。必要时,在征得缔约国同意后,调查可以包括前往该国领土访问。

三、对调查结果进行审查后,委员会应当将调查结果连同任何评论和建议一并送交有关缔约国。

四、有关缔约国应当在收到委员会送交的调查结果、评论和建议后六个月内,向委员会提交本国意见。

五、调查应当以保密方式进行,并应当在程序的各个阶段寻求缔约国的合作。

**第七条**

一、委员会可以邀请有关缔约国在其根据公约第三十五条提交的报告中详细说明就根据本议定书第六条进行的调查所采取的任何回应措施。

二、委员会可以在必要时,在第六条第四款所述六个月期间结束后,邀请有关缔约国告知该国就调查所采取的回应措施。

**第八条**

缔约国可以在签署或批准本议定书或加入本议定书时声明不承认第六条和第七条规定的委员会权限。

**第九条**

联合国秘书长为本议定书的保存人。

**第十条**

本议定书自二〇〇七年三月三十日起在纽约联合国总部开放给已签署公约的国家和区域一体化组织签署。

**第十一条**

本议定书应当经批准或加入公约的本议定书签署国批准,经正式确认或加入公约的本议定书签署区域一体化组织正式确认。本议定书开放给业已批准、正式确认或加入公约但没有签署议定书的任何国家或区域一体化组织加入。

**第十二条**

一、"区域一体化组织"是指由某一区域的主权国家组成的组织,其成员国已将公约和本议定书所涉事项方面的权限移交该组织。这些组织应当在其正式确认书或加入书中声明其有关公约和本议定书所涉事项的权限范围。此后，这些组织应当将其权限范围的任何重大变更通知保存人。

二、本议定书提及"缔约国"之处，在上述组织的权限范围内，应当适用于这些组织。

三、为本议定书第十三条第一款和第十五条第二款的目的，区域一体化组织交存的任何文书均不在计算之列。

四、区域一体化组织可以在缔约国会议上，对其权限范围内的事项行使表决权，其票数相当于已成为本议定书缔约国的组织成员国的数目。如果区域一体化组织的任何成员国行使表决权，则该组织不得行使表决权，反之亦然。

**第十三条**

一、在公约已经生效的情况下，本议定书应当在第十份批准书或加入书交存后的第三十天生效。

二、对于在第十份批准书或加入书交存后批准、正式确认或加入本议定书的国家或区域一体化组织，本议定书应当在该国或组织交存各自的批准书、正式确认书或加入书后的第三十天生效。

**第十四条**

一、保留不得与本议定书的目的和宗旨不符。

二、保留可随时撤回。

**第十五条**

一、任何缔约国均可以对本议定书提出修正案，提交联合国秘书长。秘书长应当将任何提议修正案通告缔约国，请缔约国通知是否赞成召开缔约国会议以审议提案并就提案作出决定。在上述通告发出之日后的四个月内，如果有至少三分之一的缔约国赞成召开缔约国会议，秘书长应当在联合国主持下召开会议。经出席并参加表决的缔约国三分之二多数通过的任何修正案应当由秘书长提交联合国大会核可，然后提交所有缔约国接受。

二、依照本条第一款的规定通过和核可的修正案，应当在交存的接受书数目达到修正案通过之日缔约国数目的三分之二后的第三十天生效。此后，修正案应当在任何缔约国交存其接受书后的第三十天对该国生效。修正案只对接受该项修正案的缔约国具有约束力。

**第十六条**

缔约国可以书面通知联合国秘书长退出本议定书。退约应当在秘书长收到通知之日起一年后生效。

**第十七条**

应当以无障碍模式提供本议定书文本。

**第十八条**

本议定书的阿拉伯文、中文、英文、法文、俄文和西班牙文文本同等作准。

下列签署人经各自政府正式授权在本议定书上签字,以昭信守。

# 联合国《残疾人权利公约》及
# 《任择议定书》(英文版)

Resolution adopted by the General Assembly on 13 December 2006

[without reference to a Main Committee(A/61/611)]

61/106.Convention on the Rights of Persons with Disabilities

The General Assembly,

Recalling its resolution 56/168 of 19 December 2001, by which it decided to establish an Ad Hoc Committee, open to the participation of all Member States and observers to the United Nations, to consider proposals for a comprehensive and integral international convention to promote and protect the rights and dignity of persons with disabilities, based on a holistic approach in the work done in the fields of social development, human rights and non-discrimination and taking into account the recommendations of the Commission on Human Rights and the Commission for Social Development,

Recalling also its previous relevant resolutions, the most recent of which was resolution 60/232 of 23 December 2005, as well as relevant resolutions of the Commission for Social Development and the Commission on Human Rights,

Welcoming the valuable contributions made by intergovernmental and non governmental organizations and national human rights institutions to the work of the Ad Hoc Committee,

1.Expresses its appreciation to the Ad Hoc Committee for having concluded the elaboration of the draft Convention on the Rights of Persons with Disabilities and the draft Optional Protocol to the Convention;

2. Adopts the Convention on the Rights of Persons with Disabilities and the Optional Protocol to the Convention annexed to the present resolution, which shall be open for signature at United Nations Headquarters in New York as of 30 March 2007;

3. Calls upon States to consider signing and ratifying the Convention and the Optional Protocol as a matter of priority, and expresses the hope that they will enter into force at an early date;

4. Requests the Secretary-General to provide the staff and facilities necessary for the effective performance of the functions of the Conference of States Parties and the Committee under the Convention and the Optional Protocol after the entry into force of the Convention, as well as for the dissemination of information on the Convention and the Optional Protocol;

5. Also requests the Secretary-General to implement progressively standards and guidelines for the accessibility of facilities and services of the United Nations system, taking into account relevant provisions of the Convention, in particular when undertaking renovations;

6. Requests United Nations agencies and organizations, and invites intergovernmental and non-governmental organizations, to undertake efforts to disseminate information on the Convention and the Optional Protocol and to promote their understanding;

7. Requests the Secretary-General to submit to the General Assembly at its sixty-second session a report on the status of the Convention and the Optional Protocol and the implementation of the present resolution, under a sub-item entitled "Convention on the Rights of Persons with Disabilities".

76th plenary meeting
13 December 2006

# Annex I

# Convention on the Rights of Persons with Disabilities

### Preamble

The States Parties to the present Convention,

(a) Recalling the principles proclaimed in the Charter of the United Nations which recognize the inherent dignity and worth and the equal and inalienable rights of all members of the human family as the foundation of freedom, justice and peace in the world,

(b) Recognizing that the United Nations, in the Universal Declaration of Human Rights and in the International Covenants on Human Rights, has proclaimed and agreed that everyone is entitled to all the rights and freedoms set forth therein, without distinction of any kind,

(c) Reaffirming the universality, indivisibility, interdependence and interrelatedness of all human rights and fundamental freedoms and the need for persons with disabilities to be guaranteed their full enjoyment without discrimination,

(d) Recalling the International Covenant on Economic, Social and Cultural Rights, the International Covenant on Civil and Political Rights, the International Convention on the Elimination of All Forms of Racial Discrimination, the Convention on the Elimination of All Forms of Discrimination against Women, the Convention against Torture and Other Cruel, Inhuman or Degrading Treatment or Punishment, the Convention on the Rights of the Child, and the International Convention on the Protection of the Rights of All Migrant Workers and Members of Their Families,

(e) Recognizing that disability is an evolving concept and that disability results from the interaction between persons with impairments and attitudinal and environmental barriers that hinders their full and effective participation in society on an equal basis with others,

(f) Recognizing the importance of the principles and policy guidelines contained in the World Programme of Action concerning Disabled Persons and in the Standard Rules on the Equalization of Opportunities for Persons with Disabilities in influencing the promotion, formulation and evaluation of the policies, plans, programmes and actions at the national, regional and international levels to further equalize opportunities for persons with disabilities,

(g) Emphasizing the importance of mainstreaming disability issues as an integral part of relevant strategies of sustainable development,

(h) Recognizing also that discrimination against any person on the basis of disability is a violation of the inherent dignity and worth of the human person,

(i) Recognizing further the diversity of persons with disabilities,

(j) Recognizing the need to promote and protect the human rights of all persons with disabilities, including those who require more intensive support,

(k) Concerned that, despite these various instruments and undertakings, persons with disabilities continue to face barriers in their participation as equal members of society and violations of their human rights in all parts of the world,

(l) Recognizing the importance of international cooperation for improving the living conditions of persons with disabilities in every country, particularly in developing countries,

(m) Recognizing the valued existing and potential contributions made by persons with disabilities to the overall well-being and diversity of their communities, and that the promotion of the full enjoyment by persons with disabilities of their human rights and fundamental freedoms and of full participation by persons with disabilities will result in their enhanced sense of belonging and in significant advances in the human, social and economic development of society and the eradication of poverty,

(n) Recognizing the importance for persons with disabilities of their individual autonomy and independence, including the freedom to make their own choices,

(o) Considering that persons with disabilities should have the opportunity to be actively involved in decision-making processes about policies and programmes, including those directly concerning them,

(p) Concerned about the difficult conditions faced by persons with disabilities who are subject to multiple or aggravated forms of discrimination on the basis of race, colour, sex, language, religion, political or other opinion, national, ethnic, indigenous or social origin, property, birth, age or other status,

(q) Recognizing that women and girls with disabilities are often at greater risk, both within and outside the home, of violence, injury or abuse, neglect or negligent treatment, maltreatment or exploitation,

(r) Recognizing that children with disabilities should have full enjoyment of all human rights and fundamental freedoms on an equal basis with other children, and recalling obligations to that end undertaken by States Parties to the Convention on the Rights of the Child,

(s) Emphasizing the need to incorporate a gender perspective in all efforts to promote the full enjoyment of human rights and fundamental freedoms by persons with disabilities,

(t) Highlighting the fact that the majority of persons with disabilities live in conditions of poverty, and in this regard recognizing the critical need to address the negative impact of poverty on persons with disabilities,

(u) Bearing in mind that conditions of peace and security based on full respect for the purposes and principles contained in the Charter of the United Nations and observance of applicable human rights instruments are indispensable for the full protection of persons with disabilities, in particular during armed conflicts and foreign occupation,

(v) Recognizing the importance of accessibility to the physical, social, economic and cultural environment, to health and education and to information and communication, in enabling persons with disabilities to fully enjoy all human rights and fundamental freedoms,

(w) Realizing that the individual, having duties to other individuals and to the community to which he or she belongs, is under a responsibility to strive for the promotion and observance of the rights recognized in the International Bill of Human Rights,

(x) Convinced that the family is the natural and fundamental group unit of society and is entitled to protection by society and the State, and that persons with disabilities and their family members should receive the necessary protection and assistance to enable families to contribute towards the full and equal enjoyment of the rights of persons with disabilities,

(y) Convinced that a comprehensive and integral international convention to promote and protect the rights and dignity of persons with disabilities will make a significant contribution to redressing the profound social disadvantage of persons with disabilities and promote their participation in the civil, political, economic, social and cultural spheres with equal opportunities, in both developing and developed countries,

Have agreed as follows:

### Article 1   Purpose

The purpose of the present Convention is to promote, protect and ensure the full and equal enjoyment of all human rights and fundamental freedoms by all persons with disabilities, and to promote respect for their inherent dignity.

Persons with disabilities include those who have long-term physical, mental, intellectual or sensory impairments which in interaction with various barriers may hinder their full and effective participation in society on an equal basis with others.

### Article 2   Definitions

For the purposes of the present Convention:

"Communication" includes languages, display of text, Braille, tactile communication, large print, accessible multimedia as well as written, audio, plain-language, human-reader and augmentative and alternative modes, means and formats of communication, including accessible information and communication technology;

"Language" includes spoken and signed languages and other forms of non spoken languages;

"Discrimination on the basis of disability" means any distinction, exclusion or restriction on the basis of disability which has the purpose or effect of impairing or nullifying the recognition, enjoyment or exercise, on an equal basis with others, of all human rights and fundamental freedoms in the political, economic, social, cultural, civil or any other field. It includes all forms of discrimination, including denial of reasonable accommodation;

"Reasonable accommodation" means necessary and appropriate modification and adjustments not imposing a disproportionate or undue burden, where needed in a particular case, to ensure to persons with disabilities the enjoyment or exercise on an equal basis with others of all human rights and fundamental freedoms;

"Universal design" means the design of products, environments, programmes and services to be usable by all people, to the greatest extent possible, without the need for adaptation or specialized design. "Universal design" shall not exclude assistive devices for particular groups of persons with disabilities where this is needed.

### Article 3　General principles

The principles of the present Convention shall be:

(a) Respect for inherent dignity, individual autonomy including the freedom to make one's own choices, and independence of persons;

(b) Non-discrimination;

(c) Full and effective participation and inclusion in society;

(d) Respect for difference and acceptance of persons with disabilities as part of human diversity and humanity;

(e) Equality of opportunity;

(f) Accessibility;

(g) Equality between men and women;

(h) Respect for the evolving capacities of children with disabilities and respect for the right of children with disabilities to preserve their identities.

### Article 4　General obligations

1. States Parties undertake to ensure and promote the full realization of all hu-

man rights and fundamental freedoms for all persons with disabilities without discrimination of any kind on the basis of disability. To this end, States Parties undertake:

(a) To adopt all appropriate legislative, administrative and other measures for the implementation of the rights recognized in the present Convention;

(b) To take all appropriate measures, including legislation, to modify or abolish existing laws, regulations, customs and practices that constitute discrimination against persons with disabilities;

(c) To take into account the protection and promotion of the human rights of persons with disabilities in all policies and programmes;

(d) To refrain from engaging in any act or practice that is inconsistent with the present Convention and to ensure that public authorities and institutions act in conformity with the present Convention;

(e) To take all appropriate measures to eliminate discrimination on the basis of disability by any person, organization or private enterprise;

(f) To undertake or promote research and development of universally designed goods, services, equipment and facilities, as defined in article 2 of the present Convention, which should require the minimum possible adaptation and the least cost to meet the specific needs of a person with disabilities, to promote their availability and use, and to promote universal design in the development of standards and guidelines;

(g) To undertake or promote research and development of, and to promote the availability and use of new technologies, including information and communications technologies, mobility aids, devices and assistive technologies, suitable for persons with disabilities, giving priority to technologies at an affordable cost;

(h) To provide accessible information to persons with disabilities about mobility aids, devices and assistive technologies, including new technologies, as well as other forms of assistance, support services and facilities;

(i) To promote the training of professionals and staff working with persons with disabilities in the rights recognized in the present Convention so as to better provide the assistance and services guaranteed by those rights.

2. With regard to economic, social and cultural rights, each State Party undertakes to take measures to the maximum of its available resources and, where needed, within the framework of international cooperation, with a view to achieving progressively the full realization of these rights, without prejudice to those obligations contained in the present Convention that are immediately applicable according to international law.

3. In the development and implementation of legislation and policies to implement the present Convention, and in other decision-making processes concerning issues relating to persons with disabilities, States Parties shall closely consult with and actively involve persons with disabilities, including children with disabilities, through their representative organizations.

4. Nothing in the present Convention shall affect any provisions which are more conducive to the realization of the rights of persons with disabilities and which may be contained in the law of a State Party or international law in force for that State. There shall be no restriction upon or derogation from any of the human rights and fundamental freedoms recognized or existing in any State Party to the present Convention pursuant to law, conventions, regulation or custom on the pretext that the present Convention does not recognize such rights or freedoms or that it recognizes them to a lesser extent.

5. The provisions of the present Convention shall extend to all parts of federal States without any limitations or exceptions.

### Article 5  Equality and non-discrimination

1. States Parties recognize that all persons are equal before and under the law and are entitled without any discrimination to the equal protection and equal benefit of the law.

2. States Parties shall prohibit all discrimination on the basis of disability and guarantee to persons with disabilities equal and effective legal protection against

discrimination on all grounds.

3. In order to promote equality and eliminate discrimination, States Parties shall take all appropriate steps to ensure that reasonable accommodation is provided.

4. Specific measures which are necessary to accelerate or achieve de facto equality of persons with disabilities shall not be considered discrimination under the terms of the present Convention.

### Article 6　Women with disabilities

1. States Parties recognize that women and girls with disabilities are subject to multiple discrimination, and in this regard shall take measures to ensure the full and equal enjoyment by them of all human rights and fundamental freedoms.

2. States Parties shall take all appropriate measures to ensure the full development, advancement and empowerment of women, for the purpose of guaranteeing them the exercise and enjoyment of the human rights and fundamental freedoms set out in the present Convention.

### Article 7　Children with disabilities

1. States Parties shall take all necessary measures to ensure the full enjoyment by children with disabilities of all human rights and fundamental freedoms on an equal basis with other children.

2. In all actions concerning children with disabilities, the best interests of the child shall be a primary consideration.

3. States Parties shall ensure that children with disabilities have the right to express their views freely on all matters affecting them, their views being given due weight in accordance with their age and maturity, on an equal basis with other children, and to be provided with disability and age-appropriate assistance to realize that right.

### Article 8　Awareness-raising

1. States Parties undertake to adopt immediate, effective and appropriate measures:

(a) To raise awareness throughout society, including at the family level, regarding persons with disabilities, and to foster respect for the rights and dignity of persons with disabilities;

(b) To combat stereotypes, prejudices and harmful practices relating to persons with disabilities, including those based on sex and age, in all areas of life;

(c) To promote awareness of the capabilities and contributions of persons with disabilities.

2. Measures to this end include:

(a) Initiating and maintaining effective public awareness campaigns designed:

(i) To nurture receptiveness to the rights of persons with disabilities;

(ii) To promote positive perceptions and greater social awareness towards persons with disabilities;

(iii) To promote recognition of the skills, merits and abilities of persons with disabilities, and of their contributions to the workplace and the labour market;

(b) Fostering at all levels of the education system, including in all children from an early age, an attitude of respect for the rights of persons with disabilities;

(c) Encouraging all organs of the media to portray persons with disabilities in a manner consistent with the purpose of the present Convention;

(d) Promoting awareness-training programmes regarding persons with disabilities and the rights of persons with disabilities.

### Article 9　Accessibility

1. To enable persons with disabilities to live independently and participate fully in all aspects of life, States Parties shall take appropriate measures to ensure to persons with disabilities access, on an equal basis with others, to the physical environment, to transportation, to information and communications, including information and communications technologies and systems, and to other facilities and services open or provided to the public, both in urban and in rural areas. These measures, which shall include the identification and elimination of obstacles and barriers to accessibility, shall apply to, inter alia:

(a) Buildings, roads, transportation and other indoor and outdoor facilities, including schools, housing, medical facilities and workplaces;

(b) Information, communications and other services, including electronic services and emergency services.

2. States Parties shall also take appropriate measures:

(a) To develop, promulgate and monitor the implementation of minimum standards and guidelines for the accessibility of facilities and services open or provided to the public;

(b) To ensure that private entities that offer facilities and services which are open or provided to the public take into account all aspects of accessibility for persons with disabilities;

(c) To provide training for stakeholders on accessibility issues facing persons with disabilities;

(d) To provide in buildings and other facilities open to the public signage in Braille and in easy to read and understand forms;

(e) To provide forms of live assistance and intermediaries, including guides, readers and professional sign language interpreters, to facilitate accessibility to buildings and other facilities open to the public;

(f) To promote other appropriate forms of assistance and support to persons with disabilities to ensure their access to information;

(g) To promote access for persons with disabilities to new information and communications technologies and systems, including the Internet;

(h) To promote the design, development, production and distribution of accessible information and communications technologies and systems at an early stage, so that these technologies and systems become accessible at minimum cost.

### Article 10    Right to life

States Parties reaffirm that every human being has the inherent right to life and shall take all necessary measures to ensure its effective enjoyment by persons with disabilities on an equal basis with others.

### Article 11   Situations of risk and humanitarian emergencies

States Parties shall take, in accordance with their obligations under international law, including international humanitarian law and international human rights law, all necessary measures to ensure the protection and safety of persons with disabilities in situations of risk, including situations of armed conflict, humanitarian emergencies and the occurrence of natural disasters.

### Article 12   Equal recognition before the law

1.States Parties reaffirm that persons with disabilities have the right to recognition everywhere as persons before the law.

2.States Parties shall recognize that persons with disabilities enjoy legal capacity on an equal basis with others in all aspects of life.

3.States Parties shall take appropriate measures to provide access by persons with disabilities to the support they may require in exercising their legal capacity.

4.States Parties shall ensure that all measures that relate to the exercise of legal capacity provide for appropriate and effective safeguards to prevent abuse in accordance with international human rights law. Such safeguards shall ensure that measures relating to the exercise of legal capacity respect the rights, will and preferences of the person, are free of conflict of interest and undue influence, are proportional and tailored to the person's circumstances, apply for the shortest time possible and are subject to regular review by a competent, independent and impartial authority or judicial body.The safeguards shall be proportional to the degree to which such measures affect the person's rights and interests.

5.Subject to the provisions of this article, States Parties shall take all appropriate and effective measures to ensure the equal right of persons with disabilities to own or inherit property, to control their own financial affairs and to have equal access to bank loans, mortgages and other forms of financial credit, and shall ensure that persons with disabilities are not arbitrarily deprived of their property.

### Article 13   Access to justice

1.States Parties shall ensure effective access to justice for persons with disabilities on an equal basis with others, including through the provision of procedural and age-appropriate accommodations, in order to facilitate their effective role as direct and indirect participants, including as witnesses, in all legal proceedings, including at investigative and other preliminary stages.

2. In order to help to ensure effective access to justice for persons with disabilities, States Parties shall promote appropriate training for those working in the field of administration of justice, including police and prison staff.

### Article 14　Liberty and security of person

1. States Parties shall ensure that persons with disabilities, on an equal basis with others:

(a) Enjoy the right to liberty and security of person;

(b) Are not deprived of their liberty unlawfully or arbitrarily, and that any deprivation of liberty is in conformity with the law, and that the existence of a disability shall in no case justify a deprivation of liberty.

2. States Parties shall ensure that if persons with disabilities are deprived of their liberty through any process, they are, on an equal basis with others, entitled to guarantees in accordance with international human rights law and shall be treated in compliance with the objectives and principles of the present Convention, including by provision of reasonable accommodation.

### Article 15　Freedom from torture or cruel, inhuman or degrading treatment or punishment

1. No one shall be subjected to torture or to cruel, inhuman or degrading treatment or punishment. In particular, no one shall be subjected without his or her free consent to medical or scientific experimentation.

2. States Parties shall take all effective legislative, administrative, judicial or other measures to prevent persons with disabilities, on an equal basis with others, from being subjected to torture or cruel, inhuman or degrading treatment or punishment.

### Article 16　Freedom from exploitation, violence and abuse

1. States Parties shall take all appropriate legislative, administrative, social, ed-

ucational and other measures to protect persons with disabilities, both within and outside the home, from all forms of exploitation, violence and abuse, including their gender-based aspects.

2.States Parties shall also take all appropriate measures to prevent all forms of exploitation, violence and abuse by ensuring, inter alia, appropriate forms of

gender- and age-sensitive assistance and support for persons with disabilities and their families and caregivers, including through the provision of information and education on how to avoid, recognize and report instances of exploitation, violence and abuse.States Parties shall ensure that protection services are age-, gender- and disability-sensitive.

3.In order to prevent the occurrence of all forms of exploitation, violence and abuse, States Parties shall ensure that all facilities and programmes designed to serve persons with disabilities are effectively monitored by independent authorities.

4.States Parties shall take all appropriate measures to promote the physical, cognitive and psychological recovery, rehabilitation and social reintegration of persons with disabilities who become victims of any form of exploitation, violence or abuse, including through the provision of protection services.Such recovery and reintegration shall take place in an environment that fosters the health, welfare,

self-respect, dignity and autonomy of the person and takes into account gender- and age-specific needs.

5.States Parties shall put in place effective legislation and policies, including women- and child-focused legislation and policies, to ensure that instances of exploitation, violence and abuse against persons with disabilities are identified, investigated and, where appropriate, prosecuted.

### Article 17　Protecting the integrity of the person

Every person with disabilities has a right to respect for his or her physical and mental integrity on an equal basis with others.

### Article 18　Liberty of movement and nationality

1.States Parties shall recognize the rights of persons with disabilities to liberty of movement, to freedom to choose their residence and to a nationality, on an equal basis with others, including by ensuring that persons with disabilities:

( a ) Have the right to acquire and change a nationality and are not deprived of their nationality arbitrarily or on the basis of disability;

( b ) Are not deprived, on the basis of disability, of their ability to obtain, possess and utilize documentation of their nationality or other documentation of identification, or to utilize relevant processes such as immigration proceedings, that may be needed to facilitate exercise of the right to liberty of movement;

( c ) Are free to leave any country, including their own;

( d ) Are not deprived, arbitrarily or on the basis of disability, of the right to enter their own country.

2. Children with disabilities shall be registered immediately after birth and shall have the right from birth to a name, the right to acquire a nationality and, as far as possible, the right to know and be cared for by their parents.

### Article 19　Living independently and being included in the community

States Parties to the present Convention recognize the equal right of all persons with disabilities to live in the community, with choices equal to others, and shall take effective and appropriate measures to facilitate full enjoyment by persons with disabilities of this right and their full inclusion and participation in the community, including by ensuring that:

( a ) Persons with disabilities have the opportunity to choose their place of residence and where and with whom they live on an equal basis with others and are not obliged to live in a particular living arrangement;

( b ) Persons with disabilities have access to a range of in-home, residential and other community support services, including personal assistance necessary to support living and inclusion in the community, and to prevent isolation or segregation from the community;

( c ) Community services and facilities for the general population are available on an equal basis to persons with disabilities and are responsive to their needs.

### Article 20　Personal mobility

States Parties shall take effective measures to ensure personal mobility with the greatest possible independence for persons with disabilities, including by:

(a) Facilitating the personal mobility of persons with disabilities in the manner and at the time of their choice, and at affordable cost;

(b) Facilitating access by persons with disabilities to quality mobility aids, devices, assistive technologies and forms of live assistance and intermediaries, including by making them available at affordable cost;

(c) Providing training in mobility skills to persons with disabilities and to specialist staff working with persons with disabilities;

(d) Encouraging entities that produce mobility aids, devices and assistive technologies to take into account all aspects of mobility for persons with disabilities.

### Article 21　Freedom of expression and opinion, and access to information

States Parties shall take all appropriate measures to ensure that persons with disabilities can exercise the right to freedom of expression and opinion, including the freedom to seek, receive and impart information and ideas on an equal basis with others and through all forms of communication of their choice, as defined in article 2 of the present Convention, including by:

(a) Providing information intended for the general public to persons with disabilities in accessible formats and technologies appropriate to different kinds of disabilities in a timely manner and without additional cost;

(b) Accepting and facilitating the use of sign languages, Braille, augmentative and alternative communication, and all other accessible means, modes and formats of communication of their choice by persons with disabilities in official interactions;

(c) Urging private entities that provide services to the general public, including through the Internet, to provide information and services in accessible and usable formats for persons with disabilities;

(d) Encouraging the mass media, including providers of information through the Internet, to make their services accessible to persons with disabilities;

(e) Recognizing and promoting the use of sign languages.

### Article 22　Respect for privacy

1.No person with disabilities, regardless of place of residence or living arrangements, shall be subjected to arbitrary or unlawful interference with his or her privacy, family, home or correspondence or other types of communication or to unlawful attacks on his or her honour and reputation.Persons with disabilities have the right to the protection of the law against such interference or attacks.

2.States Parties shall protect the privacy of personal, health and rehabilitation information of persons with disabilities on an equal basis with others.

### Article 23　Respect for home and the family

1.States Parties shall take effective and appropriate measures to eliminate discrimination against persons with disabilities in all matters relating to marriage, family, parenthood and relationships, on an equal basis with others, so as to ensure that:

(a) The right of all persons with disabilities who are of marriageable age to marry and to found a family on the basis of free and full consent of the intending spouses is recognized;

(b) The rights of persons with disabilities to decide freely and responsibly on the number and spacing of their children and to have access to age-appropriate information, reproductive and family planning education are recognized, and the means necessary to enable them to exercise these rights are provided;

(c) Persons with disabilities, including children, retain their fertility on an equal basis with others.

2.States Parties shall ensure the rights and responsibilities of persons with disabilities, with regard to guardianship, wardship, trusteeship, adoption of children or similar institutions, where these concepts exist in national legislation; in all cases the best interests of the child shall be paramount.States Parties shall render appropriate assistance to persons with disabilities in the performance of their child-rearing responsibilities.

3.States Parties shall ensure that children with disabilities have equal rights with respect to family life. With a view to realizing these rights, and to prevent concealment, abandonment, neglect and segregation of children with disabilities, States Parties shall undertake to provide early and comprehensive information, services and support to children with disabilities and their families.

4.States Parties shall ensure that a child shall not be separated from his or her parents against their will, except when competent authorities subject to judicial review determine, in accordance with applicable law and procedures, that such separation is necessary for the best interests of the child. In no case shall a child be separated from parents on the basis of a disability of either the child or one or both of the parents.

5.States Parties shall, where the immediate family is unable to care for a child with disabilities, undertake every effort to provide alternative care within the wider family, and failing that, within the community in a family setting.

### Article 24　Education

1.States Parties recognize the right of persons with disabilities to education. With a view to realizing this right without discrimination and on the basis of equal opportunity, States Parties shall ensure an inclusive education system at all levels and lifelong learning directed to:

(a) The full development of human potential and sense of dignity and self-worth, and the strengthening of respect for human rights, fundamental freedoms and human diversity;

(b) The development by persons with disabilities of their personality, talents and creativity, as well as their mental and physical abilities, to their fullest potential;

(c) Enabling persons with disabilities to participate effectively in a free society.

2.In realizing this right, States Parties shall ensure that:

(a) Persons with disabilities are not excluded from the general education system on the basis of disability, and that children with disabilities are not excluded from free and compulsory primary education, or from secondary education, on the basis of disability;

(b) Persons with disabilities can access an inclusive, quality and free primary education and secondary education on an equal basis with others in the communities in which they live;

(c) Reasonable accommodation of the individual's requirements is provided;

(d) Persons with disabilities receive the support required, within the general education system, to facilitate their effective education;

(e) Effective individualized support measures are provided in environments that maximize academic and social development, consistent with the goal of full inclusion.

3.States Parties shall enable persons with disabilities to learn life and social development skills to facilitate their full and equal participation in education and as members of the community.To this end, States Parties shall take appropriate measures, including:

(a) Facilitating the learning of Braille, alternative script, augmentative and alternative modes, means and formats of communication and orientation and mobility skills, and facilitating peer support and mentoring;

(b) Facilitating the learning of sign language and the promotion of the linguistic identity of the deaf community;

(c) Ensuring that the education of persons, and in particular children, who are blind, deaf or deafblind, is delivered in the most appropriate languages and modes and means of communication for the individual, and in environments which maximize academic and social development.

4.In order to help ensure the realization of this right, States Parties shall take appropriate measures to employ teachers, including teachers with disabilities, who are qualified in sign language and/or Braille, and to train professionals and staff who work at all levels of education.Such training shall incorporate disability awareness and the use of appropriate augmentative and alternative modes, means and formats of communication, educational techniques and materials to support persons with disabilities.

5.States Parties shall ensure that persons with disabilities are able to access general tertiary education, vocational training, adult education and lifelong learning without discrimination and on an equal basis with others.To this end, States Parties shall ensure that reasonable accommodation is provided to persons with disabilities.

### Article 25   Health

States Parties recognize that persons with disabilities have the right to the enjoyment of the highest attainable standard of health without discrimination on the basis of disability. States Parties shall take all appropriate measures to ensure access for persons with disabilities to health services that are gender-sensitive, including health-related rehabilitation.In particular, States Parties shall:

( a ) Provide persons with disabilities with the same range, quality and standard of free or affordable health care and programmes as provided to other persons, including in the area of sexual and reproductive health and population-based public health programmes;

( b ) Provide those health services needed by persons with disabilities specifically because of their disabilities, including early identification and intervention as appropriate, and services designed to minimize and prevent further disabilities, including among children and older persons;

( c ) Provide these health services as close as possible to people's own communities, including in rural areas;

( d ) Require health professionals to provide care of the same quality to persons with disabilities as to others, including on the basis of free and informed consent by, inter alia, raising awareness of the human rights, dignity, autonomy and needs of persons with disabilities through training and the promulgation of ethical standards for public and private health care;

( e ) Prohibit discrimination against persons with disabilities in the provision of health insurance, and life insurance where such insurance is permitted by national law, which shall be provided in a fair and reasonable manner;

( f ) Prevent discriminatory denial of health care or health services or food and fluids on the basis of disability.

### Article 26 Habilitation and rehabilitation

1. States Parties shall take effective and appropriate measures, including through peer support, to enable persons with disabilities to attain and maintain maximum independence, full physical, mental, social and vocational ability, and full inclusion and participation in all aspects of life. To that end, States Parties shall organize, strengthen and extend comprehensive habilitation and rehabilitation services and programmes, particularly in the areas of health, employment, education and social services, in such a way that these services and programmes:

( a ) Begin at the earliest possible stage, and are based on the multidisciplinary assessment of individual needs and strengths;

( b ) Support participation and inclusion in the community and all aspects of society, are voluntary, and are available to persons with disabilities as close as possible to their own communities, including in rural areas.

2. States Parties shall promote the development of initial and continuing training for professionals and staff working in habilitation and rehabilitation services.

3. States Parties shall promote the availability, knowledge and use of assistive devices and technologies, designed for persons with disabilities, as they relate to habilitation and rehabilitation.

### Article 27 Work and employment

1. States Parties recognize the right of persons with disabilities to work, on an equal basis with others; this includes the right to the opportunity to gain a living by work freely chosen or accepted in a labour market and work environment that is

open, inclusive and accessible to persons with disabilities. States Parties shall safe-guard and promote the realization of the right to work, including for those who ac-quire a disability during the course of employment, by taking appropriate steps, in-cluding through legislation, to, inter alia:

(a) Prohibit discrimination on the basis of disability with regard to all matters concerning all forms of employment, including conditions of recruitment, hiring and employment, continuance of employment, career advancement and safe and healthy working conditions;

(b) Protect the rights of persons with disabilities, on an equal basis with oth-ers, to just and favourable conditions of work, including equal opportunities and e-qual remuneration for work of equal value, safe and healthy working conditions, in-cluding protection from harassment, and the redress of grievances;

(c) Ensure that persons with disabilities are able to exercise their labour and trade union rights on an equal basis with others;

(d) Enable persons with disabilities to have effective access to general techni-cal and vocational guidance programmes, placement services and vocational and continuing training;

(e) Promote employment opportunities and career advancement for persons with disabilities in the labour market, as well as assistance in finding, obtaining, maintaining and returning to employment;

(f) Promote opportunities for self-employment, entrepreneurship, the develop-ment of cooperatives and starting one's own business;

(g) Employ persons with disabilities in the public sector;

(h) Promote the employment of persons with disabilities in the private sector through appropriate policies and measures, which may include affirmative action programmes, incentives and other measures;

(i) Ensure that reasonable accommodation is provided to persons with disabili-ties in the workplace;

(j) Promote the acquisition by persons with disabilities of work experience in the open labour market;

( k ) Promote vocational and professional rehabilitation, job retention and return-to-work programmes for persons with disabilities.

2.States Parties shall ensure that persons with disabilities are not held in slavery or in servitude, and are protected, on an equal basis with others, from forced or compulsory labour.

### Article 28　Adequate standard of living and social protection

1.States Parties recognize the right of persons with disabilities to an adequate standard of living for themselves and their families, including adequate food, clothing and housing, and to the continuous improvement of living conditions, and shall take appropriate steps to safeguard and promote the realization of this right without discrimination on the basis of disability.

2.States Parties recognize the right of persons with disabilities to social protection and to the enjoyment of that right without discrimination on the basis of disability, and shall take appropriate steps to safeguard and promote the realization of this right, including measures:

( a ) To ensure equal access by persons with disabilities to clean water services, and to ensure access to appropriate and affordable services, devices and other assistance for disability-related needs;

( b ) To ensure access by persons with disabilities, in particular women and girls with disabilities and older persons with disabilities, to social protection programmes and poverty reduction programmes;

( c ) To ensure access by persons with disabilities and their families living in situations of poverty to assistance from the State with disability-related expenses, including adequate training, counselling, financial assistance and respite care;

( d ) To ensure access by persons with disabilities to public housing programmes;

( e ) To ensure equal access by persons with disabilities to retirement benefits and programmes.

### Article 29　Participation in political and public life

States Parties shall guarantee to persons with disabilities political rights and the opportunity to enjoy them on an equal basis with others, and shall undertake:

(a) To ensure that persons with disabilities can effectively and fully participate in political and public life on an equal basis with others, directly or through freely chosen representatives, including the right and opportunity for persons with disabilities to vote and be elected, inter alia, by:

(i) Ensuring that voting procedures, facilities and materials are appropriate, accessible and easy to understand and use;

(ii) Protecting the right of persons with disabilities to vote by secret ballot in elections and public referendums without intimidation, and to stand for elections, to effectively hold office and perform all public functions at all levels of government, facilitating the use of assistive and new technologies where appropriate;

(iii) Guaranteeing the free expression of the will of persons with disabilities as electors and to this end, where necessary, at their request, allowing assistance in voting by a person of their own choice;

(b) To promote actively an environment in which persons with disabilities can effectively and fully participate in the conduct of public affairs, without discrimination and on an equal basis with others, and encourage their participation in public affairs, including:

(i) Participation in non-governmental organizations and associations concerned with the public and political life of the country, and in the activities and administration of political parties;

(ii) Forming and joining organizations of persons with disabilities to represent persons with disabilities at international, national, regional and local levels.

### Article 30　Participation in cultural life, recreation, leisure and sport

1. States Parties recognize the right of persons with disabilities to take part on an equal basis with others in cultural life, and shall take all appropriate measures to ensure that persons with disabilities:

(a) Enjoy access to cultural materials in accessible formats;

(b) Enjoy access to television programmes, films, theatre and other cultural activities, in accessible formats;

(c) Enjoy access to places for cultural performances or services, such as theatres, museums, cinemas, libraries and tourism services, and, as far as possible, enjoy access to monuments and sites of national cultural importance.

2. States Parties shall take appropriate measures to enable persons with disabilities to have the opportunity to develop and utilize their creative, artistic and intellectual potential, not only for their own benefit, but also for the enrichment of society.

3. States Parties shall take all appropriate steps, in accordance with international law, to ensure that laws protecting intellectual property rights do not constitute an unreasonable or discriminatory barrier to access by persons with disabilities to cultural materials.

4. Persons with disabilities shall be entitled, on an equal basis with others, to recognition and support of their specific cultural and linguistic identity, including sign languages and deaf culture.

5. With a view to enabling persons with disabilities to participate on an equal basis with others in recreational, leisure and sporting activities, States Parties shall take appropriate measures:

(a) To encourage and promote the participation, to the fullest extent possible, of persons with disabilities in mainstream sporting activities at all levels;

(b) To ensure that persons with disabilities have an opportunity to organize, develop and participate in disability-specific sporting and recreational activities and, to this end, encourage the provision, on an equal basis with others, of appropriate instruction, training and resources;

(c) To ensure that persons with disabilities have access to sporting, recreational and tourism venues;

(d) To ensure that children with disabilities have equal access with other children to participation in play, recreation and leisure and sporting activities, including those activities in the school system;

(e) To ensure that persons with disabilities have access to services from those involved in the organization of recreational, tourism, leisure and sporting activities.

### Article 31　Statistics and data collection

1.States Parties undertake to collect appropriate information, including statistical and research data, to enable them to formulate and implement policies to give effect to the present Convention.The process of collecting and maintaining this information shall:

(a) Comply with legally established safeguards, including legislation on data protection, to ensure confidentiality and respect for the privacy of persons with disabilities;

(b) Comply with internationally accepted norms to protect human rights and fundamental freedoms and ethical principles in the collection and use of statistics.

2.The information collected in accordance with this article shall be disaggregated, as appropriate, and used to help assess the implementation of States Parties' obligations under the present Convention and to identify and address the barriers faced by persons with disabilities in exercising their rights.

3.States Parties shall assume responsibility for the dissemination of these statistics and ensure their accessibility to persons with disabilities and others.

### Article 32　International cooperation

1.States Parties recognize the importance of international cooperation and its promotion, in support of national efforts for the realization of the purpose and objectives of the present Convention, and will undertake appropriate and effective measures in this regard, between and among States and, as appropriate, in partnership with relevant international and regional organizations and civil society, in particular organizations of persons with disabilities.Such measures could include, inter alia:

( a ) Ensuring that international cooperation, including international development programmes, is inclusive of and accessible to persons with disabilities;

(b) Facilitating and supporting capacity-building, including through the exchange and sharing of information, experiences, training programmes and best practices;

(c) Facilitating cooperation in research and access to scientific and technical knowledge;

(d) Providing, as appropriate, technical and economic assistance, including by facilitating access to and sharing of accessible and assistive technologies, and through the transfer of technologies.

2. The provisions of this article are without prejudice to the obligations of each State Party to fulfil its obligations under the present Convention.

### Article 33　National implementation and monitoring

1. States Parties, in accordance with their system of organization, shall designate one or more focal points within government for matters relating to the implementation of the present Convention, and shall give due consideration to the establishment or designation of a coordination mechanism within government to facilitate related action in different sectors and at different levels.

2. States Parties shall, in accordance with their legal and administrative systems, maintain, strengthen, designate or establish within the State Party, a framework, including one or more independent mechanisms, as appropriate, to promote, protect and monitor implementation of the present Convention. When designating or establishing such a mechanism, States Parties shall take into account the principles relating to the status and functioning of national institutions for protection and promotion of human rights.

3. Civil society, in particular persons with disabilities and their representative organizations, shall be involved and participate fully in the monitoring process.

### Article 34　Committee on the Rights of Persons with Disabilities

1. There shall be established a Committee on the Rights of Persons with Disabilities (hereafter referred to as "the Committee"), which shall carry out the functions hereinafter provided.

2.The Committee shall consist, at the time of entry into force of the present Convention, of twelve experts. After an additional sixty ratifications or accessions to the Convention, the membership of the Committee shall increase by six members, attaining a maximum number of eighteen members.

3.The members of the Committee shall serve in their personal capacity and shall be of high moral standing and recognized competence and experience in the field covered by the present Convention. When nominating their candidates, States Parties are invited to give due consideration to the provision set out in article 4, paragraph 3, of the present Convention.

4.The members of the Committee shall be elected by States Parties, consideration being given to equitable geographical distribution, representation of the different forms of civilization and of the principal legal systems, balanced gender representation and participation of experts with disabilities.

5.The members of the Committee shall be elected by secret ballot from a list of persons nominated by the States Parties from among their nationals at meetings of the Conference of States Parties. At those meetings, for which two thirds of States Parties shall constitute a quorum, the persons elected to the Committee shall be those who obtain the largest number of votes and an absolute majority of the votes of the representatives of States Parties present and voting.

6.The initial election shall be held no later than six months after the date of entry into force of the present Convention. At least four months before the date of each election, the Secretary-General of the United Nations shall address a letter to the States Parties inviting them to submit the nominations within two months. The Secretary-General shall subsequently prepare a list in alphabetical order of all persons thus nominated, indicating the State Parties which have nominated them, and shall submit it to the States Parties to the present Convention.

7.The members of the Committee shall be elected for a term of four years. They shall be eligible for re-election once. However, the term of six of the members elected at the first election shall expire at the end of two years; immediately after the first election, the names of these six members shall be chosen by lot by the chairperson of the meeting referred to in paragraph 5 of this article.

8. The election of the six additional members of the Committee shall be held on the occasion of regular elections, in accordance with the relevant provisions of this article.

9. If a member of the Committee dies or resigns or declares that for any other cause she or he can no longer perform her or his duties, the State Party which nominated the member shall appoint another expert possessing the qualifications and meeting the requirements set out in the relevant provisions of this article, to serve for the remainder of the term.

10. The Committee shall establish its own rules of procedure.

11. The Secretary-General of the United Nations shall provide the necessary staff and facilities for the effective performance of the functions of the Committee under the present Convention, and shall convene its initial meeting.

12. With the approval of the General Assembly of the United Nations, the members of the Committee established under the present Convention shall receive emoluments from United Nations resources on such terms and conditions as the Assembly may decide, having regard to the importance of the Committee's responsibilities.

13. The members of the Committee shall be entitled to the facilities, privileges and immunities of experts on mission for the United Nations as laid down in the relevant sections of the Convention on the Privileges and Immunities of the United Nations.

### Article 35　Reports by States Parties

1. Each State Party shall submit to the Committee, through the Secretary-General of the United Nations, a comprehensive report on measures taken to give effect to its obligations under the present Convention and on the progress made in that regard, within two years after the entry into force of the present Convention for the State Party concerned.

2.Thereafter,States Parties shall submit subsequent reports at least every four years and further whenever the Committee so requests.

3.The Committee shall decide any guidelines applicable to the content of the reports.

4.A State Party which has submitted a comprehensive initial report to the Committee need not,in its subsequent reports,repeat information previously provided.When preparing reports to the Committee,States Parties are invited to consider doing so in an open and transparent process and to give due consideration to the provision set out in article 4,paragraph 3,of the present Convention.

5. Reports may indicate factors and difficulties affecting the degree of fulfilment of obligations under the present Convention.

### Article 36　Consideration of reports

1.Each report shall be considered by the Committee,which shall make such suggestions and general recommendations on the report as it may consider appropriate and shall forward these to the State Party concerned.The State Party may respond with any information it chooses to the Committee.The Committee may request further information from States Parties relevant to the implementation of the present Convention.

2.If a State Party is significantly overdue in the submission of a report,the Committee may notify the State Party concerned of the need to examine the implementation of the present Convention in that State Party,on the basis of reliable information available to the Committee,if the relevant report is not submitted within three months following the notification.The Committee shall invite the State Party concerned to participate in such examination.Should the State Party respond by submitting the relevant report,the provisions of paragraph 1 of this article will apply.

3.The Secretary-General of the United Nations shall make available the reports to all States Parties.

4.States Parties shall make their reports widely available to the public in their own countries and facilitate access to the suggestions and general recommendations relating to these reports.

5. The Committee shall transmit, as it may consider appropriate, to the specialized agencies, funds and programmes of the United Nations, and other competent bodies, reports from States Parties in order to address a request or indication of a need for technical advice or assistance contained therein, along with the Committee' s observations and recommendations, if any, on these requests or indications.

### Article 37　Cooperation between States Parties and the Committee

1.Each State Party shall cooperate with the Committee and assist its members in the fulfilment of their mandate.

2.In its relationship with States Parties, the Committee shall give due consideration to ways and means of enhancing national capacities for the implementation of the present Convention, including through international cooperation.

### Article 38　Relationship of the Committee with other bodies

In order to foster the effective implementation of the present Convention and to encourage international cooperation in the field covered by the present Convention:

( a ) The specialized agencies and other United Nations organs shall be entitled to be represented at the consideration of the implementation of such provisions of the present Convention as fall within the scope of their mandate. The Committee may invite the specialized agencies and other competent bodies as it may consider appropriate to provide expert advice on the implementation of the Convention in areas falling within the scope of their respective mandates. The Committee may invite specialized agencies and other United Nations organs to submit reports on the implementation of the Convention in areas falling within the scope of their activities;

( b ) The Committee, as it discharges its mandate, shall consult, as appropriate, other relevant bodies instituted by international human rights treaties, with a view to ensuring the consistency of their respective reporting guidelines, suggestions and general recommendations, and avoiding duplication and overlap in the performance of their functions.

### Article 39　Report of the Committee

The Committee shall report every two years to the General Assembly and to the Economic and Social Council on its activities, and may make suggestions and general recommendations based on the examination of reports and information received from the States Parties. Such suggestions and general recommendations shall be included in the report of the Committee together with comments, if any, from States Parties.

### Article 40　Conference of States Parties

1. The States Parties shall meet regularly in a Conference of States Parties in order to consider any matter with regard to the implementation of the present Convention.

2. No later than six months after the entry into force of the present Convention, the Conference of States Parties shall be convened by the Secretary-General of the United Nations. The subsequent meetings shall be convened by the Secretary-General biennially or upon the decision of the Conference of States Parties.

### Article 41　Depositary

The Secretary-General of the United Nations shall be the depositary of the present Convention.

### Article 42　Signature

The present Convention shall be open for signature by all States and by regional integration organizations at United Nations Headquarters inNew York as of 30 March 2007.

### Article 43　Consent to be bound

The present Convention shall be subject to ratification by signatory States and to formal confirmation by signatory regional integration organizations. It shall be open for accession by any State or regional integration organization which has not signed the Convention.

### Article 44　Regional integration organizations

1. "Regional integration organization" shall mean an organization constituted by

sovereign States of a given region, to which its member States have transferred competence in respect of matters governed by the present Convention. Such organizations shall declare, in their instruments of formal confirmation or accession, the extent of their competence with respect to matters governed by the present Convention. Subsequently, they shall inform the depositary of any substantial modification in the extent of their competence.

2. References to "States Parties" in the present Convention shall apply to such organizations within the limits of their competence.

3. For the purposes of article 45, paragraph 1, and article 47, paragraphs 2 and 3, of the present Convention, any instrument deposited by a regional integration organization shall not be counted.

4. Regional integration organizations, in matters within their competence, may exercise their right to vote in the Conference of States Parties, with a number of votes equal to the number of their member States that are Parties to the present Convention. Such an organization shall not exercise its right to vote if any of its member States exercises its right, and vice versa.

### Article 45　Entry into force

1. The present Convention shall enter into force on the thirtieth day after the deposit of the twentieth instrument of ratification or accession.

2. For each State or regional integration organization ratifying, formally confirming or acceding to the present Convention after the deposit of the twentieth such instrument, the Convention shall enter into force on the thirtieth day after the deposit of its own such instrument.

### Article 46　Reservations

1. Reservations incompatible with the object and purpose of the present Convention shall not be permitted.

2. Reservations may be withdrawn at any time.

### Article 47　Amendments

1. Any State Party may propose an amendment to the present Convention and

submit it to the Secretary-General of the United Nations. The Secretary-General shall communicate any proposed amendments to States Parties, with a request to be notified whether they favour a conference of States Parties for the purpose of considering and deciding upon the proposals. In the event that, within four months from the date of such communication, at least one third of the States Parties favour such a conference, the Secretary-General shall convene the conference under the auspices of the United Nations. Any amendment adopted by a majority of two thirds of the States Parties present and voting shall be submitted by the Secretary-General to the General Assembly of the United Nations for approval and thereafter to all States Parties for acceptance.

2. An amendment adopted and approved in accordance with paragraph 1 of this article shall enter into force on the thirtieth day after the number of instruments of acceptance deposited reaches two thirds of the number of States Parties at the date of adoption of the amendment. Thereafter, the amendment shall enter into force for any State Party on the thirtieth day following the deposit of its own instrument of acceptance. An amendment shall be binding only on those States Parties which have accepted it.

3. If so decided by the Conference of States Parties by consensus, an amendment adopted and approved in accordance with paragraph 1 of this article which relates exclusively to articles 34, 38, 39 and 40 shall enter into force for all States Parties on the thirtieth day after the number of instruments of acceptance deposited reaches two thirds of the number of States Parties at the date of adoption of the amendment.

### Article 48   Denunciation

A State Party may denounce the present Convention by written notification to the Secretary-General of the United Nations. The denunciation shall become effective one year after the date of receipt of the notification by the Secretary-General.

### Article 49   Accessible format

The text of the present Convention shall be made available in accessible formats.

### Article 50　Authentic texts

The Arabic, Chinese, English, French, Russian and Spanish texts of the present Convention shall be equally authentic.

IN WITNESS THEREOF the undersigned plenipotentiaries, being duly authorized thereto by their respective Governments, have signed the present Convention.

## Annex II

## Optional Protocol to the Convention on the Rights of Persons with Disabilities

The States Parties to the present Protocol have agreed as follows:

### Article 1

1.A State Party to the present Protocol("State Party")recognizes the competence of the Committee on the Rights of Persons with Disabilities("the Committee")to receive and consider communications from or on behalf of individuals or groups of individuals subject to its jurisdiction who claim to be victims of a violation by that State Party of the provisions of the Convention.

2.No communication shall be received by the Committee if it concerns a State Party to the Convention that is not a party to the present Protocol.

### Article 2

The Committee shall consider a communication inadmissible when:

(a)The communication is anonymous;

(b)The communication constitutes an abuse of the right of submission of such communications or is incompatible with the provisions of the Convention;

(c)The same matter has already been examined by the Committee or has been or is being examined under another procedure of international investigation or settlement;

(d) All available domestic remedies have not been exhausted. This shall not be the rule where the application of the remedies is unreasonably prolonged or unlikely to bring effective relief;

(e) It is manifestly ill-founded or not sufficiently substantiated; or when

(f) The facts that are the subject of the communication occurred prior to the entry into force of the present Protocol for the State Party concerned unless those facts continued after that date.

**Article 3**

Subject to the provisions of article 2 of the present Protocol, the Committee shall bring any communications submitted to it confidentially to the attention of the State Party. Within six months, the receiving State shall submit to the Committee written explanations or statements clarifying the matter and the remedy, if any, that may have been taken by that State.

**Article 4**

1. At any time after the receipt of a communication and before a determination on the merits has been reached, the Committee may transmit to the State Party concerned for its urgent consideration a request that the State Party take such interim measures as may be necessary to avoid possible irreparable damage to the victim or victims of the alleged violation.

2. Where the Committee exercises its discretion under paragraph 1 of this article, this does not imply a determination on admissibility or on the merits of the communication.

**Article 5**

The Committee shall hold closed meetings when examining communications under the present Protocol. After examining a communication, the Committee shall forward its suggestions and recommendations, if any, to the State Party concerned and to the petitioner.

**Article 6**

1. If the Committee receives reliable information indicating grave or systematic

violations by a State Party of rights set forth in the Convention, the Committee shall invite that State Party to cooperate in the examination of the information and to this end submit observations with regard to the information concerned.

2. Taking into account any observations that may have been submitted by the State Party concerned as well as any other reliable information available to it, the Committee may designate one or more of its members to conduct an inquiry and to report urgently to the Committee. Where warranted and with the consent of the State Party, the inquiry may include a visit to its territory.

3. After examining the findings of such an inquiry, the Committee shall transmit these findings to the State Party concerned together with any comments and recommendations.

4. The State Party concerned shall, within six months of receiving the findings, comments and recommendations transmitted by the Committee, submit its observations to the Committee.

5. Such an inquiry shall be conducted confidentially and the cooperation of the State Party shall be sought at all stages of the proceedings.

**Article 7**

1. The Committee may invite the State Party concerned to include in its report under article 35 of the Convention details of any measures taken in response to an inquiry conducted under article 6 of the present Protocol.

2. The Committee may, if necessary, after the end of the period of six months referred to in article 6, paragraph 4, invite the State Party concerned to inform it of the measures taken in response to such an inquiry.

**Article 8**

Each State Party may, at the time of signature or ratification of the present Protocol or accession thereto, declare that it does not recognize the competence of the Committee provided for in articles 6 and 7.

**Article 9**

The Secretary-General of the United Nations shall be the depositary of the present Protocol.

### Article 10

The present Protocol shall be open for signature by signatory States and regional integration organizations of the Convention at United Nations Headquarters inNew York as of 30 March 2007.

### Article 11

The present Protocol shall be subject to ratification by signatory States of the present Protocol which have ratified or acceded to the Convention. It shall be subject to formal confirmation by signatory regional integration organizations of the present Protocol which have formally confirmed or acceded to the Convention. It shall be open for accession by any State or regional integration organization which has ratified, formally confirmed or acceded to the Convention and which has not signed the Protocol.

### Article 12

1."Regional integration organization"shall mean an organization constituted by sovereign States of a given region, to which its member States have transferred competence in respect of matters governed by the Convention and the present Protocol. Such organizations shall declare, in their instruments of formal confirmation or accession, the extent of their competence with respect to matters governed by the Convention and the present Protocol. Subsequently, they shall inform the depositary of any substantial modification in the extent of their competence.

2.References to"States Parties"in the present Protocol shall apply to such organizations within the limits of their competence.

3.For the purposes of article 13, paragraph 1, and article 15, paragraph 2, of the present Protocol, any instrument deposited by a regional integration organization shall not be counted.

4.Regional integration organizations, in matters within their competence, may exercise their right to vote in the meeting of States Parties, with a number of votes equal to the number of their member States that are Parties to the present Protocol.

Such an organization shall not exercise its right to vote if any of its member States exercises its right, and vice versa.

### Article 13

1. Subject to the entry into force of the Convention, the present Protocol shall enter into force on the thirtieth day after the deposit of the tenth instrument of ratification or accession.

2. For each State or regional integration organization ratifying, formally confirming or acceding to the present Protocol after the deposit of the tenth such instrument, the Protocol shall enter into force on the thirtieth day after the deposit of its own such instrument.

### Article 14

1. Reservations incompatible with the object and purpose of the present Protocol shall not be permitted.

2. Reservations may be withdrawn at any time.

### Article 15

1. Any State Party may propose an amendment to the present Protocol and submit it to the Secretary-General of the United Nations. The Secretary-General shall communicate any proposed amendments to States Parties, with a request to be notified whether they favour a meeting of States Parties for the purpose of considering and deciding upon the proposals. In the event that, within four months from the date of such communication, at least one third of the States Parties favour such a meeting, the Secretary-General shall convene the meeting under the auspices of the United Nations. Any amendment adopted by a majority of two thirds of the States Parties present and voting shall be submitted by the Secretary-General to the General Assembly of the United Nations for approval and thereafter to all States Parties for acceptance.

2. An amendment adopted and approved in accordance with paragraph 1 of this article shall enter into force on the thirtieth day after the number of instruments of acceptance deposited reaches two thirds of the number of States Parties at the date

of adoption of the amendment. Thereafter, the amendment shall enter into force for any State Party on the thirtieth day following the deposit of its own instrument of acceptance. An amendment shall be binding only on those States Parties which have accepted it.

**Article 16**

A State Party may denounce the present Protocol by written notification to the Secretary-General of the United Nations. The denunciation shall become effective one year after the date of receipt of the notification by the Secretary-General.

**Article 17**

The text of the present Protocol shall be made available in accessible formats.

**Article 18**

The Arabic, Chinese, English, French, Russian and Spanish texts of the present Protocol shall be equally authentic.

IN WITNESS THEREOF the undersigned plenipotentiaries, being duly authorized thereto by their respective Governments, have signed the present Protocol.

# 附录四 联合国残疾人委员会第一号《一般性意见:第十二条 在法律面前获得平等承认》(中文版)①

残疾人权利委员会

第十一届会议

2014 年 3 月 31 日至 4 月 11 日

第一号一般性意见(2014 年)

第十二条 在法律面前获得平等承认

## 一、导言

1.法律面前人人平等是保护人权的一项基本的一般性原则,也是行使其他人权所必不可少的。《世界人权宣言》和《公民权利和政治权利国际公约》具体规定了对法律面前平等权利的保障。《残疾人权利公约》第十二条进一步阐述了这项公民权利的内容,并将重点放在长期以来残疾人这项权利遭受剥夺的各个领域。第十二条并没有为残疾人提出更多的权利;它只是阐明了各缔约国为确保残疾人在与其他人平等的基础上享有在法律面前的平等权利而应考虑的一些具体要素。

2.鉴于这一条的重要意义,委员会提供各种便利,促进对法律行为能力讨论的互动论坛。由于专家、缔约国、残疾人组织、非政府组织、条约监测机构、国家人权机构和联合国机构对第十二条的规定展开了非常有意义的交流,因

---

① 2014 年 4 月联合国残疾人委员会第一号《一般性意见:第十二条 在法律面前获得平等承认》(CRPD/C/GC/1)。

此委员会认为必须以一般性意见的形式提供进一步的指导。

3.根据迄今已审查的各个缔约国所提交的初次报告,委员会认为,总体而言对缔约国根据《公约》第十二条应承担的义务的确切范围存在误解。的确,由于人们总体上未能意识到要对残疾问题采取立足人权的模式就必须进行范式转变,将替代决策范式转变为协助决策范式。本一般性意见的宗旨是探讨根据第十二条的各不同组成部分应承担的一般性义务。

4.本一般性意见是对第十二条的解释,该条是以第三条所提出的《公约》的一般性原则为基础的,即尊重固有尊严和个人自主,包括自由作出自己的选择,以及个人的自立;不歧视;充分和切实地参与和融入社会;尊重差异,接受残疾人是人的多样性的一部分和人类的一分子;机会均等;无障碍;男女平等;尊重残疾儿童逐渐发展的能力并尊重残疾儿童保持其身份特性的权利。

5.《世界人权宣言》、《公民权利和政治权利国际公约》和《残疾人权利公约》均具体规定在法律面前获得平等承认的权利是"普遍的"。换言之,在国际人权法中不允许在任何情况下剥夺人在法律面前获得人格承认的权利,或对此权利进行限制。《公民权利和政治权利国际公约》第四条第二款对此作出了强调,指出即便是在社会紧急状态情况下,也不允许克减这一权利。尽管《残疾人权利公约》中并没有作出具体的相同规定,禁止克减在法律面前获得平等承认的权利,但根据《残疾人权利公约》第四条第四款涵盖《公民权利和政治权利国际公约》的这项保护,因为该款规定《残疾人权利公约》的条款不得克减现有国际法的规定。

6.法律面前人人平等的权利也体现在其他主要的国际和区域人权条约中。《消除对妇女一切形式歧视公约》第十五条保证妇女在法律面前的平等并要求承认妇女与男子有同等的法律行为能力,包括签订合同和管理财产以及在司法系统中行使权利的法律行为能力。《非洲人权和人民权利宪章》第三条规定法律面前人人平等和享有法律平等保护的权利。《美洲人权公约》第三条也载有法人地位权和人人在法律面前获得人格承认的权利。

7.各缔约国必须全面审查所有领域的法律,确保残疾人的法律行为能力不遭受与他人不平等的限制。一向以来由于实施替代决策制,例如监护和允许强制性治疗的精神卫生法等,使残疾人的法律行为能力权在多个方面遭到歧视和剥夺。必须废除这些做法,确保恢复残疾人在与其他人平等的基础上享有充分的法律行为能力。

8.《公约》第十二条重申所有残疾人均有充分的法律能力。历史上许多群体,包括妇女(尤其是在结婚时)以及少数民族被歧视性地剥夺了法律能力。在全世界的法律制度中,残疾人仍然是法律能力最常被剥夺的群体。在法律面前得到平等承认的权利意味着法律能力是所有人与生俱来的普遍特性,必须在与他人平等的基础上维护残疾人的这一权利。法律能力是行使公民、政治、经济、社会和文化权利所必不可少的前提。残疾人在就健康、教育和工作作出重大决定时尤其需要行使这种能力。在许多情况下,剥夺残疾人的法律能力导致许多基本权利被剥夺,包括投票权、结婚和建立家庭权、生殖权、父母抚养权、同意建立亲密关系权、医疗权以及自由权。

9.所有残疾人,包括有心理、精神、智力或感官障碍的人,都会被剥夺法律行为能力和被置于替代决策制之下。然而,在认知或心理社会方面存在残疾的人一如既往由于替代决策制和被剥夺法律能力而更为深受其害。委员会重申不得以某人残疾或有某种残障(包括身体或感官残障)为由剥夺其法律能力或第十二条所规定的其他任何权利。必须根除宗旨或效果违反第十二条的一切做法,确保在与其他人平等的基础上恢复残疾人应有的充分的法律能力。

10.本一般性意见主要侧重于第十二条的规范内容和其中规定的国家义务。委员会将继续开展这方面的工作,以便在今后的结论性意见、一般性意见和其他文件中,就第十二条产生的权利和义务提供进一步的深入指导。

**二、第十二条的规范内容**

第十二条第一款

11.第十二条第一款重申残疾人享有在法律面前人格获得承认的权利。这一条保证每一个人享有法律人格的权利得到尊重,这是承认一个人法律能力的先决条件。

第十二条第二款

12.第十二条第二款承认残疾人在与其他人平等的基础上在生活的各方面享有法律能力。法律能力包括依法拥有权利和行使权利的能力。权利持有者的法律能力使个人得到法律制度对其权利的充分保护。法律行为者的法律能力确认个人能够进行交易及确立、变更或终止法律关系。《公约》第十二条第五款承认法定代理人的权利,它规定各国有责任"采取一切适当和有效的措施,确保残疾人享有平等权利拥有或继承财产,掌管自己的财务,有平等机会获得银行贷款、抵押贷款和其他形式的金融信贷,并应当确保残疾人的财产不被任意剥夺"。

13.法律能力与心智能力是完全不同的概念。法律能力是拥有权利和义务(法律地位)以及行使这些权利和义务(法律权利的行使)的能力。这一能力是有意义地参与社会生活的关键。心智能力是指一个人的决策技能,因天生禀赋而因人而异,同时由于许多不同因素,包括环境和社会因素也因人而异。《世界人权宣言》(第六条)、《公民权利和政治权利国际公约》(第十六条)和《消除对妇女一切形式歧视公约》(第十五条)等法律文书没有说明心智能力与法律能力的区别。但《残疾人权利公约》第十二条明确规定,"心智不全"和其他歧视性标签不是剥夺法律能力(包括法律地位和法律权利的行使)的合法理由。根据《公约》第十二条,感觉上或事实上的心智能力缺陷不得作为剥夺法律能力的理由。

14.法律能力是赋予所有人、包括残疾人的一项固有权利。如前所述,它包括两个方面。第一个方面是持有权利并且作为法人在法律面前得到承认的法律地位。例如,其中包括拥有出生证、寻求医疗援助、登记为选民或申请护照。第二个方面是就这些权利行事并且行为得到法律承认的法律权利的行使。残疾人经常被剥夺或减少的是这个部分。例如,法律可能允许残疾人拥有财产,但不一定始终尊重残疾人在资产买卖中的行为。法律能力意味着所有人,包括残疾人在内,仅凭其为人而拥有法律地位和法律权利的行使。因此,要实现法律能力,必须承认法律能力的两个方面,它们是不可分的。心智能力的概念本身有很大争议。通常认为心智能力不是一个客观、科学和自然发生的现象。心智能力依社会和政治环境而定,就如在评估心智能力中起决定性作用的自律、职业和做法一样。

15.在委员会迄今已审议的大多数缔约国报告中,心智能力和法律能力的概念被混为一谈,当某人由于认知或心理社会残疾而在决策技能方面有缺陷时,作出某一决定的法律能力就随之被剥夺。作出这类决定所依据的通常只是对缺陷的诊断(现状方法),或某人所作决定被视为产生不利影响(后果方法),或某人的决策技能被视为有限(功能方法)。功能方法试图评估心智能力并相应剥夺法律能力。它经常基于一个人能否理解一项决定的性质和后果,以及/或者此人能否使用或权衡相关信息。这种方法存在缺陷,原因主要有两个:(a)它被歧视性地适用于残疾人;(b)它假定能够准确评估人脑的内部活动,并在一个人未能通过评估时剥夺其核心人权——在法律面前获得平等承认的权利。所有这些方法将个人的残疾和/或决策技能作为合法理由,剥夺这些人的法律能力并削弱他们在法律面前的人格。第十二条不允许这种歧视性的剥夺法律能力的做法,它要求为行使法律能力提供协助。

第十二条第三款

16.第十二条第三款确认缔约国有义务便利残疾人获得他们在行使法律能力时所需的协助。缔约国不得剥夺残疾人的法律能力,而是必须为残疾人提供协助,以便使残疾人能够作出具有法律效力的决定。

17.在为行使法律能力提供协助时,必须尊重残疾人的权利、意愿和选择,不得以协助取代决策。第十二条第三款没有具体说明协助应采取什么形式。"协助"是一个宽泛的用词,包括不同类型和不同强度的各种非正规和正规的协助安排。例如残疾人可以选择一个或一个以上他们信得过的协助人员协助他们行使法律能力、作出某些类型的决定,也可以要求提供其他类型的协助,如同龄人协助、辩护(包括自我辩护协助)或沟通方面的援助。为残疾人行使法律能力提供协助也可以包括通用设计和无障碍等相关措施,例如要求银行和金融机构等公私营部门行为方提供易懂信息或提供专业手语翻译,有助于使残疾人采取法律行动,在银行开账户、签署合同或进行其他的社会交易。提供协助的方式也可以包括发展和承认各种不同和非常规的沟通方式,尤其是让以非口头沟通形式表达意愿和喜好的人使用。对许多残疾人而言,能够预先计划是一种重要协助方式,让他们表达自己的意愿和选择,在他们无法向别人表达愿望的时候,先前所表达的意愿和选择应当得到遵从。所有残疾人都有权预先进行计划,应在与他人平等的基础上给予他们这种机会。缔约国可提供考虑到各种选择的预先计划机制,但所有方案都不得具有歧视性。应在可行时为个人提供完成预先计划所需的协助。预先指令在何时生效(或停止生效)应由本人决定,并写入指令的正文,而不得取决于对此人缺乏心智能力的评估。

18.提供协助的类型和强度因残疾人的多样性而有很大差异。这符合第三条第(四)款,它规定"尊重差异,接受残疾人是人的多样性的一部分和人类的一分子"是《公约》的一项一般原则。无论在任何情况下,包括在紧急状态情况下都必须尊重残疾人的个人自主和决策能力。

19.一些残疾人只要求根据《公约》第十二条第二款,在与其他人平等的基础上享有行使法律能力的权利,并不希望在根据第十二条第三款行使权利时获得协助。

第十二条第四款

20.第十二条第四款简要提出了在协助行使法律能力的制度中必须作出的保障。第十二条第四款必须与第十二条的其他各款以及整个《公约》一并解读。它要求缔约国为行使法律能力提供适当和有效的保障。这些保障的首要目的须是确保尊重个人的权利、意愿和选择。为实现这一目标,必须确保在与他人平等的基础上免遭虐待。

21.若在作出重大努力后,仍无法确定个人意愿和选择时,必须以"对意愿和选择的最佳解释"来取代"最大利益"决定。这是根据第十二条第四款尊重个人的权利、意愿和选择。对成人而言,"最大利益"原则并不是符合第十二条的保障措施。"意愿和选择"范式必须取代"最大利益"范式,以确保残疾人在与其他人平等的基础上享有法律能力权。

22.所有人都有可能受到"不当影响",但对于依赖他人协助作出决定的人来说,这种情况可能更为严重。当在协助人员与被协助人员之间相互关系中包括恐惧、侵犯、威胁、欺骗或操纵等迹象时,可以认为发生了不当影响的情形。行使法律能力的保障必须包括保护免遭不当影响,但这种保护应尊重个人的权利、意愿和选择,包括冒险和犯错的权利。

第十二条第五款

23.第十二条第五款要求缔约国采取措施,包括立法、行政、司法和其他具体措施,确保残疾人在与他人平等的基础上掌管财务和处理经济事务。残疾人一向被残疾的医学模式剥夺拥有资金和财产的机会。必须根据第十二条第三款,为行使法律能力提供协助,以此取代剥夺残疾人行使财务方面法律能力的做法。正如不能以性别作为在金融和财产方面歧视的理由一样,也不能以残疾作为歧视的理由。

### 三、缔约国的义务

24.缔约国有义务尊重、保护和落实所有残疾人在法律面前获得平等承认的权利。为此缔约国不应采取任何行动剥夺残疾人在法律面前获得平等承认的权利。缔约国应采取行动预防非国家行为者和个人妨碍残疾人实现和享有人权,包括行使法律能力的权利。为行使法律能力提供协助的目标之一是增强残疾人的信心和能力,以便在未来,如果他们愿意的话,可以不需要太多的协助就能行使法律能力。各缔约国有义务为接受协助的人提供培训,以便使他们决定何时可以减少行使法律能力方面所需的协助,或何时不再需要任何协助。

25.为了充分承认"人人享有法律能力",即所有人(无论是否残疾或决策能力大小)与生俱来具有法律能力,各缔约国必须废除以残疾为由、无论是目的还是后果具有歧视性的对法律能力的剥夺。

26.残疾人权利委员会在就各缔约国初次报告作出的关于第十二条的结论性意见中,多次重申有关缔约国必须"审查允许监护权和委托权的法律,并采取行动制定法律和政策,更换替代决定制,采取辅助决定制,以尊重人的自决、意愿和愿望"。

27.替代决定制有各种不同形式,包括绝对委托权、司法禁令和部分委托权。然而这些体制都有一些共同特征,可以将这些体制界定为:(1)剥夺某人的法律能力,即便只是针对某一项决定;(2)由本人以外的另外一个人任命替代决定者,并有可能是违反本人意愿的;(3)替代决定者的任何一项决定的依据本人据称的"最大利益",而非依据本人的意愿和选择。

28.缔约国以辅助决定制取代替代决定制的义务要求废除替代决定制并发展辅助决定的各种选择办法。在发展辅助决定制的同时维持一个平行的替代决定制是不足以遵守《公约》第十二条的。

29.辅助决定制包括各种不同的辅助选择,优先考虑本人的意愿和选择并尊重人权规范。这种制度应保护所有人权,包括与自主(法律能力权、在法律面前获得平等承认的权利、选择在何地生活的权利等等）以及与免遭虐待相关的权利（生命权、人身安全权等）。此外，辅助决定制度不应过度制约残疾人的生活。尽管辅助决定制可采取多种形式，为了确保符合《公约》第十二条，应纳入一些主要的规定，其中包括：

（a）必须向所有人提供辅助决定制。个人需要协助的程度（尤其是非常需要时）不应成为在决策方面获得协助的障碍；

（b）必须根据个人的意愿和选择，而非他人对此人真正的最大利益的看法，提供行使法律能力方面一切形式的协助（包括较高强度的协助）；

（c）个人的沟通形式不应作为获得决策方面辅助的障碍，即便这种交流方式不寻常，或只有极为少数的人能够明白；

（d）必须在法律上承认个人所正式选择的协助人，并便于获得这种承认，国家有义务提供协助便利，尤其是为那些孤独的人及难以利用社区中自然存在的协助的人提供协助。这必须包括建立一个机制，由第三方核查协助人的身份，同时还要建立另外一种机制，当第三方认为协助人没有根据受协助人本人的意愿和选择采取行动时对协助人的决定提出质疑；

（e）为遵守《公约》第十二条第三款提出的规定，即缔约国必须采取措施为获得所需协助提供"便利"，缔约国必须确保残疾人只需花费很少的钱或无需任何花费就能获得这种协助，而且缺乏财政资源不成为在行使法律能力方面获得协助的障碍；

（f）为决策提供协助不应成为借口，限制残疾人行使其他基本权利，尤其是选举权、结婚或建立民事伴侣关系及建立家庭的权利、生殖权、父母抚养权、同意建立亲密关系权、医疗权以及自由权；

（g）残疾人必须有权在任何时候拒绝接受协助，以及停止或改变协助关系；

（h）必须在法律能力和为行使法律能力提供协助相关的所有进程中建立保障。保障的目的在于确保个人的意愿和选择得到尊重；

（i）为行使法律能力提供协助不得取决于心智能力评估；在为行使法律能力提供协助时，需有制订评价协助需要的新的非歧视性指标。

30.在法律面前人人平等的权利植根于《公民权利和政治权利国际公约》，

一向是获得承认的一项公民权利和政治权利。公民权利和政治权利产生于批准之时,缔约国必须采取措施,立即实现这些权利。因此,一经批准,第十二条规定的权利就立即适用,并应立即实现。第十二条第三款规定的缔约国为行使法律能力提供协助的义务是为实现在法律面前获得平等承认的公民权利和政治权利的义务。"逐步实现"(第四条第二款)不适用于第十二条的规定。一旦批准《公约》,缔约国必须立即开始采取措施,实现第十二条规定的权利。这些措施必须是深思熟虑、精心计划的措施,经与残疾人及其组织协商,并得到它的有意义的参与。

**四、与《公约》其他规定之间的关系**

31.对法律能力的承认与享有《残疾人权利公约》所规定的其他许多人权密不可分,其中包括但不局限于获得司法保护的权利(第十三条)、免遭非自愿被关押在精神病设施的权利和不被强迫接受精神病治疗的权利(第十四条)、身心完整性获得尊重的权利(第十七条)、迁移自由和国籍权(第十八条)、选择在何处和与何人一起生活的权利(第十九条)、言论自由的权利(第二十一条)、结婚和建立家庭权(第二十三条)、同意接受医疗的权利(第二十五条)、选举和被选举权(第二十九条)。个人在法律面前的人格若得不到承认,则要求、行使和实施这些权利以及《公约》规定的其他许多权利的能力将大打折扣。

第五条　平等和不歧视

32.为实现法律面前人人平等的目标,不得以歧视的方式剥夺法律能力。《公约》第五条保证在法律面前人人平等,同时有权获得法律的平等保护。这一条明确禁止基于残疾的歧视。《公约》第二条将基于残疾的歧视定义为"基于残疾而作出的任何区别、排斥或限制,其目的或效果是损害或取消在与其他人平等的基础上对一切人权和基本自由的认可、享有或行使"。剥夺法律能力,其目的或效果损害了残疾人在法律面前获得平等承认的权利,因此是违反《公约》第五条和第十二条的。在某些情况下,例如在破产或遭到刑事定罪时,国家可对个人的法律能力加以限制。然而在法律面前获得平等承认和免受歧视的权利要求国家在剥夺法律能力时必须遵循所有人一律平等的原则。不得根据性别、种族或残疾等个人特征剥夺法律能力,或这种剥夺的目的或效果是对这些人给予不同待遇。

33.在承认法律能力方面免受歧视是根据《公约》第三条第（一）款所载原则恢复个人的自主和对人类尊严的尊重。作出自己选择的自由通常需要行使法律能力。独立和自主包括了个人所作决定得到法律上尊重的权利。决策需要得到协助和适当的便利绝不能作为质疑个人法律能力的借口。尊重差异和接受残疾人是人的多样性的一部分和人类的一分子[第三条第（四）款]意味着不得以同化的方式授予法律能力。

34.不歧视包括在行使法律能力方面有权获得合理便利（第五条第三款）。《公约》第二条将合理便利定义为"根据具体需要,在不造成过度或不当负担的情况下,进行必要和适当的修改和调整,以确保残疾人在与其他人平等的基础上,享有或行使一切人权和基本自由"。在行使法律能力方面获得合理便利的权利与有权获得协助以行使法律能力是不同的,但这两点也是相辅相成的。要求缔约国作出必要的修改或调整,使残疾人行使其法律能力,除非这样做造成过度或不当负担。这种修改或调整包括但并不局限于无障碍进出如法庭、银行、社会福利机构、选举场所等重要建筑物,同时方便地获得关于具有法律效力的各项决定的信息以及获得个人协助。不得以存在过度或不当负担为由限制在法律能力方面获得协助的权利。各国绝对有义务为行使法律能力提供协助。

第六条　残疾妇女

35.《消除对妇女一切形式歧视公约》第十五条规定妇女与男子享有同等的法律行为能力,并确认承认法律行为能力是承认法律面前人人平等的不可分割的一部分:"缔约各国应在公民事务上,给予妇女与男子同等的法律行为能力,以及行使这种行为能力的相同机会。特别应给予妇女签订合同和管理财产的平等权利,并在法院和法庭诉讼的各个阶段给予平等待遇"（第二款）。这项规定适用于包括残疾妇女在内的所有妇女。《残疾人权利公约》确认残疾妇女由于性别和残疾的原因可能遭受多重和交叉歧视。例如残疾妇女遭受强制节育的比率很高,同时以她们无法同意性行为为由剥夺她们控制生殖卫生和决策的权利。某些司法制度强制妇女接受替代决定的情况比强制男子的情况更普遍。因此,重申必须承认残疾妇女在与其他人平等的基础上享有法律能力是极其重要的。

第七条　残疾儿童

36.《公约》第十二条规定法律面前不分年龄人人平等,而第七条则确认儿童的能力处于发展阶段,要求"在一切关于残疾儿童的行动中,应当以儿童的最佳利益为一项首要考虑"(第二款)以及"残疾儿童的意见应当按照其年龄和成熟程度适当予以考虑"(第三款)。根据第十二条,缔约国必须审查各自法律,确保残疾儿童的意愿和选择得到与其他儿童相同的尊重。

第九条　无障碍

37.第十二条所规定的权利与无障碍进出方面的国家义务(第九条)密切相关,因为在法律面前获得平等承认的权利是残疾人独立生活并充分参与生活的各个方面所必需的。第九条要求查明和消除向公众开放和提供的设施或服务方面存在的障碍。无法获得信息和通信和无法享有服务可能构成残疾人在实践中实现法律能力的一些障碍。因此,缔约国必须使行使法律能力的所有程序和一切相关信息和通信完全无障碍。缔约国必须审查各自的法律和实践,确保实现法律行为能力和无障碍的权利。

第十三条　获得司法保护

38.各缔约国有义务确保残疾人在与其他人平等的基础上获得司法保护。承认行使法律能力的权利在许多方面对于获得司法保护是非常重要的。要使残疾人在与其他人平等的基础上享有权利和义务,就必须承认他们的法律人格,在法院和法庭上有平等地位。缔约国还必须保证残疾人能在与他人平等的基础上获得法律代表权。在许多司法管辖区这已成为一个问题,必须加以解决,包括确保那些行使法律行为能力的权利遭到干预的人有机会对这些干预提出质疑(由他们自己或由他人代理这样做),并在法庭上维护自己的权利。残疾人常常被排斥,无法在司法系统中担任主要角色,如律师、法官、证人或陪审团成员。

39.必须为警察、社会工作者和其他直接接触残疾人的人提供培训,以承认残疾人在法律面前的人格,并且对残疾人提出的申诉和证词给予与非残疾人相同的考量。这就需要在这些重要职业中开展培训和提高认识的活动。还必须在与其他人平等的基础上给予残疾人作证的法律能力。《公约》第十二条保证为行使法律行为能力提供协助，包括为在司法、行政和其他法律诉讼程序中作证的能力提供协助。这种协助可采取各种不同形式，包括承认不同的交流方式，在某些情况下允许录像作证，程序上的便利，提供专业的手语翻译以及其他协助方式。必须为司法部门的工作人员提供培训，使他们了解他们有义务尊重残疾人的法律行为能力，包括法律行为和法律地位方面。

第十四条和第二十五条：自由、安全和同意

40.尊重残疾人在与他人平等的基础上享有行使法律能力的权利，包括尊重残疾人的自由和人身安全权利。剥夺残疾人的法律行为能力，并违反他们的意愿，未征得他们的同意或只征得替代决定者的同意就将他们关押在机构中，这是一个经常出现的问题。这种做法构成任意剥夺自由，违反《公约》第十二条和第十四条。各缔约国不得采取这种做法，必须建立机制，审查涉及残疾人在未经同意前提下被安置在收容机构的案件。

41.享有可达到的最高健康标准的权利（第二十五条）包括在自由和知情同意的基础上获得医疗保健的权利。各缔约国有义务要求所有卫生和医疗专业人员（包括精神病专业人员）在作出任何治疗之前获得残疾人的自由和知情同意。缔约国一旦承认残疾人在与其他人平等的基础上行使法律能力的权利，就有义务不让替代决定者代替残疾人表示同意。所有卫生和医疗人员必须确保在有残疾人直接参与的前提下进行适当的协商。他们也应尽力确保助手或协助人员不得替代残疾人作出决定或对残疾人作出决定施加不当影响。

第十五、第十六和第十七条：尊重人身完整和免于酷刑、暴力、剥削和虐待

42.正如委员会在几项结论性意见中所指出的那样，精神病专业人员和其他医护专业人员施行的强制治疗构成侵犯法律面前获得平等承认的权利以及侵犯人身完整性的权利（第十七条）、免于酷刑（第十五条）和免于暴力、剥削和虐待的权利（第十六条）。这一做法剥夺了个人选择治疗的法律行为能力，因此是违反《公约》第十二条的。各缔约国必须尊重残疾人在任何时候，包括在危机情况下作出决定的法律能力；必须确保提供有关服务选择的正确和可获得的信息，并提供非医疗办法；必须提供获得独立协助的便利。缔约国有义务为提供协助，以便就是否接受精神病和其他医疗作出决定。遭受强迫治疗是有心理社会、智力和其他认知缺陷的人所面临的一个独特的问题。缔约国

必须废除允许或使强制治疗永久化的各种政策和立法规定,这种违反精神病治疗法律的做法仍在全球范围内继续,尽管实践证明它缺乏效力,而且对精神病治疗系统中被强迫治疗并遭受深刻痛苦和创伤者的意见置若罔闻。委员会建议各缔约国确保在作出与个人身心完整性有关的决定时必须得到当事人的自由和知情同意。

第十八条　国籍

43.残疾人有权获得姓名和出生登记,这是他们在任何地方在法律面前获得人格承认权利的一部分(第十八条第二款)。各缔约国必须采取必要措施确保残疾儿童在出生时获得登记。这是《儿童权利公约》所规定的(第七条);然而与其他儿童相比,残疾儿童得不到登记的比例过高。这不仅剥夺了他们的公民权,还使他们常常无法获得卫生保健和教育,甚至导致死亡。由于没有关于他们生存情况的正式记录,造成他们死亡的人也常常得不到追究和处罚。

第十九条　独立生活和融入社区

44.为了充分落实第十二条规定的权利,残疾人应有机会充分发展并表达自己的意愿和选择,从而在与其他人平等的基础上行使法律能力。这就意味着根据第十九条的规定,残疾人必须有机会在与其他人平等的基础上在社区里独立生活,作出选择和对日常生活当家做主。

45.根据在社区里生活的权利(第十九条),对第十二条第三款进行解读,意味着为行使法律能力提供协助应采取立足社区的方针。在了解为行使法律能力应提供哪些类型的协助时,各缔约国必须承认社区既是可以利用的财富也是伙伴,也应让人们进一步了解存在的各种不同的协助方式。缔约国必须承认社交网络和自然形成的社区支助(包括朋友、家庭和学校)是为残疾人提供协助决策的关键。这也与《公约》对残疾人充分融入和参与社区生活的强调相一致。

46.将残疾人隔离安置在机构中的做法仍然是一个普遍和隐蔽的问题,同时也违反了《公约》所保障的一系列权利。由于剥夺残疾人法律行为能力的做法很普遍,允许他人作出将残疾人安置在院所的决定,就使这一问题更加雪上加斤。通常还委任这些机构的主管负责为机构中居住的人行使法律行为能力。这就使这些机构全面掌控了这些个人。为了遵守《公约》的规定并尊重残疾人的人权,必须实现非机构化,同时恢复所有残疾人的法律行为能力,使他们能够选择在何处和与何人一起生活(第十九条)。个人对在何处和与何人一起生活的选择不应影响其在行使法律行为能力方面获得协助的权利。

第二十二条　隐私

47.替代决定制除了不符合《公约》第十二条的规定之外,还有可能违反残疾人的隐私权,因为这些替代决策者通常能够获得残疾人大量的个人资料和其他资料。在建立辅助决定制时,各缔约国必须确保在为行使法律行为能力提供协助时充分尊重残疾人的隐私权。

第二十九条　政治参与

48.对法律行为能力的剥夺或限制也被用作剥夺某些残疾人的政治参与,尤其是剥夺投票权的手段。为了充分实现在所有生活领域的法律行为能力获得平等承认,必须承认残疾人在公共和政治生活方面的法律行为能力(第二十九条)。这就意味着不得以个人的决策能力作为排除残疾人行使政治权利的借口,这些政治权利包括投票权、被选举权和担任陪审团成员的权利。

49.各缔约国有义务保护和增进残疾人在不受歧视的前提下以秘密投票的方式选举他们愿意支持的人以及参加所有选举和公民投票的权利。委员会又建议各缔约国确保残疾人参选的权利,以及在各级政府有效担任公职和履行一切公共职务的权利,并在可行的情况下为行使他们的法律行为能力提供合理便利和协助。

**五、国家一级的执行工作**

50.鉴于上文提出的规范内容和义务,各国应采取以下步骤确保全面落实《残疾人权利公约》第十二条的规定:

(a)确认残疾人在与他人平等的基础上在法律面前的人格,在生活所有领域拥有法律人格和法律行为能力。这就要求废除替代决定制,以及在目的和效果上歧视残疾人、剥夺他们法律行为能力的机制。建议缔约国制定法律条文,在人人平等的基础上保护所有人行使法律行为能力的权利;

(b)建立、确认和为残疾人提供有助于行使他们法律行为能力的一系列范围广泛的协助。要以尊重残疾人的权利、意愿和选择为基础,为提供这些协助作出保障。这些协助必须符合上文第 29 段所述为各缔约国遵守《公约》第

十二条第三款规定义务提出的标准;

（c）通过残疾人各自的代表组织与残疾人、包括残疾儿童密切协商,并让他们积极参与制定和执行旨在落实第十二条的立法、政策和其他决策进程。

51.委员会鼓励各国承诺或划拨资源,在尊重残疾人的法律能力获得平等承认和为行使法律能力获得协助的权利方面开展研究和制定最佳做法。

52.鼓励各缔约国建立有效机制,防止正式和非正式的替代决策。为此,委员会促请各缔约国确保残疾人有机会在生活中作出有意义的选择和发展个性,从而协助他们行使法律行为能力。其中包括但不限于建立社交网络的机会;在与他人平等的基础上工作和谋生的机会;对社区居住地点的多种选择;以及利用各级教育的机会。

# 联合国残疾人委员会第一号《一般性意见：第十二条 在法律面前获得平等承认》（英文版）

Committee on the Rights of Persons with Disabilities

Eleventh session

31 March−11 April 2014

General comment No. 1(2014)

Article 12: Equal recognition before the law

## I.Introduction

1. Equality before the law is a basic general principle of human rights protection and is indispensable for the exercise of other human rights.The Universal Declaration of Human Rights and the International Covenant on Civil and Political Rights specifically guarantee the right to equality before the law. Article 12 of the Convention on the Rights of Persons with Disabilities further describes the content of this civil right and focuses on the areas in which people with disabilities have traditionally been denied the right. Article 12 does not set out additional rights for people with disabilities; it simply describes the specific elements that States parties are required to take into account to ensure the right to equality before the law for people with disabilities, on an equal basis with others.

2. Given the importance of this article, the Committee facilitated interactive forums for discussions on legal capacity.From the very useful exchange on the provisions of article 12 by experts, States parties, disabled persons' organizations, non-

governmental organizations, treaty monitoring bodies, national human rights institutions and United Nations agencies, the Committee found it imperative to provide further guidance in a general comment.

3.On the basis of the initial reports of various States parties that it has reviewed so far, the Committee observes that there is a general misunderstanding of the exact scope of the obligations of States parties under article 12 of the Convention.Indeed, there has been a general failure to understand that the human rights-based model of disability implies a shift from the substitute decision-making paradigm to one that is based on supported decision-making.The aim of the present general comment is to explore the general obligations deriving from the various components of article 12.

4.The present general comment reflects an interpretation of article 12 which is premised on the general principles of the Convention, as outlined in article 3, namely, respect for the inherent dignity, individual autonomy—including the freedom to make one's own choices—, and independence of persons; non-discrimination; full and effective participation and inclusion in society; respect for difference and acceptance of persons with disabilities as part of human diversity and humanity; equality of opportunity; accessibility; equality between men and women; and respect for the evolving capacities of children with disabilities and respect for the right of children with disabilities to preserve their identities.

5.The Universal Declaration of Human Rights, the International Covenant on Civil and Political Rights and the Convention on the Rights of Persons with Disabilities each specify that the right to equal recognition before the law is operative "everywhere". In other words, there are no permissible circumstances under international human rights law in which a person may be deprived of the right to recognition as a person before the law, or in which this right may be limited.This is reinforced by article 4, paragraph 2, of the International Covenant on Civil and Political Rights, which allows no derogation from this right, even in times of public emergency.Although an equivalent prohibition on derogation from the right to equal

431

recognition before the law is not specified in the Convention on the Rights of Persons with Disabilities, the provision in the International Covenant covers such protection by virtue of article 4, paragraph 4, of the Convention, which establishes that the provisions of the Convention on the Rights of Persons with Disabilities do not derogate from existing international law.

6. The right to equality before the law is also reflected in other core international and regional human rights treaties. Article 15 of the Convention on the Elimination of All Forms of Discrimination against Women guarantees women's equality before the law and requires the recognition of women's legal capacity on an equal basis with men, including with regard to concluding contracts, administering property and exercising their rights in the justice system. Article 3 of the African Charter on Human and Peoples' Rights provides for the right of every person to be equal before the law and to enjoy equal protection of the law. Article 3 of the American Convention on Human Rights enshrines the right to juridical personality and the right of every person to recognition as a person before the law.

7. States parties must holistically examine all areas of law to ensure that the right of persons with disabilities to legal capacity is not restricted on an unequal basis with others. Historically, persons with disabilities have been denied their right to legal capacity in many areas in a discriminatory manner under substitute decision-making regimes such as guardianship, conservatorship and mental health laws that permit forced treatment. These practices must be abolished in order to ensure that full legal capacity is restored to persons with disabilities on an equal basis with others.

8. Article 12 of the Convention affirms that all persons with disabilities have full legal capacity. Legal capacity has been prejudicially denied to many groups throughout history, including women (particularly upon marriage) and ethnic minorities. However, persons with disabilities remain the group whose legal capacity is most commonly denied in legal systems worldwide. The right to equal recognition before the law implies that legal capacity is a universal attribute inherent in all per-

sons by virtue of their humanity and must be upheld for persons with disabilities on an equal basis with others. Legal capacity is indispensable for the exercise of civil, political, economic, social and cultural rights. It acquires a special significance for persons with disabilities when they have to make fundamental decisions regarding their health, education and work. The denial of legal capacity to persons with disabilities has, in many cases, led to their being deprived of many fundamental rights, including the right to vote, the right to marry and found a family, reproductive rights, parental rights, the right to give consent for intimate relationships and medical treatment, and the right to liberty.

9. All persons with disabilities, including those with physical, mental, intellectual or sensory impairments, can be affected by denial of legal capacity and substitute decision-making. However, persons with cognitive or psychosocial disabilities have been, and still are, disproportionately affected by substitute decision-making regimes and denial of legal capacity. The Committee reaffirms that a person's status as a person with a disability or the existence of an impairment (including a physical or sensory impairment) must never be grounds for denying legal capacity or any of the rights provided for in article 12. All practices that in purpose or effect violate article 12 must be abolished in order to ensure that full legal capacity is restored to persons with disabilities on an equal basis with others.

10. This general comment focuses primarily on the normative content of article 12 and the State obligations that emerge therefrom. The Committee will continue to carry out work in this area so as to provide further in-depth guidance on the rights and obligations deriving from article 12 in future concluding observations, general comments and other documents.

## II. Normative content of article 12

Article 12, paragraph 1

11. Article 12, paragraph 1, reaffirms the right of persons with disabilities to be recognized as persons before the law. This guarantees that every human being is respected as a person possessing legal personality, which is a prerequisite for the rec-

ognition of a person's legal capacity.

Article 12, paragraph 2

12. Article 12, paragraph 2, recognizes that persons with disabilities enjoy legal capacity on an equal basis with others in all areas of life. Legal capacity includes the capacity to be both a holder of rights and an actor under the law. Legal capacity to be a holder of rights entitles a person to full protection of his or her rights by the legal system. Legal capacity to act under the law recognizes that person as an agent with the power to engage in transactions and create, modify or end legal relationships. The right to recognition as a legal agent is provided for in article 12, paragraph 5, of the Convention, which outlines the duty of States parties to "take all appropriate and effective measures to ensure the equal right of persons with disabilities to own or inherit property, to control their own financial affairs and to have equal access to bank loans, mortgages and other forms of financial credit, and...ensure that persons with disabilities are not arbitrarily deprived of their property".

13. Legal capacity and mental capacity are distinct concepts. Legal capacity is the ability to hold rights and duties (legal standing) and to exercise those rights and duties (legal agency). It is the key to accessing meaningful participation in society. Mental capacity refers to the decision-making skills of a person, which naturally vary from one person to another and may be different for a given person depending on many factors, including environmental and social factors. Legal instruments such as the Universal Declaration of Human Rights (art. 6), the International Covenant on Civil and Political Rights (art. 16) and the Convention on the Elimination of All Forms of Discrimination Against Women (art. 15) do not specify the distinction between mental and legal capacity. Article 12 of the Convention on the Rights of Persons with Disabilities, however, makes it clear that "unsoundedness of mind" and other discriminatory labels are not legitimate reasons for the denial of legal capacity (both legal standing and legal agency). Under article 12 of the Convention, perceived or actual deficits in mental capacity must not be used as justification for de-

nying legal capacity.

14. Legal capacity is an inherent right accorded to all people, including persons with disabilities. As noted above, it consists of two strands. The first is legal standing to hold rights and to be recognized as a legal person before the law. This may include, for example, having a birth certificate, seeking medical assistance, registering to be on the electoral role or applying for a passport. The second is legal agency to act on those rights and to have those actions recognized by the law. It is this component that is frequently denied or diminished for persons with disabilities. For example, laws may allow persons with disabilities to own property, but may not always respect the actions taken by them in terms of buying and selling property. Legal capacity means that all people, including persons with disabilities, have legal standing and legal agency simply by virtue of being human. Therefore, both strands of legal capacity must be recognized for the right to legal capacity to be fulfilled; they cannot be separated. The concept of mental capacity is highly controversial in and of itself. Mental capacity is not, as is commonly presented, an objective, scientific and naturally occurring phenomenon. Mental capacity is contingent on social and political contexts, as are the disciplines, professions and practices which play a dominant role in assessing mental capacity.

15. In most of the State party reports that the Committee has examined so far, the concepts of mental and legal capacity have been conflated so that where a person is considered to have impaired decision-making skills, often because of a cognitive or psychosocial disability, his or her legal capacity to make a particular decision is consequently removed. This is decided simply on the basis of the diagnosis of an impairment(status approach), or where a person makes a decision that is considered to have negative consequences(outcome approach), or where a person's decision-making skills are considered to be deficient(functional approach). The functional approach attempts to assess mental capacity and deny legal capacity accordingly. It is often based on whether a person can understand the nature and consequences of a decision and/or whether he or she can use or weigh the relevant in-

formation. This approach is flawed for two key reasons: ( a) it is discriminatorily applied to people with disabilities; and ( b) it presumes to be able to accurately assess the inner-workings of the human mind and, when the person does not pass the assessment, it then denies him or her a core human right—the right to equal recognition before the law. In all of those approaches, a person's disability and/or decision-making skills are taken as legitimate grounds for denying his or her legal capacity and lowering his or her status as a person before the law. Article 12 does not permit such discriminatory denial of legal capacity, but, rather, requires that support be provided in the exercise of legal capacity.

Article 12, paragraph 3

16. Article 12, paragraph 3, recognizes that States parties have an obligation to provide persons with disabilities with access to support in the exercise of their legal capacity. States parties must refrain from denying persons with disabilities their legal capacity and must, rather, provide persons with disabilities access to the support necessary to enable them to make decisions that have legal effect.

17. Support in the exercise of legal capacity must respect the rights, will and preferences of persons with disabilities and should never amount to substitute decision-making. Article 12, paragraph 3, does not specify what form the support should take. "Support" is a broad term that encompasses both informal and formal support arrangements, of varying types and intensity. For example, persons with disabilities may choose one or more trusted support persons to assist them in exercising their legal capacity for certain types of decisions, or may call on other forms of support, such as peer support, advocacy ( including self-advocacy support), or assistance with communication. Support to persons with disabilities in the exercise of their legal capacity might include measures relating to universal design and accessibility—for example, requiring private and public actors, such as banks and financial institutions, to provide information in an understandable format or to provide professional sign language interpretation—in order to enable persons with disabilities to perform the legal acts required to open a bank account, conclude contracts or con-

duct other social transactions. Support can also constitute the development and recognition of diverse, non-conventional methods of communication, especially for those who use non-verbal forms of communication to express their will and preferences. For many persons with disabilities, the ability to plan in advance is an important form of support, whereby they can state their will and preferences which should be followed at a time when they may not be in a position to communicate their wishes to others. All persons with disabilities have the right to engage in advance planning and should be given the opportunity to do so on an equal basis with others. States parties can provide various forms of advance planning mechanisms to accommodate various preferences, but all the options should be non-discriminatory. Support should be provided to a person, where desired, to complete an advance planning process. The point at which an advance directive enters into force (and ceases to have effect) should be decided by the person and included in the text of the directive; it should not be based on an assessment that the person lacks mental capacity.

18. The type and intensity of support to be provided will vary significantly from one person to another owing to the diversity of persons with disabilities. This is in accordance with article 3(d), which sets out "respect for difference and acceptance of persons with disabilities as part of human diversity and humanity" as a general principle of the Convention. At all times, including in crisis situations, the individual autonomy and capacity of persons with disabilities to make decisions must be respected.

19. Some persons with disabilities only seek recognition of their right to legal capacity on an equal basis with others, as provided for in article 12, paragraph 2, of the Convention, and may not wish to exercise their right to support, as provided for in article 12,

paragraph 3.

Article 12, paragraph 4

20. Article 12, paragraph 4, outlines the safeguards that must be present in a

system of support in the exercise of legal capacity. Article 12, paragraph 4, must be read in conjunction with the rest of article 12 and the whole Convention. It requires States parties to create appropriate and effective safeguards for the exercise of legal capacity. The primary purpose of these safeguards must be to ensure the respect of the person's rights, will and preferences. In order to accomplish this, the safeguards must provide protection from abuse on an equal basis with others.

21. Where, after significant efforts have been made, it is not practicable to determine the will and preferences of an individual, the "best interpretation of will and preferences" must replace the "best interests" determinations. This respects the rights, will and preferences of the individual, in accordance with article 12, paragraph 4. The "best interests" principle is not a safeguard which complies with article 12 in relation to adults. The "will and preferences" paradigm must replace the "best interests" paradigm to ensure that persons with disabilities enjoy the right to legal capacity on an equal basis with others.

22. All people risk being subject to "undue influence", yet this may be exacerbated for those who rely on the support of others to make decisions. Undue influence is characterized as occurring, where the quality of the interaction between the support person and the person being supported includes signs of fear, aggression, threat, deception or manipulation. Safeguards for the exercise of legal capacity must include protection against undue influence; however, the protection must respect the rights, will and preferences of the person, including the right to take risks and make mistakes.

Article 12, paragraph 5

23. Article 12, paragraph 5, requires States parties to take measures, including legislative, administrative, judicial and other practical measures, to ensure the rights of persons with disabilities with respect to financial and economic affairs, on an equal basis with others. Access to finance and property has traditionally been denied to persons with disabilities based on the medical model of disability. That approach of denying persons with disabilities legal capacity for financial matters must be re-

placed with support to exercise legal capacity, in accordance with article 12, paragraph 3. In the same way as gender may not be used as the basis for discrimination in the areas of finance and property, neither may disability.

### III. Obligations of States parties

24. States parties have an obligation to respect, protect and fulfil the right of all persons with disabilities to equal recognition before the law. In this regard, States parties should refrain from any action that deprives persons with disabilities of the right to equal recognition before the law. States parties should take action to prevent non-State actors and private persons from interfering with the ability of persons with disabilities to realize and enjoy their human rights, including the right to legal capacity. One of the aims of support in the exercise of legal capacity is to build the confidence and skills of persons with disabilities so that they can exercise their legal capacity with less support in the future, if they so wish. States parties have an obligation to provide training for persons receiving support so that they can decide when less support is needed or when they no longer require support in the exercise of their legal capacity.

25. In order to fully recognize "universal legal capacity", whereby all persons, regardless of disability or decision-making skills, inherently possess legal capacity, States parties must abolish denials of legal capacity that are discriminatory on the basis of disability in purpose or effect.

26. In its concluding observations on States parties' initial reports, in relation to article 12, the Committee on the Rights of Persons with Disabilities has repeatedly stated that States parties must "review the laws allowing for guardianship and trusteeship, and take action to develop laws and policies to replace regimes of substitute decision-making by supported decision-making, which respects the person's autonomy, will and preferences".

27. Substitute decision-making regimes can take many different forms, including plenary guardianship, judicial interdiction and partial guardianship. However, these regimes have certain common characteristics: they can be defined as

439

systems where(ⅰ)legal capacity is removed from a person, even if this is in respect of a single decision;(ⅱ)a substitute decision-maker can be appointed by someone other than the person concerned, and this can be done against his or her will; and (ⅲ)any decision made by a substitute decision-maker is based on what is believed to be in the objective"best interests"of the person concerned, as opposed to being based on the person's own will and preferences.

28.States parties' obligation to replace substitute decision-making regimes by supported decision-making requires both the abolition of substitute decision-making regimes and the development of supported decision-making alternatives.The development of supported decision-making systems in parallel with the maintenance of substitute decision-making regimes is not sufficient to comply with article 12 of the Convention.

29. A supported decision-making regime comprises various support options which give primacy to a person's will and preferences and respect human rights norms.It should provide protection for all rights, including those related to autonomy (right to legal capacity, right to equal recognition before the law, right to choose where to live, etc.)and rights related to freedom from abuse and ill-treatment(right to life, right to physical integrity, etc.).Furthermore, systems of supported decision-making should not over-regulate the lives of persons with disabilities.While supported decision-making regimes can take many forms, they should all incorporate certain key provisions to ensure compliance with article 12 of the Convention, including the following:

(a)Supported decision-making must be available to all.A person's level of support needs, especially where these are high, should not be a barrier to obtaining support in decision-making;

(b)All forms of support in the exercise of legal capacity, including more intensive forms of support, must be based on the will and preference of the person, not on what is perceived as being in his or her objective best interests;

(c)A person's mode of communication must not be a barrier to obtaining support in decision-making, even where this communication is non-conventional, or understood by very few people;

(d) Legal recognition of the support person(s) formally chosen by a person must be available and accessible, and States have an obligation to facilitate the creation of support, particularly for people who are isolated and may not have access to naturally occurring support in the community. This must include a mechanism for third parties to verify the identity of a support person as well as a mechanism for third parties to challenge the action of a support person if they believe that the support person is not acting in accordance with the will and preferences of the person concerned;

(e) In order to comply with the requirement, set out in article 12, paragraph 3, of the Convention, for States parties to take measures to "provide access" to the support required, States parties must ensure that support is available at nominal or no cost to persons with disabilities and that lack of financial resources is not a barrier to accessing support in the exercise of legal capacity;

(f) Support in decision-making must not be used as justification for limiting other fundamental rights of persons with disabilities, especially the right to vote, the right to marry, or establish a civil partnership, and found a family, reproductive rights, parental rights, the right to give consent for intimate relationships and medical treatment, and the right to liberty;

(g) The person must have the right to refuse support and terminate or change the support relationship at any time;

(h) Safeguards must be set up for all processes relating to legal capacity and support in exercising legal capacity. The goal of safeguards is to ensure that the person's will and preferences are respected.

(i) The provision of support to exercise legal capacity should not hinge on mental capacity assessments; new, non-discriminatory indicators of support needs are required in the provision of support to exercise legal capacity.

30. The right to equality before the law has long been recognized as a civil and

political right, with roots in the International Covenant on Civil and Political Rights. Civil and political rights attach at the moment of ratification and States parties are required to take steps to immediately realize those rights. As such, the rights provided for in article 12 apply at the moment of ratification and are subject to immediate realization. The State obligation, provided for in article 12, paragraph 3, to provide access to support in the exercise of legal capacity is an obligation for the fulfilment of the civil and political right to equal recognition before the law. "Progressive realization" (art. 4, para. 2) does not apply to the provisions of article 12. Upon ratifying the Convention, States parties must immediately begin taking steps towards the realization of the rights provided for in article 12. Those steps must be deliberate, well-planned and include consultation with and meaningful participation of people with disabilities and their organizations.

### IV. Relationship with other provisions of the Convention

31. Recognition of legal capacity is inextricably linked to the enjoyment of many other human rights provided for in the Convention on the Rights of Persons with Disabilities, including, but not limited to, the right to access justice (art. 13); the right to be free from involuntary detention in a mental health facility and not to be forced to undergo mental health treatment (art. 14); the right to respect for one's physical and mental integrity (art. 17); the right to liberty of movement and nationality (art. 18); the right to choose where and with whom to live (art. 19); the right to freedom of expression (art. 21); the right to marry and found a family (art. 23); the right to consent to medical treatment (art. 25); and the right to vote and stand for election (art. 29). Without recognition of the person as a person before the law, the ability to assert, exercise and enforce those rights, and many other rights provided for in the Convention, is significantly compromised.

Article 5: Equality and non-discrimination

32. To achieve equal recognition before the law, legal capacity must not be denied discriminatorily. Article 5 of the Convention guarantees equality for all persons under and before the law and the right to equal protection of the law. It expressly

prohibits all discrimination on the basis of disability. Discrimination on the basis of disability is defined in article 2 of the Convention as "any distinction, exclusion or restriction on the basis of disability which has the purpose or effect of impairing or nullifying the recognition, enjoyment or exercise, on an equal basis with others, of all human rights and fundamental freedoms". Denial of legal capacity having the purpose or effect of interfering with the right of persons with disabilities to equal recognition before the law is a violation of articles 5 and 12 of the Convention. States have the ability to restrict the legal capacity of a person based on certain circumstances, such as bankruptcy or criminal conviction. However, the right to equal recognition before the law and freedom from discrimination requires that when the State denies legal capacity, it must be on the same basis for all persons. Denial of legal capacity must not be based on a personal trait such as gender, race, or disability, or have the purpose or effect of treating the person differently.

33. Freedom from discrimination in the recognition of legal capacity restores autonomy and respects the human dignity of the person in accordance with the principles enshrined in article 3(a) of the Convention. Freedom to make one's own choices most often requires legal capacity. Independence and autonomy include the power to have one's decisions legally respected. The need for support and reasonable accommodation in making decisions shall not be used to question a person's legal capacity. Respect for difference and acceptance of persons with disabilities as part of human diversity and humanity (art. 3(d)) is incompatible with granting legal capacity on an assimilationist basis.

34. Non-discrimination includes the right to reasonable accommodation in the exercise of legal capacity (art. 5, para. 3). Reasonable accommodation is defined in article 2 of the Convention as "necessary and appropriate modification and adjustments not imposing a disproportionate or undue burden, where needed in a particular case, to ensure to persons with disabilities the enjoyment or exercise on an equal basis with others of all human rights and fundamental freedoms". The right to reasonable accommodation in the exercise of legal capacity is separate from, and

443

complementary to, the right to support in the exercise of legal capacity. States parties are required to make any necessary modifications or adjustments to allow persons with disabilities to exercise their legal capacity, unless it is a disproportionate or undue burden. Such modifications or adjustments may include, but are not limited to, access to essential buildings such as courts, banks, social benefit offices and voting venues; accessible information regarding decisions which have legal effect; and personal assistance. The right to support in the exercise of legal capacity shall not be limited by the claim of disproportionate or undue burden. The State has an absolute obligation to provide access to support in the exercise of legal capacity.

Article 6: Women with disabilities

35. Article 15 of the Convention on the Elimination of All Forms of Discrimination against Women provides for women's legal capacity on an equal basis with men, thereby acknowledging that recognition of legal capacity is integral to equal recognition before the law: "States parties shall accord to women, in civil matters, a legal capacity identical to that of men and the same opportunities to exercise that capacity. In particular, they shall give women equal rights to conclude contracts and to administer property and shall treat them equally in all stages of procedure in courts and tribunals" (para. 2). This provision applies to all women, including women with disabilities. The Convention on the Rights of Persons with Disabilities recognizes that women with disabilities may be subject to multiple and intersectional forms of discrimination based on gender and disability. For example, women with disabilities are subjected to high rates of forced sterilization, and are often denied control of their reproductive health and decision-making, the assumption being that they are not capable of consenting to sex. Certain jurisdictions also have higher rates of imposing substitute decision-makers on women than on men. Therefore, it is particularly important to reaffirm that the legal capacity of women with disabilities should be recognized on an equal basis with others.

Article 7: Children with disabilities

36. While article 12 of the Convention protects equality before the law for all

persons, regardless of age, article 7 of the Convention recognizes the developing ca-
pacities of children and requires that "in all actions concerning children with disa-
bilities, the best interests of the child ⋯ be a primary consideration" (para. 2) and
that "their views [be] given due weight in accordance with their age and maturity"
(para. 3). To comply with article 12, States parties must examine their laws to en-
sure that the will and preferences of children with disabilities are respected on an
equal basis with other children.

Article 9: Accessibility

37. The rights provided for in article 12 are closely tied to State obligations re-
lating to accessibility (art. 9) because the right to equal recognition before the law is
necessary to enable persons with disabilities to live independently and participate
fully in all aspects of life. Article 9 requires the identification and elimination of
barriers to facilities or services open or provided to the public. Lack of accessibility
to information and communication and inaccessible services may constitute barriers
to the realization of legal capacity for some persons with disabilities, in practice.
Therefore, States parties must make all procedures for the exercise of legal
capacity, and all information and communication pertaining to it, fully accessible.
States parties must review their laws and practices to ensure that the right to legal
capacity and accessibility are being realized.

Article 13: Access to justice

38. States parties have an obligation to ensure that persons with disabilities
have access to justice on an equal basis with others. The recognition of the right to
legal capacity is essential for access to justice in many respects. In order to seek en-
forcement of their rights and obligations on an equal basis with others, persons with
disabilities must be recognized as persons before the law with equal standing in
courts and tribunals. States parties must also ensure that persons with disabilities
have access to legal representation on an equal basis with others. This has been
identified as a problem in many jurisdictions and must be remedied, including by
ensuring that persons who experience interference with their right to legal capacity

have the opportunity to challenge such interference—on their own behalf or with legal representation—and to defend their rights in court. Persons with disabilities have often been excluded from key roles in the justice system as lawyers, judges, witnesses or members of a jury.

39. Police officers, social workers and other first responders must be trained to recognize persons with disabilities as full persons before the law and to give the same weight to complaints and statements from persons with disabilities as they would to non-disabled persons. This entails training and awareness-raising in these important professions. Persons with disabilities must also be granted legal capacity to testify on an equal basis with others. Article 12 of the Convention guarantees support in the exercise of legal capacity, including the capacity to testify in judicial, administrative and other legal proceedings. Such support could take various forms, including recognition of diverse communication methods, allowing video testimony in certain situations, procedural accommodation, the provision of professional sign language interpretation and other assistive methods. The judiciary must also be trained and made aware of their obligation to respect the legal capacity of persons with disabilities, including legal agency and standing.

Articles 14 and 25: Liberty, security and consent

40. Respecting the right to legal capacity of persons with disabilities on an equal basis with others includes respecting the right of persons with disabilities to liberty and security of the person. The denial of the legal capacity of persons with disabilities and their detention in institutions against their will, either without their consent or with the consent of a substitute decision-maker, is an ongoing problem. This practice constitutes arbitrary deprivation of liberty and violates articles 12 and 14 of the Convention. States parties must refrain from such practices and establish a mechanism to review cases whereby persons with disabilities have been placed in a residential setting without their specific consent.

41. The right to enjoyment of the highest attainable standard of health ( art. 25) includes the right to health care on the basis of free and informed consent. States

parties have an obligation to require all health and medical professionals(including psychiatric professionals) to obtain the free and informed consent of persons with disabilities prior to any treatment. In conjunction with the right to legal capacity on an equal basis with others, States parties have an obligation not to permit substitute decision-makers to provide consent on behalf of persons with disabilities. All health and medical personnel should ensure appropriate consultation that directly engages the person with disabilities. They should also ensure, to the best of their ability, that assistants or support persons do not substitute or have undue influence over the decisions of persons with disabilities.

Articles 15, 16 and 17: Respect for personal integrity and freedom from torture, violence, exploitation and abuse

42. As has been stated by the Committee in several concluding observations, forced treatment by psychiatric and other health and medical professionals is a violation of the right to equal recognition before the law and an infringement of the rights to personal integrity (art. 17); freedom from torture (art. 15); and freedom from violence, exploitation and abuse(art. 16). This practice denies the legal capacity of a person to choose medical treatment and is therefore a violation of article 12 of the Convention. States parties must, instead, respect the legal capacity of persons with disabilities to make decisions at all times, including in crisis situations; must ensure that accurate and accessible information is provided about service options and that non-medical approaches are made available; and must provide access to independent support. States parties have an obligation to provide access to support for decisions regarding psychiatric and other medical treatment. Forced treatment is a particular problem for persons with psychosocial, intellectual and other cognitive disabilities. States parties must abolish policies and legislative provisions that allow or perpetrate forced treatment, as it is an ongoing violation found in mental health laws across the globe, despite empirical evidence indicating its lack of effectiveness and the views of people using mental health systems who have experienced deep pain and trauma as a result of forced treatment. The Committee recommends that

447

States parties ensure that decisions relating to a person's physical or mental integrity can only be taken with the free and informed consent of the person concerned.

Article 18:Nationality

43.Persons with disabilities have the right to a name and registration of their birth as part of the right to recognition everywhere as a person before the law ( art. 18, para. 2 ). States parties must take the necessary measures to ensure that children with disabilities are registered at birth. This right is provided for in the Convention on the Rights of the Child( art. 7) ; however, children with disabilities are disproportionately likely not to be registered as compared with other children. This not only denies them citizenship, but often also denies them access to health care and education, and can even lead to their death. Since there is no official record of their existence, their death may occur with relative impunity.

Article 19:Living independently and being included in the community

44.To fully realize the rights provided for in article 12, it is imperative that persons with disabilities have opportunities to develop and express their will and preferences, in order to exercise their legal capacity on an equal basis with others. This means that persons with disabilities must have the opportunity to live independently in the community and to make choices and to have control over their everyday lives, on an equal basis with others, as provided for in article 19.

45.Interpreting article 12, paragraph 3, in the light of the right to live in the community( art. 19) means that support in the exercise of legal capacity should be provided through a community-based approach. States parties must recognize that communities are assets and partners in the process of learning what types of support are needed in the exercise of legal capacity, including raising awareness about different support options. States parties must recognize the social networks and naturally occurring community support ( including friends, family and schools ) of persons with disabilities as key to supported decision-making. This is consistent with the Convention's emphasis on the full inclusion and participation of persons with disabilities in the community.

46.The segregation of persons with disabilities in institutions continues to be a pervasive and insidious problem that violates a number of the rights guaranteed under the Convention.The problem is exacerbated by the widespread denial of legal capacity to persons with disabilities,which allows others to consent to their placement in institutional settings.The directors of institutions are also commonly vested with the legal capacity of the persons residing therein.This places all power and control over the person in the hands of the institution.In order to comply with the Convention and respect the human rights of persons with disabilities,deinstitutionalization must be achieved and legal capacity must be restored to all persons with disabilities,who must be able to choose where and with whom to live(art. 19).A person's choice of where and with whom to live should not affect his or her right to access support in the exercise of his or her legal capacity.

Article 22:Privacy

47.Substitute decision-making regimes,in addition to being incompatible with article 12 of the Convention,also potentially violate the right to privacy of persons with disabilities,as substitute decision-makers usually gain access to a wide range of personal and other information regarding the person.In establishing supported decision-making systems,States parties must ensure that those providing support in the exercise of legal capacity fully respect the right to privacy of persons with disabilities.

Article 29:Political participation

48.Denial or restriction of legal capacity has been used to deny political participation,especially the right to vote,to certain persons with disabilities.In order to fully realize the equal recognition of legal capacity in all aspects of life,it is important to recognize the legal capacity of persons with disabilities in public and political life(art. 29).This means that a person's decision-making ability cannot be a justification for any exclusion of persons with disabilities from exercising their political rights,including the right to vote,the right to stand for election and the right to serve as a member of a jury.

449

49.States parties have an obligation to protect and promote the right of persons with disabilities to access the support of their choice in voting by secret ballot, and to participate in all elections and referendums without discrimination. The Committee further recommends that States parties guarantee the right of persons with disabilities to stand for election, to hold office effectively and to perform all public functions at all levels of government, with reasonable accommodation and support, where desired, in the exercise of their legal capacity.

### V.Implementation at the national level

50.In the light of the normative content and obligations outlined above, States parties should take the following steps to ensure the full implementation of article 12 of the Convention on the Rights of Persons with Disabilities:

(a) Recognize persons with disabilities as persons before the law, having legal personality and legal capacity in all aspects of life, on an equal basis with others. This requires the abolition of substitute decision-making regimes and mechanisms that deny legal capacity and which discriminate in purpose or effect against persons with disabilities. It is recommended that States parties create statutory language protecting the right to legal capacity on an equal basis for all;

(b) Establish, recognize and provide persons with disabilities with access to a broad range of support in the exercise of their legal capacity. Safeguards for such support must be premised on respect for the rights, will and preferences of persons with disabilities. The support should meet the criteria set out in paragraph 29 above on the obligations of States parties to comply with article 12, paragraph 3, of the Convention;

(c) Closely consult with and actively involve persons with disabilities, including children with disabilities, through their representative organizations, in the development and implementation of legislation, policies and other decision-making processes that give effect to article 12.

51.The Committee encourages States parties to undertake or devote resources to the research and development of best practices respecting the right to equal recognition of the legal capacity of persons with disabilities and support in the exercise of legal capacity.

52.States parties are encouraged to develop effective mechanisms to combat both formal and informal substitute decision-making.To this end, the Committee urges States parties to ensure that persons with disabilities have the opportunity to make meaningful choices in their lives and develop their personalities, to support the exercise of their legal capacity.This includes, but is not limited to, opportunities to build social networks; opportunities to work and earn a living on an equal basis with others; multiple choices for place of residence in the community; and inclusion in education at all levels.

# 附录五　联合国残疾人委员会第二号《一般性意见:第九条　无障碍》①(中文版)

残疾人权利委员会

第十一届会议

2014 年 3 月 31 日至 4 月 11 日

第二号一般性意见(2014)

第九条　无障碍

## 一、导言

1.无障碍是残疾人独立生活以及充分平等地参与社会的前提条件。如果不能进入物质环境,利用交通运输,获得信息和通信,包括信息和通信技术和制度,不能进入向公众开放或提供的其他设施和服务,那么,残疾人就不会有平等的机会参与到他们各自的社会中去。无障碍是《残疾人权利公约》作为基础的原则之一(第三条第六款)。历史上,残疾人运动证实了残疾人进入物质环境和公共交通的机会,是《世界人权宣言》第十三条和《公民权利和政治权利国际公约》第十二条所保障的行动自由的一个前提条件。同样,获得信息和通信也被看作意见和表达自由的一个前提条件,得到《世界人权宣言》第十九条和《公民权利和政治权利国际公约》第十九条第二款的保障。

2.《公民权利和政治权利国际公约》第二十五条丙款规定每个公民有权在一般的平等条件下参加本国的公务。该条的规定可以作为将准入权纳入核心

---

① 　2014 年 4 月联合国残疾人委员会第二号《一般性意见:第九条　无障碍》(CRPD/C/GC/2)。

人权条约的基础。

3.《消除一切形式种族歧视国际公约》保障人人有权进入专用于公众的场所或者获得专用于公众的服务,如交通、旅馆、餐馆、咖啡馆、剧场和公园等等(第五条已款)。因此,在国际人权法律框架中就审议无障碍权作为一项权利本身建立了一个先例。应该承认,就不同的种族或族裔群体而言,自由地无障碍进入或获得向公众开放的场所和服务所受到的障碍,就是因为歧视性的态度以及随时使用武力阻扰无障碍进入本来在形体上可以进入的场所。但是,残疾人也面临着各种技术和环境(大多是人为的)障碍,如大楼进口处的台阶、多层大楼没有电梯、缺乏无障碍格式的信息。建筑环境总是与社会文化的发展以及习俗有关,因此,建筑环境完全由社会所控制。造成这种人为的障碍,其原因并非故意阻挠残疾人无障碍进入公众场所或获得公众服务,而大多是由于缺乏信息和技术知识。要实现加强对残疾人无障碍的政策,就必须开展经常性的教育、提高认识、文化宣传和交流等活动,抵制丑化和歧视,改变对残疾人的态度。

4.《公民权利和政治权利国际公约》和《消除一切形式种族歧视国际公约》明确规定无障碍权是国际人权法的一部分。无障碍性应该被看作专门针对残疾问题的对社会层面无障碍权的确认。《残疾人权利公约》将无障碍作为其关键的根本性原则之一,是残疾人有效和平等地享有各种公民、政治、经济、社会和文化权利的一个至关重要的前提条件。无障碍性不仅应该在平等和不歧视的背景下予以看待,而且还应该被看作社会投资的一种方式和可持续发展议程的一个组成部分。

5.不同的人和不同的组织对信息和通信技术(信息通信技术)的理解各不相同,但普遍承认信息通信技术是一个综合性的词,它包含所有的信息和通信装置或者应用软件及其内容。这种定义包括了大量的无障碍技术,如广播、电视、卫星、移动电话、固定电话、电脑、网络硬件和软件。信息通信技术的重要性在于它能够开发大量的服务,改变现有服务,扩大对信息和知识的需求,特别是扩大被服务不足和被排斥的人群,如残疾人对信息和知识的需求。《国际电信规则》(2012年在迪拜通过)第十二条考虑到国际电信联盟(电联)的建议,载入了残疾人获得国际电信服务的权利。该条款的规定可用作加强缔约国国内立法框架的基础。

6.在关于残疾人的第五号一般性意见(1994)中,经济、社会和文化权利委员会援引了缔约国执行《联合国残疾人平等机会标准规则》的职责。《标准规则》强调无障碍进入物质环境、交通、信息和通信对残疾人平等机会的意义。这一概念在规则的第五条得到了扩展,该条将物质环境的无障碍、信息和通信的无障碍等指定为国家优先行动的领域。无障碍性的意义也可见之于经济、社会和文化权利委员会关于能达到的最高标准身心健康权的第十四号一般性意见(2000)(第十二段)。在关于残疾儿童权利的第九号一般性意见(2006)中,经济、社会和文化权利委员会强调,公共交通及其他设施,包括政府大楼、购物场所、娱乐设施等不易进入和使用,是造成残疾儿童被边际化和被排斥的一个主要因素,而且明显使其获得各项服务,包括保健和教育服务的机会大打折扣(第三十九段)。儿童权利委员会在关于儿童休息、休闲、玩耍、娱乐活动、文化生活和艺术的权利的第十七号一般意见(2013)中强调了无障碍的重要性。

7.世界卫生组织和世界银行开展了一次迄今为止规模最大的协商,有从事残疾领域工作的数百名专业人员的积极参加,并于2011年根据这次协商出版了《世界残疾问题报告概要》。报告强调,建筑环境、交通系统以及信息和通信往往不能为残疾人所进入或获得(P.10)。由于缺乏无障碍交通,残疾人受阻而不能享受他们的某些基本权利,如获得就业的权利或保健权。由于信息和通信受阻,许多国家执行无障碍法的程度依然很低,残疾人常常没有表达自由权。即使在对聋人有手势语翻译服务的国家,合格翻译的人数通常很少,满足不了他们对服务日益增长的需求;译员还必须单独旅行前往客户所在地,因此使用他们的服务的费用太昂贵。由于在通信方面缺乏易读的格式以及辅助和替代模式,因此,患有智障和心理障碍的人以及聋哑人,在获得信息和通信时都遇到障碍。他们在争取获得服务时,由于偏见以及提供这些服务的工作人员得不到适当的培训,因此也会遇到障碍。

8.2011年,国际电讯联盟与包容性信息和通信技术全球倡议合作发布了题为"无障碍电视"的报告。该报告着重表示,在大约十亿各类残疾人当中,有大量的人仍无法享用到电视的视听内容。这是因为他们无法无障碍地获取享用这些服务所需的内容、信息和/或设备。

9.自从 2003 年日内瓦信息社会世界峰会第一阶段会议以来,无障碍原则已得到信息通信技术主流社群的承认。这一概念得到残疾社群的采纳和推介,因此已被纳入了峰会通过的《原则宣言》。该宣言第二十五段说,"通过消除在公平获取经济、社会、政治、卫生、文化、教育和科技活动信息方面存在的障碍,通过促进公用域信息的获取,包括利用通用的设计和使用辅助性技术,可以加强有益于发展的全球知识共享。"

10.在审议缔约国的初次报告期间,残疾人权利委员会在起草本一般性意见前与它们举行了十次互动对话,每一次都将无障碍问题作为关键问题。关于这些报告的结论性意见都含有关于无障碍的建议。一个共同的挑战一直是缺乏保证切实执行无障碍标准和有关立法方面的充足的监测机制。在有些缔约国,监测的工作由地方当局负责,但地方当局缺乏确保有效落实的技术知识以及人力和物力。另一个共同的挑战是有关的利益相关方得不到培训,残疾人及其代表组织没有充分参与确保进入或获得物质环境、交通、信息和通信的进程。

11.残疾人权利委员会还讨论了其司法判例中的无障碍问题。在 Nyusti 和 Takács 诉匈牙利案(第 1/2010 号来文,2013 年 4 月 16 日通过的意见)中,委员会认为,向公众开放或提供的所有服务都必须根据《残疾人权利公约》第九条的规定是无障碍的。缔约国被要求确保盲人能够无障碍地使用自动取款机。委员会特别建议缔约国"确定私人金融机构为视障者及其他类型障碍者提供银行服务无障碍性的最低标准";"建立一个具有具体、可实行和实现标准的法律框架,用于监督和评估私营金融机构逐步将其先前提供的障碍性银行服务改装与调整为无障碍性银行服务的情况;……确保所有新购置的自动提款机及其他银行服务对残疾人完全无障碍"(第 10.2(a)段)。

12.鉴于上述先例,而且无障碍确实是残疾人充分和平等参与社会、有效享有所有人权和基本自由的关键前提条件,因此,委员会认为必须根据议事规则和人权条约机构的惯例,就《公约》关于无障碍的第九条通过一项一般性意见。

**二、规范性内容**

13.《残疾人权利公约》第九条规定,"为了使残疾人能够独立生活和充分参与生活的各个方面,缔约国应当采取适当措施,确保残疾人在与其他人平等的基础上,无障碍地进出物质环境,使用交通工具,利用信息和通信,包括信息和通信技术和系统,以及享用在城市和农村地区向公众开放或提供的其他设施和服务"。对无障碍的复杂性必须予以全方位地处理,包括物质环境、交通、信息和通信以及服务。重点已经不再是拥有建筑物、交通基础设施、车辆、信息和通信以及服务的人的法人地位以及公共和私人性质。只要货物、产品和服务对公众开放或者向公众提供,它们必须能够为所有人利用,不管它们是由公共当局还是由私人企业用残疾人应该有平等的机会,利用向公众开放或提供的所有货物、产品和服务,以确保他们能够有效平等地处理方式的根源是禁止歧视、剥夺无障碍利用的机会,应该被认为一种歧视性行为,不管这种行为者是公共实体还是私人实体。所有残疾人都应该享有无障碍的权利,不管他们属于何种残疾类型,也不分种族、肤色、性取向、语言、政治或其他见解、民族或社会渊源、财产、出身或其他地位、法律或社会地位、性别或年龄等等。无障碍性应该特别考虑残疾人的性别或年龄。

14.《公约》第九条明确规定无障碍是残疾人独立生活、充分和平等参与社会的前提条件,他们在与他人平等的基础上不受限制地享有所有人权和基本自由。第九条源自一些现行的人权条约,如《公民权利和政治权利国际公约》关于平等获得公共服务的第二十五条丙款,以及《消除一切形式种族歧视国际公约》关于进出公共场所或获得公共服务的权利的第五条已款等。在这两项核心条约通过的年代,给世界带来巨大变化的互联网还不存在。《残疾人权利公约》是 21 世纪论及获得信息通信技术问题的第一个人权条约,但它并没有在这方面为残疾人创造新的权利。此外,国际法中的平等观也在几十年来发生了变化,概念由形式平等转向实质性平等,对缔约国的责任产生了影响。国家提供无障碍性的义务是尊重、保护和履行人权这一新责任的一个基本部分。因此,无障碍应该在无障碍权的背景下从残疾的具体角度予以考虑。残疾人的无障碍权通过严格执行无障碍标准予以保证。针对公众或向公众开放的现有物品、设施、货物和服务,凡在进入或获得方面有障碍的,都应有系统地予以逐渐消除,更重要的是要对这项工作予以不断地监督,以实现全面的无障碍。

15.将通用设计严格应用于所有新的货物、产品、设施、技术和服务,都应该确保所有潜在的消费者,包括残疾人,以充分考虑他们的固有尊严和多样性的方式,充分、平等和不受限制地予以利用。它应该有助于建立一种无限制的行动链,使个人能够无障碍地从一个空间向另一个空间移动,包括在具体的空间内移动。残疾人和其他用户应该在无障碍的街道上移动,进入无障碍的第一层车辆,获取信息和通信,进入通用性设计的大楼并在楼内移动,必要时可采用技术辅助器材和现场协助。通用设计的应用并不自动消除技术辅助器材的必要性。从初步设计阶段一开始就将通用设计应用于建筑物,有助于大大减少建筑过程中的成本:从一开始就实现建筑物的无障碍性,在许多情况下也许根本不会提高建筑物的总成本,或者在有些情况下只略有提高。但是,随后为了实现建筑的无障碍性而进行的修改,其成本有时可能会相当高,特别是对某些历史性建筑而言。虽然在一开始就应用通用设计在经济上较合算,但随后拆除一些障碍可能产生的费用不能用来作为不履行逐渐拆除通行障碍的义务的借口。无障碍获得信息和通信,包括信息通信技术,也应该从一开始就实现,因为随后对互联网和信息通信技术的调整会增加成本。因此,从设计和制造的最早阶段就强制性地纳入信息通信技术无障碍的特点,这比较经济节约。

16.通用设计的应用不仅能使残疾人,而且也能使所有人都融入社会,还有意义的是,第九条明确规定缔约国有责任确保在城市和乡村地区的无障碍性。有证据表明,无障碍的情况通常大城市比边远、欠发达的农村地区要好,虽然大规模的城市化有时也可能会增加新的障碍,阻碍残疾人的无障碍通行,特别是在建筑环境、交通和服务方面以及在人口密集而繁忙的城市地区较先进的信息和通信服务方面的无障碍使用。城乡地区都应该对物质环境中公众可进入和享受的自然和遗产部分为残疾人实行无障碍化。

17.第九条第一款要求缔约国特别是要查明和消除进出以下设施和获得以下服务等方面的各种障碍:

(a)建筑、道路、交通和其他室内外设施,包括学校、住房、医疗设施和工作场所;

(b)信息、通信和其他服务,包括电子服务和应急服务。

以上提到的其他室内外设施也应包括执法机构、法庭、监狱、社会机构、社会互动和娱乐区、文化、宗教、政治和体育活动及购物建筑。其他服务应包括邮政、银行、电讯和信息服务等。

18.第九条第二款规定缔约国必须采取的措施，以拟定、公布监测落实无障碍使用向公众开放或提供的设施和服务的国家最低标准。这些标准应参照其他缔约国的标准，以确保在残疾人迁徙和选择国籍的自由的框架内能够在自由通行方面（第十八条）互通实施。缔约国还必须采取措施，确保提供向公众开放或提供的其他设施和服务的私营实体在各个方面考虑为残疾人创造无障碍环境（第九条第二款第二项）。

19.缺乏无障碍环境常常是由于认识不足和技术能力不够，因此第九条要求缔约国就残疾人的无障碍问题向所有利益相关方提供培训（第二款第三项）。第九条没有罗列所有相关的利益相关方，但任何完整的名单都应该包括颁发建筑许可的机构、广播局和信息通信技术许可证、工程师、设计师、建筑师、城市规划者、交通管理机构、服务提供者、学术界的成员以及残疾人及其组织。培训不仅要向设计货物、服务和产品的人提供，而且还要向实际的生产者提供。此外，加强残疾人直接参与产品开发，会促进对无障碍检验的现有需求和效力的理解。最终是在建筑现场的建筑者决定是否将建筑变成无障碍。必须为所有上述群体建立培训和监测制度，以确保实际执行无障碍标准。

20.向公众开放的建筑物和其他场所中的移动和确定方向，如果没有充分的指示标志、无障碍的信息和通信或者支助性服务，对有些残疾人来说可以是一种很棘手的问题。因此，第九条第二款第四项和第五项规定向公众开放的建筑物和其他场所应该有盲文标志和易读易懂的标志，应该提供现场协助和中介，包括向导、朗读员和专业手语译员，以利于无障碍通行。如果没有这种标志，无障碍的信息和通信以及支助服务，许多残疾人，特别是患有认知疲劳的残疾人就会不可能在建筑物内和通过建筑物时辨认方向和通行。

21.如果不能无障碍地获得信息和通信，残疾人对思想和表达自由以及其他许多基本权利和自由的享有就会受到严重损害和限制。因此，《公约》第九条第二款第六项至第七项规定，缔约国应推广现场协助和中介，包括向导、朗读员和专业手语译员（第二款第五项），推动向残疾人提供其他适当形式的援助和支持，确保他们能无障碍地获得信息，并通过实行强制性无障碍标准推动残疾人无障碍地获得新的信息和通信技术和系统,包括互联网。信息和通信应该以易读的格式、辅助和替代的模式和方法提供给使用这种格式、模式和方法的残疾人。

22.新技术可用于促进残疾人充分平等地参与社会,但只有当这种技术的设计和制作确保对残疾人的无障碍时才能实现。新的投资、研究和生产应该促进不平等的消除,而不是创造新的障碍。因此,第九条第二款第八项呼吁缔约国促进在早期阶段设计、开发、生产和推行无障碍信息和通信技术和系统,以便能以最低成本使这些技术和系统无障碍。使用助听系统,包括周围辅助系统,以协助使用助听器和感应圈系统的人;预先安装载客电梯,以便残疾人在紧急撤出大楼时能为他们所用,这些只是无障碍服务的技术发展方面的几个例子。

23.由于无障碍是《公约》第十九条规定的残疾人独立生活、充分和平等地参与社会的一个前提条件,因此,剥夺无障碍地进入或获得向公众开放的物质环境、交通、信息和通信技术以及设施和服务,应该在歧视的范围内予以看待。采取"一切适当措施,包括立法,以修订和废止构成歧视残疾人的现行立法、法规、习惯和做法"(第四条第一款第二项),是所有缔约国的主要的一般性义务。"缔约国应当禁止一切基于残疾的歧视,保证残疾人获得平等和有效的法律保护,使之不受基于任何原因的歧视"(第五条第二款)。"为促进平等和消除歧视,缔约国应当采取一切适当步骤,确保提供合理便利"(第五条第三款)。

24.对以下两种义务应该作明确的区分:第一是确保所有新设计、建造或生产的物品、基础设施、货物、产品和服务的无障碍的义务;二是确保向公众开放的现有物质环境、现有交通、信息和通信以及服务取消所有障碍,并实现无障碍的义务。缔约国的另一项一般性义务是"从事或促进研究和开发本公约第二条所界定的通用设计的货物、服务、设备和设施,以便仅需尽可能小的调整和最低费用即可满足残疾人的具体需要,促进这些货物、服务、设备和设施的提供和使用,并在拟定标准和导则方面提倡通用设计"(第四条第一款第六项)。所有新的物品、基础结构、设施、货物、产品和服务的设计必须按照通用设计的原则对残疾人实现充分的无障碍化。缔约国必须确保残疾人无障碍地进出或获得向公众开放的现有物质环境、交通、信息和通信以及服务。但是，由于这项义务需要逐步履行，因此缔约国应该规定明确的时间框架，为消除现有的障碍拨出适当的资源。此外，缔约国还应规定各管理当局（包括区域和当地管理当局）和实体（包括私营实体）应该在确保无障碍方面履行的责任。缔约国还应规定有效的监测机制，以确保无障碍性，监督对不履行无障碍标准的人实行的制裁。

25.无障碍化与群体有关，而合理便利则与个人有关。这意味着提供无障碍的责任是一项事前责任。因此，缔约国有责任在收到个人在进入或使用某一场所或服务的要求前提供无障碍。缔约国必须与残疾人组织协商，以通过无障碍标准；对服务提供者、建筑人员和其他有关的利益相关方都必须具体地规定无障碍标准。无障碍标准的范围必须要广，要标准化。有一些个人患有罕见障碍，而在制定无障碍标准时没有予以考虑进去，还有一些个人则不会使用为实现无障碍而提供的模式、方法或手段（不会阅读盲文），因此，即使实行无障碍标准也可能不足以确保他们能无障碍地利用。在这种情况下可适用合理便利原则。根据《公约》，缔约国不得用紧缩政策作为借口来避免为残疾人逐渐实现无障碍化。实行无障碍的义务是无条件的，即有义务提供无障碍的实体不得以向残疾人提供无障碍的负担太重为由而不这样做。相反，只有实行无障碍对该实体不带来太重的负担时，提供合理便利的职责才存在。

26.提供合理便利的责任是一种事后责任。这意味着从患有障碍的个人在特定情况下（例如工作地点或学校等）需要这种便利，以便在特定背景下平等享有自己的权利的那一时刻起就应该履行这项责任。在这里，无障碍标准可以是一个指标，但不一定是规定性的。合理便利可用作确保残疾人在某一情况中的无障碍的一种手段。合理便利争取实现个人的正义，以确保不歧视或平等，同时考虑个人的尊严、自主和选择。因此，患有不常见障碍的人可以要求提供无障碍标准范围以外的便利。

三、缔约国的义务

27.即使确保向公众开放的物质环境、交通、信息和通信以及服务等的无障碍常常是残疾人有效享有各种公民和政治权利的前提条件，缔约国也可以通过在必要时逐渐落实以及通过开展国际合作来实现无障碍。对情况作分析,查明需要取消的障碍,可以有效地在中短期的时间框架内完成。障碍的取消应该是持续、系统、逐渐而稳定地进行的。

28.缔约国有义务通过、颁布和监督国家无障碍标准。如果还没有制定有关的立法,第一步就应该通过一项适当的法律框架。关于残疾问题的法律常常没有把信息通信技术包括在残疾的定义中,关于采购、就业和教育等等领域无歧视进入的残疾人权利法也常常没有包括信息通信技术的获得以及信息通信技术提供的对现代社会至关重要的许多货物和服务。缔约国应全面审查关于残疾问题的法律框架,以查明、监测和解决立法和执行方面的差距。这些法律和规章的审查和通过必须与残疾人及其代表组织(第四条第三款),以及其他有关的利益相关方,包括学术界成员、建筑专家协会、城市规划者、工程师和设计师等进行密切协商。按照《公约》的要求,立法中应该纳入通用设计原则,并以此为基础(第四条第一款第六项)。它应该规定强制性实施无障碍标准,并对不实施这些标准的人规定制裁,包括罚款。

29.将规定必须实现无障碍的各种领域的无障碍标准纳入法律的主流,是大有裨益的,例如:将物质环境纳入关于建筑和规划的法律的主流,将交通纳入关于向公众开放的公共航空、铁路、公路和水运、信息和通信以及服务的法律的主流。但是,无障碍应该在禁止基于残疾的歧视的范围内被包括关于平等机会、平等和参与的一般性和具体法律中。应该明确规定拒绝实现无障碍是受到禁止的歧视行为。任何残疾人,凡是被剥夺无障碍进出或获得向公众开放的物质环境、交通、信息和通信或服务,均应可以获得有效的法律补救。在确定无障碍标准时,缔约国必须考虑残疾人的多样性,确保向男女残疾人、各年龄的残疾人、各种残疾的残疾人提供无障碍环境。将残疾人的多样性纳入提供无障碍环境的任务的一部分,是承认有些残疾人需要人或动物的协助,以充分享有无障碍环境(如个人协助、手势语翻译、触摸式手语翻译或导盲狗)。例如,必须规定,禁止导盲狗进入某一建筑物或开放空间,构成被禁止的基于残疾的歧视行为。

30.在公共和私人企业为患有不同类型障碍的人提供各种服务的无障碍方面,必须规定最低标准。不管在什么时候,只要制订与信息通信技术有关的新标准,就应该将ITU-T建议书、《标准化活动电信无障碍核对单》(2006)以及"老年人和残疾人电信无障碍指南"(ITU-T建议书F.790)等的参考工具纳入主流。这将能够在拟定标准时普遍采用通用设计。缔约国应制定一个法律框架,规定监测和评估私人实体将以前非无障碍服务逐渐修改和调整成无障碍服务的具体、可实施、有时间规定的基准。缔约国还应确保所有新采购的货物和服务对残疾人是完全无障碍的。必须根据《公约》第四条第三款,与残疾人密切协商制定最低标准。还可以根据《第三十二条》,通过国际合作,与其他缔约国、国际组织和机构一起拟定各种标准。这种合作可能有利于拟定和促进有助于货物和服务相互操作性的国际标准。鼓励缔约国参加国际电联广播通信、标准化和开发部门的各研究小组。这些小组在积极努力地将无障碍纳入国际电信和信息通信技术标准的制订以及提高企业和政府对加强残疾人获得信息通信技术的必要性的认识的主流中。在涉及通信的服务领域,缔约国必须至少确保最低服务质量,特别是较新的服务种类,如个人协助、手语翻译和触摸式签字等等,以实现这种服务的标准化。

31.缔约国在审查自己的无障碍化立法时,必须审议,并在必要时修正它们的法律,以禁止基于残疾的歧视。至少应该是将以下情况认作基于残疾的歧视的违禁行为,因为在这种情况下,缺乏无障碍性,阻碍了残疾人获得向公众开放的服务和设施:

(a)在有关的无障碍标准实行后建立的服务或设施;

(b)一些设施或服务在建立的时候本可以通过合理便利提供无障碍便利的。

32.作为审查无障碍化立法的一部分,缔约国还必须审议它们关于公共采购的法律,以确保在它们的公共采购程序中纳入无障碍要求。用公共资金来造成或使新的不平等永久化,最终造成非无障碍的服务和设施,这是不可接受的。公共采购应该用于根据《公约》第五条第四款的规定采取肯定性行动,以确保对残疾人的无障碍化和事实上的平等。

33.缔约国应通过各种计划和战略,以查明无障碍方面的现有障碍,制定含有具体截止期的时间框架,提供消除障碍所必需的人力和物力。缔约国还应加强监测机制,以确保无障碍,它们应继续提供充足的资金,以消除无障碍方面的障碍,并培训监测人员。由于无障碍标准常常是在当地执行的,因此,负责监测标准执行情况的地方当局的持续性能力建设是至关重要的。缔约国有义务制定有效的监测框架,建立高效率的监测机构,并配有充足的能力和适当的授权,以保证实施和执行各种计划、战略和标准化。

**四、与《公约》其他条款的关系**

34.缔约国在确保向公众开放的物质环境、交通、信息和通信以及服务对残疾人无障碍方面的责任,应该从平等和不歧视的角度来看。对向公众开放的物质环境、交通、信息和通信以及服务拒不被告无障碍,构成基于残疾的歧视行为,是《公约》第五条所禁止的。确保将来的无障碍,应该在履行开发通用设计的货物、服务、设备和设施的一般性义务的背景下予以看待(第四条第一款第六项)。

35.提高认识,是有效执行《残疾人权利公约》的前提条件之一。由于无障碍常常被狭义地看作无障碍出入建筑环境(这很重要,但只是残疾人无障碍的一个方面),因此缔约国应系统持续地努力提高所有有关利益方对无障碍的认识。无障碍包罗万象的性质应该予以处理,并规定进入或获得物质环境、交通、信息和通信以及服务的无障碍。提高认识活动还应该强调,遵守无障碍标准的责任同样也适用于公众和私营部门。提高认识活动应促进通用设计的应用并推广这样一个理念,即:在最初阶段以无障碍的方式进行设计和建造,既成本效益好,又经济节约。提高认识活动应与残疾人、他们的代表组织和技术专家合作进行。在无障碍标准的采用和执行情况监测方面应特别注意能力建设。媒体不仅应该考虑它们自身的节目和服务对残疾人的无障碍性,而且还应积极参加推广无障碍和促进提高认识。

36.确保对公众开放的物质环境、交通、信息和通信以及服务实现充分的无障碍,确实是有效享有《公约》所述许多权利的关键前提条件。在风险、自然灾害和武装冲突的情况下,应急服务也必须能够为残疾人所无障碍地获得,否则他们的生命就不能获得拯救,他们的福祉得不到保护(第十一条)。在灾难后重建努力中必须将无障碍作为一个优先事项。

37.如果执法机构和司法机构所在的建筑物没有实行无障碍,如果它们提供的服务、信息和通信没有对残疾人实行无障碍,那么就不可能有效地获得公正（第十三条）。庇护所、支助服务和程序都必须是无障碍的，以便有效和有意义地提供保护，避免暴力侵害、虐待和剥削残疾人，特别是妇女和儿童（第十六条）。无障碍环境、交通、信息和通信以及服务，是使残疾人融入各自的地方社区以及他们独立生活的一个前提条件（第十九条）。

38.第九条和第二十一条在信息和通信问题上相互交叉。第二十一条规定，缔约国"应当采取一切适当措施，确保残疾人能够行使自由表达意见的权利，包括在与其他人平等的基础上，通过自行选择……的一切交流形式，寻求、接受、传递信息和思想的自由"。它接着详细描述了如何在实践中确保无障碍获得信息和通信的各种方法。它要求缔约国"以无障碍模式和适合不同类别残疾的技术，及时向残疾人提供公共信息"（第二十一条第一款）。它还规定"在正式事务中……便利使用手语、盲文、辅助和替代性交流方式及残疾人选用的其他一切无障碍交流手段、方式和模式"（第二十一条第二款）。敦促向公众提供服务，包括通过互联网提供服务的私营实体，以无障碍和残疾人可以使用的模式提供信息和服务（第二十一条第三款）。鼓励包括互联网信息提供商在内的大众媒体向残疾人提供无障碍服务（第二十一条第四款）。第二十一条还要求缔约国根据《公约》第二十四条、第二十七条、第二十九条和第三十条承认和促进使用手语。

39.如果没有到学校的无障碍交通，学校建筑物没有实现无障碍，信息和通信也不采取无障碍手段，那么，残疾人就没有机会行使受教育的权利（《公约》第二十四条）。因此，学校必须按照《公约》第九条第一款第一项明确表示的那样实现无障碍。但是，必须要实现无障碍的，是包容性教育的整个过程，不只是建筑物，还有学校的所有信息和通信，包括周围环境或 FM 辅助系统、支助服务和合理便利等。为了推动无障碍化，教育以及学校课程的内容都应推广手语、盲文、替代文字、以及通信和定向的辅助和替代性模式、手段和格式，并以此为教学手段（第二十四条第三款第一项），同时还要特别注意盲人、聋人以及聋哑学生所用通信的适当语言、模式和手段。教育模式和手段应实现无障碍，应该在无障碍环境中进行。残疾学生的总体环境的设计必须有助于他们融入教育的整个过程，并保障他们的平等。全面执行《公约》第二十四条的情况应该与其他核心人权文书以及《联合国教育、科学和文化组织禁止教育中的歧视公约》的规定一起予以审议。

40.如果不能进入提供保健和社会保障服务的场所，残疾人就会一直得不到这种服务。即使提供保健和社会保障服务的建筑物本身是无障碍的，但如果没有无障碍交通，残疾人仍然无法前往提供这种服务的地方。提供保健方面的所有信息和通信都应该通过手语、盲文、无障碍电子格式、替代文字、以及通信的辅助和替代模式、手段和格式等予以实现无障碍化。在提供保健，特别是对残疾妇女和女孩提供生殖保健，包括妇产科服务时，特别重要的是必须考虑无障碍的性别问题。

41.如果工作地点本身不是无障碍的，那么残疾人就不能有效地享有《公约》第二十七条所述的工作和就业权。因此，工作地点必须如第九条第一款第一项所明确表示的那样实现无障碍。拒绝对工作地点作调整，构成基于残疾的歧视的违禁行为。除了工作地点物质上的无障碍以外，残疾人还需要无障碍的交通和支助性服务，以到达他们的工作地点。属于工作进程一部分的工作、就业招聘广告、选择过程以及工作地点的通信等所有信息都必须通过手语、盲文、无障碍电子格式、替代文字、辅助和替代性交流模式、手段和格式等实现无障碍化。所有的工会和劳工权利也都必须无障碍，培训机会和获得就业资格也必须实现无障碍。例如，都必须在无障碍的环境中以无障碍的形式、模式、手段和格式进行。

42.《公约》第二十八条处理残疾人的适足生活水准和社会保护问题。缔约国应采取必要措施，确保主流的社会保护措施和服务以及专门针对残疾问题的社会保护措施和服务都以无障碍的方式在障碍化大楼内予以提供，确保涉及残疾人的所有信息和通信都通过手语、盲文、无障碍电子格式、替代文字、辅助和替代性交流模式、手段和格式等实现无障碍化。社会住房方案应提供残疾人和老年人能无障碍进出的住房。

43.《公约》第二十九条保障残疾人有权参与政治和公共生活，参加公共事务的管理。如果缔约国不确保投标程序、设施和材料的适当、无障碍以及易于理解和使用，残疾人就不能平等有效地行使这些权利。在参加公共选举中的政党以及个体候选人在政治会议中以及使用和制作的各类资料应该是无障碍的，这一点很重要。否则，残疾人平等参与政治进程的权利就会被剥夺。当选公职的残疾人必须有平等的机会以充分无障碍的方式履行授权。

44.人人有权享受艺术,参加体育活动,住旅馆,去餐馆和酒吧。但是,如果音乐厅只有楼梯,轮椅使用者就不能去音乐会。如果画廊里没有盲人可以听到的描述,他们就不能享受绘画作品。如果没有电影字幕,听力障碍者人就不能享受一部电影。如果没有手语翻译,聋人就不能享受一部戏剧。如果没有易读版本或以辅助和替代模式出版的版本,智力残疾人就不能享受书本的内容。《公约》第三十条要求缔约国承认残疾人与他人平等的基础上参加文化生活的权利。缔约国应当采取一切适当措施,确保残疾人:

(a)获得以无障碍模式提供的文化材料;

(b)获得以无障碍模式提供的电视节目、电影、戏剧和其他文化活动;

(c)进出文化表演或文化服务场所,例如剧院、博物馆、电影院、图书馆、旅游服务场所,并尽可能地可以进出在本国文化中具有重要意义的纪念物和纪念地。

在有些情况下,允许进入属于国家遗产一部分的文化和历史古迹,确实是一个挑战。但是,缔约国有义务努力使这些场所实现无障碍。已经有许多文物古迹和民族文化的重要遗址实现了无障碍化,同时也保持了它们的文化和历史特性及独特性。

45.“缔约国应当采取适当措施,使残疾人能够有机会为自身利益并为充实社会,发展和利用自己的创造、艺术和智力潜力”(第三十条第二款)。“缔约国应当采取一切适当步骤,依照国际法的规定,确保保护知识产权的法律不构成不合理或歧视性障碍,阻碍残疾人获得文化材料”(第三十条第三款)。2013 年 6 月通过的《世界知识产权组织关于方便盲人、视障者或印刷品阅读障碍者获得出版作品的马拉喀什条约》应该确保残疾人,包括居住在国外或在别国作为少数群体成员,和那些说或使用同一种交际语言或手段的残疾人,特别是在阅读经典印刷材料方面有困难的残疾人,都能在没有不合理或歧视性的障碍下获得文化材料。《残疾人权利公约》规定,残疾人有权在与他人平等的基础上获得对他们的具体文化和语言认同的承认和支持。第三十条第四款强调对手语和聋人文化的承认和支持。

46.《公约》第三十条第五款规定,为了使残疾人能够平等地参与娱乐、休

闲和体育活动,缔约国应采取适当措施:

(a)鼓励和促进残疾人尽可能充分地参加各级主流体育活动;

(b)确保残疾人有机会组织、发展和参加残疾人专项体育、娱乐活动,并为此鼓励在与其他人平等的基础上提供适当指导、训练和资源;

(c)确保残疾人可以使用体育、娱乐和旅游场所;

(d)确保残疾儿童享有与其他儿童一样的平等机会参加游戏、娱乐和休闲以及体育活动,包括在学校系统参加这类活动;

(e)确保残疾人可以获得娱乐、旅游、休闲和体育活动的组织人提供的服务。

47.《公约》第三十二条所述的国际合作应该是促进无障碍和通用设计的一个重要工具。委员会建议国际发展机构承认支持关于改善信息通信技术和其他无障碍基础设施的重要性。在国际合作的框架内所作的所有新投资都应该用于鼓励消除现有的障碍,防止创造新的障碍。用公共资金来使新的不平等永久化,这是不可接受的。所有新的物品、基础结构、设施、货物、产品和服务都必须对所有残疾人实现充分的无障碍。国际合作不应该只用于对无障碍货物、产品和服务的投资,还应该用于促进实现无障碍方面良好做法的技能和信息的交流,以便能够作出实际的改变,改善全世界数百万残疾人的生活。关于标准化的国际合作也非常重要,同时也必须支持残疾人组织,使它们能够参加拟订、执行和监测无障碍标准的国家和国际进程。无障碍必须是任何可持续发展努力的一个组成部分,特别是在 2015 年后发展议程方面。

48.对无障碍化的监测是国家和国际监测《公约》落实情况的一个关键方面。《公约》第三十三条要求缔约国在它们的政府内指定落实《公约》方面的联络点,并建立监测落实情况的国家框架,这个框架内应包括一个以上的独立机制。民间社会也应参与,并充分参加监测进程。在考虑适当落实第九条时,必须与根据第三十三条建立的机构进行适当的协商。应该向这些机构提供有意义的机会,以参加国家无障碍标准的起草,对现行立法和立法草案提出意见,就立法草案和政策法规提出建议,并充分参加提高认识和教育运动。对《公约》执行情况的国家和国际监测进程应该在无障碍的情况下进行,以促进并确保残疾人及其代表组织的有效参与。《公约》第四十九条要求《公约》的全文以无障碍的格式提供。这是国际人权条约的一个创新，《残疾人权利公约》应该被看作为今后所有条约在这方面确立了一个先例。

# 联合国残疾人委员会第二号《一般性意见:第九条 无障碍》(英文版)

Committee on the Rights of Persons with Disabilities

Eleventh session

31 March–11 April 2014

General comment No. 2(2014)

Article 9:Accessibility

## I. Introduction

1.Accessibility is a precondition for persons with disabilities to live independently and participate fully and equally in society.Without access to the physical environment, to transportation, to information and communication, including information and communications technologies and systems, and to other facilities and services open or provided to the public, persons with disabilities would not have equal opportunities for participation in their respective societies.It is no coincidence that accessibility is one of the principles on which the Convention on the Rights of Persons with Disabilities is based(art. 3(f)).Historically, the persons with disabilities movement has argued that access to the physical environment and public transport for persons with disabilities is a precondition for freedom of movement, as guaranteed under article 13 of the Universal Declaration of Human Rights and article 12 of the International Covenant on Civil and Political Rights.Similarly, access to information and communication is seen as a precondition for freedom of opinion and expression, as guaranteed under article 19 of the Universal Declaration of Human Rights and article 19, paragraph 2, of the International Covenant on Civil and Political Rights.

2. Article 25( c) of the International Covenant on Civil and Political Rights enshrines the right of every citizen to have access, on general terms of equality, to public service in his or her country. The provisions of this article could serve as a basis to incorporate the right of access into the core human rights treaties.

3. The International Convention on the Elimination of All Forms of Racial Discrimination guarantees everyone the right of access to any place or service intended for use by the general public, such as transport, hotels, restaurants, cafes, theatres and parks( art. 5( f) ). Thus, a precedent has been established in the international human rights legal framework for viewing the right to access as a right per se. Admittedly, for members of different racial or ethnic groups, the barriers to free access to places and services open to the public were the result of prejudicial attitudes and a readiness to use force in preventing access to spaces that were physically accessible. However, persons with disabilities face technical and environmental—in most cases, human-built environmental—barriers such as steps at the entrances of buildings, the absence of lifts in multi-floor buildings and a lack of information in accessible formats. The built environment always relates to social and cultural development as well as customs; therefore the built environment is under the full control of society. Such artificial barriers are often the result of a lack of information and technical know-how rather than a conscious will to prevent persons with disabilities from accessing places or services intended for use by the general public. In order to introduce policies that allow better accessibility for persons with disabilities, it is necessary to change attitudes towards persons with disabilities in order to fight against stigma and discrimination, through ongoing education efforts, awareness-raising, cultural campaigns and communication.

4. The International Covenant on Civil and Political Rights and the International Convention on the Elimination of All Forms of Racial Discrimination clearly establish the right of access as part of international human rights law. Accessibility should be viewed as a disability-specific reaffirmation of the social aspect of

the right of access. The Convention on the Rights of Persons with Disabilities includes accessibility as one of its key underlying principles—a vital precondition for the effective and equal enjoyment of civil, political, economic, social and cultural rights by persons with disabilities. Accessibility should be viewed not only in the context of equality and non-discrimination, but also as a way of investing in society and as an integral part of the sustainable development agenda.

5. While different people and organizations understand differently what information and communications technology (ICT) means, it is generally acknowledged that ICT is an umbrella term that includes any information and communication device or application and its content. Such a definition encompasses a wide range of access technologies, such as radio, television, satellite, mobile phones, fixed lines, computers, network hardware and software. The importance of ICT lies in its ability to open up a wide range of services, transform existing services and create greater demand for access to information and knowledge, particularly in underserved and excluded populations, such as persons with disabilities. Article 12 of the International Telecommunication Regulations (adopted in Dubai in 2012) enshrines the right for persons with disabilities to access international telecommunication services, taking into account the relevant International Telecommunication Union (ITU) recommendations. The provisions of that article could serve as a basis for reinforcing States parties' national legislative frameworks.

6. In its general comment No. 5 (1994) on persons with disabilities, the Committee on Economic, Social and Cultural Rights evoked the duty of States to implement the United Nations Standard Rules on the Equalization of Opportunities for Persons with Disabilities. The Standard Rules highlight the significance of the accessibility of the physical environment, transport, information and communication for the equalization of opportunities for persons with disabilities. The concept is developed in rule 5, in which access to the physical environment, and access to information and communication are targeted as areas for priority action for States. The significance of accessibility can be derived also from general comment No. 14

(2000) of the Committee on Economic, Social and Cultural Rights on the right to the highest attainable standard of health ( para. 12 ). In its general comment No. 9 (2006) on the rights of children with disabilities, the Committee on the Rights of the Child emphasizes that the physical inaccessibility of public transportation and other facilities, including governmental buildings, shopping areas and recreational facilities, is a major factor in the marginalization and exclusion of children with disabilities and markedly compromises their access to services, including health and education ( para. 39 ). The importance of accessibility was reiterated by the Committee on the Rights of the Child in its general comment No. 17( 2013) on the right of the child to rest, leisure, play, recreational activities, cultural life and the arts.

7. The World Report on Disability Summary, published in 2011 by the World Health Organization and the World Bank within the framework of the largest consultation ever and with the active involvement of hundreds of professionals in the field of disability, stresses that the built environment, transport systems and information and communication are often inaccessible to persons with disabilities ( p. 10). Persons with disabilities are prevented from enjoying some of their basic rights, such as the right to seek employment or the right to health care, owing to a lack of accessible transport. The level of implementation of accessibility laws remains low in many countries and persons with disabilities are often denied their right to freedom of expression owing to the inaccessibility of information and communication. Even in countries where sign language interpretation services exist for deaf persons, the number of qualified interpreters is usually too low to meet the increasing demand for their services, and the fact that the interpreters have to travel individually to clients makes the use of their services too expensive. Persons with intellectual and psychosocial disabilities as well as deaf-blind persons face barriers when attempting to access information and communication owing to a lack of easy-to-read formats and augmentative and alternative modes of communication. They also face barriers when attempting to access services due to prejudices and a lack

of adequate training of the staff providing those services.

8.The report, Making Television Accessible, published in 2011 by the International Telecommunication Union in cooperation with the Global Initiative for Inclusive Information and Communication Technologies, highlights that a significant proportion of the one billion people who live with some form of disability are unable to enjoy the audiovisual content of television.This is due to the inaccessibility of content, information and/or devices necessary for them to access those services.

9.Accessibility was recognized by the mainstream ICT community since the first phase of the World Summit on Information Society, held in Geneva in 2003.Introduced and driven by the disability community, the concept was incorporated in the Declaration of Principles adopted by the Summit, which in paragraph 25 state, "the sharing and strengthening of global knowledge for development can be enhanced by removing barriers to equitable access to information for economic, social, political, health, cultural, educational, and scientific activities and by facilitating access to public domain information, including by universal design and the use of assistive technologies".

10.The Committee on the Rights of Persons with Disabilities has considered accessibility as one of the key issues in each of the 10 interactive dialogues it has held with States parties during the consideration of their initial reports, prior to the drafting of the present general comment. The concluding observations on those reports all contain recommendations concerning accessibility. One common challenge has been the lack of an adequate monitoring mechanism to ensure the practical implementation of accessibility standards and relevant legislation.In some States parties, monitoring was the responsibility of local authorities that lacked the technical knowledge and the human and material resources to ensure effective implementation.Another common challenge has been the lack of training provided to the relevant stakeholders and insufficient involvement of persons with disabilities and their representative organizations in the process of ensuring access to the physical environment, transport, information and communication.

11. The Committee on the Rights of Persons with Disabilities has also addressed the issue of accessibility in its jurisprudence. In the case of Nyusti and Takács v. Hungary(communication No. 1/2010, Views adopted on 16 April 2013), the Committee was of the view that all services open or provided to the public must be accessible in accordance with the provisions of article 9 of the Convention on the Rights of Persons with Disabilities. The State party was called upon to ensure that blind persons had access to automatic teller machines(ATMs). The Committee recommended, inter alia, that the State party establish "minimum standards for the accessibility of banking services provided by private financial institutions for persons with visual and other types of impairments;... create a legislative framework with concrete, enforceable and time-bound benchmarks for monitoring and assessing the gradual modification and adjustment by private financial institutions of previously inaccessible banking services provided by them into accessible ones;... and ensure that all newly procured ATMs and other banking services are fully accessible for persons with disabilities" (para. 10.2(a)).

12. Given these precedents and the fact that accessibility is indeed a vital precondition for persons with disabilities to participate fully and equally in society and enjoy effectively all their human rights and fundamental freedoms, the Committee finds it necessary to adopt a general comment on article 9 of the Convention on accessibility, in accordance with its rules of procedure and the established practice of the human rights treaty bodies.

## II. Normative content

13. Article 9 of the Convention on the Rights of Persons with Disabilities stipulates that, "to enable persons with disabilities to live independently and participate fully in all aspects of life, States parties shall take appropriate measures to ensure to persons with disabilities access, on an equal basis with others, to the physical environment, to transportation, to information and communication, including information and communication technologies and systems, and to other facilities and services open or provided to the public, both in urban and in rural areas". It is important

that accessibility is addressed in all its complexity, encompassing the physical environment, transportation, information and communication, and services. The focus is no longer on legal personality and the public or private nature of those who own buildings, transport infrastructure, vehicles, information and communication, and services. As long as goods, products and services are open or provided to the public, they must be accessible to all, regardless of whether they are owned and/or provided by a public authority or a private enterprise. Persons with disabilities should have equal access to all goods, products and services that are open or provided to the public in a manner that ensures their effective and equal access and respects their dignity. This approach stems from the prohibition against discrimination; denial of access should be considered to constitute a discriminatory act, regardless of whether the perpetrator is a public or private entity. Accessibility should be provided to all persons with disabilities, regardless of the type of impairment, without distinction of any kind, such as race, colour, sex, language, religion, political or other opinion, national or social origin, property, birth or other status, legal or social status, gender or age. Accessibility should especially take into account the gender and age perspectives for persons with disabilities.

14. Article 9 of the Convention clearly enshrines accessibility as the precondition for persons with disabilities to live independently, participate fully and equally in society, and have unrestricted enjoyment of all their human rights and fundamental freedoms on an equal basis with others. Article 9 has roots in existing human rights treaties, such as article 25(c) of the International Covenant on Civil and Political Rights on the right to equal access to public service, and article 5(f) of the International Convention on the Elimination of All Forms of Racial Discrimination on the right of access to any place or service intended for public use. When those two core human rights treaties were adopted, the Internet, which has changed the world dramatically, did not exist. The Convention on the Rights of Persons with Disabilities is the first human rights treaty of the 21st century to address access to ICTs; and it does not create new rights in that regard for persons with disabilities. Fur-

thermore, the notion of equality in international law has also changed over the past decades, with the conceptual shift from formal equality to substantive equality having an impact on the duties of States parties. States' obligation to provide accessibility is an essential part of the new duty to respect, protect and fulfil equality rights. Accessibility should therefore be considered in the context of the right to access from the specific perspective of disability. The right to access for persons with disabilities is ensured through strict implementation of accessibility standards. Barriers to access to existing objects, facilities, goods and services aimed at or open to the public shall be removed gradually in a systematic and, more importantly, continuously monitored manner, with the aim of achieving full accessibility.

15. The strict application of universal design to all new goods, products, facilities, technologies and services should ensure full, equal and unrestricted access for all potential consumers, including persons with disabilities, in a way that takes full account of their inherent dignity and diversity. It should contribute to the creation of an unrestricted chain of movement for an individual from one space to another, including movement inside particular spaces, with no barriers. Persons with disabilities and other users should be able to move in barrier-free streets, enter accessible low-floor vehicles, access information and communication, and enter and move inside universally designed buildings, using technical aids and live assistance where necessary. The application of universal design does not automatically eliminate the need for technical aids. Its application to a building from the initial design stage helps to make construction much less costly: making a building accessible from the outset might not increase the total cost of construction at all in many cases, or only minimally in some cases. On the other hand, the cost of subsequent adaptations in order to make a building accessible may be considerable in some cases, especially with regard to certain historical buildings. While the initial application of universal design is more economical, the potential cost of subsequent removal of barriers may not be used as an excuse to avoid the obligation to remove barriers to accessibility gradually. Accessibility of information and communication,

including ICT, should also be achieved from the outset because subsequent adaptations to the Internet and ICT may increase costs. It is therefore more economical to incorporate mandatory ICT accessibility features from the earliest stages of design and production.

16. The application of universal design makes society accessible for all human beings, not only persons with disabilities. It is also significant that article 9 explicitly imposes on States parties the duty to ensure accessibility in both urban and rural areas. Evidence has shown that accessibility is usually better in bigger cities than in remote, less developed rural areas, although extensive urbanization can sometimes also create additional new barriers that prevent access for persons with disabilities, in particular to the built environment, transport and services, as well as more sophisticated information and communication services in heavily populated, bustling urban areas. In both urban and rural areas, access should be available for persons with disabilities to the natural and heritage parts of the physical environment that the public can enter and enjoy.

17. Article 9, paragraph 1, requires States parties to identify and eliminate obstacles and barriers to accessibility to, inter alia:

(a) Buildings, roads, transportation and other indoor and outdoor facilities, including schools, housing, medical facilities and workplaces;

(b) Information, communications and other services, including electronic services and emergency services.

The other indoor and outdoor facilities, mentioned above, should include law enforcement agencies, tribunals, prisons, social institutions, areas for social interaction and recreation, cultural, religious, political and sports activities, and shopping establishments. Other services should include postal, banking, telecommunication and information services.

18. Article 9, paragraph 2, stipulates the measures States parties must take in order to develop, promulgate and monitor the implementation of minimum national standards for the accessibility of facilities and services open or provided to the pub-

lic. Those standards shall be in accordance with the standards of other States parties in order to ensure interoperability with regard to free movement within the framework of liberty of movement and nationality ( art. 18 ) of persons with disabilities. States parties are also required to take measures to ensure that private entities that offer facilities and services that are open or provided to the public take into account all aspects of accessibility for persons with disabilities( art. 9 , para. 2( b ) ) .

19. Since a lack of accessibility is often the result of insufficient awareness and technical know-how, article 9 requires that States parties provide training to all stakeholders on accessibility for persons with disabilities ( para. 2 ( c ) ) . Article 9 does not attempt to enumerate the relevant stakeholders; any exhaustive list should include the authorities that issue building permits, broadcasting boards and ICT licences, engineers, designers, architects, urban planners, transport authorities, service providers, members of the academic community and persons with disabilities and their organizations. Training should be provided not only to those designing goods, services and products, but also to those who actually produce them. In addition, strengthening the direct involvement of persons with disabilities in product development would improve the understanding of existing needs and the effectiveness of accessibility tests. Ultimately, it is the builders on the construction site who make a building accessible or not. It is important to put in place training and monitoring systems for all these groups in order to ensure the practical application of accessibility standards.

20. Movement and orientation in buildings and other places open to the public can be a challenge for some persons with disabilities if there is no adequate signage, accessible information and communication or support services. Article 9, paragraph 2( d) and( e) , therefore provides that buildings and other places open to the public should have signage in Braille and in easy-to-read and understand forms, and that live assistance and intermediaries, including guides, readers and professional sign-language interpreters should be provided to facilitate accessibility. Without such signage, accessible information and communication and support services,

orientation and movement in and through buildings may become impossible for many persons with disabilities, especially those experiencing cognitive fatigue.

21. Without access to information and communication, enjoyment of freedom of thought and expression and many other basic rights and freedoms for persons with disabilities may be seriously undermined and restricted. Article 9, paragraph 2(f) to (g), of the Convention therefore provide that States parties should promote live assistance and intermediaries, including guides, readers and professional sign language interpreters( para. 2( e ) ), promote other appropriate forms of assistance and support to persons with disabilities to ensure their access to information, and promote access for persons with disabilities to new information and communications technologies and systems, including the Internet, through the application of mandatory accessibility standards. Information and communication should be available in easy-to-read formats and augmentative and alternative modes and methods to persons with disabilities who use such formats, modes and methods.

22. New technologies can be used to promote the full and equal participation of persons with disabilities in society, but only if they are designed and produced in a way that ensures their accessibility. New investments, research and production should contribute to eliminating inequality, not creating new barriers. Article 9, paragraph 2( h ), therefore calls on States parties to promote the design, development, production and distribution of accessible information and communications technologies and systems at an early stage, so that these technologies and systems become accessible at minimum cost. The use of hearing enhancement systems, including ambient assistive systems to assist hearing aid and induction loop users, and passenger lifts pre-equipped to allow use by persons with disabilities during emergency building evacuations constitute just some of the examples of technological advancements in the service of accessibility.

23. Since accessibility is a precondition for persons with disabilities to live independently, as provided for in article 19 of the Convention, and to participate fully and equally in society, denial of access to the physical environment, transportation,

information and communication technologies, and facilities and services open to the public should be viewed in the context of discrimination. Taking " all appropriate measures, including legislation, to modify or abolish existing laws, regulations, customs and practices that constitute discrimination against persons with disabilities" ( art. 4, para. 1 ( b ) ) constitutes the main general obligation for all States parties. "States parties shall prohibit all discrimination on the basis of disability and guarantee to persons with disabilities equal and effective legal protection against discrimination on all grounds" ( art. 5, para. 2 ). "In order to promote equality and eliminate discrimination, States parties shall take all appropriate steps to ensure that reasonable accommodation is provided" ( art. 5, para. 3 ).

24. A clear distinction should be drawn between the obligation to ensure access to all newly designed, built or produced objects, infrastructure, goods, products and services and the obligation to remove barriers and ensure access to the existing physical environment and existing transportation, information and communication, and services open to the general public. Another of the States parties' general obligations is to " undertake or promote research and development of universally designed goods, services, equipment and facilities, as defined in article 2 of the Convention, which should require the minimum possible adaptation and the least cost to meet the specific needs of a person with disabilities, to promote their availability and use, and to promote universal design in the development of standards and guidelines" ( art. 4, para. 1 ( f ) ). All new objects, infrastructure, facilities, goods, products and services have to be designed in a way that makes them fully accessible for persons with disabilities, in accordance with the principles of universal design. States parties are obliged to ensure that persons with disabilities have access to the existing physical environment, transportation, information and communication and services open to the general public. However, as this obligation is to be implemented gradually, States parties should establish definite time frames and allocate adequate resources for the removal of existing barriers. Furthermore, States parties should clearly prescribe the duties of the different authorities( inclu-

ding regional and local authorities) and entities (including private entities) that should be carried out in order to ensure accessibility.States parties should also prescribe effective monitoring mechanisms to ensure accessibility and monitor sanctions against anyone who fails to implement accessibility standards.

25.Accessibility is related to groups,whereas reasonable accommodation is related to individuals.This means that the duty to provide accessibility is an ex ante duty.States parties therefore have the duty to provide accessibility before receiving an individual request to enter or use a place or service.States parties need to set accessibility standards,which must be adopted in consultation with organizations of persons with disabilities,and they need to be specified for service-providers, builders and other relevant stakeholders.Accessibility standards must be broad and standardized.In the case of individuals who have rare impairments that were not taken into account when the accessibility standards were developed or who do not use the modes,methods or means offered to achieve accessibility (not reading Braille,for example),even the application of accessibility standards may not be sufficient to ensure them access.In such cases,reasonable accommodation may apply. In accordance with the Convention,States parties are not allowed to use austerity measures as an excuse to avoid ensuring gradual accessibility for persons with disabilities.The obligation to implement accessibility is unconditional,i.e.the entity obliged to provide accessibility may not excuse the omission to do so by referring to the burden of providing access for persons with disabilities.The duty of reasonable accommodation,contrarily,exists only if implementation constitutes no undue burden on the entity.

26.The duty to provide reasonable accommodation is an ex nunc duty,which means that it is enforceable from the moment an individual with an impairment needs it in a given situation,for example,workplace or school,in order to enjoy her or his rights on an equal basis in a particular context.Here,accessibility standards can be an indicator, but may not be taken as prescriptive. Reasonable accommodation can be used as a means of ensuring accessibility for an individual with a disability in a particular situation. Reasonable accommodation seeks to achieve individual justice in the sense that non-discrimination or equality is assured, taking the dignity, autonomy and choices of the individual into account. Thus, a person with a rare impairment might ask for accommodation that falls outside the scope of any accessibility standard.

### III. Obligations of States parties

27. Even though ensuring access to the physical environment, transportation, information and communication, and services open to the public is often a precondition for the effective enjoyment of various civil and political rights by persons with disabilities, States parties can ensure that access is achieved through gradual implementation when necessary as well as through the use of international cooperation. An analysis of the situation to identify the obstacles and barriers that need to be removed can be carried out in an efficient manner and within a short-to mid-term framework. Barriers should be removed in a continuous and systematic way, gradually yet steadily.

28. States parties are obliged to adopt, promulgate and monitor national accessibility standards. If no relevant legislation is in place, adopting a suitable legal framework is the first step. States parties should undertake a comprehensive review of the laws on accessibility in order to identify, monitor and address gaps in legislation and implementation. Disability laws often fail to include ICT in their definition of accessibility, and disability rights laws concerned with non-discriminatory access in areas such as procurement, employment and education often fail to include access to ICT and the many goods and services central to modern society that are offered through ICT. It is important that the review and adoption of these laws and regulations are carried out in close consultation with persons with disabilities and their representative organizations ( art. 4, para. 3 ), as well as all other relevant stakeholders, including members of the academic community and expert associations of architects, urban planners, engineers and designers. Legislation should incorporate and be based on the principle of universal design, as required by

the Convention(art. 4, para. 1(f)). It should provide for the mandatory application of accessibility standards and for sanctions, including fines, for those who fail to apply them.

29. It is helpful to mainstream accessibility standards that prescribe various areas that have to be accessible, such as the physical environment in laws on construction and planning, transportation in laws on public aerial, railway, road and water transport, information and communication, and services open to the public. However, accessibility should be encompassed in general and specific laws on equal opportunities, equality and participation in the context of the prohibition of disability-based discrimination. Denial of access should be clearly defined as a prohibited act of discrimination. Persons with disabilities who have been denied access to the physical environment, transportation, information and communication, or services open to the public should have effective legal remedies at their disposal. When defining accessibility standards, States parties have to take into account the diversity of persons with disabilities and ensure that accessibility is provided to persons of any gender and of all ages and types of disability. Part of the task of encompassing the diversity of persons with disabilities in the provision of accessibility is recognizing that some persons with disabilities need human or animal assistance in order to enjoy full accessibility (such as personal assistance, sign language interpretation, tactile sign language interpretation or guide dogs). It must be stipulated, for example, that banning guide dogs from entering a particular building or open space would constitute a prohibited act of disability-based discrimination.

30. It is necessary to establish minimum standards for the accessibility of different services provided by public and private enterprises for persons with different types of impairments. Reference tools such as the ITU-T recommendation Telecommunications Accessibility Checklist for standardization activities (2006) and the Telecommunications accessibility guidelines for older persons and persons with disabilities(ITU-T recommendation F. 790) should be mainstreamed whenever a new ICT-related standard is developed. That would allow the generalization of universal

design in the development of standards. States parties should establish a legislative framework with specific, enforceable, time-bound benchmarks for monitoring and assessing the gradual modification and adjustment by private entities of their previously inaccessible services into accessible ones. States parties should also ensure that all newly procured goods and services are fully accessible for persons with disabilities. Minimum standards must be developed in close consultation with persons with disabilities and their representative organizations, in accordance with article 4, paragraph 3, of the Convention. The standards can also be developed in collaboration with other States parties and international organizations and agencies through international cooperation, in accordance with article 32 of the Convention. States parties are encouraged to join ITU study groups in the radiocommunication, standardization and development sectors of the Union, which actively work at mainstreaming accessibility in the development of international telecommunications and ICT standards and at raising industry's and governments' awareness of the need to increase access to ICT for persons with disabilities. Such cooperation can be useful in developing and promoting international standards that contribute to the interoperability of goods and services. In the field of communication-related services, States parties must ensure at least a minimum quality of services, especially for the relatively new types of services, such as personal assistance, sign language interpretation and tactile signing, aiming at their standardization.

31. When reviewing their accessibility legislation, States parties must consider and, where necessary, amend their laws to prohibit discrimination on the basis of disability. As a minimum, the following situations in which lack of accessibility has prevented a person with disabilities from accessing a service or facility open to the public should be considered as prohibited acts of disability-based discrimination:

(a) Where the service or facility was established after relevant accessibility standards were introduced;

(b) Where access could have been granted to the facility or service (when it came into existence) through reasonable accommodation.

32. As part of their review of accessibility legislation, States parties must also consider their laws on public procurement to ensure that their public procurement procedures incorporate accessibility requirements. It is unacceptable to use public funds to create or perpetuate the inequality that inevitably results from inaccessible services and facilities. Public procurements should be used to implement affirmative action in line with the provisions of article 5, paragraph 4, of the Convention in order to ensure accessibility and de facto equality for persons with disabilities.

33. States parties should adopt action plans and strategies to identify existing barriers to accessibility, set time frames with specific deadlines and provide both the human and material resources necessary to remove the barriers. Once adopted, such action plans and strategies should be strictly implemented. States parties should also strengthen their monitoring mechanisms in order to ensure accessibility and they should continue providing sufficient funds to remove barriers to accessibility and train monitoring staff. As accessibility standards are often implemented locally, continuous capacity-building of the local authorities responsible for monitoring implementation of the standards is of paramount importance. States parties are under an obligation to develop an effective monitoring framework and set up efficient monitoring bodies with adequate capacity and appropriate mandates to make sure that plans, strategies and standardization are implemented and enforced.

## IV. Relationship with other articles of the Convention

34. The duty of States parties to ensure access to the physical environment, transportation, information and communication, and services open to the public for persons with disabilities should be seen from the perspective of equality and non-discrimination. Denial of access to the physical environment, transportation, information and communication, and services open to the public constitutes an act of disability-based discrimination that is prohibited by article 5 of the Convention. Ensuring accessibility pro futuro should be viewed in the context of implementing the general obligation to develop universally designed goods, services, equipment and facilities(art. 4, para. 1(f)).

35. Awareness-raising is one of the preconditions for the effective implementation of the Convention on the Rights of Persons with Disabilities. Since accessibility is often viewed narrowly, as accessibility to the built environment(which is significant, but only one aspect of access for persons with disabilities), States parties should strive systematically and continuously to raise awareness about accessibility among all relevant stakeholders. The all-encompassing nature of accessibility should be addressed, providing for access to the physical environment, transportation, information and communication, and services. Awareness-raising should also stress that the duty to observe accessibility standards applies equally to the public and to the private sector. It should promote the application of universal design and the idea that designing and building in an accessible way from the earliest stages is cost-effective and economical. Awareness-raising should be carried out in cooperation with persons with disabilities, their representative organizations and technical experts. Special attention should be paid to capacity-building for the application and monitoring of the implementation of accessibility standards. The media should not only take into account the accessibility of their own programmes and services for persons with disabilities, but should also take an active role in promoting accessibility and contributing to awareness-raising.

36. Ensuring full access to the physical environment, transportation, information and communication, and services open to the public is indeed a vital precondition for the effective enjoyment of many rights covered by the Convention. In situations of risk, natural disasters and armed conflict, the emergency services must be accessible to persons with disabilities, or their lives cannot be saved or their well-being protected(art. 11). Accessibility must be incorporated as a priority in post-disaster reconstruction efforts. Therefore, disaster risk reduction must be accessible and disability-inclusive.

37. There can be no effective access to justice if the buildings in which law-enforcement agencies and the judiciary are located are not physically accessible, or if the services, information and communication they provide are not accessible to per-

sons with disabilities(art. 13). Safe houses, support services and procedures must all be accessible in order to provide effective and meaningful protection from violence, abuse and exploitation to persons with disabilities, especially women and children(art. 16). Accessible environment, transportation, information and communication, and services are a precondition for the inclusion of persons with disabilities in their respective local communities and for them to have an independent life(art. 19).

38. Articles 9 and 21 intersect on the issue of information and communication. Article 21 provides that States parties" shall take all appropriate measures to ensure that persons with disabilities can exercise the right to freedom of expression and opinion, including the freedom to seek, receive and impart information and ideas on an equal basis with others and through all forms of communication of their choice". It goes on to describe in detail how the accessibility of information and communication can be ensured in practice. It requires that States parties" provide information intended for the general public to persons with disabilities in accessible formats and technologies appropriate to different kinds of disabilities " ( art. 21 ( a )). Furthermore, it provides for" facilitating the use of sign languages, Braille, augmentative and alternative communication, and all other accessible means, modes and formats of communication of their choice by persons with disabilities in official interactions"(art. 21(b)). Private entities that provide services to the general public, including through the Internet, are urged to provide information and services in accessible and usable formats for persons with disabilities(art. 21(c)) and the mass media, including providers of information through the Internet, are encouraged to make their services accessible to persons with disabilities(art. 21(d)). Article 21 also requires States parties to recognize and promote the use of sign languages, in accordance with articles 24, 27, 29 and 30 of the Convention.

39. Without accessible transport to schools, accessible school buildings, and accessible information and communication, persons with disabilities would not have the opportunity to exercise their right to education(art. 24 of the Convention). Thus

schools have to be accessible, as is explicitly indicated in article 9, paragraph 1 (a), of the Convention. However, it is the entire process of inclusive education that must be accessible, not just buildings, but all information and communication, including ambient or FM assistive systems, support services and reasonable accommodation in schools. In order to foster accessibility, education as well as the content of school curricula should promote and be conducted in sign language, Braille, alternative script, and augmentative and alternative modes, means and formats of communication and orientation (art. 24, para. 3 (a)), with special attention to the appropriate languages and modes and means of communication used by blind, deaf and deaf-blind students. Modes and means of teaching should be accessible and should be conducted in accessible environments. The whole environment of students with disabilities must be designed in a way that fosters inclusion and guarantees their equality in the entire process of their education. Full implementation of article 24 of the Convention should be considered in conjunction with the other core human rights instruments as well as the provisions of the Convention against Discrimination in Education of the United Nations Educational, Scientific and Cultural Organization.

40. Health care and social protection would remain unattainable for persons with disabilities without access to the premises where those services are provided. Even if the buildings where the health-care and social protection services are provided are themselves accessible, without accessible transportation, persons with disabilities are unable to travel to the places where the services are being provided. All information and communication pertaining to the provision of health care should be accessible through sign language, Braille, accessible electronic formats, alternative script, and augmentative and alternative modes, means and formats of communication. It is especially important to take into account the gender dimension of accessibility when providing health care, particularly reproductive health care for women and girls with disabilities, including gynaecological and obstetric services.

41. Persons with disabilities cannot effectively enjoy their work and

employment rights, as described in article 27 of the Convention, if the workplace itself is not accessible. Workplaces therefore have to be accessible, as is explicitly indicated in article 9, paragraph 1(a). A refusal to adapt the workplace constitutes a prohibited act of disability-based discrimination. Besides the physical accessibility of the workplace, persons with disabilities need accessible transport and support services to get to their workplaces. All information pertaining to work, advertisements of job offers, selection processes and communication at the workplace that is part of the work process must be accessible through sign language, Braille, accessible electronic formats, alternative script, and augmentative and alternative modes, means and formats of communication. All trade union and labour rights must also be accessible, as must training opportunities and job qualifications. For example, foreign language or computer courses for employees and trainees must be conducted in an accessible environment in accessible forms, modes, means and formats.

42. Article 28 of the Convention addresses an adequate standard of living and social protection for persons with disabilities. States parties should take the necessary measures to ensure that both mainstream and disability-specific social protection measures and services are provided in an accessible manner, in accessible buildings, and that all information and communication pertaining to them is accessible through sign language, Braille, accessible electronic formats, alternative script, and augmentative and alternative modes, means and formats of communication. Social housing programmes should offer housing that is, inter alia, accessible for persons with disabilities and the elderly.

43. Article 29 of the Convention guarantees persons with disabilities the right to participate in political and public life, and to take part in running public affairs. Persons with disabilities would be unable to exercise those rights equally and effectively if States parties failed to ensure that voting procedures, facilities and materials were appropriate, accessible and easy to understand and use. It is also important that political meetings and materials used and produced by political parties

or individual candidates participating in public elections are accessible. If not, persons with disabilities are deprived of their right to participate in the political process in an equal manner. Persons with disabilities who are elected to public office must have equal opportunities to carry out their mandate in a fully accessible manner.

44. Everyone has the right to enjoy the arts, take part in sports and go to hotels, restaurants and bars. However, wheelchair users cannot go to a concert if there are only stairs in the concert hall. Blind persons cannot enjoy a painting if there is no description of it they can hear in the gallery. Hard of hearing persons cannot enjoy a film if there are no subtitles. Deaf persons cannot enjoy a theatrical play if there is no sign language interpretation. Persons with intellectual disabilities cannot enjoy a book if there is no easy-to-read version or a version in augmentative and alternative modes. Article 30 of the Convention requires that States parties recognize the right of persons with disabilities to take part in cultural life on an equal basis with others. States parties are required to take all appropriate measures to ensure that persons with disabilities:

( a ) Enjoy access to cultural materials in accessible formats;

( b ) Enjoy access to television programmes, films, theatre and other cultural activities, in accessible formats;

( c ) Enjoy access to places for cultural performances or services, such as theatres, museums, cinemas, libraries and tourism services, and, as far as possible, enjoy access to monuments and sites of national cultural importance.

The provision of access to cultural and historical monuments that are part of national heritage may indeed be a challenge in some circumstances. However, States parties are obliged to strive to provide access to these sites. Many monuments and sites of national cultural importance have been made accessible in a way that preserves their cultural and historical identity and uniqueness.

45. "States parties shall take appropriate measures to enable persons with disabilities to have the opportunity to develop and utilize their creative, artistic and in-

tellectual potential" ( art. 30, para. 2 ). " States parties shall take all appropriate steps, in accordance with international law, to ensure that laws protecting intellectual property rights do not constitute an unreasonable or discriminatory barrier to access by persons with disabilities to cultural materials" ( art. 30, para. 3 ). The Marrakesh Treaty to Facilitate Access to Published Works for Persons Who Are Blind, Visually Impaired, or Otherwise Print Disabled of the World Intellectual Property Organization, adopted in June 2013, should ensure access to cultural material without unreasonable or discriminatory barriers for persons with disabilities, including people with disabilities living abroad or as a member of a minority in another country and who speak or use the same language or means of communication, especially those facing challenges accessing classic print materials. The Convention on the Rights of Persons with Disabilities provides that persons with disabilities are entitled, on an equal basis with others, to recognition and support of their specific cultural and linguistic identity. Article 30, paragraph 4, stresses the recognition of and support for sign languages and deaf culture.

46. Article 30, paragraph 5, of the Convention provides that, in order to enable persons with disabilities to participate on an equal basis with others in recreational, leisure and sporting activities, States parties shall take appropriate measures:

( a ) To encourage and promote the participation, to the fullest extent possible, of persons with disabilities in mainstream sporting activities at all levels;

( b ) To ensure that persons with disabilities have an opportunity to organize, develop and participate in disability-specific sporting and recreational activities and, to this end, encourage the provision, on an equal basis with others, of appropriate instruction, training and resources;

( c ) To ensure that persons with disabilities have access to sporting, recreational and tourism venues;

( d ) To ensure that children with disabilities have equal access with other children to participation in play, recreation and leisure and sporting activities, including those activities in the school system;

(e) To ensure that persons with disabilities have access to services from those involved in the organization of recreational, tourism, leisure and sporting activities.

47. International cooperation, as described in article 32 of the Convention, should be a significant tool in the promotion of accessibility and universal design. The Committee recommends that international development agencies recognize the significance of supporting projects aimed at improving ICT and other access infrastructure. All new investments made within the framework of international cooperation should be used to encourage the removal of existing barriers and prevent the creation of new barriers. It is unacceptable to use public funds to perpetuate new inequalities. All new objects, infrastructure, facilities, goods, products and services must be fully accessible for all persons with disabilities. International cooperation should be used not merely to invest in accessible goods, products and services, but also to foster the exchange of know-how and information on good practice in achieving accessibility in ways that will make tangible changes that can improve the lives of millions of persons with disabilities worldwide. International cooperation on standardization is also important, as is the fact that organizations of persons with disabilities must be supported so that they can participate in national and international processes to develop, implement and monitor accessibility standards. Accessibility must be an integral part of any sustainable development effort, especially in the context of the post-2015 development agenda.

48. The monitoring of accessibility is a crucial aspect of the national and international monitoring of the implementation of the Convention. Article 33 of the Convention requires States parties to designate focal points within their governments for matters relating to the implementation of the Convention, as well as to establish national frameworks to monitor implementation which include one or more independent mechanisms. Civil society should also be involved and should participate fully in the monitoring process. It is crucial that the bodies established further to article 33 are duly consulted when measures for the proper implementation of article 9 are considered. Those bodies should be provided with

meaningful opportunities to, inter alia, take part in the drafting of national accessibility standards, comment on existing and draft legislation, submit proposals for draft legislation and policy regulation, and participate fully in awareness-raising and educational campaigns. The processes of national and international monitoring of the implementation of the Convention should be performed in an accessible manner that promotes and ensures the effective participation of persons with disabilities and their representative organizations. Article 49 of the Convention requires that the text of the Convention be made available in accessible formats. This is an innovation in an international human rights treaty and the Convention on the Rights of Persons with Disabilities should be seen as setting a precedent in that respect for all future treaties.

# 后　记

## ——一次信任与感恩的跨海之旅

作为中方编者的我,写到这里无比开心。这预示着这次有趣的翻译之旅接近了尾声。

这本论文集的酝酿,始于 2013 年 7 月北京一个很有意思的中欧残障民间组织对话活动。那次活动中我见到在《照顾的困境突围》一书中已有合作,但素未谋面的英国伙伴,利兹大学法学院的安娜·劳森(Anna Lawson)。当我告诉她我即将开始的高威之旅中想和一些朋友做一点点翻译的事儿时,安娜对我选择的残障社会政策和社会工作领域的书给予了充分肯定,这让我的心稍稍安定。同时,她提出《残疾人权利公约》领域,并无特别合适的专著,但有很多优秀论文可能会对中国政府决策参考或各界研究有所裨益,可以考虑重新整理编辑在一起。正是这次信任的对话,让我清楚了未来努力的方向。

8 月 27 日我离开北京之前,中国残疾人联合会研究室陈新民主任和后来直接负责这一系列丛书管理工作的胡仲明博士在百忙之中接待了我的拜访,他们充分信任和承诺支持的表态,让我的心更加安定。

小城高威的生活紧张、简单而开心。10 月 24 日和杰拉德·奎因、伊利欧诺尔·弗林两位主任的商讨特别重要,安娜也通过电话参与讨论。没有这次决定性的讨论,本书框架不能成型。

时光快速流逝,2014 年的春天在阴雨中降临。3 月中旬我开始接手这本书的翻译组织工作。同时有幸邀请到了几位熟悉的伙伴加盟团队。4 月至 7 月和这个临时团队的磨合充满有意思的故事,有欢笑、有泪水。最终,我们相互配合、尽心尽力,拿出了当下我们这个团队可以达到的最高水平的作品。

　　写到这里,我要感谢这个团队中所有尚在的伙伴们。男士们都能按时并遵照工作流程完工,给了我山一样稳定的支持。女伴们,她们一个比一个心思敏捷、聪慧,能在我和白荣梅博士、周超博士不完美的校对中坚持下来,并尽力认真完成了各自的翻译任务,让我由衷佩服。我在她们这个年龄,根本无法企及她们现在的水平。她们犹如高威的考瑞波(Corrib)河,有暗流、有浅滩、但心底清澄。最终,我们一起流入了大海深处。

　　没有荣梅博士这次全情支持,我不可能单独完成整个工作。她的第一遍统稿及在整个过程中对我翻译和校对工作不断地肯定,让我能够坚持到底。姐姐,谢谢你!

　　没有国内残疾人事业发展领域卓越的领导者们,就不可能有这本书的顺利诞生。我和伙伴们特别感谢中国残疾人联合会理事长鲁勇博士在百忙之中撰写丛书总序,给予我们殷切鼓励。我们特别感谢中国残疾人联合会副理事长、中国残疾人事业发展研究会会长程凯博士对年轻一辈的信任和厚爱,没有他,这套丛书就不能从想法变为现实。我们还特别感谢中国残疾人联合会研究室主任、中国残疾人事业发展研究会副会长兼秘书长陈新民先生;中国残疾人联合会研究室副主任、中国残疾人事业发展研究会副秘书长郭春宁博士在本书整个过程中的坚定支持和不断鼓励。我们由衷感谢中国残疾人联合会研究室副调研员胡仲明博士在漫长翻译过程中的各种直接、间接、耐心细致的指导和具体的帮助。

　　感谢人民出版社杨文霞博士和刘可扬博士在编辑和版权问题上的严谨工作和悉心指导,让这一作品看起来如此规范、漂亮。

　　感谢法国驻华大使馆社会事务部前后两位参赞阿罗尼卡(Elvire Aronica)博士和赛卫克(Benoit Sevcik)博士的充分信任,允许我将出国前使馆资助的课题经费用于本书翻译费用上。

　　感谢杰拉德对我的信任,将本书的编辑和翻译管理工作委托给我,并在每一个关键时刻给予了力所能及的支持。

　　恳切希望作为读者的您,对我们的翻译给予批评、建议。我们这支团队缺乏经验、能力有限,我们渴望在您的鞭策下成长。渴望为中国残障与人权研究增添一些新知识、新理念,尽一点后辈的微末心意。

这,是一次信任和感恩的跨海之旅,我和伙伴们足够幸运。我感恩残障社群的真实生活境遇,给予了研究者宝贵的研究机遇。他(她)们的生命故事是我不断前进的不竭动力。我也感恩在本书诞生过程中和我有过生命交叉的各种人,他(她)们使我有了不断成熟、体验百味人生的机会。

由衷希望,人人都可享受丰盛的人生。感谢所有人。

2014 年 7 月 22 日于都柏林 6 区

玛丽莲公馆(Marilyn Mansion),初稿

9 月 2 日北京航天城,终稿

李 敬

责任编辑:杨文霞

封面设计:徐　晖

责任校对:胡　佳

## 图书在版编目(CIP)数据

《残疾人权利公约》研究:海外视角.2014 年/(爱尔兰)奎因(Quinn,G.),
　(中国)李敬 编著;陈博,傅志军 等译;白荣梅,高媛 等校.
　-北京:人民出版社,2015.7
ISBN 978－7－01－014553－2

Ⅰ.①残…　Ⅱ.①奎…②李…③白…　Ⅲ.①残疾人-权利-国际条约-研究
　Ⅳ.①D997.1

中国版本图书馆 CIP 数据核字(2015)第 039647 号

**《残疾人权利公约》研究:海外视角(2014)**

CANJIREN QUANLI GONGYUE YANJIU HAIWAI SHIJIAO 2014

(爱尔兰)杰拉德·奎因　(中国)李　敬 编著

陈　博　傅志军 等译　白荣梅　高　媛 等校

**人民出版社** 出版发行

(100706　北京市东城区隆福寺街 99 号)

北京集惠印刷有限责任公司印刷　新华书店经销

2015 年 7 月第 1 版　2015 年 7 月北京第 1 次印刷
开本:710 毫米×1000 毫米 1/16　印张:32
字数:490 千字

ISBN 978－7－01－014553－2　定价:46.00 元

邮购地址 100706　北京市东城区隆福寺街 99 号
人民东方图书销售中心　电话 (010)65250042　65289539